KB105348

In Defense of Capitalism

반자본주의자들의 열 가지 거짓말
자본주의 비판에 대한 비판

라이너 지텔만(Rainer Zitelmann) 지음 / 권혁철·황수연 옮김

YANG 양문 MOON

First published in German Language as: Die 10 Irrtümer der Antikapitalisten: Zur Kritik der Kapitalismuskritik © 2022 FinanzBuch Verlag, Munich, Germany. / All rights reserved. www.finanzbuchverlag.de

Translated into English as: The 10 greatest Fallacies of Anti-Capitalists © 2022 by Rainer Zitelmann, Berlin, Germany / All Rights Reserved.

© 2022 Rainer Zitelmann / All Rights Reserved.

Translated into the Korean Language through mediation of Maria Pinto-Peuckmann, Literary Agency, World Copyright Promotion, Kaufering, Germany

반자본주의자들의 열 가지 거짓말
– 자본주의 비판에 대한 비판

초판 찍은 날 2023년 4월 7일
초판 펴낸 날 2023년 4월 17일

저자 | 라이너 지텔만(Rainer Zitelmann)
옮긴이 | 권혁철·황수연
펴낸이 | 김현중
디자인 | 박정미
책임 편집 | 황인희
관리 | 위영희

펴낸 곳 | ㈜양문
주소 | 01405 서울 도봉구 노해로 341, 902호(창동 신원베르텔)
전화 | 02-742-2563
팩스 | 02-742-2566
이메일 | ymbook@nate.com
출판 등록 | 1996년 8월 7일(제1-1975호)

ISBN 978-89-94025-94-0 03320
* 잘못된 책은 구입하신 서점에서 교환해 드립니다.

반자본주의자들의 열 가지 거짓말

자본주의 비판에 대한 비판

서문

　오늘날 자본주의는 이 세상 모든 나쁜 것들과 연결지어지고 있다. 자본주의라는 개념은 악(惡)과 동의어가 되어버렸다. 자본주의가 인간의 역사에서 어떤 다른 경제 체제보다 성공적이었음에도 불구하고 그렇다. 반자본주의자들은 우리가 살아가고 있는 현실의 체제를 자신들이 생각해낸, 그러나 이 세상 어디에도 있어 본 적도 없고 있지도 않은 하나의 완벽한 이상(理想) 세계와 비교한다. 그들은 자본주의가 발생하기 이전에 우리의 선조들이 얼마나 가난하고 비인간적 삶을 살았는지에 대해 사람들이 잘 모른다는 점에, 또 대부분의 사람이 학생 시절에 사회주의에서 벌어졌던 비인간적 삶에 대해 거의 경험하지 못했다는 점에 기대고 있다.

　결과적으로 그들은 미래를 암울하게 묘사하면서, 모든 부정적인 것의 책임이 국가 실패가 아닌 시장 실패에 있다고 호도하고 있다. 만일 모든 반자본주의적인 체제 제안들이 예외없이 실패했다는 사실을 언급하면, 반자본주의자들은 그것은 절대 '진정한' 사회주의가 아니었다고 말하며 그 사실을 인정하지 않는다. 그러면서 100년 이상이 흐른 지금 마치 이번에는 제대로 작동할 올바른 해법을 찾아낸 것처럼 당당하게 이야기한다.

　자본주의 경제 체제는 사유재산과 경쟁에 기반을 두고 있다. 무엇을 생산할 것인지 얼마만큼 생산할 것인지를 기업이 결정한다. 이러한 결정을 할 때 시장에서 형성되는 가격의 도움을 받는다. 자본주의에서는 새로운 재화를 개발하고 새로운 시장 기회를 발견해내는 기업가와 개인적인 구매 행위를 통해 기업가의 성공과 실패를 결정하는 소비자가 핵심적인 역할을 한다.[1] 사실상 자본주의를 기업가 경제 체제(entrepreneurial economic system)라고 부르는 것이 더 적확하다고 할 수도 있다.

이와 반대로 사회주의에서는 국가 소유가 지배적이며 실질적인 경쟁도, 실질적인 가격도 존재하지 않는다. 무엇보다도 사회주의에는 기업가가 존재하지 않는다. 어떤 재화를 얼마만큼 생산할 것인지를 민간 기업가가 아닌 국가의 중앙 계획 기관이 결정한다.

모든 체제는 사실상 혼합 체제이다. 사회주의 체제에도 아주 제한적으로 사유재산이 인정되고 약간의 시장경제가 여전히 존재하고 있다(만약 그렇지 않았다면 훨씬 전에 몰락했을 것이다). 그리고 자본주의 국가들에는 오늘날 많은 사회주의적 및 계획경제적인 요소들이 존재하고 있다(이것들이 종종 시장경제의 작동을 방해하고 그 결과를 왜곡시킨다).

필자는 다른 저서 『부유한 자본주의 가난한 사회주의(The Power of Capitalism)』에서 지금은 '시험관 이론'이라고 불리는 이론을 개발했다. 이것은 사람들로 하여금 역사적 사안들을 보다 잘 이해할 수 있게 하는 하나의 그림이다. 국가와 시장, 사회주의와 자본주의라는 요소들이 들어가 있는 시험관이 있다고 상상해보자. 이 시험관 속에 1980년대 이래 중국에서 그랬던 것처럼 시장이라는 요소를 조금 더 투입해보자. 그 결과는 가난의 감소 및 복리의 증진이다. 아니면 이 시험관에 1999년 이래 베네수엘라에서 사회주의자들이 그랬던 것처럼 국가라는 요소를 더 투입해보자. 그 결과는 가난의 증가 및 복리의 감소다.

전 세계 도처에서 시장 대 국가, 자본주의 대 사회주의의 투쟁이 벌어지고 있다. 여기서 변증법적 모순이 문제가 되는데, 한 국가의 발전은 시장과 국가 사이의 힘의 관계가 어떻게 되느냐에 따라 달라진다. 1980년대와 1990년대에는 많은 나라에서 시장의 힘이 강화되었는데(중국의 덩샤오핑, 영국의 대처와 미국의 레이건, 스웨덴의 개혁, 2000년대 초반의 독일) 반해, 오늘날에는 많은 국가에서 국가의 힘이 점차 강화되는 것을 볼 수 있다. 반자본주의가 다시 강력하게 유행을 타고 있으며 수많은 저널리스트와 정치인의 사고에 각인되고 있다.

필자는 많은 국가에서 이 주제와 관련된 논쟁을 했는데, 그때 필자는 저서 『부유한 자본주의 가난한 사회주의』에서는 다루지 않았던 문제에 대해 종종 질문을 받았다. 말하자면 이런 질문들이다. 환경 파괴는 어떻게 되는가? 자본주의에서는 인간적인 가치를 잃는 것 아닌가? 결국 이윤 추구에 모든 것이 희생되는 것은 아닌가? 미국의 경우 유권자가 아닌 돈이 정치를 결정하는 것은 아닌가? 부자와 가난한 사람들 사이의 격차는 어떻게 되는가? 구글이나 페이스북과 같이 점점 더 강력해지고 있는 대규모 독점에 대해 어떻게 생각하나? 자본주의가 세계의 전쟁에 책임이 있으며, 히틀러 독재와 같은 악랄한 독재를 낳았던 것은 아닌가? 자본주의를 의심하거나 자본주의에 낙담한 사람들은 이런 질문을 던진다. 자본주의가 아닌 다른 대안을 시도해봐야 하는 것 아닌가? 이 질문들에 대해 응답하기 위해 이 책을 쓴다.

필자는 여기서 이론적으로 논쟁하지는 않는다. 자본주의의 적대자들은 이론에 대해 논쟁하기를 즐겨한다. 왜냐하면 그런 논쟁에서는 누가 옳고 누가 그른지가 간단하게 결정되지 않으며, 또 그들은 고도로 추상화시키는 것에 희열을 느끼기 때문이다. 이론 및 경제학 모델들은 대부분의 사람에게는 너무나 추상적이고 이해하기 어렵다. 이것이 이론적 논쟁을 하지 않는 첫 번째 이유이다. 더 중요한 두 번째 이유는 많은 이론이 세상에 관해 우리가 알고 있다고 믿는 것, 우리의 선입견과 일치하면 그럴듯하게 들리기 때문이다. 만일 이론이 일관성이 있고, 알아듣기 쉽게 구성되어 있고, 잘 표현되어 있고, 특히나 이미 알고 있다고 믿는 것과도 일치한다면, 사람들을 끌어당기는 엄청난 힘을 발휘하게 된다. 필자는 어떤 이론이 기반하고 있는 사실들이 실제로 맞는 것인지에 관해 먼저 확인해보는 것이 더 중요하다고 본다. 바로 이것이 반자본주의자들의 이론에서 아픈 지점이다. 그 이론들은 역사적 사실과는 전혀 일치하지 않으며, 단지 세상에 관한 우리의 선입견과만 일치할 뿐이다.

물론 자본주의를 따르는 많은 사람도 기꺼이 경제 모델에 관해 토론한다. 필자는 거기에 반대하지 않으며, 또 그런 모델들은 나름의 정당성을 갖고 있다. 하지만 필자는 모델에 관해 토론하기보다는 역사적 사실에 관해 토론하고 누가 옳은지가 결정되어야 한다고 본다.

이 책의 구성은 다음과 같다. 제1부에서는 자본주의에 반대해 항상 주장되는 것들에 대해 자세하게 살펴본다. 중간 부분인 제2부에서는 자본주의가 아닌 다른 대안에 대한 문제들을 살펴볼 것이다. 여기서는 필자가 단지 책 속에서만 존재하는 그 어떤 사상을 두고 논쟁하는 것에 왜 흥미가 없는지 그 이유를 설명한다. 역사책을 제외한다면, 사회주의는 책 속에서는 언제나 그럴듯하게 보인다.

제3부에서는 사람들이 자본주의를 어떻게 바라보는가를 다룬다. 독자 여러분은 혹시 스티븐 핑커(Steven Pinker)의 『지금 다시 계몽(Enlightenment

Now!)』이나 한스 로슬링(Hans Rosling)의 『팩트풀니스(Factfulness)』를 읽어 보았을지도 모르겠다. 필자에게 이 책들은 굉장한 것이었다. 이 책들은 어떻게 대부분의 사람이 과거에는 모든 것이 좋았고 이 세상은 점점 더 나빠지고 있다고 믿는 잘못을 저지르는지를 보여주고 있다. 사람들이 세상을 어떻게 바라보고 있는지와 세상의 실제 모습을 보여주는 사실 사이의 모순은 아주 놀라울 정도다. 자본주의라는 주제에서도 마찬가지다. 여기서도 한편으로 역사적 및 경제적 사실과 다른 한편으로 사람이 생각하는 것 사이에 엄청난 격차가 있다. 커다란 국제적인 프로젝트를 통해 필자는 27개국에 걸쳐 자본주의에 관해 어떻게 생각하는지에 대해 질문했다.

이 책은 무엇보다도 다른 학자들과의 논쟁을 다루지 않는다. 필자에게 중요한 것은 자본주의에 관한 대중적인 생각들에 대해 비판하는 것이다. 동시에 여러 장을 할애하여 몇몇 주요한 반자본주의 지식인(말하자면, 토마 피케티, 나오미 클라인, 노엄 촘스키와 같은 지식인들)의 주장이나 자본주의에 비판적인 학자들의 저술과 주장들에 대해 살펴본다. 반자본주의적 사고를 가지고 있는 사람들 가운데 대부분은 마르크스나 현대의 자본주의 비판론자들의 서적을 접하지도 않았다. 하지만 그들의 많은 테제는 비록 거기에 수없이 많은 오류가 있음에도 불구하고 일반적 의식으로 파고들었고, 나아가 부분적으로는 신뢰할 수 있는 지식으로까지 간주되고 있다.

또한 완전히 새롭고 최신 것처럼 보이는 많은 테제(예: 소비에 대한 비판)가 실상은 아주 오래된 것임을 보게 될 것이다. 소비에 대한 비판의 논거는 계속 바뀌어왔다. 한때는 소비가 문화를 파괴한다고 했다가 다음에는 이른바 '소외'가 문제라고 하더니, 이제는 기후 변화가 문제라고 한다. 물론 그것들의 공격 방향이 항상 자본주의라는 점에서는 동일하다. 같은 테제에 대한 논거가 지속적으로 바뀐다는 것은 원래 의도한 바가 중요하지 그 논거 자체는 그다지 중요하지 않다는 것을 의미하는 것 아닌가 하는 의구심을 불러일으킨다. 예를 들어 나오미 클라인과 같은 많은 반자본주의자는 자신들이 기후 변화라는 테제에 관심을 갖게 된 것은 그것이 이미 오래 전부터 증오해오던 자본주의에 대한 투쟁의 새롭고 효과적인 무기가 될 수 있다는 것을 발견하고부터라고 공공연하게 내세우고 있다.

자본주의 비판자들은 필자가 너무 일방적이라고 비판한다. 이는 한편으로는 이 책에 실려 있는 많은 사실이 대부분의 사람이 믿고 있고 수많은 미디어를 통해 전파되고 있는 것들과는 상반되기 때문이다. 따라서 독자들은 종종 깜짝 놀라게 될 것이다. 이 책을 읽기 위한 전제 조건은 독자들이 이제까지 가지고 있던 생각과는 상반되는 사실들에 대해 상당한 정도의 열린 마음을 갖는 것이다. 우리가 독일에서 행한 자본주의에 관한 열여덟 개 문항의 설문 조사에서 가장 낮은 찬성률(15%)을 보인 문항은 자본주의가 많은 나라에서 평범한 사람들의 처지를 개선시켜왔다는 문항이었다. 이것보다 세 배의 찬성률(45%)을 보인 문항은 자본주의가 세계의 가난과 기아에 책임이 있다는 문항이었다. 제1장에서 언급되고 있는 수치들은 15%가 옳고 45%는 그렇지 못하다는 것을 분명하게 보여준다.

그런데 기아나 가난과 같은 주제와 관련해서는 사실에 근거한 토론이 매우 어렵다. 어떤 주제가 감성적인 것일수록 사람들은 자신의 생각과 상반되는 사실들을 더욱더 받아들이지 않으려 한다. 학자들은 이러한 사실을 실험과 연구를 통해 발견했다.

지난 수십 년간 학자들이 계속해서 유사한 방식으로 수차례에 걸쳐 수행했던 연구에서 연구자들은 설문 응답자에게 그림과 말풍선이 인쇄되어 있는 종이 한 장을 건네주고 이렇게 말한다.

"당신에게 최근 (유전공학, 기후 변화, 원자력 에너지, 공기 오염 등등 감성적으로 양분화되어 있는 여러 가지 주제에 대한) 토론회에서 있었던 사건에 관해 설명하고자 합니다. 전문가들이 해당 분야 연구의 위험성과 현재의 연구 상황에 관해 설명하고 있었습니다. 그런데 갑자기 청중석에서 한 사람이 벌떡 일어나서 이렇게 외쳤습니다. 이것 한 번만 읽어보시오!"

이제 연구자들은 응답자들에게 사전에 나누어주었던 종이를 보라고 한다. 그 종이 위에는 벌떡 일어나 외친 사람과 그가 말한 것이 말풍선 속에 쓰여 있다. 그 내용은 이렇다.

"이런 상황에서 숫자와 통계가 다 뭐란 말입니까? 인류와 자연의 생존이 걸려 있는 그런 주제에 관해서 어쩌면 그토록 태연하게 말할 수 있습니까?"

그 그림의 아래쪽에는 다음과 같은 질문이 있다.

"이 사람의 행동이 옳다고 보시나요, 아니면 잘못됐다고 보시나요?"

이 질문은 사람들 사이에서 찬반이 크게 갈리고 감정적으로 논의되었던 서로 다른 주제를 가지고 27년 동안 총 열다섯 차례에 걸쳐 조사하면서 제시되었던 질문이다. 언제나 다수의 응답자가 사실이 중요한 것이 아니라면서 중간에 끼어든 사람의 행동이 옳다는 응답을 주었다. 평균적으로는 54.8%가 사실을 거부하고 중간에 끼어든 사람이 옳다고 했으며, 단지 23.4%만이 그렇지 않다고 대답했다.[2]

필자는 이 책에서 만일 사실들이 분명하다면 의도적으로 중도적인 입장을 취하거나 많은 사람이 가지고 있는 잘못된 생각을 받아들이지 않는다. 즉 자본주의를 비난하는 수백 권의 책이 있는 점을 고려하면 자본주의를 옹호하는 한 권의 책을 쓰는 것에 잘못된 점이 확실히 없을 것이다. 모든 법정 소송 과정에서 피고에게는 자신을 변호해주는 변호사가 있다. 판사는(여기서는 독자들이다) 모든 사실이 제출되고, 자본주의를 옹호하는 사실들까지 제출될 때에야 비로소 판결을 내릴 수 있다. 변호사도 없이 원고와 판사가 한통속이 되어 벌이는 소송을 '짜고 치는' 소송이라 한다. 자본주의를 둘러싼 논쟁은 공정한 과정이라기보다는 오히려 종종 짜고 치는 소송이라는 생각을 떠올리게 만든다.

필자에게 아주 인상적이었던 것은 필자의 친구인 베이징대학교의 유명한 경제학자 웨이잉 장(Weiying Zhang) 교수가 분명하고도 간단한 단어로 표현했던 시장경제 옹호였다. 필자는 그의 글을 이 책에 실었다. 이제까지 자본주의라는 주제에 대해 많이 접해보지 않은 독자라면, 이 부분을 나중이 아니라 먼저 읽어볼 것을 권한다.

마지막으로 필자는 이 책에 대해 조언과 비판을 해준 학자들과 친구들에게 감사를 드린다. 많은 분이 각각의 장을 검토하기도 했고, 또 어떤 분은 전체를 검토하기도 했다. 필자는 예르크 바버로프스키(Jörg Baberowski) 교수, 다니엘 불트만(Daniel Bultmann) 박사, 위르겐 팔터(Jürgen Falter) 교수, 토마스 헤켄(Thomas Hecken) 교수, 크리스티안 힐러 폰 게어트링겐(Christian Hiller von Gaertringen) 박사, 헬무트 크네펠(Helmut Knepel) 박사, 에크하르트 예세(Eckhard Jesse) 교수, 한스 마티아스 케플링거(Hans Mathias Kepplinger) 교수, 볼프강 쾨니히(Wolfgang König) 교수, 게르트 콤머(Gerd Kommer) 박사, 스테판 쿠트스(Stefan Kooths) 교수, 볼프강 미칼카(Wolfgang Michalka) 교수, 라인하르트 모어(Reinhard Mohr), 크리스티안 니미츠(Kristian Niemietz) 박사, 베르너 플룸페(Werner Plumpe) 교수, 마틴 론하이머(Martin Rhonheimer)

교수, 발터 샤이델(Walter Scheidel) 교수, 헤르만 시몬(Hermann Simon) 교수, 프랑크 트렌트만(Frank Trentmann) 교수, 베른트-위르겐 벤트(Bernd-Jürgen Wendt) 교수, 에리히 베에데(Weede) 교수에게 감사함을 전한다.

특히 수개월에 걸친 이 프로젝트에 적극적으로 참여한 알렌스바크(Allensbach) 연구소의 토마스 페터슨(Thomas Petersen) 박사와 뛰어난 능력으로 이 책을 재차 검토했던 나의 친구 안스가르 그라브(Ansgar Graw)에게 고마움을 표한다.

목차

서문 ·· 5

제1부 반자본주의자들의 가장 큰 오류 열 가지 ············ 16

제1장 ┃ "자본주의가 기아와 가난에 책임이 있다" ·············· 18

제2장 ┃ "자본주의는 불평등을 확대시킨다" ························· 43

제3장 ┃ "자본주의가 환경 파괴와 기후 변화의 원흉이다" ······· 73

제4장 ┃ "자본주의에서는 경제 위기가 반복된다" ··············· 101

제5장 ┃ "자본주의는 비민주적이다 – 부자들이 정치를 좌우한다" ·· 119

제6장 ┃ "자본주의는 독점을 조장한다" ························ 138

제7장 ┃ "자본주의는 이기심과 탐욕을 부추긴다" ············· 163

제8장 ┃ "자본주의는 불필요한 소비를 조장한다" ············· 183

제9장 ┃ "자본주의는 전쟁을 일으킨다" ························· 217

제10장 ┃ "자본주의에는 언제나 파시즘의 위험이 도사리고 있다" ·· 237

제2부 반자본주의 대안들 ································ 254

제11장 ┃ "사회주의는 서류상으로는 항상 좋아 보인다.
　　　　　그 서류가 역사책 안에 있을 때를 제외하고는…" ·········· 256

제3부 자본주의에 대한 대중의 인식 ·············· 304

제12장 | 한국인이 자본주의에 대해 생각하는 것 ·············· 306

제13장 | 아시아, 유럽, 남아메리카, 미국 사람들이 자본주의에 관해 생각하는 것 ·········· 336

결론 | 정치적 종교로서 반자본주의 ·············· 371

시장경제와 공동 번영 ·············· 390

부록 | 설문 조사 문항 ·············· 415

옮긴이 후기 ·············· 419

주석 ·············· 422

참고 문헌 ·············· 450

반자본주의자들의 가장 큰 오류 열 가지

제1장

"자본주의가 기아와 가난에 책임이 있다"

자본주의가 세계의 기아와 가난에 책임이 있다고들 한다. 당신은 어떻게 생각하는가? 지난 수십 년간 가난한 사람이 줄어들었을까, 아니면 오히려 늘었을까, 아니면 변함이 없었을까? 2016년에 24개국 2만 6,000명에게 지난 20년 이상의 기간에 절대적 빈곤 상황이 어떻게 되었는지 평가하라는 질문을 하였다. 응답자 가운데 겨우 13%만이 빈곤율이 감소했다고 답하고 70%는 반대로 빈곤율이 증가했다고 답했다. 이런 잘못된 인식은 선진국들에서 특히나 심했다. 독일에서는 겨우 8%만이 세계 인구 중 절대적 빈곤자 비중이 감소했다고 답했다. 2017년 영국의 시장 조사 기관 입소스 모리(Ipsos MORI)에 의해 수행된 연구에서도 유사한 결과가 나왔다. 이에 따르면 독일에서 응답자의 11%만이 세계적으로 절대적 빈곤이 감소했다고 응답한 반면, 중국에서는 49%가 그렇다고 응답했다.[1] 절대적 빈곤선이란 전 세계 모든 사람에게 동일하게 적용되고 있는 생필품의 총합이다. 이 생필품을 획득하지 못할 정도로 가난한 사람을 절대적 빈곤자로 본다.[2]

자본주의 성립 이전에 전 세계 대부분의 사람은 극단적인 가난 속에 살았다. 1820년 이들의 비중은 90%에 달했지만 오늘날 이 비중은 10% 아래로 떨어졌다. 특기할 만한 것은 지난 수십 년간 중국과 여타 다른 나라에서 사회주의 계획경제가 몰락한 이래 이제까지 인류의 역사에서 볼 수 없었던 속도로 빈곤층의 감소가 일어났다는 사실이다. 빈곤층의 비중이 1981년에는 42.7%에 달했는데 2021년이 되면 10% 이하로 낮아졌다.[3]

지난 수십 년간 지속되고 있는 이러한 추세는 결정적이다. 물론 최근에는 빈곤층이 다시 증가하고 있다. 하지만 이는 특히 코로나 유행병으로 인해 지금까지 계속해서 가난한 사람들이 많았던 나라들의 상황이 더욱 악화되었기 때문이다. 보다 장기적인 추세를 살펴보면 다른 긍정적인 사정들이 보인다. 최근 수십 년 동안에 어린이 노동이 급격하게 감소했다. 2000년에는 세계적으로 2억 4,600만 명의 어린이가 노동을 했었는데, 2020년에는 그 숫자가 1억 6,000만 명으로 줄어들었다.[4] 같은 기간 세계 인구는 61억 명에서 78억 명으로 증가했음에도 이런 결과가 나온 것이다.

빈곤이라는 주제를 이해하기 위해서는 역사에 눈을 돌릴 필요가 있다. 많은 사람이 자본주의가 전 세계에 기아와 가난을 가져왔다고 믿고 있다. 이들은 자본주의 이전 시대에 대해서 완전히 초현실적인 생각을 갖고 있다. 『진보(Progress)』라는 책을 저술한 요한 노르베리(Johan Norberg)는 젊은 시절에 반자본주의자였다. 하지만 그는 산업혁명 이전 시대에 사람들이 어떻게 살았었는지에 대해 단 한 번도 깊이 생각해 본 적이 없었다고 밝혔다.

"나는 이 시기를 기본적으로 마치 들판으로 소풍을 다녔던 시기로 생각했었다."[5]

사라 바겐크네히트(Sahra Wagenknecht)는 자신이 저술한 책 『독선(Die

Selbstgerechten)』에서 자본주의 이전에 사람들은 분명 궁핍한 생활을 했다고 하면서도 이것을 "아주 평온하고, 자연 친화적이며, 신뢰가 넘치는 공동체에 통합된 삶"으로서 자본주의와 비교하면 '전적으로 목가적인 삶'이라고 미화하고 있다.[6]

초기자본주의 시기의 노동 조건을 아주 극적으로 비난하면서 영국 노동자 계급의 사정에 대해 서술했던 자신의 유명한 책에서 프리드리히 엥겔스(Friedrich Engels)도 가내 수공업자의 삶을 목가적으로 그렸다. 그러면서 기계 노동과 자본주의가 등장함으로써 이들의 아름다운 삶이 파괴되었다고 주장했다.

"이렇게 노동자들(가내 수공업자들-역자)은 아주 안락한 생활을 했고, 아주 경건하고 정직한 가운데 의롭고 조용한 삶을 영위했으며, 이들의 물질적 수준은 이후의 노동자들에 비해 훨씬 더 나았다. 이들은 초과 노동을 할 필요가 없었고 원하는 만큼만 만들었으며, 그러면서도 자신들이 필요한 만큼 수입을 얻었다. 자신의 정원이나 들판에서 그 자체가 힐링이 되는 즐거운 노동을 했으며, 그밖에도 자신의 이웃과 함께 힐링하고 게임을 즐겼다. 그리고 이 모든 게임, 독일식 볼링, 공을 갖고 하는 놀이 등은 건강을 유지하고 신체를 단련시키는 데 기여했다. 이들은 대체로 강건하고 훌륭한 체격의 사람들로서 이들의 신체는 이웃해 살고 있는 농부들의 신체와 비교해도 아무런 차이가 없었다. 이들의 자녀들은 자유로운 시골 공기 속에서 성장했으며, 아이들이 부모의 일손을 돕는다 하더라도 그런 일은 어쩌다 있는 일이었다. 하루 여덟 시간 노동이니 열두 시간 노동이니 하는 말 자체가 있을 수 없었다."[7]

엥겔스는 이어서 다음과 같이 쓰고 있다.

"이들은 존경받는 사람들이었고 훌륭한 아버지였으며 도덕적인 생활을 했다. 이들 근처에는 경박하고 부도덕한 행동을 할 장소가 없었고, 또 이들이 가끔 들러 목을 축이는 선술집의 주인 또한 존경받는 사람이자 대규모 임차인으로서 좋은 맥주를 제공하고, 질서를 잘 유지하며, 이른 시간에 영업을 종료했기 때문이다. 이들은 낮에는 집에서 아이들과 함께 지냈고 아이들을 순종하고 하나님을 경외하도록 키웠다."

또 엥겔스는 이렇게도 적고 있다.

"젊은이들은 결혼할 때까지 친구들과 함께 목가적인 순박함과 친밀감 속에서 성장했다."

부정적으로 보이는 표현은 다음의 경우를 제외하고는 보이지 않는다.

"그러나 그들은 지적으로는 죽어 있었고, 오로지 자신들의 사소한 개인적 이해, 자신들의 직조기와 작은 정원을 위해 살았으며, 외부에서 벌어지고 있는 엄청난 움직임에 대해서는 아무것도 몰랐다. 이들은 자신들의 조용한 식물과 같은 삶에서 편안함을 느꼈으며, 만일 산업혁명이 없었더라면 이런 아주 낭만적이고 안락했지만 인간으로서의 가치는 없는 삶으로부터 결코 벗어나지 못했을 것이다."[8]

자본주의 이전 시기에 살았던 사람들의 삶의 모습은 위에서 언급된 것들 및 이와 유사하게 낭만적으로 그려진 표현들로 인해 그에 대해 제대로 파악할 수 없도록 미화되었다.

시간을 거슬러 자본주의 이전의 시기, 다시 말해 1820년 이전의 시대로 돌아가 보자. 가난은 결코 자본주의에 의해 생겨난 것이 아니라 이미 오래전부터 존재해 왔으며, 그것이 수천 년 동안 인간의 삶을 지배했었다. 가난에는 연원이 없지만 복리는 그 연원을 가지고 있다. 유명한 프랑스 역사학자인 페르낭 브로델(Fernand Braudel)은 15세기부터 18세기까지의 사회 역사에 관한 책을 집필했다. 그는 이 책에서 상대적으로 상황이 괜찮았던 유럽에서조차 물자 부족과 기근이 끊임없이 발생했다고 말하고 있다. 곡물 수확이 너무나 형편없어 두 해만 연속 작황이 안 좋으면 이는 곧 재앙을 의미했다.[9] 가장 형편이 좋았던 프랑스에서는 17세기에 열한 차례, 18세기에 열여섯 차례나 기근이 발생했다. 이 숫자조차 아마도 굉장히 낮게 파악된 것으로 보인다. 유럽 전체가 같은 상황에 놓여 있었다. 도시와 농촌 가리지 않고 굶주림이 떠나지 않았던 독일에서는 기근의 연속이었다.

많은 사람이 산업화 및 도시화의 진전이 굶주림과 가난을 몰고 왔다고 생각한다. 하지만 브로델은 농촌이 때때로 더 큰 고통을 겪었다고 적고 있다.

"상인, 도시 인구 및 지주에 의존하고 있는 농부는 저축을 전혀 하지 못했으며, 위기가 닥치면 거리에서 구걸이라도 하기 위해 혼잡하기 이를 데 없는 도시로 가지 않을 수 없었다. … 도시는 정기적으로 밀려오는 이 사람들(이들 속에는 도시 주변의 농촌에서 오는 곤궁한 자들은 물론이고 아주 먼 지역에서부터 떼를 지어 몰려오는 빈민들도 포함돼 있었다)의 쇄도에 대항해 스스로를 지키지 않으면 안 되었다."[10]

만일 도시의 형편이 농촌보다 전반적으로 더 나빴다면, 수백만 명의 사람이 도시로 몰려들지 않았을 것이다. 경제사학자 베르너 플룸페(Werner Plumpe)는 이렇게 말한다.

"새로운 공장과 산업이 등장하면서 프롤레타리아가 나온 것이 아니다. 오히려 대부분의 농촌에 만연해 있던 실업 때문에 프롤레타리아가 등장했다. … 오히려 산업화가 구조적인 실업 상태에 있는 수많은 사람이 가난에서 벗어나 산업노동자로서 생존할 수 있도록 도움을 주었던 것이다."[11]

이는 물론 도시에서 일자리를 찾고 일을 할 수 있었던 사람들에게만 해당되는 말이다. 그렇지 못한 사람들에게 운명은 가혹했다. 프랑스 파리에서는 병에 걸린 환자와 일을 할 수 없는 사람들은 구빈원(救貧院)으로 보내졌고, 일할 수 있는 사람들은 짝을 지어 묶여서는 도시의 해자(垓字)를 청소하는 힘들고, 역겹고, 끝도 없는 작업을 했다.[12]

기아는 많은 나라에서 가장 엄중한 문제였다. 핀란드에서는 1696~1697년에 엄청난 기근이 발생했다. 계산한 바에 따르면 인구의 약 4분의 1에서 3분의 1이 사망했다. 서유럽에서도 사람들은 종종 비인간적인 조건에서 삶을 이어갔다. 1662년 부르고뉴 지역의 대표자들은 "올해의 기근은 폐하의 영토 안에서 1만 가족 이상을 죽음으로 내몰았고, 사정이 괜찮다고 하는 도시에서조차 주민의 3분의 1은 풀을 뜯어 먹을 수밖에 없었습니다"라고 왕에게 보고했으며, 한 연대기 저자는 여기에 덧붙여 "여기서 일부 사람은 인육을 먹었다"라고 했다.[13]

일반 사람들이 먹던 음식은 걸쭉한 죽, 수프 아니면 형편없이 질이 나쁜 밀가루로 만든 빵이었는데, 이 빵은 1~2개월 간격으로 굽기 때문에 거의 언제나 곰팡이가 피어 있고 너무나 딱딱해서 대부분 도끼로 쪼개서 먹어야 할 정도였다.[14] 도시에 사는 사람 대부분도 하루에 2,000칼로리를 섭취해야만 했는데, 여기서 탄수화물의 비중이 전체 칼로리의 60% 이상을 차지했다.[15] 무엇을 먹는다는 말은 종종 평생을 빵만 먹거나 아니면 죽만 먹는 것을 의미했다.[16] 농촌의 주민들과 도시 노동자들 가운데 최하위 계층에서 빵의 소비가 특히 많았다. 르 그랑 도시(Le Grand d'Aussy)의 말에 따르면, 1782년 프랑스에서 미숙련 노동자 또는 농부는 매일 2~3파운드의 빵을 섭취했는데, "빵이 아닌 다른 것을 먹어야만 했던 사람들은 이만큼을 섭취하지 못했다."[17]

당시에 살았던 사람들은 비쩍 마르고 키가 작았다. 인류의 전 역사에 걸쳐 인간의 몸은 충분치 않은 칼로리 섭취에 적응했다. 앵거스 디턴(Angus Deaton)은 자신이 저술한 책 『위대한 탈출(The Great Awakening)』에 "18세기의 단신 노동자는 사실상 식량 함정에 빠졌다. 이들은 신체적으로 너무 허약했기 때문에 돈을 많이 벌 수 없었고, 일자리가 없으면 식료품을 살 돈이 없기 때문에 충분히 먹을 수 없었다"[18] 라고 썼다. 많은 사람이 자본주의 이전 시기에는 모든 것이 아주 아름답게 천천히 흘러가던 조화로운 상태였다며 열광하지만, 이 느림은 대부분 지속적인 영양실조에 의해 신체가 허약했기 때문에 나타난 결과였다.[19] 200년 전에는 영국과 프랑스 주민 가운데 대략 20%는 전혀 노동을 할 수 없었던 것으로 추정된다.

"이들에게는 기껏해야 하루 몇 시간 아주 천천히 걸을 수 있을 정도의 힘만 있었고, 이에 따라 이들은 평생을 구걸하며 살 수밖에 없었다."[20]

어떤 저술가는 1754년에 이런 보고를 했다.

"프랑스의 농부들은 복리와는 완전히 동떨어져 살면서 단 한 번도 생필품을 가져본 적이 없다. 이 사람들은 자신이 하는 험한 노동으로 인해 만 40세가 되기도 전에 쇠약해져버린다. … 프랑스 농부의 외모가 이미 신체적인 쇠약을 보여주고 있다."[21]

여타 다른 유럽 국가에서도 사정은 비슷했다. 브로델은 다음과 같이 확언했다.

"사망자와 출생자의 수가 대략 비슷하다는 것, 특히나 높은 영유아 사망률, 기근, 만성적인 영양실조, 심각한 유행병 등 이 모든 사정이 예전의 삶을 특징짓던 것들이다."

심지어 수십 년 동안 죽는 사람의 숫자가 새로 태어나는 아기의 숫자보다 많았다.[22] 당시에 그려진 그림들에서 볼 수 있듯이, 사람이 가지고 있는 것이라곤 등받이 없는 의자 두서너 개, 긴 의자 하나, 테이블로 사용하는 나무로 만든 통 등 극소수에 불과했다.[23]

삶이 그랬던 것처럼 사람들의 죽음도 역시 비참했다. 파리에서 나온 보고서에 의하면, 사람이 죽으면 삼베에 넣고 꿰매서는 파리 교외 클라마르 (Clamart)에 있는 생석회가 뿌려져 있는 공동묘지에 던져버린다. '누더기를 걸친 사제, 자그마한 방울 하나, 십자가 하나'가 가난한 사람의 장례 행렬에 대한 묘사이다. 사망하기 전에는 구빈원에서 차마 필설로 옮길 수 없을 정도의 처참한 상태에서 지냈다. 침대는 1,200개밖에 없는데 수용 환자는 5,000명에서 6,000명에 이르렀다. 그러다 보니 "신참자는 숨이 막 넘어가고 있는 사람과 이미 죽어 있는 시체 사이에 자리를 잡는다."[24]

필자가 이런 정황을 아주 상세하게 묘사한 이유는 당시 세계 인구의 90% 이상이 극단적인 가난 속에 살았다는 말이 구체적으로 무엇을 의미하는 것인지를 보여주기 위해서이다. 왜냐하면 서유럽이 아닌 지구상의 다른 지역에서는 그 사정이 훨씬 더 나빴기 때문이다.

영국의 경제학자 앵거스 매디슨(Angus Maddison)은 역사적인 데이터 계산 전문 학자이다. 그는 아주 복잡한 과정을 거쳐 1인당 국민총생산(GNP)을 추정했다. 서유럽에서 이 수치는 1820년에 1,202국제달러[25]였다. 북아메리카, 오스트레일리아, 뉴질랜드 등 다른 서구 국가들의 수치도 대략 비슷하다. 그러나 같은 시기 나머지 지역에서는 이 1인당 국민총생산이 겨

우 580국제달러로 서유럽의 절반에 불과했다.[26]

자본주의가 이룩한 업적은 장기간에 걸친 역사를 비교해보면 잘 알 수 있다. 서기 1년 서유럽 주민의 1인당 국민총생산은 576국제달러였고, 전 세계 평균은 467국제달러였다. 이 말은 곧 서유럽에서 서기 1년부터 1820년까지의 기간인 자본주의 이전 시기에 1인당 국민총생산이 두 배가 되었다는 것을 의미한다. 그리고 서유럽에서 이것보다 훨씬 짧은 기간인 1820년부터 2003년까지의 시기에 이 수치는 1,202국제달러에서 19,912국제달러로 상승하였고, 서구의 다른 자본주의 국가들에서는 23,710국제달러까지 치솟았다.[27]

이와 반대로 아시아에서는 1820년부터 1973년까지 1인당 국민총생산이 581국제달러에서 1,718국제달러까지밖에 상승하지 못했다. 그리고 이어지는 30년 동안에 4,434국제달러(2003년)까지 상승했다.[28]

무슨 일이 있었던 것일까? 아시아에서의 발전은 특히 1976년 마오쩌둥의 사망 이후 중국에서 자본주의가 차근차근 도입된 것에서 그 원인을 찾을 수 있다. 중국에서의 이러한 발전의 결과 전 세계적인 빈곤이 감소되었기에, 이에 대해 여기서 보다 자세히 설명하고자 한다.

1981년까지만 해도 극단적 빈곤에 시달리던 중국인의 비중은 전체 중국인의 88%에 달했지만 지금은 1% 아래로 떨어졌다. 세계 역사 어디에서도 그렇게 짧은 기간에 수억 명의 사람이 참혹한 가난에서 벗어나 중산층으로 상승한 예는 없다. 따라서 우리는 어떻게 가난으로부터 벗어날 수 있는지를 이론이 아니라 역사적인 현실을 통해 배울 수 있다.

잠시 과거를 돌아보자. 1950년대 말 마오쩌둥의 이른바 대약진운동의 결과 4,500만 명의 중국인이 죽었다. 학교에서 자본주의의 실제 혹은 가공의 문제점들에 대해서는 그렇게도 많이 가르치고 배우면서도 역사상 가장 규모가 컸던 이 사회주의 실험에 대해서는 일언반구도 없다는 사실은 충격이 아닐 수 없다.

필자는 저서 『부유한 자본주의 가난한 사회주의』에서 이에 대해 상세하게 다루면서 중국 저널리스트 양지성(Yang Jisheng)의 다음과 같은 보고서를 인용했다.

"기근이 막바지에 달할수록 그것은 죽음 자체보다도 더 끔찍했다. 옥수수의 속대, 들풀, 나무껍질, 새똥, 생쥐와 쥐, 면화 등 아무튼 배를 채울 수 있는 것은 무엇이든 먹어치웠다. 사람들은 관음토(觀音土), 즉 일종의 비옥한 점토질의 흙을 발견하면 그것을 파는 중에도 이미 입안으로 흙 한 덩어리를 집어넣었다."[29]

인육을 먹는 일이 연이어 발생했다. 처음에 사람들은 죽은 짐승의 사체를 먹다가 나중에는 자포자기의 상태로 인간의 시체를 땅에서 파내 요리해서 먹기 시작했다. 심지어는 인육이 다른 짐승의 고기와 마찬가지로 암시장에서 거래되었다.[30] 마오쩌둥이 죽고 나서 이루어진(물론 금방 금지되었지만) 안후이성 펑양 지구에 관한 연구는 1960년 봄에만 63건의 식인 사건이 있었고, 그중에는 한 부부가 여덟 살 난 아들을 목 졸라 죽이고는 먹은 사건도 있었다고 보고하고 있다.[31]

마오쩌둥이 대약진운동을 시작하기 전인 1958년에는 평균 수명이 거의 50세였는데, 1960년에는 30세 이하로 뚝 떨어졌다. 기근과 살인이 중단되고 5년이 지난 후에는 이 수치가 거의 55세까지 상승했다. 인류 역사상 가장 거대한 사회주의 실험이라고 하는 이 암울한 시기에 태어났던 중국인 가운데 3분의 1은 이 시기를 넘기지 못하고 사망했다.[32]

마오쩌둥 시대의 인간적 및 경제적 참극 이후 중국인들은 다른 나라의 실상은 어떤지 살펴보고자 대표단을 외국에 파견했다. 1978년부터 중국의 지도적인 정치인과 경제인들이 적극적으로 외국을 돌아보기 시작했다. 그들은 외국으로부터 무엇을 배워야 할지 파악하기 위해 20여 회에 걸쳐 50개 국 이상을 돌아다녔다. 일본의 노동자들이 어떻게 사는지를 본 정치인과 경제인들은 자신들의 눈을 가리고 있던 장막이 걷히고 중국에서 사회주의가 이룬 '업적'과 자본주의 국가들에서의 '곤궁'을 비교하게 되면서 자신들이 수년간 공산주의 선전에 속았다는 것을 깨달았다. "외국에 대해 알면 알수록 우리가 얼마나 뒤처져 있는지가 점점 더 분명해졌다"라는 말을 자본주의 개혁을 이끌었던 덩샤오핑은 수도 없이 반복했다.[33]

중국에서 자본주의로 방향을 틀어 계획경제를 폐지하고 시장경제를 도입하는 일은 천천히 더듬더듬 시작되었으며, 국영 기업에는 한 단계 한 단계씩 독립성이 주어졌다. 사회주의 국가 경제에서 시장경제로의 전환은 단숨에 이루어진 것이 아니고, 수년, 수십 년에 걸쳐 이루어졌으며 그 과정은 아직도 종료되지 않았다. 그리고 적어도 위로부터, 다시 말해 당에 의해 시작된 것 못지 않게 아래로부터, 즉 농부들로부터의 움직임도 중요했다.

대약진운동을 겪은 후 농부들은 공식적으로 금지되어 있는 농지의 개인 점유 활동을 시작했다. 그런데 사적으로 농사를 지어 얻은 수확물이 훨씬 많았으며, 이에 따라 당 관료들이 사람들에게 사적 점유를 할 수 있게 내버려 둔다는 사실이 곧 알려졌다. 처음에는 진짜 가난한 '거지 농부들' 사이에서 실험이 진행되었는데, 이 실험은 "만일 잘못되더라도 나쁠 게 없다. 왜? 더 이상 내려갈 수 없이 바닥까지 내려간 사람들이니까"라는 슬로건 아래 진행되었다. 당 지도부는 작은 농촌 마을에 사는 농부들에게 질이 아주 형편없는 농지에서 사적으로 경작할 수 있도록 허락했다. 그곳에서 나오는 수확물이 집단으로 경작한 농지에서 나오는 수확물의 세 배에 달할 것이라고는 아무도 예상하지 못했다.

1982년 사적으로 농사짓는 것을 금지하는 규정이 공식적으로 폐지되기 훨씬 이전에 이미 중국 전역에서는 농부들의 자발적인 시도들이 있었고, 이를 통해 사회주의적 신조와는 반대되는 사적 소유가 다시 도입되었다. 그 결과는 아주 긍정적이었다. 사람들은 더 이상 굶주리지 않아도 되었고, 농작물 수확은 급격하게 증가했다.

그런데 농지에서만 이런 변화가 일어난 것은 아니다. 대규모 국영 기업 이면에는 수없이 많은 지방 기업이 존재했는데, 이것들은 공식적으로는 시나 자치단체에 속했지만 점차 민간 기업처럼 경영이 이루어졌다. 이 기업들의 성과가 덩치 큰 국영 기업보다 훨씬 좋다는 것이 드러났는데, 그 이유는 이 기업들은 계획경제의 꽉 짜인 지시를 받지 않아도 되었기 때문이다. 1980년대에는 점차 사실상의 민간 경제처럼 운영되는 기업들이 생겨났다. 전적으로 국가 소유만이 존재해야 하고 국가 계획 당국의 지시를 받아야 하는 사회주의 체제는 밑으로부터 하나씩 무너져갔다.

특히 주목해야 할 것은 이른바 특별경제구역(경제특구)을 조성한 일이다. 경제특구란 일정한 구역을 지정해서 이 구역 내에서는 사회주의적 경제 체제의 적용을 배제하고 자본주의적 경제 형태를 실험할 수 있도록 허가된 구역을 말한다. 최초의 경제특구는 선전[深圳]이었는데, 이 지역은 당시 정치 및 경제적으로 독립적이었던 자본주의 홍콩과 가까웠다. 당시 자그마한 어촌 마을이던 선전은 수많은 중국인이 사회주의 중국에서 탈출하여 자본주의 홍콩으로 넘어가려고 시도했던 곳이었다.

덩샤오핑은 영리하게도 군대와 강력한 국경 통제만으로는 이런 탈출을 막을 수 없으며 사람들이 탈출하는 이유를 찾아내서 해결하지 않으면 안 된다는 것을 인식했다. 선전이 속해 있는 광둥성의 당 지도부는 불법 이주에 대한 연구를 실시했다. 당 지도부는 탈출한 사람들이 선전강 건너편 홍콩 구역으로 이주하여 그곳에 자신들만의 마을을 형성해 살면서 강 이쪽 편 사회주의에서 일하는 사람들에 비해 100배나 많은 돈을 번다는 사실을 알게 되었다.

덩샤오핑은 중국은 선전 강 이쪽 지역의 생활 수준을 높여 더 이상 사람들이 강 저쪽으로 달아날 이유가 없게 만들어야 한다고 주장했다. 당시 인구가 채 3만 명도 되지 않던 선전이 중국 최초의 자본주의 실험장이 되었다. 자본주의가 사회주의보다 훨씬 나은 성과를 보인다는 것을 홍콩과 싱가포르에서 목격했던 당 관료들은 이 경제특구에서 시장경제 실험을 할 수 있도록 허락했다.

한때 생존의 위협을 피해 달아났던 작은 어촌 마을은 오늘날 홍콩 및 마카오와 더불어 중국에서 1인당 소득이 가장 높은 도시가 되었다. 약 1,200만 명의 주민이 거주하고 있으며, 지역 경제를 떠받치고 있는 주요 산업은 전자산업과 통신산업이다. 경제특구 모델은 곧 다른 지역으로도 급속히 확산되었다. 외국인 투자자들에게 이 경제특구는 아주 매력적인 투자처였다. 그들은 낮은 세율, 저렴한 토지 임차료, 가벼운 관료주의적 행정 요구 조건 등의 특혜를 받았다. 이곳에는 오늘날 많은 유럽 국가에서 보다 더 자유로운 시장경제가 펼쳐졌다.

필자는 2018년 8월에 이 지역을 처음으로 방문했고 2019년 12월에 두 번째로 방문했다. 필자는 그곳에서 활동하고 있는 한 민간 싱크탱크 관계자들과 이야기를 나눴다. 싱크탱크 대표자는 교수였는데, 그는 중국 공산당은 물론 그 외 여덟 개의 정당 어디에도 속하지 않은 사람이었다. 그는 "아마도 우리가 자본주의의 마지막 수호자가 되지 않을까요"라고 말했다. 유럽과 미국에서 사회주의 사상이 중흥기를 맞이하고 있다는 사실이 그에게는 전혀 이해가 되지 않았다.

"이곳 중국에서는 마르크스 사상을 믿는 사람은 단 한 사람도 없습니다."

1992년 10월에 열린 중국 공산당 제14차 전당대회가 처음 공식적으로 시장경제를 개혁의 목표로 한다고 공표한 것이 결정적인 행보였다. 이는 불과 몇 년 전까지만 해도 상상할 수도 없던 일이었다. 개혁은 점점 더 탄력을 받았다. 비록 계획경제가 폐지된 것은 아니지만, 국가가 결정하는 천연자원, 운송 서비스 및 자본재의 가격이 급격하게 떨어졌다.

나아가 국영 기업에 대한 개혁도 시작되었다. 민간의 개인과 외국 투자자들도 공동 출자자로 참여할 수 있게 되었다. 민영화 과정은 추진력을 얻었고, 많은 기업이 증권거래소에 상장되었다. 또 수많은 지역에서 자발적인 혹은 지방 정부에 의해 시작된 민영화도 이루어졌다. 기업 간 경쟁이 이루어지자 국영 기업의 상당수는 더 이상 생존하기 어려웠다.

중국의 발전상은 경제 성장이 이루어지면 불평등도 증가하지만 대다수의 사람에게 혜택이 돌아간다는 사실을 보여준다. 오늘날 중국에는 다른 어떤 나라, 심지어 미국보다도 더 많은 억만장자가 있다. 이는 부자들이 부자가 되는 이유는 가난한 사람들의 것을 빼앗기 때문이라고 생각하는 반자본주의자들의 '제로섬(zero-sum) 사고'가 얼마나 어리석은 것인지를 보여준다. 전혀 그렇지 않다. 중국에 수많은 백만장자 억만장자가 있음에도 수억 명 사람의 형편이 이전보다 훨씬 좋아진 이유는 덩샤오핑이 "몇몇 사람만이라도 먼저 부자가 되도록 하자"라는 슬로건 아래 개혁을 추진했기 때문이다.

경제 발전에 최우선 순위를 두어야 한다는 덩샤오핑의 생각이 옳았다는 것은 다음과 같은 사실이 잘 보여준다. 지난 수십 년간 중국에서 빈곤이 가장 크게 줄어든 지역들은 높은 경제성장률을 보였던 바로 그런 지역들이다. 중국의 발전에 국가가 큰 역할을 했다는 잘못된 해석이 서구 사회와 중국에서 퍼지고 있다. 중국 경제의 성공 비결이 독특한 중국식 모델에 기반했기 때문이라는 생각을 중국의 많은 정치인과 학자들이 가지고 있는 것이다. 그러나 중국 경제 분석가이자 중국 경제 성장에 한몫을 담당했던 장(Weiying Zhang)은 국가가 큰 역할을 했기 때문에 중국이 경이로운 성과를 달성했다는 생각은 틀렸다고 주장한다.

"중국식 모델을 따르는 사람들은 틀렸다. 왜냐하면, 그들은 '그럼에도 불구하고'라는 단어를 '덕분에'라는 단어와 혼동하고 있기 때문이다. 중국은 무제한의 정부 및 아주 비효율적인 **국가 부문 덕분에** 성장한 것이 아니라 **그럼에도 불구하고** 빠르게 성장했던 것이다."[34]

사실상 중국의 엄청난 경제 성장을 추동한 힘은 시장화와 민영화라고 할 수 있다. 장 교수는 중국 여러 지역의 데이터들을 분석했다. 그 분석의 결론은 이렇다.

"시장지향적 개혁을 강하게 추진한 지역일수록 더 높은 경제 성장을 달성했다. 그리고 시장개혁을 미진하게 추진한 지역은 경제 성장에서도 역시 뒤처졌다."[35]

시장경제적 개혁을 가장 강력하게 추진했던 지역, 즉 광둥[廣東], 저장[浙江], 푸젠[福建], 장쑤[江蘇] 지역은 동시에 경제적으로 가장 많이 발전한 지역이었다. 아주 중요한 사실이 하나 있다.

"개혁을 진행하는 데 최선의 방책은 언제까지 무엇이 달성되어야 한다는 식의 목표 수치가 아니라, 해당 기간 중에 **시장경제가 더 많이 관철되도록 하는 것**이다."[36]

민간 기업이 결정적인 역할을 한 지역의 성장률이 가장 높다. 관련 데이터는 "민영화가 강력하게 이루어진 지역이 더 빨리 성장할 것이며, 높은 성장을 추동하는 힘은 국가 부문이 아닌 비국가 부문"이라는 사실을 보여준다.[37] 지난 수십 년간의 중국에서는 시장의 힘이 강력해진 적도 있었고, 국가의 역할이 다시 강력해진 적도 있었다. 장기적 관점에서 볼 때 주된 경향은 '국가 아웃(out), 민간 인(in)'이었지만, 이와는 반대 방향, 즉 '국가 인, 민간 아웃'하던 시기와 지역도 꾸준히 존재했다. 장 교수는 '국가 아웃, 민간 인' 지역과 '국가 인, 민간 아웃' 지역에서의 성장률을 각각 조사했다. 물론 여기서 드러난 결과도 분명하다. '국가 아웃, 민간 인' 지역에서의 경제 성과가 훨씬 더 뛰어났다. 이는 "지난 40년간 이루어진 중국의 급속한 경제 성장은 시장 및 비국가 부문에 의해 추동된 것이었으며, 중국 모델 운운하는 이론가들의 주장처럼 정부와 국가 부문에 의해 이루어진 것이 아니었다"[38]라는 점을 잘 보여준다. 중국 경제의 앞으로의 발전을 위한 핵심은 혁신의 수준을 높이는 것이다. 산업에서의 연구 개발의 강도, 1인당 특허 수 및 전체 산업 매출에서 신상품 매출이 차지하는 비중을 분석해보면, 혁신에 관한 이 모든 지표는 시장화 정도와 통계적으로 확실한 양(+)의 상관관계를 갖는다는 것을 알 수 있다.[39]

필자는 장 교수와 베이징에서 만났다. 나와의 대화에서 장은 중국 경제 성장의 원인을 잘못 이해하는 것은 매우 위험한 일이라는 점을 강조했다. 만일 서구 사람이 중국이 발전하게 된 기반이 자본주의와 사회주의 사이의 특별한 '제3의 길'이라든가 아니면 '국가자본주의'라고 오해하면, 서구에서도 완전히 잘못된 결론으로 이어지게 될 것이다. 2020년에 출간된 자신의 저서 『중국의 미래를 위한 아이디어(Ideas for China's Future)』에서 장은 다음과 같이 극적으로 표현했다.

"한쪽 팔이 없는 사람이 아주 빨리 달리는 것을 당신이 보았다고 하자. 만일 여기서 당신이 그가 빨리 달릴 수 있는 것은 한쪽 팔이 없기 때문이라는 결론을 내리게 되면, 이는 곧 다른 사람에게 한쪽 팔을 잘라버리라고 촉구하는 것과 다를 바 없다. 이것은 재앙이다. … 경제학자들은 '그럼에도 불구하고'라는 단어와 '덕분에'라는 단어를 결코 혼동해서는 안 된다."[40]

장 교수는 여러 가지 관점에서 볼 때 중국의 길은 유별난 것이 아니라고 강조한다.

"중국의 경제 발전은 사실상 몇몇 서구 국가, 예를 들면 산업혁명 시기의 영국, 19세기 후반 및 20세기 초반의 미국, 제2차 세계대전 이후 일본과 한국을 위시한 몇몇 아시아 국가에서 일어났던 경제 발전과 근본적으로 차이가 없다. 시장 메커니즘이 도입되고 부를 추구하게 하는 적절한 자극이 주어지면 성장의 기적은 조만간 따라오게 되어 있다."[41]

실제로 유럽과 미국에서 초기자본주의 시기의 성장에 상응하는 사례들을 볼 수 있다. 반자본주의자들에게 초기자본주의란 단어는 끔찍한 의미로 통하지만, 실제로 그 시기에 노동자들의 삶의 조건은 극적으로 향상되었다. 미국의 경제학자 토마스 딜로렌조(Thomas J. DiLorenzo)는 미국과 관련해 다음과 같은 수치를 들어 이런 사실을 확실히 밝혔다.

"1820년에서 1860년 사이에 임금은 매년 약 1.6% 비율로 올랐다. 동시에 평균적인 노동자 임금의 구매력은 지역에 따라 60%에서 90%까지 상승했다. 경제학자들이 '제2차 산업혁명'이라고 부르는 시기인 1860년부터 1890년까지의 시기에는 미국에서 (인플레이션을 고려한) 실질임금이 50%나 올랐다. 동시에 평균 노동 시간은 감소했다. 이 말은 곧 이 시기 평균적인 미국인의 실질임금이 대략 60% 이상 상승했다는 것을 의미한다."[42]

비인간적이고 굴욕적인 상태였다며 특별히 나쁜 사례로 종종 거론되는 영국의 초기자본주의 상황도 이와 마찬가지였다. 전 세계 역사상 자본주의만큼 기아와 빈곤의 극복에 기여한 체제는 없다. 인간에 의해 저질러진 최악의 기근은 과거 100년 간 사회주의에 의해 벌어진 것이었다. 1927년 발간된 『소비에트 대백과사전(Great Soviet Encyclopedia)』의 공식적인 발표에 따르면, 볼셰비키 혁명 이후인 1921~1922년 러시아에서 발생한 기근으로 500만 명이 사망했다. 심지어 1,000만 명에서 1,400만 명이 사망했다는 추정치도 있다. 불과 1년 후에 이오시프 스탈린(Josef Stalin)은 농업을 사회주의적 집단화하고 '부농들을 청산'함으로써 또 다른 기근을 촉발시켰고, 이로 인해 600만 명에서 800만 명이 희생되었다. 특히나 큰 피해를 당한 곳은 카자흐스탄으로, 카자흐스탄 국민의 3분의 1인 150만 명이 사망했다.[43]

중국학 연구자인 펠릭스 벰호이어(Felix Wemheuer)는 자신의 저서 『대기근(Der groß e Hunger)』에서 이렇게 쓰고 있다.

"'기근'이라는 단어를 보면 대다수의 사람은 우선 아프리카를 떠올린

다. 그런데 20세기에 기근으로 인해 사망한 사람들의 80%는 중국과 소비에트연방 사람들이었다.[44]

여기에는 영양실조와 부실한 의료로 인해 매일매일 사망하는 사람들은 포함되지 않는다. 기근이란 각각의 국가에서 사망률이 통상적인 수치를 벗어나 폭발적으로 상승했을 때의 사건을 의미한다.[45] 다른 수치를 하나 보자. 중국과 소비에트연방에서 공산주의가 막을 내린 것이야말로 1990년에서 2017년까지 굶주림이 42%나 감소하는 데 결정적인 기여를 하였다.[46]

사람들이 굶주림과 빈곤에 대해 생각할 때 20세기 대규모 기근 사태가 벌어지는 데 책임이 있었던 사회주의가 아니라 오히려 자본주의를 떠올리는 경향이 있는 것은 전형적인 오해 때문이다. 지구상에 남아 있는 극소수 사회주의 국가 가운데 하나인 북한에서는 1994년부터 1998년 사이에 수십만 명이 기근으로 사망했다. 탈북하기 전 북한의 엘리트였던 장진성은 1990년대 말 북한에서 겪었던 일에 대해 이렇게 묘사하고 있다. 아사 직전의 사람들은 죽기 전에 공원에서 구걸을 했다. 여기에는 자체적인 '시체 부대'라는 것이 있었는데, 이 부대의 구성원들은 이미 죽은 사람인지 아닌지 확인하기 위해 사람들의 몸뚱이를 꼬챙이로 찔러보고 다녔다. 그는 시체가 어떻게 손수레에 실리는지를 보았다. 뼈와 가죽만 남은 맨발들이 이리저리 삐죽삐죽 튀어나와 있었다. 남편은 이미 굶어 죽었고 혼자 남겨진 부인은 시장 바닥에서 자기의 딸을 100원(10센트도 안 되는 돈)에 판다고 했다.[47]

수치를 몇 가지 보자. 헤리티지재단이 작성하는 '경제자유지수(Index of Economic Freedom)'는 매우 자본주의적인 국가들의 1인당 국민총생산이 평균 7만 1,576달러라는 것을 보여준다. 대체로 자유로운 국가들의 평균은 4만 7,706달러이다. 반대로 대체로 자유롭지 못한, 혹은 전적으로 자유롭지 못한 국가들의 1인당 국민총생산은 6,834달러 및 7,163달러에 불과하다.[48]

유엔의 '글로벌 다면 빈곤지수(Global Multidimensional Poverty Index: MPI)'[49]는 80개 개발도상국의 여러 가지 빈곤(건강, 생활 수준, 교육)의 형태를 측정한다. 이 지수를 경제자유지수와 비교하면, 경제적으로 자유롭지 못한 개발도상국에 사는 사람들의 35.3%가 '다면적 빈곤'의 삶을 살고 있는 반면, 경제적으로 대체로 자유로운 개발도상국에 사는 사람들의 경우에는 단지 7.9%만이 그런 삶을 살고 있다.[50] 오로지 부자 나라로부터 가난한 나라로 돈을 재분배해야만 한다는 믿음은 너무 순진하다. 경제란 전체를 부자로 만들기 위해 어떤 한 사람, 어떤 한 집단 혹은 어떤 한 나라로부터 무언가를 빼앗아와야만 하는 제로섬게임이 아니다. 1820년 이래 서구의 발전 및 지난 40년 동안의 중국, 한국 또는 베트남 등 아시아 국가들의 발전이 보여주듯이 진정으로 가난에서 벗어나게 만드는 것은 더 많은 경제적 자유이다.

아프리카 국가들에의 원조가 도움이 되기보다는 오히려 해가 된다는 것은 수많은 연구가 증명하고 많은 경제학자가 강조하는 바다.[51] 아프리카에 원조가 집중되었던 1970년에서 1998년 사이에 아프리카 대륙의 빈곤층은 11%에서 66%로 증가했다.[52] 외국의 원조 자금은 대체로 자국민의 복리에 대해서는 일말의 책임감도 느끼지 않는 부패한 정부를 재정적으로 지원했다. 외국의 원조는 또한 권력자들이 자국민들의 지지 여부에 무심하도록 만들었다. 그래서 그들은 거리낌 없이 법의 지배를 차단하고,

투명한 정치적 시민적 제도의 형성과 시민의 기본권 보호를 방해했다. 그들에게는 자국 투자자와 외국인 투자자 모두가 이 가난한 나라에서 적극적으로 활동하지 못하도록 방해한 책임도 있다. 이처럼 서구 세계의 개발원조는 많은 아프리카 국가의 경제 발전을 거꾸로 되돌리는 데 기여했다.

아프리카에서는 제대로 작동하는 자본주의가 성립될 수 없었다. 왜냐하면 엄청난 부패와 불안정한 상황이 투자자들을 크게 위축시켰기 때문이다.[53] 이는 경제 침체로 이어지고 결국에는 성장이 멈춰버렸다. 부패한 공무원들은 국민의 복리를 위한 의사결정을 하는 것이 아니라, 자기 잇속을 얼마나 챙길 수 있느냐에 따라 결정하였다. 엄청난 규모의 원조 자금 및 원조에 기대는 문화는 아프리카 정부들로 하여금 비생산적인 공공 부문을 계속 확대하도록 만들었는데, 이는 권력자가 자신의 측근들에게 보상하는 여러 방법 가운데 하나이다.[54]

물론 부자라면 자연 재해나 유행병 같은 긴급한 위기 시에는 가난한 사람들에게 도움을 주어야 한다. 잘 사는 나라 안에서 질병이나 여타 다른 불행한 일을 당해 본인의 잘못도 없이 가난하게 된 사람들에게 도움을 주는 것도 당연한 일이다. 이런 경우에 개인 또는 국가가 관대한 도움의 손길을 내미는 것도 당연하다. 하지만 이런 도움의 손길이 구조적인 가난에 대해서는 아무런 도움도 되지 못한다.

미국과 유럽에서는 가난, 굶주림, 어린이 노동 등 여러 문제를 극복해 나가는 방안에 대해 아주 순진한 생각들을 갖고 있다. 많은 사람이 어린이 노동으로 만들어진 생산품을 구매하지 않는 것이 좋은 행동이라고 느낀다. 하지만 이른바 어린이 노동 반대 활동가들의 '승리'가 종종 가난한 나라에 사는 사람들의 사정을 더욱 악화시켰다.

요한 노르베리(Johan Norberg)는 다음과 같은 사례를 보고하고 있다. 미국의 대형마트 체인인 월마트가 어린이 노동으로 생산된 의류 제품을 구매해서 판매한다는 사실이 드러났다. 미 의회는 어린이 노동이 행해지는 국가로부터의 수입을 금지하겠다고 위협했다. 그러자 곧장 방글라데시 의류 제조 공장에서 일하던 어린이 수천 명이 해고되었다. 이와 관련하여 국제적인 조직들이 이 어린이들이 해고 이후 어떻게 되었는가에 관해 추적한 결과, 그들 중 많은 수의 어린이가 이전에 비해 훨씬 더 위험하고 임금도 낮은 곳에 취업해 있었고, 또 일부 어린이는 매춘을 하고 있었다는 사실이 밝혀졌다. 유니세프에 따르면 네팔에서 생산되는 카펫에 대해 앞서와 유사한 구매 거부 운동이 벌어진 결과 5,000명 이상의 소녀가 매춘으로 내몰렸다고 한다.[55]

2014년 여름 볼리비아에서 어린이 노동에 관한 법률이 새로이 제정되자 전 세계적인 이목이 집중되었고 많은 논란이 벌어졌다. 이 법은 예외적인 경우, 무엇보다도 노동을 하게 될 어린이 스스로 요구하는 경우에 한해 10세 어린이부터 노동을 할 수 있도록 허용하고 있다. 세상에 어찌 이런 일이? 이에 대해 유니세프는 이렇게 말했다.

"기본적으로 우리는 중저소득 국가들 대부분에서 어린이 노동이 하나의 현실이라는 점을 인정해야만 한다. 볼리비아에 살고 있는 많은 소년 소녀는 죽지 않고 살기 위해서는 자신들이 일을 해서 돈을 벌어야만 한다는 이야기를 했다. 이 법에 찬성하는 사람들은 만약 어린이 노동이 허용되지 않는다면 이 어린이들은 불법적으로 일을 함으로써 더 위험한 상황에 빠지거나 착취를 당하게 될 것이라고 생각한다. 반대로 이 법을 비판하는 사람들은 이 법으로 인해 어린이 보호에 구멍이 뚫릴 것을 우려한다."[56]

어린이 노동은 세계적으로 엄청나게 줄어들었지만, 이는 어린이 노동의 금지나 구매 거부 운동의 결과가 아니라 많은 개발도상국 국민들의 생활 형편이 결정적으로 향상되었기 때문이다. 이전에는 자녀가 같이 일을 해야만 살 수 있었던 가정의 부모들이 이제는 이전에 비해 훨씬 더 많은 수입을 얻으면서 자녀들을 학교에 보낼 수 있게 된 것이다. 자본주의를 줄이는 것이 아니라 더 많이 확대한 것이야말로 어린이 노동이 없어지는 데 커다란 공헌을 한 것이다.

그런데 선진국, 부자 나라에서는 가난과 관련해서 어떤 생각들을 갖고 있을까? 여기서는 우선 이른바 상대적 빈곤과 절대적 빈곤이 구분된다. 독일이나 스웨덴과 같은 국가들에서 빈곤이라는 말은 대부분 상대적 빈곤을 가리키는 말이다. 상대적 빈곤자라고 하면 예를 들어 중위소득의 60% 미만의 소득을 얻는 사람을 말한다. 이런 식의 빈곤은 영원히 퇴치될 수 없다. 왜냐하면 중위소득이 얼마나 상승하는지와는 무관하게 이 중위소득의 60% 미만을 얻는 사람은 언제나 존재할 것이기 때문이다. 중위소득이라고 하는 통계 수치의 특성상 필연적으로 그렇게 될 수밖에 없다. 중위소득이란 평균소득이 아니고, 모든 사람(가구)을 소득순으로 순위를 매겼을 때 한가운데를 차지한 사람(가구)의 소득을 말한다. 따라서 중위소득의 한쪽 절반에는 중위소득 이상의 소득을 올리는 사람들이 있는 반면에, 다른 쪽 절반에는 중위소득 이하의 소득밖에 올리지 못하는 사람들이 언제나 존재하게 마련이다.

반자본주의자들은 부자 나라에 살고 있는 (상대적으로) 가난한 사람들이 스스로의 잘못 없이 가난해진 것이라고 언제나 주장한다. 반자본주의자들은 만일 누군가가 독일, 영국, 스웨덴, 미국과 같은 나라에도 가난한 사람들이 존재하지만, 이들의 처지가 그렇게 된 데에는 이들 자신에게 전적으로 책임이 있거나 적어도 일부 책임이 있다는 말을 하면 노골적으로 분노한다. 실제로 본인의 잘못 없이 가난해진 사람들도 있지만, 스스로 일을 하기보다는 복지국가의 혜택에 기대려는 사람들도 있다는 것은 틀림없는 사실이다. 과중한 세금과 사회복지 부담금으로 인해 일을 하더라도 개인에게 남는 것은 적은 반면에, 독일에서처럼 복지국가의 혜택이 상대적으로 아주 관대하게 주어지면 복지국가의 혜택에 기대어 살면서 암시장 같은 곳에서 몰래 일하려는 사람들이 언제나 존재한다는 것은 충분히 이해가 가는 일이다. 왜냐하면 이렇게 하게 되면 주 40시간을 정상적으로 일을 하는 사람에 비해 더 적은 시간 일을 하면서도 수입은 같거나 심지어 더 많을 수도 있기 때문이다. 따라서 이런 사람들을 탓하기 전에 먼저 그런 행위가 경제적으로 합리적인 행위처럼 보이도록 만드는 시스템을 탓해야 할 것이다.

반자본주의자들은 가난한 사람 모두를 자본주의, 사회적 불공정 등의 피해자로 바라본다. 그런데 그들을 피해자로 바라보는 것이 그들에게 무슨 도움이 될까? 가난한 사람에게 "당신은 피해자입니다. 이 시스템 속에서 당신이 당신의 운명을 바꿀 수 있다는 말에 속아 넘어가지 마세요. 당신의 처지는 자본주의가 폐기되어야만 비로소 바뀔 것입니다"라고 말해주는 것이 진정 인간적일까? 이런 메시지는 첫 번째로는 틀린 메시지일 뿐만 아니라, 두 번째로는 사람을 낙담시키는 메시지이다.

자유주의자는 사람들에게 자신의 운명을 자신의 손아귀에 틀어쥐고, 다른 사람이 나 자신을 위해 어떤 일을 해줄 것이라든지 혹은 사회가 저절로 변화할 것이라는 기대에 맡기지 말라며 용기를 북돋는다. 아울러 자유주의자들은 반자본주의자들이 설파하는 것, 즉 자본주의의 폐기를 통한 가난과 고난의 완화는 인류 역사 어디에서도 나타난 적이 없으며, 언제나 그것과는 정반대였다는 사실을 잘 알고 있다. 즉, 자본주의가 무너진 곳에서 가난은 더욱 확대되었다.

제2장

"자본주의는 불평등을 확대시킨다"

"가난한 사람은 점점 더 가난해지고 부자는 점점 더 부자가 된다."

자주 반복되는 이 말의 적어도 앞부분은 틀린 말이라는 점은 앞 장에서 이미 살펴보았다. 종종 슈퍼부자들이 가지고 있는 어마어마한 자산과 일반 국민 대중이 가지고 있는 자산을 서로 비교한다. 슈퍼부자들의 자산은 정말로 어마어마하게 많지만, 그것의 대부분은 생산적 기업 자산과 연계되어 있다. 많은 사람이 제프 베이조스(Jeff Bezos, 아마존 창업자)가 자신의 은행 계좌에 1,000억 혹은 2,000억 달러를 넣어놓고 있는 것으로 생각한다. 그런데 실제로 그의 자산의 대부분(95% 이상)은 전 세계에 걸쳐 130만 명의 근로자가 일하고 있는 자신의 기업 아마존(Amazon)의 주식과 연계되어 있다.

보다 근본적인 질문부터 해보자. 불평등이라는 주제에 대해 어떻게 생각하는가? 자본주의에서 부자와 가난한 사람 사이의 격차가 계속해서 벌어진다는데, 맞는 말인가? 이 질문에 대해 답을 하기 전에 먼저 다음과 같은 질문을 던지는 것이 좋을 듯하다. 평등이란 정말로 추구할 가치가 있는 것인가? 평등이란 도대체 무엇을 의미하는 것인가? 사람들은 왜 가난보다는 불평등을 더 못마땅해하는 것일까?

유토피아 소설을 썼던 예전의 작가들은 평등의 이상에 집착했었다. 거의 모든 유토피아적 설계도에는 생산 수단에 대한 사적 소유(그리고 가끔은 모든 사유재산까지)를 폐지하고 빈자와 부자 사이의 모든 격차를 없앤다는 내용이 들어 있다. 이미 1517년 출간된 영국의 토마스 모어(Thomas More, 그는 이 소설 장르의 이름의 기초를 세웠다)의 소설 『유토피아(Utopia)』에도 이런 이야기가 나온다.

"그러기에 사적 소유가 폐지되지 않는 한 소유물이 평등하고 공정하게 분배되지 않고 사람들의 운명도 행복해질 수 없다고 확신합니다. 사적 소유가 계속해서 존속하는 한 대다수 사람의 등에는 가난과 고난이라는 피할 길 없는 멍에가 언제까지나 남아 있을 것입니다."[1]

1643년에 출간된 이탈리아 철학자 토마스 캄파넬라(Tommaso Campanella)의 『태양의 도시(The City of the Sun)』라는 소설에서는 거의 모든 남자와 여자가 동일한 의복을 입는다. 독일의 신학자이자 작가인 요한 발렌틴 안드레아(Johann Valentin Andreä)의 유토피아에서는 기독교인들에게 단지 두 가지 유형의 의복만이 제공된다.

"모든 의복은 한 가지 패턴으로만 디자인되고, 의복을 착용할 사람의 성별과 나이에 따라서만 구분된다. 재료는 삼베나 울이고, 계절의 춥고 더움에 따라 변경된다. 색깔은 모두 흰색 아니면 잿빛이며, 누구도 호화롭게 입어서는 안 된다."

많은 유토피아 소설 속에서는 사람들이 사는 주거용 건축물마저도 모습이 똑같다.[2]

'사회적 불공정'에 대해 성토하는 사람 누구라도 오늘날 아주 급진적인

'똑같이 만들기'의 의미로 그 말을 사용하지는 않는다. 거의 모든 사람이 당연히 소득에 차이가 있어야 한다는 점을 인정한다. 하지만 그들은 여기에 한 가지를 추가한다. 즉 그 차이가 '과도해서는' 안 된다는 것이다. 그런데 어떤 것이 '과도한 것'이고 어떤 것이 적절한 것인가? 사회적 불평등에 대해 비판하는 많은 비판가는 지난 수십 년간 그 차이가 확대되었다고 지적한다. 오늘날 예를 들어 기업의 최고경영자들이 근로자들보다 예전에 비해 훨씬 더 많이 받는다는 것이다. 그렇다면 '예전에는' 적절했다는 말인가? 전혀 그렇지 않다. 왜냐하면 오늘날 '과도한 불평등'에 대해 성토하는 사람 대다수는 현재와 똑같은 이야기를 과거에도 하고 있었기 때문이다.

철학적인 '평등 이론'이나 많은 사람이 가지고 있는 일반적인 생각도 누군가 일을 해서 받게 되는 보상은 그가 일한 것에 비례해야 한다는 것이다.

"만일 이런 관계가 평등하지 않다면, 즉 일한 것은 적은 데 보상은 많이 받는 사람이 있다면 불공정하다는 감정이 생겨난다."[3]

여러 설문 조사 결과가 한결같이 보여주는 바는 서유럽 국가들의 국민 가운데 88~95%는 성과가 소득을 결정하는 데 아주 큰 영향을 미친다고 생각하고 있다는 것이다.[4] 하지만 특히 낮은 사회 계층의 사람들은 '성과'라고 하면 대부분이 지정된 일련의 작업을 지정된 시간 내에 잘 해내는 것으로 이해할 뿐, 절대 여기서 한 발짝도 벗어나지 못한다는 것을 우리는 연구를 통해 알고 있다.[5]

대부분의 사람은 성과라 하면 어떤 한 사람이 어떤 일을 하는 데 시간을 사용하는 것은 물론 노력의 강도까지도 포함해서 이해한다. 필자는 이런 식의 생각을 '근로자 식(式) 사고'라고 부른다. 왜냐하면 이런 생각은 사무직 근로자나 육체 근로자들의 삶의 경험, 즉 자신의 임금이 자기 자신의 노력과 비례하는 것과 일치하기 때문이다. 더 오래 또는 더 많이 또는 더 힘을 내서 일하면 통상적으로 더 많이 받는다. 그리고 대부분의 사람은 이것이 공정하다고 생각한다.

이런 관계는 농사를 짓거나 물고기를 잡는 근로자들에게는 맞는 말이지만, 기업가들에게는 전혀 어울리지 않는 말이다. 기업가에게는 무엇보다도 뛰어난 사업 아이디어, 창의성, 혁신이 중요하다.[6] 오스트리아의 경제학자 조지프 슘페터(Joseph Schumpeter)는 기업가의 이윤에 대해 이렇게 말하고 있다.

"(이윤은) 자본주의 경제에서 새로운 생산 방식, 새로운 상업적 결합 또는 새로운 형태의 조직을 성공적으로 도입하는 곳에서 발생한다. 이윤은 자본주의가 혁신에 부여하는 프리미엄이다. 국민 경제에서 새로운 것을 실행한다는 것이야말로 진정한 기업가의 역할이며, 이것이 바로 기업가적 활동을 구성하는 것으로서 단순히 관리하고 일상적인 작업을 하는 것과는 다르다."[7]

전 세계 부자들의 리스트를 보면 이들 대부분이 특별한 기업가적 아이디어를 가졌었고 많은 소비자로부터 유용하다고 인정되는 상품을 시장에 내놓았기에 부자가 된 것이라는 사실을 알 수 있다. 이것이야말로 자본주의의 원칙이다. 열심히 일하는 근로의 노력이 아니라 얼마나 사회에 효용을 가져다주는지가 관건이다. 그런데 이 효용은 한 기업가가 얼마나 많은 시간과 '땀'을 자신의 사업 아이디어에 쏟아부었는지 하는 것과는 아무런 관련이 없다.

또 다른 오해가 있는데, 그러한 사업 아이디어의 가치를 나중에는, 말하자면 1년 후 혹은 50년 후에는 아주 보잘 것 없는 것으로 평가한다는 점이다. 왜냐하면 대부분의 혁신은 충분히 긴 시간이 지난 후에 되돌아보면 진부해 보이고 더 좋고 새로운 혁신에 의해 쓸모없는 것이 되기 때문이다. 기업가적 창의성을 그런 식으로 오해하게 되면, 사업 아이디어에는 그것의 기술적인 천재성이 중요한 것이 아니라, 사람들에게 실질적으로 관련이 있는 아이디어를 가능한 한 빨리 시장에 내놓는 사람이 중요하다는 점을 이해하지 못하게 된다.

외트커 그룹(Oetker-Gruppe)에는 오늘날 3만 명 이상의 근로자가 일하고 수십억 유로의 매출을 올리고 있다. 이 그룹이 창립된 것은 1891년이었다. 10년 후 아우구스트 외트커(August Oetker)는 한 베이킹파우더에 대한 특허를 신청하였는데, 이것이 그를 독일에서 가장 부유한 사람 중 한 명으로 만들어주었다. 나중에 외트커는 다음과 같은 말을 수시로 되뇌었다.

"대부분의 경우 좋은 아이디어 하나면 충분하다."[8]

'좋은 아이디어'라고 해서 기업가가 스스로 발명해야 한다는 것은 아니다. 외트커가 베이킹파우더를 발명한 것은 아니다. 하지만 그는 그 발명을 개선시켰고, 누구보다도 먼저 그것을 가지고 수백만 명의 필요를 충족시켜주는 하나의 상품으로 만드는 천재적인 아이디어를 가지고 있었다.

브라이언 액턴(Brian Acton)과 얀 코움(Jan Koum)은 왓츠앱(WhatsApp)을 개발했고 2014년에 190억 달러를 받고 미국의 페이스북에 매각했다. 현재 전 세계 20억 명 이상이 왓츠앱을 이용하여 뉴스와 데이터를 전송할 뿐만 아니라 무료로 전화 통화를 할 수도 있다. 왓츠앱을 개발했던 두 사람은 현재 130억 달러의 자산가이다. 이 두 사람은 아이디어 하나로 큰 부자가 되었다. 이 두 사람이 수십억 달러의 자산가가 되면서 불평등이 증가한 것인가? 당연하다. 하지만 이 두 사람의 성공이 비싼 전화 요금을 받으며 사업을 하던 사람들 이외에 어느 누구에게 피해를 주었단 말인가?

아이디어와 타이밍이 결정적인 역할을 하며, 기업가 자신이 그 아이디어를 생각해낸 것인지 여부는 중요하지 않다. 맥도날드의 레이 크록(Ray Kroc)이 되었든 월마트의 샘 월튼(Sam Walton)이 되었든 애플의 스티브 잡스(Steve Jobs)나 마이크로소프트의 빌 게이츠(Bill Gates)가 되었든 커다란 성공을 거둔 대부분의 사업가는 핵심 아이디어를 스스로 개발한 것이 아니라 다른 사람으로부터 넘겨받은 것이다. 반대로, 코카콜라 개발자가 되었든 나중에 MS-DOS라고 불리게 된 운영 체계를 개발한 사람이 되었든 많은 개발자가 그 개발로 부자가 되지는 못했다. 부자가 되는 사람은 그러한 개발로부터 결정적인 시점에 어떻게 하면 수많은 사람의 필요를 충족시키는 새로운 제품으로 만들어낼 것인지에 관해 천재적인 아이디어를 가지고 있었던 사람들이었다. 이 기업가들이 얼마나 오랜 시간 일을 하는지 혹은 얼마나 열심히 노력하는지 묻는 것은 아무런 의미가 없다.

그러면 거대 기업에 고용되어 있는 최고전문경영자들은 어떤가? 이들의 높은 연봉은 자본주의 비판자들로부터 심한 공격을 받고 있고, 심지어는 이들보다 훨씬 많은 수입을 얻는 기업가보다도 더 심한 공격을 받는다. 그 이유는 최고전문경영자들의 연봉이 수시로 공개되기 때문이다. 덧붙여 많은 사람(자본주의에 호의적인 태도를 가진 사람들도 마찬가지이다)은 최고전문경영자의 사회적 위상을 기업가의 그것에 비해 낮게 보고 있다.

최고전문경영자들의 연봉이 많은 것은 그들의 연봉이 아주 협소한 시장에서 수요와 공급에 의해 형성되기 때문이다. 그럼에도 불구하고 필자가 11개 나라에서 실시했던 설문 조사 결과를 보면, 대부분의 사람이 최고전문경영자의 높은 연봉을 적절하지 않은 것으로 생각하고 있는 것으로 나타났다.

독일인 63%는 최고전문경영자가 사무직 근로자에 비해 100배 혹은 그 이상의 연봉을 받는 것은 부적절하다고 보고 있다. 그들이 사무직 근로자들보다 그만큼 더 오랜 시간 또 그만큼 더 열심히 일을 하는 것이 아니기 때문이라는 것이다. 여기에는 근로자 식의 사고가 반영되고 있다. 즉 임금은 어떤 사람이 얼마나 오래 또 얼마나 열심히 일했는지에 따라 책정되어야 한다는 생각이다.[9]

근로자는 자신의 성과와 보수의 척도가 열심히 일하는 것 및 근로 시간과 밀접한 관계가 있어야만 하는데 최고전문경영자들에게는 이런 관계가 결여되어 있다고 생각한다. 최고전문경영자의 보수는 최고전문경영자 시장에서 수요와 공급에 의해 결정된다는 사실을 그들은 이해하지 못한다. 독일의 경우 응답자 중 겨우 5분의 1만이 높은 보수를 제공하지 않으면 해당 경영인은 더 높은 보수를 제공하는 다른 기업으로 가거나 아니면 스스로 사업을 할 것이기 때문에 최고의 전문경영인을 모셔오기 위해서는 아주 높은 보수를 제공해야 한다고 보고 있다.[10] 대부분의 사람은 임금이 소위 '땀에 대한 프리미엄'이며 근로 시간에 대한 보상이라는 생각을 갖고 있다.

자본주의를 옹호하는 사람 중에서도 많은 이가 최고전문경영자의 높은 보수에 대해서는 비판을 한다. 최고전문경영자는 기업가만큼 위험을 책임지는 사람이 아니라는 이유에서다. 여기서는 그러기 때문에 전문경영자가 기업가에 비해 훨씬 덜 받는다는 사실은 간과되고 있다.

경영자는 경영에 실패하더라도 많은 퇴직금을 받는다는 주장에 대해서도 살펴보자. 퇴직금의 크기는 경영자가 업무를 **시작하기 전**에 이미 협상으로 결정된다. 그것은 경영자가 받게 될 전체 보수 패키지의 일부분을 구성한다. 물론 추후에 이 경영자가 기대했던 성과를 내지 못하면 이 보수 패키지가 너무 과도했다고 할 수도 있다. 마찬가지로 경영자가 기대했던 것보다 훨씬 나은 성과를 보인다면 이 보수 패키지가 너무 낮았다고 할 수도 있다. 이는 스포츠 스타 선수들의 경우와 똑같다. 최고전문경영자나 스포츠 스타 선수를 고용하는 시점에 고용주는 이들이 앞으로 어떤 성과를 보여줄 것인지 확실하게 알 수 없으며, 그들이 **과거**에 이루어왔던 성과를 바탕으로 기대를 하는 것이다. 그리고 이런 기대는 맞을 수도 있지만 당연히 틀릴 수도 있다.

최고전문경영자가 한 기업을 위해 달성하는 성과, 즉 해당 기업의 늘어난 부가가치와 비교를 해보면, 경영자들은 평균적으로 과도한 보수가 아니라 낮은 보수를 받고 있는데, 이런 일은 불확실성 때문에 발생한다. 이는 만일 성공적인 최고경영자가 갑자기 사망하거나 질병에 걸릴 때 한 기업의 가치에 어떤 변화가 일어나는지를 살펴보면 알 수 있다. 기업 가치가 추락한다.[11] 미국의 경제학자 타일러 코웬(Tyler Cowen)을 비롯한 연구자들의 연구는 다음과 같은 사실을 보여주고 있다.

"최고경영자들은 자신들이 회사에 창출시킨 가치의 68~73%만을 차지한다. 비교를 해보자면, 최근에 나온 평가는 근로자들은 평균적으로 자신의 노동이 창출한 한계생산물의 85%까지 보수로 가져가는 것으로 보고 있다. … 달리 표현하면, 근로자와 회사 대표가 가치를 창출하고 그 가운데 얼마를 보수로 받는가를 퍼센트로 계산하면, 근로자와 회사 대표 모두 자신이 창출하는 가치보다는 적게 받지만, 그 차이는 근로자의 경우에 회사 대표에 비해 훨씬 적은 것으로 보인다."[12]

이런 관계에 관한 몰이해가 사회적 불평등 혹은 사회적 불공정에 대한 불쾌한 감정의 기반이다. 덧붙여 두 가지 개념 모두 많은 사람에 의해 동의어로 사용되고 있는데, 이런 현상의 배경에는 평등만이 공정할 수 있다고 하는 별 설득력 없는 생각이 숨어 있다.

'사회적 부(富)의 공정한 분배'라고 하는 개념 자체가 이미 오해의 소지가 크다. '사회가 창출한 부'라는 것은 존재하지 않으며, 한 사회의 부는 각각의 사람이 생산하고 교환한 것의 총합이다. 미국의 경제학자 토머스 소웰(Thomas Sowell)은 이렇게 말한다.

"**어떻게든** 생산되어 실제로 이미 존재하고 있는 수입이나 자산이 있다면 당연히 사회의 구성원 각자에게 얼마만큼의 몫이 돌아가야 하는지에 대한 도덕적인 질문을 할 수도 있을 것이다. 하지만 부는 **생산되어야만** 한다. 그것은 간단히 **어떻게든** 존재하게 되는 것이 아니다."[13]

로빈슨 크루소와 프라이데이가 한 섬에 살면서 로빈슨은 일곱 개의 호박을 수확하고 프라이데이는 세 개의 호박을 수확했다면, 로빈슨이 그 섬의 부의 70%를 얻었다거나 차지했다고 말하는 것은 무의미하다. 돈 왓킨스(Don Watkins)와 야론 브룩(Yaron Brook)은 자신들의 저서 『평등은 불공정하다(Equal is Unfair)』에서 "만일 부가 누군가가 **생산한** 어떤 것이라는 점을 염두에 둔다면, 경제적 평등이 이상적이라거나 경제적 불평등은 특별한 정당성을 필요로 한다는 생각에는 아무런 근거도 없다"라고 쓰고 있다.[14]

이미 마르크스도 공정한 분배를 내세우는 다른 사회주의자들을 비판한 바 있다. "이른바 분배를 중심에 두고 그것을 강조하는 것은 엄청난 실책"이라는 것이다.[15] 사적 소유에 기반하고 있는 사회라는 전제 조건 아래서는 "현재의 생산 방식에 기반한 분배만이 유일하게 공정한 분배"가 될 수밖에 없다는 것이 마르크스의 주장이다.[16] "만일 생산의 물질적 조건이 노동자 자신들의 협동 재산이라면, 이와 마찬가지로 소비 수단의 분배도 현재와는 달라진다." 이와는 반대로 통속적인 사회주의자들은 분배가 마치 생산 방식과는 독립적인 것처럼 여기면서 사회주의를 마치 분배가 주목적인 것처럼 설명한다.[17]

이런 의문점과는 별개로 평등옹호자 대부분은 사람들이 평등해지면 더 행복해지는 것이 당연한 것처럼 전제하고 있다. 정말 그럴까? 미국 네바다주 리노(Reno)에 있는 국제조사센터(International Survey Center)의 사회학자 조나단 켈리(Jonathan Kelley)와 마리아 에반스(Mariah D.R. Evans)는 한 대규모 연구에서 이러한 의문에 대해 파고들었다. 데이터의 기반은 믿을 수 없을 정도로 방대했으며, 68개 국에서 나온 169개의 대표적인 임의 추출 표본을 포함하고 있고, 설문 조사에 참여한 사람만도 21만 1,578명에 달했다.

여기서 이른바 '행복에 관한 연구'에서 이미 광범위하게 이용되고 있는 질문들이 사용되었다. 한 가지 질문을 보자면 다음과 같다.

"현재 당신은 당신의 삶에 대해 얼마나 만족하십니까?"

응답자에게는 1(불만족스럽다)부터 10(만족스럽다)까지의 척도 중에서 응답할 수 있도록 했다. 덧붙여 다음과 같은 질문도 하였다.

"전반적으로 당신은 '아주 행복하다, 행복하다, 행복하지 않다, 전혀 행복하지 않다' 중에서 고른다면 어떤 대답을 하시겠습니까?"[18]

이 설문 조사 결과를 각 국가의 소득 불평등 정도와 관련을 지어보았다. 이 불평등의 정도를 나타내는 것으로는 이른바 지니계수를 이용하였다. 이탈리아 통계학자 코라도 지니(Corrado Gini)에 의해 개발된 지니계수는 한 국가 내에서 각 집단이 얼마만큼의 소득을 차지하고 있으며 또 그 사회에서 소득이 얼마나 평등하게 분배되어 있는지를 측정한다. 완전히 평등하게 분배되어 있다면 지니계수는 0이 되고, 단 한 사람이 모든 소득을 차지함으로써 완전히 불평등하게 분배되어 있다면 1이 된다.

켈리와 에반스의 연구는 방법론적으로 매우 까다로운 것이었다. 이 연구자들은 행복이라는 감정에 영향을 미칠 수 있는 여타 다른 요인들(나이, 가족 관계, 교육, 소득, 성별, 각국의 1인당 국내총생산 등)을 일정하다고 가정하고 연구를 진행했다.

"예를 들면 우리는 이스라엘에 사는 한 사람과 그와 소득은 같지만 핀란드에 사는 사람을 비교합니다. 여기서 양 국가는 1인당 국내총생산은 같지만 불평등이라는 점에서는 커다란 차이가 있습니다(0.36 대 0.26)."[19]

이와 더불어 이 연구자들은 선진국(특히 유럽과 미국)과 개발도상국(특히 아프리카 및 아시아)도 구분했다. 과거 공산주의 국가들은 고려하지 않고 다른 별도의 연구에서 분석했는데, 왜냐하면 이 국가들에는 앞의 국가들과는 다른 관련성이 있기 때문이다.

결과는 선명했다. 반자본주의자들의 믿음과는 달리 불평등이 크다는 것이 덜 행복하다는 것과 동일시되지 않았다. 오히려 정반대였다. 즉 불평등이 크다는 것은 사람들이 더 행복하다는 것을 의미했다.

"개발도상국과 선진국 간의 커다란 차이를 고려하지 않고 양측의 모든 설문 참여자를 뭉뚱그려 요약하자면, 전반적으로 불평등이 크다는 것은

행복도 크다는 것과 연결된다는 점이다."[20]

그런데 한 발자국 더 들어가 보면 분명한 차이점이 보인다. **개발도상국**의 경우에는 행복과 불평등 간의 통계적 연관성―즉 불평등이 크다는 것은 더 행복하다는 것을 의미한다―이 분명하게 나타났다. 이 연구자들은 이런 결과가 나오는 이유가 사람들이 "희망을 갖고 있기 때문"이라고 설명했다. 개발도상국 사람들은 불평등을 보다 나은 교육 등을 통해 자신의 처지를 개선해나갈 자극제로 생각한다는 것이다. 이 사회에서 몇몇 집단이 이런 식으로 사회적 지위가 상승하고 높은 소득을 얻는 데 성공했고, 이는 다시금 다른 사람들에게 자극을 주게 된다.

이와는 달리 **선진국**에서는 이런 연관성이 나타나지 않았다. 하지만 여기서도 불평등이 크다고 해서 덜 행복한 것으로 나타나지는 않았다. 한 국가가 얼마나 평등한지 불평등한지는 행복에 아무런 영향도 미치지 않았다. 스웨덴과 네덜란드가 타이완과 싱가포르에 비해 훨씬 평등하지만, 행복감에서는 스웨덴과 네덜란드 사람과 싱가포르나 타이완 사람 사이에 아무런 차이가 없었다.[21]

물론 행복이나 만족감을 정확하게 측정하고 숫자로 된 결과를 가지고 개인별, 국가별 또는 문화별로 비교한다는 것이 매우 어려운 일이라는 점은 인정한다. 하지만 역으로 반자본주의자들의 수많은 편견 가운데 하나인 더 평등해지면 더 행복해진다고 하는 가정도 이를 뒷받침하는 아무런 증거도 가지고 있지 않다.

평등옹호자들을 비판하는 사람들은 종종 질투와 시기를 하나의 원인이라고 보는데, 평등옹호자들은 이 주장을 거세게 거부한다. 질투란 대부분 부정되고, 배제되고, 은폐되는 감정이다. 만일 질투가 질투로 인식되거나 혹은 질투를 하는 자가 공공연하게 질투 때문이라고 밝히는 경우, 질투하는 자의 의도는 자동적으로 실격패를 당하게 된다. 미국의 인류학자인 조지 포스터(George M. Foster)는 인간은 죄책감, 수치심, 자부심, 욕망과 분노라고 하는 감정은 자존감에 손상을 입지 않으면서도 인정하는 반면에 질투의 감정은 왜 그렇지 않은지 의문을 가졌다. 그의 설명은 이렇다.

"자신의 질투심을 시인하게 되면 그 사람은 **타인에 비해** 자신이 열등하다는 생각을 갖게 된다. 그 사람은 타인과 비교해 자신을 보게 되고 스스로를 부족한 사람이라고 생각한다. 내 견해에 따르면, 질투에 수반되는 이 열등감을 인정하는 것은 질투 그 자체를 인정하는 것보다 훨씬 더 받아들이기 어렵다."[22]

포스터는 부자에 대한 질투의 근원을 탐구하는 것이 의미가 있다는 생각에서 미국의 심리학자 해리 스택 설리번(Harry Stack Sullivan)의 말을 인용한다. 질투는 자신이 가졌으면 하는 것을 다른 사람이 가지고 있다는 것을 인식하면서부터 시작된다는 것이다. 이는 자동적으로 자신은 그 목표를 달성하지 못했는데 다른 사람은 왜 달성했을까라는 물음으로 이어지게 된다. 바로 이것이 질투심을 강하게 부정하고 질투하고 있다는 것을 시인하지 않으려는 사실을 이해하기 위한 핵심적인 생각이다.

"질투란 불편한 감정이다. 질투 감정의 형성 및 그것과 연관된 암묵적인 과정은 필연적으로 어떤 사람이 불행하게도 다른 사람은 가지고 있는 어떤 물질적인 것을 갖기를 원할 때 시작되기 때문이다. 이는 자동적으로 다음과 같은 질문으로 이어진다. 나는 왜 그것을 가지고 있지 못하지? 이것은 그 자체 어떤 경우들에는 불안감을 유발하기에 충분하다. 왜냐하면 분명히 나와는 달리 다른 사람은 안전을 보장해줄 이 물질적인 것을 획득할 수 있는데, 이것이 나를 더욱더 열등하게 만들기 때문이다."[23]

　사회적 불평등에 대해 비판하는 사람들은 자신들의 동기가 질투라는 주장 혹은 적어도 질투가 커다란 역할을 한다는 주장에 대해 당연히 강하게 부인한다. 철학자 크리스티안 노이호이저(Christian Neuhaeuser)는 자신의 책 『도덕적 문제로서의 재산(Reichtum als moralisches Problem, Wealth as a Moral Problem)』에서 이렇게 말했다.

　"질투처럼 보이는 많은 현상은 사실은 훼손된 정의감으로 이해될 수 있다."[24]

　그런데 노이호이저 자신은 '정의감'이라고 부르는 것이 실은 질투심이라는 것을 보여주는 좋은 본보기이다. 노이호이저에게 첫 번째 관심사는 가난한 사람들의 운명 및 그들의 처지를 개선하는 데 있는 것이 아니라 부자들로부터 그들의 재산을 빼앗는 데 있기 때문이다. 이에 따라 그는 "가장 가난한 사람들이 대부분의 재화를 가지고 있는 사회"만을 생각하는 태도에 반대하면서 가장 가난한 사람들이 1년에 1만 5,000유로를 버는 반면 다른 모든 사람은 백만장자인 사회가 가장 가난한 사람들이 1년에 1만 2,000유로밖에 못 벌지만 다른 모든 사람은 이것보다 약간만 더 버는 사회보다 더 낫다는 의견을 분명하게 **비판**하고 있다.[25]

　이런 생각을 끝까지 이어가 보면, 노이호이저와 같은 사람은 수백만 명이 굶어 죽고 처참한 가난 속에 살았던 마오쩌둥 시대의 중국으로 돌아가기를 원하는 것은 아닌지 의구심이 든다. 그 당시 중국에서의 불평등은 지금보다 훨씬 덜했으니까 말이다. 현재 중국에는 백만장자와 억만장자가 있는 반면에 수억 명이 빈민에서 중산층으로 상승했다. 소득 불평등을 측정하는 지니계수는 마오쩌둥이 사망한 1976년 즈음에 0.31이었다. 이는 평등옹호자들의 눈에는 꿈만 같은 수치다. 중국의 여러 도시 중 지니계수가 0.16인 곳들도 있었다. 사유재산권과 시장경제를 도입하면서 20년 만에 중국에서 시장소득의 지니계수는 0.23에서 0.51로 두 배 이상 상승했다.[26]

노이호이저는 사회의 일부분이 다른 일부분보다 훨씬 빠르게 부자가 된다면 부의 축적을 **금지시킬** 필요가 있다고 믿는다. 왜냐하면 그렇게 되면 상대적 빈곤[27]이 증가하기 때문이라고 한다. 그리고 이 상대적 빈곤은 가난한 사람의 처지를 개선하는 것이 아니라 부자들이 갖고 있는 재산을 빼앗음으로써 해결될 수 있다는 것이다. 그는 이런 식의 하향 평준화가 긍정적인 효과를 갖는다고 본다.[28] "만일 부자들의 부가 줄어든다면 가난한 사람들이 평등한 사회의 일원으로 활동할 수 있고 또 스스로를 그런 존재로 여길 수 있는 만큼" 사회에 득이 된다는 것이다."[29] 그는 부자들의 부가 줄어들면 사회에 이득이 아니라 손해만 끼치게 될 것이라는 주장은 완전히 틀렸다고 본다. 그는 "가난한 사람들의 존엄에 전적으로 긍정적인 변화만 나타날 것"이라고 보고 있다.[30]

노이호이저는 가난한 사람들에게 어떻게 도움을 줄 것이냐가 아니라 자신의 관점에서 볼 때 도덕적으로 문제가 있는 재산을 어떻게 폐지하느냐가 자신의 주요 관심 사항이라는 사실을 아주 노골적으로 표현한다. 비록 노이호이저가 질투하는 사람으로 비추어지는 것을 당연히 좋아하지 않더라도 그의 관점은 질투에 관한 고전적인 개념과 일치한다. 즉 질투하는 사람에게는 자기 자신의 처지 및 약자의 처지를 개선하는 게 중요한 것이 아니라, 시샘을 받는 사람(여기서는 부자들)의 처지를 나쁘게 만드는 게 중요하다.

노이호이저와는 반대로 필자는 사회적 불평등이 증대됨과 동시에 가난이 줄어든다면 사회적 불평등의 증대는 결코 비판받을 일이 아니라는 입장이다. 노벨경제학상을 수상한 앵거스 디턴(Angus Deaton)은 발전은 언제나 불평등과 동행한다고까지 말한다. 역사를 보더라도 발전의 결실이 동등하게 분배된 적은 거의 없었다.[31] 1550년에서 1750년 사이 영국의 공작들과 그들 가족들의 기대수명은 일반 서민과 비슷했으며 심지어 서민보다 낮기까지 했다.[32] 1750년 이후 일반 서민과 비교한 귀족들의 기대수명은 급격하게 늘어나기 시작했고, 1850년이 되면 그 격차는 거의 20년이나 되었다. 18세기 산업혁명과 오늘날 자본주의 혹은 시장경제라 부르는 사회 질서가 점차 시작되면서 1850년 40세였던 전체 인구의 기대수명이 1900년에는 45세로, 1950년에는 거의 70세로 늘어났다.[33] 디턴은 "보다 나은 세상은 필연적으로 차이를 만들고, 조기 사망으로부터의 탈출은 불평등이라는 결과를 낳는다"라고 말한다.[34]

　　산업혁명과 더불어 탄생한 산업프롤레타리아의 비참한 처지에 대해 예전에 많은 이야기가 있었지만, 그것이 틀린 것이라는 사실을 오늘날의 우리는 알고 있다. 노동자들의 처지에 공감하면서 저술한 엥겔스의 저서 『영국 노동계급의 상황(The Condition of the Working Class in England)』은 유명세를 얻었다. 그는 사회학적인 현장 조사나 통계적 분석에 기반하지 않은 채 산업혁명 이전 가내 수공업자의 처지를 미화한 반면에 당시의 노동자들의 처지를 적의에 가득 차서 그렸다. 오늘날 우리는 정확한 경험적 분석을 통해 1781년부터 1851년까지의 기간에 영국 노동자들의 처지가 크게 향상되었다는 사실을 알고 있다. 경제사학자 피터 린더트(Peter H. Lindert)와 제프리 윌리엄슨(Jeffrey G. Williamson)은 1983년 발표한 분석에서 이 기간에 블루칼라 노동자들의 생활 수준의 향상은 86%에 달했다고 밝혔다. 동시에 이 기간 중 사회적 불평등 또한 증가했다고 밝히고 있다.[35] 다시 말하면, 영국 초기자본주의 시기였던 이 기간에 평범한 사람들의 생활 수준이 향상됨과 동시에 불평등도 함께 증가했다는 사실을 확인할 수 있다. 따라서 항상 그렇듯이 어떤 측면을 중시하느냐가 중요하다. 한 사회의 대부분의 사람이 가난에서 벗어나고 생활 수준이 향상되는 것이 중요한 것일까 아니면 불평등이 증가한다는 것이 중요한 것일까?

많은 사람이 불평등이 감소하면 '사회적 불공정'에 대한 불만도 감소할 것이라고 기대하지만, 필자의 견해로는 이것은 아무런 근거도 없다. 예를 들어 지난 수십 년 간 대부분의 서구 제국에서는 남녀 간 성평등이 눈에 띄게 이루어졌지만, 동시에 여전히 남아 있는 다른 불평등에 대한 불만족 또한 마찬가지로 증가했다. 오늘날 독일에서는 불평등 해소 등의 명분으로 지출되는 사회적 지출이 10억 유로에 달하고 있다. 이 사회적 지출이 독일의 국내총생산에서 차지하는 비중은 1960년 18.3%에서 1990년 24.1%, 현재는 30% 이상으로 증가했다.[36] 그렇지만 혐오스러운 사회적 불공정에 대해 성토하는 미디어와 정치인들의 목소리는 점점 더 커지고 있다.

불평등과 빈부 격차라는 주제가 얼마나 강력하게 미디어를 움직이게 만드는지는 프랑스의 경제학자 토마 피케티(Thomas Piketty)가 2013년 출간한 『21세기 자본(Capital in the 21st Century)』이 거둔 놀라운 성과를 보면 알 수 있다. 이 책은 엄청나게 많은 미디어의 반응을 불러일으켰고 곧 세계적인 베스트셀러가 되었다. 피케티는 오늘날 부의 분배 문제가 경제학 및 사회학의 주요 주제에서 배제되어있다고 비판하였다. "경제 분석의 초점이 불평등 문제에 맞춰져야 되고 분배 문제가 분석의 중심이 되어야만 하는 그런 시점"이라는 것이다.[37] 그의 책에 이용된 자료와 방법론상의 엄청난 실책에 대한 신랄한 비판이 나오면서[38] 피케티는 자신의 핵심 주장을 철회하지 않을 수 없었다.[39]

예를 들어 피케티는 자신이 마법의 공식 하나를 발견했다고 하면서, 그 공식에 따르면 부자들의 자본이 전체 경제보다 훨씬 빠르게 성장하며 이를 통해 불평등이 증가한다고 주장한다. 분명히 그는 일부 헤지펀드와 사모펀드 매니저들이 자신들의 성과를 과장해서 내세우는 말을 믿는 것 같다. 그리고 무엇보다도 그는 오늘날의 부자는 10년 전, 20년 전, 혹은 30년 전의 그 부자들과는 완전히 다른 사람들이라는 사실을 전혀 고려하지 않고 있다.

피케티가 믿는 바와는 달리 대부분의 슈퍼부자는 자신의 부를 천재적인 금융 투자를 통해 '소극적'으로 늘린 것이 아니라, 자신의 부 대부분이 들어가 있는 기업을 직접 혹은 타인과 공동으로 세워서 키운 자수성가한 기업가들이다. 그리고 『포브스(Forbes)』의 분석이 보여주듯이, 이런 사정은 예전보다 오늘날 더욱 빈번하다. 즉, 1984년에는 미국에서 최고 부자 400명 가운데 자수성가한 사람은 채 절반도 안 되었지만 2020년에는 69.5%나 되었다. 『포브스』의 평가 방식은 일종의 점수 평가 방식인데, 명단에 올라와 있는 400명의 부자를 평가하여 1부터 10까지의 수치 중 해당되는 곳에 배치하는 것이다. 여기서 1은 모든 재산이 상속받은 재산이며 재산을 늘리기 위한 어떤 활동도 하지 않았다는 것을, 10은 평범한 가정 출신으로 엄청난 고난을 극복하면서 자신의 힘만으로 부를 일구었다는 것을 의미한다. 6부터 10까지에 위치한 사람이 자수성가한 부자로 평

가된다.[40]

2019년에 발표된 『웰스 엑스 리포트(Wealth X Report)』의 평가에 따르면, 전 세계 2,604명의 억만장자 가운데 56%가 자수성가한 사람이고, 31%는 부분적으로 자수성가한 사람이며, 단지 13%만이 순전히 상속을 받아 부자가 된 사람이다. (최소 3,000만 달러 이상의 순자산을 가진) 울트라 슈퍼부자들의 경우에는 자수성가한 사람의 비중이 68%로 더 높다. 울트라 슈퍼부자 가운데 24%가 부분적 자수성가한 사람들이고, 단지 8%만이 순전히 상속을 받아 부자가 된 사람들이다.[41]

상속의 중요성은 과대평가되어 있다. 상속을 받은 대부분의 사람이 자신의 자산을 유지하거나 증가시키는 데 성공하지 못하기 때문이다. '빈익빈 부익부'는 틀린 말이다. 1901년 토마스 만(Thomas Mann)은 '한 가족의 몰락'이라는 부제가 붙은 유명한 소설 『부덴브로크가의 사람들(Budden-brooks)』을 발표했다. 거기서 그는 부덴브로크가라는 한 부유한 상인 가정이 네 세대에 걸쳐 몰락해가는 과정을 그렸다. 소설 속의 이야기지만, 현실에서도 이와 별반 다를 바 없다는 것은 로버트 아르놋(Robert Arnott), 윌리엄 번스타인(William Bernstein), 릴리언 우(Lilian Wu)의 "부자 왕국이라는 신화: 부자가 더 가난해진다(The Myth of Dynastic Wealth: The Rich Get Poorer)"라는 공동연구보고서에서 증명되고 있다. 저자들은 이렇게 묻고 있다.

"과거 엄청난 부자였던 애스터스(Astors), 밴더빌트(Vanderbilts), 카네기(Carnegies), 록펠러(Rockfellers), 멜론(Mellons)과 게티(Gettys) 가문의 슈퍼부자 후손들은 지금 어디에 있는가? … 거대한 부를 쌓아 올렸던 설립자는 한 방에 백만 달러를 벌어들인 천재였다. … 이와는 반대로 그 슈퍼부자의 후손들은 대부분 한 방에 백만 달러를 벌어들이는 천재성을 보여주지 못하고 있다. ⋯ 대체적으로 후손들은 거의 20년마다 자신이 상속받은 부의 절반씩을 까먹고 있다는 것을 확인할 수 있다. ⋯ 19세기에 엄청났던 부가 이제는 크게 쪼그라들었다. 그리고 불과 50년 전에 만들어졌던 자산의 대부분도 마찬가지로 사라지고 없다."[42]

피케티의 주장으로 돌아가 보자. 그는 자본주의가 불평등을 근본적으로, 다시 말해 항상 증가시키는 것은 아니라고 주장한다. 반대로 그는 20세기 대부분의 기간에는 사회적 불평등이 감소했다고 주장한다. 1990년부터 2000년까지의 기간 중에 비로소 불평등이 증가했다고 하면서도, "전 세계적인 차원에서의 부의 불평등이 실제로 증가했는지는 확실치 않다"라고 하고 있다.[43]

점증하는 불평등이라는 테제는 일단 세계적인 차원에서 볼 때 틀렸다. 앞에서 언급한 기간 중에 전 세계적인 불평등은 증가한 것이 아니라 오히려 크게 감소했다. 이러한 사실은 캐나다계 미국인 연구자인 스티븐 핑커(Steven Pinker)가 증명하고 있다.[44] 피케티가 볼 때 특히 사정이 나빠졌다고 하는 몇몇 해는 전 세계적으로 수억 명에게는 최고의 시절이었다. 프랑스의 경제학자 장-필립 델솔(Jean-Philippe Delsol)은 피케티의 주장을 반박하면서 피케티가 불평등이 증가했다고 주장하는 바로 그 기간인 1990년부터 2010년까지의 20년 동안에 7억 명이 극심한 가난에서 탈출했다는 사실을 보여준다.[45]

하지만 피케티를 비롯해 불평등에 대해 비판을 하는 사람들에게는 개발도상국의 수억 명의 운명은 그다지 중요하지 않다. 그들이 비판하는 대상은 주로 또는 전적으로 미국과 같은 선진 자본주의 국가에서의 불평등이다.

많은 학자가 피케티가 미국에서의 불평등을 설명하면서 제시했던 다수의 수치가 오류였거나 정확하지 않다는 것을 확인했다. 피케티 및 경제학자 이매누얼 사에즈(Emmanuel Saez)와 가브리엘 주크맨(Gabriel Zucman)이 세계 불평등 데이터베이스에 게시한 데이터를 보면, 미국에서 부자 상위 1%가 미국 전체 소득에서 차지하는 비중이 1960년 10%에서 2015년 15.6%로 증가한 것으로 나타난다. 그렇지만 미국 경제학자 제럴드 아우텐(Gerald Auten)과 데이비드 스플린터(David Splinter)는 이 자료들이 과도하게 상향 왜곡되었으며, 실제로 부자 상위 1%가 미국 전체 소득에서 차지하는 비중은 1960년 단지 7.0%에서 2015년 8.5%로 증가했을 뿐이라는 것을 보여주었다. 미국에서 부자 상위 1%가 미국 전체 자산에서 차지하는 비중도 마찬가지이다. 피케티와 그의 동료들에 따르면 1980년 22.5%에서 2014년 38.6%로 증가했다고 한다. 하지만 매튜 스미스(Matthew Smith), 오언 지다(Owen Zidar), 에릭 쯔빅(Eric Zwick)에 따르면, 이 기간 중 실제로는 겨우 21.2%에서 28.7%로 증가했다.[46]

여기서 자산 가치를 계산할 때 국가 연금보험 및 사회부조 시스템에 대한 청구권의 현재 가치를 전혀 고려하지 않고 있는데, 이것은 가난한 계층을 더 가난하게 보이게 만듦으로써 이들과의 비교를 왜곡시킨다.[47] 나아가 자산 가치를 계산할 때는 이 자산 가치라는 것이 주식 가격 상승과 비교하여 주택 가격이 얼마나 상승했는가에 따라 달라진다는 것도 고려하지 않으면 안 된다. 주택 가격보다 주식 가격이 훨씬 빨리 증가하는 시기에는(다우존스가 2009년 초 8,772포인트에서 2021년 말 36,338포인트로 상승했다) 자산을 많이 가진 사람들이 더 큰 이득을 보게 된다. 왜냐하면 자산을 적게 가지고 있는 사람들보다는 자산을 많이 가지고 있는 사람들이 자산 가운데 주식 비중을 더 높게 유지하고 있기 때문이다.

경제학자 토머스 소웰(Thomas Sowell)은 점증하는 불평등에 관한 많은 통계 수치는 통계적 범주와 실제의 사람을 구분하지 않기 때문에 사실을 오도하는 경향이 있다고 지적한다.[48] 예를 들면, 상위 1% 혹은 최고 부자 100명의 소득이나 자산을 말할 때 이는 통계적 범주일 뿐이지, 구체적인 개인의 소득이나 자산을 말하는 것이 아니다. 왜냐하면 10년 전의 상위 1%는 오늘날의 상위 1%와 비교하면 부분적으로 혹은 대부분이 다른 사람들로 구성되어 있기 때문이다. 이는 하위 10%에 대해서 말할 때도 마찬가지이다. 10년 전에 하위 10%에 속했던 사람 중 상당수는 시간이 흐르면서 상층으로 올라갔으며 더 이상 하위 10%에 속하지 않는다. 예를 들면, 나이를 먹으면서 더 많은 소득을 얻거나 자산을 형성했거나, 아니면 다른 직업을 갖게 되었기 때문이다.

"…피와 살로 이루어진 사람은 시간이 흐르면서 한 통계적 범주에서 다른 통계적 범주로 이동하게 되는데, 통계적 범주는 이런 사정을 고려하지 않고 발표되므로 혼란이 발생하게 된다."[49]

여기에는 시간의 경과에 따른 소득 및 자산 계층 간 이동 또는 사회적 이동성이라고 부르는 동적(動的)인 요소가 빠져 있으며, 따라서 방법론상 매우 허술한 연구라 하지 않을 수 없다. 어떤 나라의 소득 분배에서 처음 10년간 하위 10%에 속했던 사람들과 이후 10년간 하위 10%에 속하는 사람들이 동일한 사람들인지, 아니면 이후 10년간 하위 10%에 속하는 사람들 모두가 이전과는 전혀 다른 새로운 사람들인지는 하는 것은 경제적으로는 물론이고 도덕적으로도 커다란 차이가 있다.

문제는 불평등에 대해 심각하게 생각하는 많은 사람이 통계에 대해서는 거의 혹은 전혀 알지 못한다는 점이다. 데이미언 나이트(Damien Knight)와 해리 매크레디(Harry McCreddie)가 2019년 발표한 "최고 소득자들에 대한 '사실'을 바로 알자(Understanding the 'Facts' about Top Pay)"라는 논문은 미디어가 발표하는 최고경영자들의 연봉 또는 최고경영자들의 연봉과 평범한 직원들의 연봉 간의 관계에 관한 통계들이 얼마나 잘못되어 있는지를 잘 보여준다. 예를 들자면, 평균값과 중앙값을 빈번하게 혼동하거나, 받기로 했던(granted) 연봉과 실현된(realised) 연봉을 전혀 구분하지 않는 등의 문제들이 나타난다. 이들은 영국의 경우에 이런 식으로 특정 기간에 최고경영자들의 연봉이 실제로는 6% 상승에 그쳤지만 미디어에서는 23% 상승한 것처럼, 또는 2% 상승에 그친 것이 49% 상승한 것처럼 보도되고 있다고 지적한 바 있다.[50]

저자들의 판단과 결론은 이렇다.

"기업들이 자신들의 최고경영자에게 많은 연봉을 지불함으로써 사회적 통합을 해치는 해악보다는 오히려 실수투성이의 연구와 분석이 사회적 통합을 해치는 해악이 훨씬 더 크다."[51]

영국 파이낸셜 타임스 증권 거래 100(FTSE-100)에 속하는 기업에서 최고경영자가 받는 수령액이 전체 주주 수익에서 차지하는 비중을 보면, 2002~2010년에 하위 4분의 1의 경우에는 겨우 0.19%에 불과하고, 중간 값은 0.40%, 상위 4분의 1의 경우에는 0.67%였다고 한다.[52]

미국이나 그 밖의 다른 나라에서의 불평등의 증가와 관련된 수치들이 과장된 것들이 많지만, 많은 나라에서 불평등이 점증하고 있다는 것은 맞다. 역사학자 발터 샤이델(Walter Scheidel)은 영국의 경우 1973년부터, 그리고 미국 및 여타 국가들의 경우 1976년부터 불평등이 증가했다는 것을 보여준다. 26개국을 임의 추출하여 살펴본 결과 1980년부터 2010년 사이에 최상위 집단의 소득이 차지하는 몫이 절반이나 증가했고, 시장소득 불평등의 경우 지니계수가 6.5포인트 상승했다.[53] 샤이델이 최상위 집단의 소득이 차지하는 비중을 분석했던 21개국 가운데 11개국에서 1980년부터 2010년 사이에 상위 1%가 차지하는 비중이 50~100% 증가했다.[54]

이러한 상황에 대한 많은 설명이 있는데, 그 대부분은 사람들이 기대했던 것과 달리 아주 통속적이다. 예를 들어, 샤이델은 '끼리끼리 결혼(경제적으로 비슷한 수준의 사람들끼리 결혼하는 것)'이 가계 간 격차를 크게 만들며, 미국의 경우 1967년부터 2005년까지 전체 소득불평등 증가의 25~30%가 여기에서 기인한다고 말하고 있다.[55]

독일계 영국 경제학자 크리스티안 니미츠(Kristian Niemietz)는 "점증하는 불평등의 주요 추동력"으로 기술의 발전을 꼽는다. 고도로 기계화된 경제 및 산업 부문에서의 임금 격차가 그렇지 않은 경제 및 산업 부문에 비해 훨씬 크다는 것이다.

"임금 격차를 줄이기 위해 생각해 볼 수 있는 하나의 조치는 (말도 안 되는 것이지만) 기술 발전이 이루어지지 못하도록 추가적인 장애물을 설치하는 일이 될 수도 있을 것이다."[56]

자산 불평등의 또 다른 원인으로 지목되는 것은, 누구도 예상하지 못했던 것으로, 복지국가의 확대이다. 미국 케이토 연구소(Cato Institute)의 크리스 에드워즈(Chris Edwards)와 라이언 본(Ryan Bourne)에 따르면, 점증하는 사회적 안전망이 사람들로 하여금 덜 저축하도록, 다시 말해 노후를 대비해 자산을 덜 쌓도록 만든다고 한다. 그렇게 되는 이유는 두 가지이다. 하나는, 세금과 사회보장 부담금을 내고 나면 남는 것이 별로 없고, 그러다 보니 자산을 형성하기가 어려워진다는 것이다. 다른 하나는, 복지국가가 확장됨에 따라 사람들은 자신들이 위기에 처하거나 노년이 되면 국가가 나서서 도와줄 것으로 기대하기 때문이라는 것이다. 저축할 재정적인 여유도 적은 데다가 저축할 동기까지 별로 없다 보니 저소득자들의 자산 형성이 제대로 이루어질 리 만무하고, 이는 다시금 자산 불평등의 확대로 이어진다.[57]

선진국에서 벌어지고 있는 불평등의 또 다른 원인은 세계화이다. 세계화와 디지털화는 한편으로 좋은 능력을 갖춘 사람에게는 상승의 기회이지만, 다른 한편으로 단순 작업을 하는 근로자들로 하여금 로봇이나 중국 및 다른 개발도상국 근로자들과의 경쟁에 직면하게 만든다. 이런 사람들을 '세계화의 피해자'로 부르기도 하는데, 핑커(Pinker)는 만일 가난이라는 것을 사람들이 얼마나 버느냐가 아니라 그들이 얼마나 소비하느냐 하는 것을 기준으로 정의하면 전혀 다른 그림이 나온다고 말한다. 이렇게 접근해 보면, 미국의 경우 1960년 이후 빈곤율이 전체 인구의 30%에서 3%로 90%나 감소했다는 것이다.

"세계화를 소득과 관련해서 보면 수혜자와 피해자가 나올 수 있지만, 소비와 관련해서 보면 거의 모든 사람이 수혜자가 된다."[58]

이런 사정은 한 미국인이 특정 생산물을 구매하기 위해 몇 시간 일해야 하는지를 보면 잘 알 수 있다. 1973년에는 컬러TV 한 대를 사기 위해 100시간 이상 일해야 했지만, 30년 뒤에는 단지 21시간만 일하면 되었다. 1973년에는 세탁기 하나를 사기 위해 72시간 일해야 했지만, 30여 년 뒤에는 23시간만 일하면 되었다. 돈 왓킨스와 야론 브룩은 11개의 가전제품 리스트를 작성했는데, 미국인 한 명이 이것들을 장만하기 위해 1973년에는 총 575시간 일해야 했다면, 2013년에는 단지 170시간만 일하면 되었다.[59] 여기에서 이 기간에 엄청나게 향상된 품질은 전혀 고려하지 않고 있다.

소득이 낮은 바로 그 사람들이 소비자로서 자유화와 경쟁의 혜택을 훨씬 더 많이 받는다. 유럽에서 항공산업과 통신산업에 대한 규제가 풀리고 민영화되었다. 그러자 경쟁이 치열해지고, 이는 소득이 낮은 사람들의 통화 비용과 비행기 타는 비용을 크게 낮추었다. 필자가 어렸을 때, 비행기를 타고 여행하는 것은 너무 비싸서 많은 사람이 몇 년에 한 번씩만 휴가를 떠날 수 있었다. 필자도 30세가 되어서야 처음으로 비행기를 탈 수 있었다. 당시 필자가 미국에서 경제 관련 강연을 하게 되어 있었는데, 국가 기관이 비행기 타는 비용을 지불해주었다. 모든 장거리 통화는 짧게 하고 끊어야만 했다. 그렇지 않으면 비용이 엄청나게 많이 나왔기 때문이다. 오늘날에는 경우에 따라서는 100유로도 안 되는 돈으로 다른 나라로 날아갈 수 있고, 전화 비용은 옛날에 비하면 푼돈밖에 되지 않는다. 이것은 모두 이 부문에서 자본주의가 약진한 덕분이다.

세계화 비판자들도 이런 상황의 진전에 대해서는 인정을 한다. 하지만 놀랍게도 그들은 여기에 부정적인 딱지를 붙인다. 예를 들어 소비자연구가인 카를 틸레센(Carl Tillessen)은 독일과 관련해서 다음과 같은 수치들을 언급한다. 1970년대 초반에 의복은 여전히 비쌌고, 그런대로 괜찮은 의복을 걸치고 다니기 위해서는 가처분소득의 약 10%를 지출해야만 했다.[60] 그런데 생산 기지가 저임금 국가로 옮겨감에 따라 우리는 오늘날 가처분소득의 5% 미만, 즉 예전에 비해 절반밖에 지출하지 않으면서도 다섯 배나 많은 의복을 구매할 수 있게 되었다.[61] 필자는 이 수치를 이렇게 해석한다. 소비와 관련해서 볼 때, 우리 대다수는 세계화의 수혜자들이다. 왜냐하면 오늘날 우리는 우리가 가지고 있는 돈으로 과거보다 훨씬 많은 것을 얻을 수 있기 때문이다.

그런데 오늘날의 소비를 비판적으로 바라보는 틸레센은 이 수치들을 전혀 다르게 해석한다. 그는 우리가 전혀 필요치도 않은 물건들을 점점 더 많이 구매한다고 하면서, 이것이 가능한 이유는 인류의 일부가 노예 상태에 놓여 있고 부자는 점점 더 부자가 되고 가난한 사람은 점점 더 가난해지며[62] 세계화로 인해 저개발국가의 국민에게는 '암울한 시대가 도래'했기 때문이라는 것이다.[63] 소비 수준을 기준으로 판단할 때 전 세계 대부분의 사람이 세계화의 수혜자라는 사실처럼 물질적으로 확실한 긍정적인 진전조차도 자본주의 비판자들은 부정적으로 평가하고 있다는 것을 알 수 있다.

많은 사람이 불만을 갖고 있는 것은 무엇일까? 사회적 이동성이 올바르게 작동하지 않는다는 것, 즉 부모 세대에 비해 자녀 세대에서는 좋아질 것이라는 신분 상승에 대한 약속이 제대로 지켜지지 않고 있다는 이야기를 계속해서 듣게 된다. 하지만 불평등과 사회적 이동성은 서로 다른 문제이다. 불평등의 증가는 전적으로 점증하는 사회적 이동성과 연계되어 나타날 수 있다. 독일에서는 예전에는 사회적 신분 상승이 제대로 작동했지만, 현재는 그렇지 못하다는 의견이 확고하게 자리를 잡았다. 그런데 수치들은 이와는 정반대의 그림을 보여준다. 독일 연방정부의 6차 빈곤 및 재산보고서(2021)에는 이렇게 나와 있다.

"직업과 관련해서 본다면, 부모와 비교할 때 점점 더 많은 사람이 상승하고 있고, 부모의 위치와 같거나 혹은 그 아래로 내려가는 경우는 점점 더 드물어지고 있다."[64]

이 상황은 진지하게 받아들여야 한다. 왜냐하면 수고하고 노력하는 것이 더 이상 의미가 없고 또 사회적 신분 상승의 길이 본인 자신에게나 또는 자식들에게 막혀 있다면, 이것이 사람들로 하여금 불만을 품게 만들기 때문이다. 실제로 상승의 기회가 더 좋아져야 하는데 현실은 그렇지 못하다는 인식이야말로 서구의 많은 사람에게 합리화하는 비판의 원천이 되고 있다. 만약 오늘날 미국과 같은 서구 국가에서 신분 상승이 더 이상 간단한 일이 아니라면, 그 원인은 자본주의가 아닌 국가에 있다.

첫 번째 이유는 많은 서구 국가의 교육 시스템이 열악하기 때문이다. PISA-연구에서 Top 10에 들어가는 국가들은 한국, 중국, 싱가포르, 타이완 등 아시아 국가들이고, 독일이나 미국 같은 나라는 결코 선두 그룹에 끼지 못한다.[65] 물론 교육에서 국가(정부) 실패가 신분 상승의 유일한 장애물은 아니다. 교육이 매우 중요하기는 하지만 교육은 사회적 신분 상승과 더 많은 소득을 얻기 위한 한 가지 가능한 길일 뿐이다. 다른 한 가지 길은 독립적으로 사업을 하는 것이다. 그런데 독일과 미국처럼 커질 대로 커진 국가 관료주의와 세금이 사업하는 것을 방해하고 있는 나라에서는 이 부분에서의 사정도 좋지 않다. 어떤 나라에서 가장 간단하게 기업을 설립할 수 있는가 하는 순위에서 1위에서 6위까지를 아시아 국가들이 차지하고 미국은 15위, 독일은 17위를 차지하고 있을 뿐이다.[66]

과거에 미국인들은 스스로를 자신의 운명을 스스로 개척하는 사람들로 여겼다면, 최근 수십 년간 많은 사람이 국가에 대해 청구권을 가진 것으로 생각하고, 국가가 자신의 삶을 보장할 책임이 있는 것처럼 여긴다. 이것이 사람들이 스스로 헤쳐나가는 것을 방해한다. 그리고 정치적으로는 자신들의 상황을 안 좋게 만드는 것이 중국과 같은 외국 때문이라고 호도하는 세력을 키운다. 미국과 관련해서 저널리스트 찰스 사익스(Charles Sykes)는 이미 30년 전에 이런 상황에 대해 개탄했었다.

불평등에 관한 논의에서 불평등을 제거하거나 감소시키기 위한 비용이 얼마나 들어갈 것인지에 대해서는 거의 언급되지 않는다. 이와 관련해서 발터 샤이델(Walter Scheidel)은 2017년『대규모 평등으로 이끄는 것들: 폭력 그리고 석기 시대부터 21세기까지 불평등의 역사(The Great Leveler: Violence and the History of Inequality from the Stone Age to the Twenty-First Century)』에서 아주 인상적인 분석을 내놓았다. 그의 분석의 결론은 다음과 같다.

"우리가 아는 한, 커다란 폭력적인 충격과 영향을 받지 않았던 사회에서는 불평등의 어떤 획기적인 감소도 발견되지 않았다."[67]

사회적 불평등은 언제나 커다란 격변의 결과 감소한다는 것이다. 격변이란 전쟁, 혁명, 국가 몰락과 시스템 장애, 유행병을 들 수 있다. 샤이델이 보여주듯이 20세기에 불평등을 최대로 감소시켰던 사건은 이른바 사회개혁이 아니라, 제1차 및 제2차 세계대전과 공산주의 혁명이었다.

불평등 감소를 위해 지불해야 하는 비용은 대부분 재앙이었으며, 그것의 희생자는 부자뿐만이 아니라 생명, 자유, 소득 혹은 재산을 잃게 된 수백만 명의 사람이었다. 비폭력적인 농지 개혁과 경제 위기 혹은 민주화도 역사상 이 폭력적인 격변만큼 커다란 평등화 효과를 거두지는 못했다. 샤이델은 이렇게 말한다.

"만약 소득과 자산을 평등하게 분배하는 것이 우리의 목표라면, 과거에

이 목표를 달성하기 위해 어떤 충격적인 대가를 치렀는지를 직시해야만 한다. 엄청난 폭력 없이 불평등이 상당 수준 감소한 적이 역사상 한 번이라도 있었는지 자문해 보아야만 한다."[68]

이 질문에 대한 샤이델의 대답은 '아니오'이다. 이는 평등주의적 사고를 따르는 추종자들에게는 아주 우울한 결론이 아닐 수 없을 것이다.

만약 관점을 달리해서 "불평등을 어떻게 감소시킬 것인가?"가 아니라 "가난을 어떻게 감소시킬 것인가?"라고 묻는다면 낙관적인 대답을 할 수 있을 것이다. 역사상 평등을 추동했던 가장 커다란 힘은 전쟁, 혁명, 국가 몰락과 유행병과 같은 폭력적인 사태였던 반면에, 빈곤을 추방했던 가장 커다란 힘은 평화적 메커니즘을 통한 과정이었다.

"자본주의가 환경 파괴와 기후 변화의 원흉이다"

필자가 확신에 찬 마르크스주의자이던 20세 때, '좌파 환경 정책의 논쟁 전략'이라는 주제로 에세이를 한 편 작성했었다. 그 내용 중 일부는 이렇다.

"좌파 환경 정책의 임무는 환경 파괴에 대항해 시스템 내재적으로 투쟁해서는 안 된다는 것이다. 왜냐하면 자본주의와 환경 보호는 근본적으로 모순되는 것이기 때문이다. 따라서 좌파 환경 정책의 임무는 자본주의에서의 환경 보호 가능성에 대한 그 어떤 환상도 강화시키는 것이 되어서는 안 되고, 이것을 체계적으로 격파하여, 환경 보호는 생산 수단이 사회화되고 생산이 사용 가치, 자연적인 욕구 충족을 위해 이루어지는 다른 경제 체제 하에서만 비로소 가능하다는 것을 나타내 보이는 것이 되어야 한다."[1]

이로부터 거의 50년이 흐른 지금 유사한 주장들이 인기를 얻고 있다. 유명한 자본주의 및 세계화 비판가인 나오미 클라인(Naomi Klein)은 자신이 처음에는 기후 변화라는 주제에 아무런 관심도 없었다고 고백했다. 그런데 2014년 그녀는 무려 700쪽에 달하는 두꺼운 책『이것이 모든 것을

변화시킨다: 자본주의 대 기후(This Changes Everything: Capitalism vs. Climate)』를 출간했다. 그녀에게 이런 극적인 변화가 어떻게 가능했을까? 이 책을 쓰기 전까지 그녀가 집중했던 주제는 세계화에 대한 투쟁이었다. 그녀는 공개적으로 이렇게 말한다.

"내가 이 주제[지구온난화에 대한 사실들]에 강하게 집중하기 시작한 것은 그것이 사회적 경제적 정의를 이루기 위한 하나의 촉매제가 될 수 있다는 것을 인식하면서부터였고, 그것에 대해 언제나 확신을 가지고 있었다."[2]

그녀가 희망했던 것은 "이른바 자유무역에 대항한 투쟁을 촉구하는 새로운 기후 관련 운동"[3]이었다. 그녀는 이른바 기후 친화적인 핵에너지 같은 효율적인 해법을 강하게 거부한다. 왜냐하면 그녀는 자본주의 틀 내에서 이루어지는 해법에는 아무런 관심이 없기 때문이다. 그녀는 스스로 이렇게 쓰고 있다. 기후 변화라는 주제는 "우리가 기후 위기를 보다 나은 세상으로 도약하기 위해 복합적으로 활용하는 기회가 될 수 있고,"[4] "기후 변화가 파괴적인 기업 영향으로부터 우리의 민주주의를 지키고 위험한 새로운 자유무역협정을 저지하며 … 이민자들에게 국경을 개방하기 위한 … 최상의 논거를 진보 세력에게 제공함으로써 긍정적인 변화를 위한 다양한 촉매제가 될 수 있다"[5]라는 것을 인식했다고 한다. 기후 위기가 "엄청난 대중 운동을 형성하는 기반"[6]이 될 수 있다는 것이다. 그 운동의 목표는 다음과 같은 것이 될 것이다.

- 공동 재화[국가 소유를 의미함]를 대규모로 확대[7]
- 신중하게 계획된 경제 도입[8]
- 우리 경제를 근본부터 변경시킨다.[9]

- 새로운 세금, 새로운 공공 고용 프로그램[10]
- 민영화 되돌리기[11]
- 지구상 가장 부유하고 강력한 산업의 폐기: 석유 및 가스 산업[12]
- 얼마나 자주 차를 몰아야 할 것인지, 얼마나 자주 비행기를 운항해야 하는지, 식료품이 반입되어야 하는지 여부, 우리가 구입하는 물건의 내구성 정도 … 우리가 사는 집의 크기[13]를 국가가 지정할 것
- 국내총생산 구성 요소들을 근본적으로 새로 지정할 것[14]
- 풍부한 재화의 생산에 대한 민간의 투자를 감축시킬 것[15]
- 정부 지출을 늘릴 것[16]
- 재분배를 확대할 것[17]

그녀는 더 많은 사회적 평등을 달성하기 위해 국민 가운데 잘 사는 20%가 가장 큰 희생을 해야만 한다는 제안에 동감을 표하며 이렇게 인용하였다.[18] "우리의 경제 체제와 우리의 행성 시스템이 상호 적대 관계에 놓여 있으며"[19] 따라서 "경제 체제의 혁명적 변화가 필요하다"[20]라는 것이 그녀의 논제이다.

이제까지의 인용구들이 보여주는 바는 클라인과 같은 반자본주의자들에게 환경과 기후 변화는 단지 표면에 내세우는 것에 불과하다는 사실이다. 이들의 진정한 목표는 자본주의를 제거하고 국가 계획경제를 세우는 것이다. 그러기에 이들은 자본주의와 어울리면서 환경을 보호하고 기후 변화를 막을 수 있는 모든 효과적인 수단을 단호히 거부한다.

자본주의와 환경 보호 및 기후 변화와의 관계는 실제로 어떠할까? 최고 수준의 환경 기준을 갖추고 있는 나라들과 헤리티지재단이 발표하는

'경제자유지수(Index of Economic Freedom)'를 상호 비교해보면, 클라인이 주장하는 것과는 완전히 다른 관련성을 볼 수 있다.

예일대학교는 약 20여 년 전부터 각국이 환경 보호를 얼마나 잘하고 있는지를 보여주는 '환경성과지수(Environmental Performance Index: EPI)'를 발표해오고 있다. 여기에는 전체적으로 공기의 질, 위생 및 식수, 중금속, 쓰레기 관리, 생물 다양성 및 서식지, 생태계 서비스, 어업, 기후 변화, 유해 물질 배출, 물 저장량, 농업 등 11개 범주에 32개 지표가 포함되어 있다.[21]

이들 분석에 따르면, 덴마크, 룩셈부르크, 스위스, 영국 및 프랑스가 최고의 환경 조건을 갖춘 나라들이다. 다음으로 오스트리아, 핀란드, 스웨덴, 노르웨이, 독일이 그 뒤를 잇는다. 보고서에는 이러한 내용이 들어 있다.

"환경성과지수로부터 얻을 수 있는 교훈은 공공 의료와 환경 인프라를 재정적으로 뒷받침하기 위해서는 지속 가능한 경제적 번영이 필요하다는 사실이다."

연구자들은 한 국가의 국민총생산과 환경 보호 수준 사이에는 분명한 상관관계가 존재한다는 점을 보여준다.[22] 흥미로운 사실은 환경성과지수와 경제자유지수를 상호 비교하고 있다는 점이다. 헤리티지재단이 1995년부터 발표하고 있는 이 경제자유지수는 전 세계 모든 나라의 경제적 자유도를 측정한다. 최근인 2021년에 발표된 보고서에서는 178개국을 분석했다. 사회학자 에리히 베에데(Erich Weede)는 이 지수를 적확하게 '자본주의 지수'라고 표현했다.[23] 경제적 자유 정도를 나타내는 이 지수에는 모두 동등한 가중치를 갖는 재산권, 사법부의 효율성, 정부 청렴도, 조세 부담, 정부 지출, 재정 건전성, 기업 자유, 노동시장의 자유, 화폐의 자유, 무역 자유, 투자 자유, 금융 자유 등 12개의 판단 기준이 포함되어 있다.

2021년 경제 자유도가 높은 상위 10개국의 명단은 아래와 같다.

1. 싱가포르
2. 뉴질랜드
3. 호주
4. 스위스
5. 아일랜드
6. 타이완
7. 영국
8. 에스토니아
9. 캐나다
10. 덴마크

경제적으로 가장 자유롭지 못한 국가들로는 북한, 베네수엘라, 쿠바, 수단 및 짐바브웨가 있다. 모든 국가는 '매우 자유로운' '자유로운' '대체로 자유로운' '자유롭지 않은' 및 '매우 자유롭지 않은' 국가 등 다섯 개의 범주로 분류된다. 헤리티지재단의 전문가들은 2020년도의 두 개의 지수, 즉 환경 지수인 환경성과지수와 경제자유지수를 서로 비교해보았다. 결과는 다음과 같다. 경제적으로 '매우 자유로운' 국가들이 예일대학교의 환경성과지수에서도 평균 76.1이라는 높은 점수를 받았다. '자유로운' 국가들의 평균 점수는 70.2였다. '대체로 자유로운' 국가들이 받은 점수는 59.6으로 환경 점수가 나빠졌다. '자유롭지 않은' 국가들과 '매우 자유롭지 않은' 국가들은 각각 46.7과 50.3을 받음으로써 이들의 환경 성적표가 가장 좋

지 않았다.[24]

역동적으로 변하는 경제자유지수를 안정화하기 위해 2006년부터 2020년까지 15년 동안의 수치를 평균했다. 이렇게 함으로써 예를 들어 단기적인 정치적 조치로 인해 발생할 수 있는 일회성 효과를 완화시켰다. 환경성과지수의 경우에는 2020년의 수치를 이용했다. 데이터에서는 분명한 양(+)의 상관관계(상관계수 0.67)가 있음을 알 수 있다. 회귀 분석을 해보면, 경제자유지수가 1포인트 상승할 때 환경성과지수는 1.06포인트 상승하는 것으로 나타난다. 지수들 간의 매우 높은 상관관계와 결합된 이처럼 높은 계수는 명백한 통계적 연관이 있음을 보여준다. 이러한 상관관계는 보다 많은 자본주의가 보다 큰 기술적 진보 및 번영으로 이끄는 인과관계로 설명될 수 있다.

경제학자 대니얼 페르난데스 멘데스(Daniel Fernández Méndez)는 위의 결과를 비판하는 주장을 하였다. 즉 경제적 자유가 많은 국가들이 "환경을 훼손하는 산업을 경제적으로 자유롭지 않은 제3세계로 '수출'하는 한편, 환경적으로 깨끗한 산업은 자국 내에 유지하고 있다"라는 것이다.[25] 그런데 실상은 그렇지 않다. 높은 수준의 환경 기준을 갖추고 있는 나라들의 투자를 분석해보면, 전체 외국 투자의 단 0.1%만이 높은 수준의 환경 기준을 갖추고 있는 나라로부터 낮은 수준의 환경 기준을 갖추고 있는 나라로 흘러간다는 것을 알 수 있다. 이런 분석으로부터 도출되는 결론은 분명하다.

"분석된 데이터들에 따르면, 자본주의가 환경에도 좋다는 것을 알 수 있다. 경제적 자유가 크면 클수록 환경의 질도 좋아진다. 환경이 깨끗한 나라가 자신들의 기업을 이전함으로써 환경 오염을 수출하는 것이 아니다."[26]

예일대학교 연구자들은 헤리티지재단의 지수와 환경성과지수 사이에 상관관계가 존재할 뿐만 아니라 '기업환경평가지수(Ease of Doing Business)'와 환경성과지수 사이에도 상관관계가 존재함을 밝혔다. 기업환경평가지수는 세계은행(World Bank)이 매년 발표하는 『경제환경평가보고서(Doing Business Report)』에 나와 있다. 이 지수는 기업 친화성과 기업 규제를 측정하는 세계적으로 가장 잘 알려진 포괄적인 잣대이다. 이 지수를 '경제적 자유주의(Economic Liberalism)'의 척도 (즉 국민 경제가 얼마나 자본주의적인지를 나타내는 지표)라고 표현한 예일대학교의 연구자들에 따르면, 이 지수와 환경성과지수 간에는 0.72의 상관관계를 보이며, 이는 예를 들어 0.52의 상관관계를 나타내는 '정치적 안정과 폭력의 부재'와 환경성과지수 간의 관계보다 훨씬 더 명백한 상관관계를 보여준다.[27]

학술 전문잡지 〈지속 가능성(Sustainability)〉에는 많은 학자가 매년 연구 성과를 발표하는데, 2016년에는 국제상업회의소(ICC)가 발표했던 '시장개방지수(Open Market Index)'와 환경성과지수 사이의 관련성에 대한 연구 발표가 있었다. 시장개방지수는 한 국가가 자유무역에 얼마나 개방적인지를 측정하며, 따라서 경제적 자유에 대한 하나의 중요한 지표이다. 연구자들은 시장개방지수와 환경성과지수 사이에 상당한 정도의 중첩이 존재한다는 것을 밝혔다. 시장개방지수가 높은 27개국 가운데 19개국이 동시에 환경성과지수 상위 27개국에 포함되어 있다. 연구는 전체 75개국에 걸쳐 이루어졌고, 그 속에는 G20 전체와 유럽연합 국가들도 포함되어 있다. 이 국가들이 국제 무역과 국제 투자에서 90% 이상의 비중을 차지하고 있다. 결과는 이렇다.

"시장개방지수와 환경성과지수 사이에는 강력한 연관성이 존재한다. 이는 개방된 경제의 국가가 환경과 관련해서도 더 나은 성과를 보인다는 우리의 가설을 뒷받침한다. 전체적으로 볼 때 국민 경제의 개방 정도와 환경 보호가 밀접하게 연관되어 있다는 것이 우리의 결론이다."[28]

미국 경제학자 앤트와일러(Antweiler), 코프랜드(Copeland), 테일러(Taylor)는 "자유무역이 환경에 유리한가?(Is Free Trade Good for the Environment?)"라는 제목의 연구에서 아주 정교한 수학 계산을 통해 자유무역과 환경 오염 간의 관계를 분석했는데 연구자들 스스로도 놀란 결과가 나왔다.

"우리가 계산한 바에 따르면, 국제 시장에의 개방이 생산과 소득을 1% 증가시킬 때마다 환경 오염 농도는 약 1%씩 감소한다. 이러한 계산 결과를 우리가 이전에 행했던 구성 효과(composition effects)에 대한 연구와 연관시켜보면, '자유무역이 환경에 유리하다'라는 매우 놀라운 결론에 도달하게 된다."[29]

자본주의가 높은 경제 성장으로 이어지고, 경제 성장은 다시 자원을 더 많이 소비하게 만든다는 주장도 있다. 그런데 이런 논리에 따르면 가장 비효율적인 시스템이 환경에는 가장 유리하다는 이야기가 된다. 왜냐하면 비효율적인 시스템이 경제를 성장으로 이끌지는 않을 것이기 때문이다. 하지만 위에서 언급된 분석들은 "한 나라의 경제 성장의 초기 단계에서는 상당한 정도의 환경 오염이 목격될 수 있지만, 경제 성장이 일정 수준 이상 이루어지고 나면 환경 오염이 점차 감소하는 것을 볼 수 있다"라는 사실을 보여준다.[30] 경제가 성장하면 할수록 자동적으로 환경은 더 많이 오염된다고 하는 단순화된 주장에 대해서는 다음과 같은 두 개의 반대 주장을 할 수 있다.

1. 자본주의 국가들보다 비자본주의 국가들에서의 환경 파괴가 훨씬 더 심각한 문제였다.
2. 경제 성장과 자원 소비 간의 연관성은 비물질화(dematerialization) 시대가 되면서 점차 사라지고 있다.

먼저 첫 번째 주장을 보자. 이 세상 어디에서도 과거 사회주의 국가들에서 있었던 것과 같은 심각한 환경 파괴는 없었다. 이것이 무슨 관계가 있느냐고? 관계가 있다. 사적 소유, 경쟁 및 자유로운 가격 결정에 기반한 경제 질서가 환경 오염의 근원이라는 주장이 옳다면, 이런 특징들을 갖추지 않은 국가들에서는 적어도 환경 오염이 덜해야 맞다. 그런데 현실은 정반대이다. 나아가 나오미 클라인(Naomi Klein) 같은 반자본주의적 기후운동가들은 국가가 자본주의에서보다 훨씬 더 큰 권력을 갖는 경제 질서를 원하고 있다. 기후 변화와 환경 오염에 대해 그들이 내놓는 해법은 더 많은 국가의 계획이다. 국가가 경제에 대해 엄청난 힘을 가지고 있는 국가에서는 환경 파괴가 적었던 것이 아니고, 오히려 정반대로 이런 국가에서 환경 파괴가 훨씬 심각했다.

1990년 조레스 메드베데프(Zhores A. Medvedev)는 소련에서의 상황에 대해 살펴보았다. "소련은 방사능 오염으로 인해 스위스 전체 경작지보다도 더 넓은 면적의 방목장과 농지를 상실했다. 댐을 쌓으면서 네덜란드 전체 면적보다도 더 넓은 지역이 물에 잠겼다. 1960년부터 1989년 사이에 지하수의 염분화와 지하수의 수위 변화, 미세 먼지와 소금으로 인해 아일랜드와 벨기에의 경작지를 합친 것보다 더 넓은 면적의 땅을 상실했다. 절박한 식량 부족 사태와 관련해 1975년 이래 매년 경작지가 100만 헥타르

씩 줄어들었다. 소련에서는 브라질에서 원시림이 사라지는 것과 같은 규모로 숲이 사라졌다. 우즈베키스탄과 몰도바에서는 살충제로 인한 화학물질 중독으로 정신 지체자의 비율이 급격히 상승하여 중등학교와 대학의 교육과정이 변경되고 단순화될 정도였다."[31]

1992년에 미국의 소련 전문가인 머리 페쉬바크(Murray Feshbach)와 알프레드 프렌들리(Alfred Friendly Jr.)가 『소련에서의 생태계 파괴(Ecocide in the USSR)』라는 책에서 "그 어떤 산업화된 문명도 자신의 땅, 자신의 공기, 자신의 국민을 이처럼 체계적이고 장기간에 걸쳐 중독시킨 적은 없었다"라고 밝혔다.[32]

충격적인 환경 파괴 상태를 보여주는 잘 알려진 사례는 1986년 4월 26일 우크라이나에 있는 레닌원자력발전소 제4호 원자로에서 발생한 체르노빌 핵 재난이다. 이 원자력발전소의 이름에 공산주의의 거룩한 기둥이며 국가 설립자의 이름인 레닌을 붙였었다는 사실을 대부분의 사람은 모르고 있다. 왜냐하면 사고 후 이 발전소는 사회주의에서의 환경 위협이 아니라 이른바 핵 발전소의 일반적인 위협을 대변하는 것으로 변질되었기 때문이다.

영국 작가 애덤 히긴보덤(Adam Higginbotham)은 장장 560쪽에 달하는 자신의 책 『체르노빌의 밤(Midnight in Chernobyl)』에서 역사상 최악의 이 원자력 재난은 소련 경제 시스템의 직접적 결과라는 점을 밝히고 있다. 이미 원자력발전소를 건설할 때부터 사회주의적 계획경제시스템으로 인한 맹점들이 분명하게 드러났다.

"아주 중요한 기계 부품과 건축 자재들이 너무 늦게 조달되거나 아니면 아예 조달되지 않았으며, 조달된 것에서는 종종 하자가 발견되었다. 강철과 지르코늄(배관과 핵 연료 피복 재료로 필수적이다)은 부족했다. 핵 연료 사용을 위한 배관과 철근 콘크리트는 너무 형편없이 건설되어서 그대로 폐기해야 할 정도였다."[33]

발전소의 터빈이 돌아가는 건물의 지붕은 불붙기 쉬운 타르(bitume)로 덮었는데, 이는 규정에 어긋나는 것이었다. 지붕은 반드시 불이 잘 붙지 않는 재질로 해야 하지만, 소련 계획경제에서 이런 재질의 물건을 구하기 어려웠기 때문이었다.[34] 콘크리트는 하자투성이였고 건설 근로자들에게는 단 한 대의 전기 자동차도 없었다. 소련 정보국(KGB)의 한 팀이 건설 하자에 대해 계속해서 보고했다.[35] 상부 계획 기관에서 지정한 완공 시점(1983년 12월 31일)을 맞추기 위해 제4호기를 많은 시간을 요하는 터빈 안전 테스트를 제대로 하지 못한 채 완공시켰다.[36]

사고 후 소련에서 실시한 조사는 RBMK형 원자로가 안전 기준에 맞지 않았으며 소련이 아니라면 사고가 나기 전에 이미 운행 허가를 받지 못했을 것이라는 사실을 확인했다.[37] 소련의 내각 총리 니콜라이 리슈코프(Nikolai Ryschkow)는 내부 회의에서 "사고는 필연적이었다. … 만일 사고가 여기서 지금 발생하지 않았다면 다른 곳에서 났을 것이다"라고 언급했다.[38]

소련 당국은 이 사고에 앞서 일어났던 일련의 원자력발전소 사고를 숨겼던 것과 마찬가지로 이 사고의 규모를 은폐했다. 소련은 1957년 설립된 국제원자력기구(IAEA)의 12개 창설국가 중 하나로서 모든 핵 사고를 신고할 의무가 있었지만, 그 이후 수십 년 간 소련 원자력발전소에서 발생한 여러 위험한 사고에 대해 국제원자력기구에 아무런 신고도 하지 않았다.

"거의 30여 년간 소련은 자신이 전 세계에서 가장 안전한 원자로를 운행하고 있다고 믿도록 자국민은 물론 전 세계인들을 속여온 것이다."[39]

이와는 반대로 1979년 3월 28일 미국 해리스버그 인근에 있는 스리마 일섬(Three Mile Island) 원자력발전소에서 일어난 사고는 상대적으로 피해 가 미미했던 사고였음에도 소련은 이를 자본주의 원자력발전소가 얼마나 안전에 취약한 것인지 보여주는 사례라며 선전 선동에 철저히 이용했다.[40] 서유럽의 많은 매체는 이러한 사실의 왜곡을 무비판적으로 수용했다.

체르노빌의 레닌원자력발전소 사고 이후 공산주의자들은 재난이 전 적으로 관계자들의 실수로 인해 발생한 인재(人災)라고 하면서 은폐 전략 을 고수했다. 대규모 법정 쇼를 통해 몇 명의 발전소 관계자들을 처벌했 다. 소련 원자력연구소 부소장인 발레리 레가소프(Valery Legasov)는 "사 고의 책임을 뒤집어쓴 몇몇 관계자의 부주의 때문이 아니라 소비에트 사 회 실험의 철저한 실패"에 사고 원인이 있다는 결론을 내린다.[41] 〈노비 미 르(Novy Mir; 새로운 세상)〉라는 잡지와의 인터뷰에서 그는 소련 내에 있는 RBMK형 원자력발전소에서 언제든지 똑같은 사고가 재발될 수 있다고 경고했다.[42]

사고의 경과와 원인에 대해 누구보다도 철저하게 파고들었던 레가소프 는 일어났던 일에 대해 병과 절망에 시달려 사고의 진상을 녹음테이프에 기록했다. 그리고 이 녹음테이프의 내용은 그가 죽은 후 〈프라우다(Pra-vda)〉지에서 공개되었는데, 이것이 가능했던 이유는 1986년 초 미하일 고 르바초프(Michail Gorbatschow)가 시작한 페레스트로이카가 정점에 달했던 시기였기 때문이었다. 1988년 9월에 공개된 레가소프의 유언에는 다음과 같은 내용이 들어 있었다.

"체르노빌 원자력발전소를 방문하고 나서 내가 내린 결론은 이 사고는 수십 년간 이어져 온 소비에트 경제시스템의 피할 수 없는 결말이었다는 점이다. 이렇게 말하는 것이 나의 의무이다."[43]

이 원자로 사고의 원인이 계획경제적 경제 시스템 구조와 밀접한 연관을 가지고 있었기 때문에, 사고 후 무언가를 바꾸어보려던 소련 정치가들과 학자들의 노력이 무위로 돌아갔던 것이다. 사고 발생 1년 후 소련공산당 중앙위원회에 보고되었던 보고서에는 사고 이후 12개월 동안 소련의 원자력발전소에서 320건의 사고가 있었고, 그 가운데 160건의 경우에는 원자로 가동을 비상 중단시켰다고 되어 있다.[44] 물론 이 사고들도 그 이전에 있었던 사고들과 마찬가지로 은폐되었다. 동독의 공산주의 청년 조직인 자유독일청년단(FDJ)의 중앙기관지인 〈젊은 세계(Junge Welt)〉는 1986년 5월 2일 머리 기사 제목을 이렇게 붙였다.

"평화의 주도권을 빼앗기 위해 서구가 우리를 위협하고 있다."[45]

소련뿐만 아니라 두 번째 사회주의 대국인 중국도 마찬가지이다. 스티븐 핑커(Steven Pinker)가 쓴 책 『지금 다시 계몽』에 그래픽이 하나 있는데,[46] 이 그래픽은 1829년부터 2014년까지 탄소강도, 즉 국내총생산 1달러당 이산화탄소(CO_2) 배출의 추이를 보여주고 있다. 미국이나 영국 같은 나라들에서 산업화가 처음 진행되었을 때에는 국내총생산 1달러가 늘어날 때마다 더 많은 양의 이산화탄소가 배출되었다. 하지만 이미 1950년대가 되면 배출량이 줄어들고 있음을 알 수 있다.

그런데 1950년대 후반 중국에서는 다른 나라들과는 달리 커브가 극적으로 상승했다. 그 이유는 인류 역사상 가장 거대한 사회주의 실험이었던 마오쩌둥의 대약진운동 때문이었다. 이 실험을 통해 역사상 가장 참혹한 기근 재난이 발생하여 4,500만 명이 죽은 것은 물론이고,[47] 그것은 생태학적인 관점에서도 하나의 재앙이었다. 외부 세계로 발표된 마오쩌둥의 선전물은 모든 부문에서 신기록을 수립하고 있다고 하였고, 이는 사회주의의 발전과 우월성을 선전하는 것이었다.

마오쩌둥은 철강에 매우 집착했으며, 모든 주요 국가의 철강 생산에 관한 자료를 머릿속에 가지고 있었다. 1957년 중국의 철강 생산량은 535만 톤이었는데, 1958년 1월 철강 생산 목표가 620만 톤으로, 9월에는 1,200만 톤으로 두 배가 되었다.[48] 이 엄청난 목표가 특히 농촌 거주자들의 촌락 공동체 뒷마당에 있는 소규모 용광로에서 생산되어야만 했다. 이 용광로 대부분은 제대로 작동되지도 않았고, 생산된 철의 품질은 형편없었다. 전국에 걸쳐 농촌 공동체에서 생산된 철이 쏟아져 나왔지만, 이것들은 너무 작고 연약해 현대적 압연 공장에서는 아무런 쓸모도 없는 것들이었다.[49] 1958년 12월 말 마오쩌둥은 최고 간부들과의 대화에서 생산된 철의 40%가 아무런 쓸모도 없는 것들이라고 실토했다. 사용할 수 있는 철은 기존의 제철소에서 생산된 것이었고, 아무런 가치도 없는 40%는 소규모 용광로에서 생산된 것이었다.[50] 뒷마당 용광로를 사용한 관계로 이산화탄소 배출이 크게 증가했고, 동시에 경제 성과는 퇴보했다. 이것이 바로 앞서 언급한 핑커의 탄소강도 그래픽에서 중국이 이단자가 된 이유이다. 자본가들의 '방해받지 않는 이윤 추구'가 아니라 계획경제 및 사회주의가 최대의 환경 파괴로 이어진 것이다. 소련이나 중국만 그런 것이 아니라, 모든 사회주의 국가들에서 그런 결과가 나타났다.

한참의 시간이 지난 뒤에야 비로소 중국은 탄소강도를 감소시키는 서구 국가들의 뒤를 따라간다. 인도도 마찬가지였다. 탄소강도가 가장 높았던 시기는 중국의 경우 1970년대 말이고, 인도는 1990년대 중반이었다. 이때가 되어서 이제까지 국가 통제경제로 움직였던 중국과 인도가 시장

경제 방향으로 전환하게 된 것이다. 그 결과 50년 전부터 탄소강도는 전 세계적으로 지속적으로 감소하고 있다.[51]

사회주의가 무너지고 나서야 비로소 이곳에서의 환경 관련 사안들을 들여다볼 수 있게 되었다. 사회주의 국가들은 자신들이 환경 보호와 관련해서 선구적인 역할을 하고 있다고 자랑했었다. 동독은 1968년에 헌법에 환경 보호를 국가 목표로 규정했으며, 이미 1972년에 서독보다 15년이나 앞서 환경부를 설립했었다.[52] 또한 환경 보호와 관련해서도 사회주의가 자본주의보다 우월하다고 항상 주장했었다. 현실은 어떠했을까?

동독의 과거를 재평가하기 위한 연방 재단 보고서의 1990년 내용은 다음과 같다.

"생태계 문제는 ⋯ 참담하다. 동독 주민들은 거의 어디에서나 환경 오염에 부딪힌다. 특히 심각한 것은 이산화황과 이산화탄소에 의한 공기 오염인데, 이것은 갈탄을 태울 때 나온다. 동독의 최대 에너지원이 갈탄이었는데, 발전소가 매우 낡아서 탈황시스템이 존재하지 않는다. 그 피해가 너무 커서 라이프치히, 할레, 카를 마르크스시 및 드레스덴 주변의 산업단지 등 해당 지역에는 호흡기 질환과 습진이 만연해 있다. 스모그로 인해 도시와 농촌에 규칙적으로 스모그 경고가 울리고, 자동차, 창틀, 야외에 있는 빨래 건조대 등에 먼지가 수북이 쌓인다. 강과 하천도 심하게 오염되어 있다. 화학 공장들이 자신들의 산업 폐수와 오염 물질을 처리하지도 않은 채 강과 호수로 흘려보낸다. '동독에서는 강물을 제외하곤 모든 것이 잿빛'이라고 하는 동독에서 유행하던 유머 그대로이다. 비터펠트/볼펜 (Bitterfeld/Wolfen)에 있는 '실버호수'는 특히 강과 호수의 극적인 오염을 대표하는 이름이 되어 있다. 예전의 광산은 볼펜에 있는 필름 공장의 폐기물을 버리는 곳으로 변해 슬러지와 폐기물이 여기에 버려졌다. 1990년에, 중금속에 오염된 슬러지가 곳곳에 12미터 높이까지 쌓여 있었다. 강과 하천을 오염시키는 것은 산업 폐기물만이 아니다. 농업 생산에 광범위하게 사용된 비료/거름 또한 강과 하천의 주요 오염원이다. 전체적으로 볼 때 1990년 동독 지역의 강과 호수는 생태학적으로 파괴되어 있었다."[53]

이 보고서는 유해 물질에 의한 토지 오염이 구 동독 여러 지역에서 확인되었고, 오염된 산업 폐기물과 도시 폐기물이 부적절하게 쌓여 있듯이 집약적 농업과 대량의 가축 사육으로 인해서도 '제멋대로의' 쓰레기 처리장이 생겨난다고 보고하고 있다.[54]

비스무트(Wismut)에 있는 광산에서 건강을 위협하는 조건 하에서 우라늄을 채굴하던 광부들은 이를 상쇄시킨다는 명목으로 매달 7리터의 독일식 소주를 제공받았다. '우라늄'이란 단어는 입 밖에 낼 수도 없었고, 비스무트의 광고 선전물에서조차 철저하게 숨겨졌다. 유럽 최대의 우라늄 광산 회사에 근무하는 사람들과 주민들 사이의 사적인 대화에서조차도 우라늄은 절대 언급해서는 안 되는 단어였다.[55] 이 은폐 전략은 화학 원소들의 위험성에 대한 대중의 두려움을 막기 위한 것이었다.

동독에서 환경에 대한 데이터는 늦어도 1974년 3월 19일 내각 결정이 이뤄진 이래 '비밀 정보'로 취급되었다. 동독 사회주의통일당(SED) 중앙위원회 경제부 비서인 귄터 밋탁(Günther Mittag)이 그것의 배포 결정권을 가지고 있었다. 1982년 이후에는 밋탁과 국가평의회 의장인 빌리 스토프(Willi Stoph), 동독 비밀경찰 슈타지(Stasi)의 수장인 에리히 밀케(Erich Mielke)만이 연례 환경보고서를 받아보았다. 대부분의 일반 시민은 통일이 되고 나서야 비로소 동독의 환경 상태가 재앙적인 상태였다는 진실을 알게 되었다.

여기 비교를 위해 몇 가지 사실을 열거하자면 다음과 같다.

- 기후 위협: 동독 역사 전문가인 역사가 후버투스 크나베(Hubertus Knabe)는 "이 세상에 최대의 기후 살인 국가가 하나 있는데, 그 나라는 바로 자본주의를 폐기한 동독이었다"라고 확언했다.[56] 1989년 국내총생산 1단위당 이산화탄소 배출은 동독이 서독에 비해 세 배 이상이었다.[57]
- 공기 오염, 이산화황: 1988년 1제곱킬로미터당 이산화황의 배출은 동독이 서독에 비해 열 배나 많았다.(1제곱킬로미터당 48.1톤 대 4.6톤).[58]
- 공기 오염, 먼지: 1제곱킬로미터당 동독의 경우 평균 20.3톤으로 서독(1.8톤)의 열 배 이상이었다.[59]
- 석탄 난로: 1989년 동독 가정집의 대략 3분의 2는 갈탄으로 만든 고체 연료 등으로 난방을 했다.[60]
- 강과 하천의 오염: 1989년 동독에 있는 강과 하천의 대략 절반은 생물학적으로 사망 상태였다. 70%는 더 이상 식수로 활용할 수 없는 상태였다.[61]
- 동독 주민의 거의 절반은 수도를 틀더라도 때때로 혹은 지속적으로 깨끗한 식수를 받지 못했다. 그 이유는 질소, 인, 중금속과 여타 유독물질들이 대량으로 강과 하천으로 흘러 들어갔기 때문이다.[62]

크나베는 다음과 같이 확언한다.

"얼마나 많은 환경운동가가 동독이 주도했던 이야기, 즉 자본주의를 폐기하는 것만이 환경 문제를 해결할 수 있는 유일한 길이라는 이야기를 대변했던가. 자연을 무자비하게 파헤치는 책임은 기업의 이윤 추구 탐욕에 있으며, 이것을 전체 사회적인 이성과 계획으로 대체해야 한다고 했다. 그리고 이는 오직 사회주의에서만 가능하다고도 하였다.[63]

많은 사람이 환경 문제와 관련해서 사회주의가 자본주의에 비해 열악하다는 점을 인정하면서도 여전히 이런 의구심을 가지고 있다. 경제 성장이 생태학적 문제를 일으키지 않는가? 특히나 다음과 같은 주장은 그럴듯하게 들린다. 지구상의 자연 자원은 한도가 있게 마련이고, 따라서 성장이 언제까지나 계속될 수는 없다.

경제 성장의 한계에 대한 경고는 새로운 것이 아니다. 1939년 미국 내무부는 미국의 석유 매장량이 겨우 13년치만 남아 있다고 발표했다. 1949년에는 석유 매장량의 바닥이 보인다고 발표했다. 이전에 나왔던 엉터리 주장으로부터 아무것도 배우지 못한 미국 지질조사국은 1974년 미국의 천연가스 매장량이 겨우 약 10년치에 불과하다고 말했다.

전문 학자인 해리슨 브라운(Harrison Brown)은 1970년 〈과학적 미국인(Scientific American)〉이라는 잡지에서 서기 2000년을 지나자마자 구리가 고갈되고 납, 아연, 주석, 금과 은은 1990년이 되기도 전에 고갈될 것이라고 하였다.[64] 마찬가지로 생태학자인 케네스 왓트(Kenneth Watt)도 1970년 전 세계에 석유가 고갈될 것이라고 보았다.

"당신은 주유소로 차를 몰고 가서 이렇게 외칠 것이다: 가득 채워 주세요. 그러면 그 주유원이 이렇게 말할 것이다: 미안하지만, 기름이 한 방울도 없어요."[65]

같은 해에 발표된 로마 클럽의 '경제 성장의 한계'라는 연구서는 엄청난 관심을 불러일으켰다. 오늘날까지 이 책은 30여 개국의 언어로 번역되어 3,000만 권 이상이 팔렸다. 이 책은 방향 전환을 촉구하면서 분명한 메시지를 담고 있었다. 즉 천연자원이 곧 고갈될 것이며, 특히 석유의 경우가 그렇다는 것이다. 연구서를 쓴 학자들은 20년 후에는 석유가 완전히 고갈될 것이라고 예언했다. 이 로마 클럽 보고서는 석유만이 아니라 거의 모든 천연자원의 고갈 시점에 대해 예언했는데, 그 예언들은 완전히 틀렸다. 천연가스, 구리, 납, 알루미늄, 텅스텐은 당시 예언했던 고갈 시점이 지난 오늘날에도 여전히 채굴되고 있다. 은광은 1985년이 지나면 고갈되어야 했다. 그런데 미국 지질조사국은 2020년 1월 전 세계적으로 은의 매장량이 56만 톤이나 된다고 평가했다.

이 모든 틀린 예언에 대해 고개를 가로젓기 전에, 산업화 초기부터 대략 1970년대까지는 실제로 경제 성장과 에너지 및 원료 소비 간에 밀접한 연관성이 존재했었다는 점은 지적할 필요가 있다.[66]

그런데 미국 학자 앤드류 맥아피(Andrew McAfee)는 2020년 출간된 자신의 저서 『더 적게 투입하면서도 더 많은 것을 생산한다(More from Less)』라는 책에서 수많은 일련의 데이터를 기반으로 경제 성장과 천연원료 소비와의 연계가 끊어졌다는 것을 증명했다. 미국의 데이터들은 72개 상품 가운데 여섯 개만이 아직 그것들의 소비 최고치에 도달하지 않았다는 것을 보여준다. 비록 미국 경제가 지난 수년간 강한 성장세를 보였음에도 불구하고 많은 천연원료 소비는 오히려 감소하고 있다.[67]

이미 2015년 미국 환경전문가 제시 오서벨(Jesse H. Ausubel)은 자신의 논문 '자연의 귀환: 어떻게 기술이 환경을 해방시키나(The Return of Nature: How Technology Liberates the Environment)'에서 미국인 1인당 원료 소비가

감소하고 있다는 것을 보여주었다. 이전에는 경제 성장과 나란히 증가했던 철, 구리, 비료, 나무 및 종이의 총소비량이 최대치에 도달한 이후 계속 감소하고 있다.

그렇게 된 이유는 수없이 많은 비판에 시달리고 있는 자본주의이다. 기업들은 끊임없이 효율적으로 생산하기 위해 새로운 가능성, 즉 원료를 덜 사용하면서 생산할 수 있는 가능성을 찾고 있다. 기업들이 이렇게 하는 이유는 물론 환경을 보호하고자 해서가 아니라 비용을 절약하기 위해서이다. 여기에 추가될 것이 또 있다. 혁신은 우리가 소형화 혹은 비물질화라고 부르는 경향을 촉진시킨다. 스마트폰 속에 얼마나 많은 기계 장치가 들어가 있는지, 그리고 예전에 이런 기계 장치들을 만들기 위해 얼마나 많은 원료가 소비됐을까를 생각해보라.

오늘날에는 많은 사람이 팩스를 더 이상 가지고 있지 않으며 종이로 된 지도를 이용하지 않는다. 이 모든 것이 스마트폰에 들어 있기 때문이다. 많은 사람이 손목시계조차도 차지 않는다. 예전에는 사람들이 전화, 오디오 카세트, 녹음기, 비디오 카메라를 위해 네 개의 마이크가 필요했지만, 이제는 이 모든 기능을 위해 스마트폰에 있는 단 한 개의 마이크만 있으면 된다.

예전에 필자는 몇 개의 선반을 차지할 정도로 많은 LP판을 수집한 것에 자부심을 느꼈었다. 나중에 필자는 CD를 샀는데, 이것은 선반 한 개면 충분했다. 이것만으로도 원료 사용이 상당히 줄어든 것이다. 요즘 필자의 여자친구는 오직 디지털 파일들만 구매하는데, 이것을 위해서는 집 안에 아무런 공간도 필요치 않다. 이것은 비물질화 경향에 대한 수많은 사례 가운데 극히 일부분에 불과하다.[68] "우리 행성의 자원은 한정되어 있

으며, 따라서 무제한으로 성장할 수 없다"라는 말은 언뜻 듣기에는 그럴듯
하지만, 현실은 그처럼 간단한 게 아니다.

　노벨경제학상을 수상했던 프리드리히 하이에크(Friedrich August von
Hayek)와 밀턴 프리드먼(Milton Friedman)과 같은 확신에 찬 자본주의 지지
자들도 경제를 위해 국가가 게임 규칙(법적인 틀)을 만들어야 한다고 언제
나 이야기한다. 하이에크는 시장경제적 사고와 자유방임주의(Laissez-faire)
정책을 혼동해서는 안 된다고 강조했다.[69]

　역사상 가장 커다란 환경 문제 가운데 하나였던 오존 구멍 문제를 해
결한 것도 바로 자본주의의 열렬한 대변자들이었다. 이에 대한 역사를 살
펴보자. 1970년대 중반 미국 학자들인 마리오 몰리나(Mario Molina)와 셔
우드 롤런드(Sherwood Rowland)가 염화불화탄소 같은 내구성이 강한 화학
물질이 지구를 보호하는 역할을 하는 오존층을 파괴할 수 있다고 경고했
다. 오존층이 파괴되면 피부암이 급증하고 기후가 변동된다. 당시에 염화
불화탄소는 냉장고의 냉매제나 스프레이의 분사제로 사용되고 있었다.

　1980년대 중반 미국 연구가인 수잔 솔로몬(Susan Solomon)은 염화불화
탄소가 남극 상공에 생긴 오존 구멍에 책임이 있다는 것을 발견했다. 당
시 미국 대통령인 로널드 레이건(Ronald Reagan)과 영국 수상인 마거릿 대
처(Margaret Thatcher)는 그와 관련해 주도권을 잡고 세계 정상들을 초청하
여 논의하였다. 1987년 9월 16일 30개국 이상이 염화불화탄소 생산을 중
단하기로 의견을 모았다. 이 이른바 '몬트리올 의정서'는 오늘날까지 훌륭
한 전 세계적인 환경 보호 사례가 되고 있으며, 그 이후 오존 구멍이 점차
다시 메꿔지고 확실히 작아지는 효과를 가져왔다. 전 UN 사무총장 코피
아난(Kofi Annan)은 나중에 "이 의정서야말로 이제까지 가장 훌륭한 성과

를 거둔 유일한 국제 환경 협약일 것"이라고 언급했다. 이로써 두 명의 최고위 자본주의자, 즉 레이건과 대처는 그린피스나 여타 다른 좌파 환경운동가들보다 환경 보호에 훨씬 많은 기여를 하였다.

그러므로 국가에 의한 규제 자체가 나쁜 것이라고 할 수는 없다. 하지만 환경 보호를 위한 국가의 규제는 종종 좋은 의도에서 나온 목표를 달성하지 못하고 정반대의 결과를 낳는다. 그 한 가지 사례로는 독일의 환경 및 에너지 정책을 들 수 있다. 독일은 1957년부터 2004년까지 약 110기의 원자력발전소를 가동했다. 1970년대와 1980년대 독일에서의 환경운동은 핵에너지로부터 손을 떼라는 요구가 중심을 이뤘다. 환경운동가들의 관심은 온통 모든 원자력발전소의 폐쇄에 쏠려 있었다.

1998년 총선 이후 독일의 사회민주당과 녹색당의 연립 정권이 수립되었고, 원자력발전소 전력사업자들과 계약을 맺으면서 2000년부터 핵에너지를 폐기하기로 규정했다. 이 계약을 기반으로 2002년 독일 원자력법이 수정되었다. 그 후 2010년에 운영 기간 연장이 한 차례 이루어진 후에 2011년 후쿠시마 원전 사고가 터지자 2022년까지 모든 원자력발전소를 폐쇄한다고 다시 수정된 것이다.

2011년에 있었던 후쿠시마 원전 사고가 앙겔라 메르켈(Angela Merkel) 수상의 연방정부가 당초 계획보다 훨씬 앞당겨 원자력발전소를 폐쇄하기로 결정한 원인인 것으로 알려져 있다. 하지만 진정한 원인은 원전 사고 자체가 아니었다(일본에서는 결코 원자력발전소 폐쇄 같은 그런 결정이 내려지지 않았다). 실제 원인은 2011년 3월 11일 후쿠시마 원전 사고가 발생한 지 2주 후인 3월 27일 바덴-뷔르템베르크(Baden-Wuerttemberg)에서 실시된 주(州)의회 선거였다. 메르켈은 당시 뜨거운 주제였던 핵연료 부문에서의 녹색당의 우세를 꺾고자 하였다. 하지만 이 전략은 통하지 않았다. 왜냐하면 이 선거에서 녹색당은 기록적인 득표를 하였고, 독일 역사상 처음으로 녹색당 주지사를 배출했기 때문이다.

독일이 기후 변화에 대항해 온갖 노력을 쏟고 있음에도 불구하고 별 성과를 거두지 못하고 있는 주요 원인은 바로 이 탈원전 결정에 있다. 이 탈원전 결정은 독일이 그러지 않았다면 가능했던 것보다 훨씬 많은 이산화탄소를 배출하도록 만들었다. 예를 들어 환경 보호와 관련하여 독일보다 결코 낫다고 할 수 없는 프랑스는 독일이 점차 원자력발전소를 폐쇄하는 동안에 원자력 발전의 비중을 2020년 기준 71%까지 끌어올렸다. 이 비중은 다른 어느 나라에 비해서도 높다. 2021년도 환경보호지수에서 독일은 10위인 반면 프랑스는 5위를 차지하고 있다. 이렇게 된 원인은 특히나 핵에너지에 있다. 왜냐하면 2021년도 환경보호지수의 2021년도 기후보호지수에서 독일은 겨우 14위를 차지한 반면 프랑스는 4위를 차지하고 있기 때문이다.

예일대학교 연구자들은 자신들의 2021년도 환경성과지수 보고서에서 조심스럽고 외교적인 수사를 동원하여 몇몇 분석가는 독일의 탈원전이 기후 보호의 행보에 해를 끼칠 수 있다는 의견을 보였다고 표현했다. 2019년 〈월스트리트 저널〉은 외교적인 수사를 빼고 아주 적확하게 독일이 탈원전이라는 전 세계에서 가장 어리석은 에너지 정책을 펴고 있는 것으로 드러났다고 표현했다.[70]

탈원전 정책을 정당화하는 것은 핵에너지 사용의 위험성이다. 생산된 에너지 단위(테라와트시: TWh)당 사망 사고를 비교해보면, 핵에너지의 경우 0.07명이 사망하고, 석유의 경우 18.4명, 석탄의 경우 24.6명이 사망하는 것으로 나타난다.[71] 수력 발전조차도 원자력 발전에 비해 훨씬 더 위험하다. 그리고 '살인 요소'는 풍력 발전, 태양광 발전 및 재생 가능 연료가 핵에너지에 비해 훨씬 더 높다는 연구 결과도 나와 있다.[72]

빌 게이츠(Bill Gates)는 기후 변화에 관해 자신이 저술한 책에서 핵에너지 사용을 촉구하면서 더 많은 원자력발전소 없이 "부담 가능한 비용으로 이산화탄소를 발생시키지 않고 전기를 공급할 수 있는 미래란 상상하기 어렵다"라고 강조했다.[73] 왜냐하면 "원자력 발전이야말로 이산화탄소를 발생시키지 않는 유일한 에너지원이며, 24시간 끊이지 않고 전기를 공급할 수 있으며, 계절에도 관계없고 전 세계 어디에서나 가능하며, 입증된 바와 같이 여러 가지 측면에서 잘 작동"하기 때문이다.[74]

핵에너지 반대자들은 직접 혹은 모호한 표현을 사용하면서 2011년 후쿠시마 원전 사고로 2만 명이 사망했다는 인식을 계속해서 주입하고 있다. 2만 명이라는 수치는 대략 맞다. 하지만 이 사람들은 방사능으로 사망한 것이 아니고 쓰나미 및 지진으로 인해 사망한 것이다.[75]

덧붙여 현재는 옛날 방식의 원자력발전소보다 훨씬 안전한 현대식 원자력발전소가 존재한다는 사실도 대중에게는 거의 알려지지 않고 있다. 게다가 방사능 폐기물의 최종 처리장 문제도 지나치게 과장되어 있고,[76] 새로운 세대의 원자로가 존재하며 여기서는 이런 문제가 전혀 발생하지 않는다는 사실에 대해서는 침묵하고 있다.[77]

MIT대학의 기후 연구전문가 케리 이매뉴얼(Kerry Emanuel)의 말은 핵심을 찌른다.

"우리는 두 가지를 다 가질 수는 없다. 이것[기후 변화]이 재앙을 불러온다거나 아니면 감당할 수 없는 위험이라고 말하면서 뒤돌아서서는 그것을 막을 수 있는 가장 명백한 가능성이 있는 것을 배제하는 것은 앞뒤가 맞지 않는 것은 물론이고 위선적이기까지 하다."[78]

미국에서도 이미 오래전부터 원자력발전소 추가 건설은 없었다. 하지만 이는 자본주의 때문이 아니라 정반대의 이유 때문이다. 변호사인 랠프 네이더(Ralph Nader)를 중심으로 한 반자본주의 운동이 대규모 캠페인을 벌였는데, 의도적으로 사람들의 두려움을 불러일으키고 미국에 새로운 원자력발전소가 건설되는 것을 방해했다.[79] 그 사이에 많은 국가에서 벌어졌던 논의(물론 독일에서는 그런 논의가 없었다)를 통해 사실이 밝혀지고, 이제는 많은 환경운동가조차 원자력발전소 건설에 찬성하고 있다. 캘리포니아에는 현재 약 50개의 스타트업 회사가 새로운 원자력 기술 개발에 힘쓰고 있다. 전문가들은 이미 실리콘 밸리에 이은 '원자력 밸리'라고 부르고 있다.[80] 빌 게이츠는 2008년에 테라 파워(Terra Power)라는 회사를 설립했는데, 만일 이것이 성공한다면 이 원자로는 다른 원자력 설비에서 사용된 핵폐기물을 원료로 하여 가동하게 될 것이다.[81]

핵에너지 사례는 경제에 대한 국가의 개입이 종종 환경에 대한 합리적인 고려에 의해서가 아니라 포퓰리즘과 이데올로기에 의해 이루어진다는 점을 보여준다. 핵에너지가 유일한 사례는 아니다. 잡지 〈슈피겔(Spiegel)〉의 편집장인 알렉산더 노이바우어(Alexander Neubauer)는 『환경 망상(Ökofimmel)』이라는 자신의 책에서 환경 보호와 관련된 국가의 규제가 어떻게 원래 의도했던 것과는 정반대의 결과로 이어지는지에 대해 열 개 이상의 사례를 통해 보여주고 있다. 단열재로 생활 공간을 밀폐시키면 곰팡이로 인해 천식, 폐렴 및 여타 다른 위험한 질병 감염 위험이 증가한다는 것을 〈독일 의사 저널(Deutscher Ärzteblatt)〉에서 읽을 수 있다. 바로 이

건강상의 위험 때문에 미국의 일부 주에서는 이미 단열판으로 집을 덮지 못하도록 금지했는데 독일에서는 여전히 장려되고 있다.[82] 이런 이야기를 한다고 해서 환경 보호를 위한 정부 규제를 모두 없애야 한다는 것은 아니다. 하지만 필자는 이런 이야기를 통해 국가의 통제주의 정책보다는 경제적 자유가 우리의 환경을 보호하는 데 전반적으로 훨씬 더 낫다는 점을 보여주고자 했다.

수많은 이른바 환경운동가에게 환경이라는 주제는 자본주의에 반대하는 자신들의 운동을 정당화시켜주는 하나의 구실에 불과하다. 많은 사람이 사실상 환경 독재로 이어질 수 있는 매우 급진적인 해법을 촉구하고 있다. 인류의 생명이 걸린 문제와 관련해서는 그 어떤 생각도 금기시되어서는 안 되고, 그러기에 아주 급진적인 해법도 생각해 볼 수 있어야 하며, 더 이상 자유라든가 민주주의와 같은 가치를 고려할 형편이 아니라는 것이 그들의 주장이다. 언뜻 듣기에는 그들의 주장이 그럴듯하게 들린다. 만일 정말로 생존과 관련된 문제라고 한다면 머뭇거릴 이유가 없다. 다만 계획경제는 바로 이 환경과 관련된 문제에서도 언제나 실패한다는 게 문제이다.

필자는 유토피아 및 급진적 해결책과 관련해서는 비관적인 입장이다. 하지만 만일 사람들이 그런 주제와 관련해서 급진적인 사고 실험을 해볼 각오가 되어 있다고 한다면, 자본주의를 급진적으로 옹호하는 사람들이 무엇을 주장하고 있는지에 대해서도 살펴볼 수 있을 것이다. 그런 사람들 가운데 한 명이 바로 경제학자 토르스텐 폴라이트(Thorsten Polleit)이다. 그는 자신의 책 『반자본주의자(Der Antikapitalist)』에서 환경 파괴는 국가가 희소한 자원을 남용하고, 낭비하고, 착복했기 때문에 일어난 일이라고 주장한다.

"국가는 희소한 자원을 효율적으로 투입하는 데 대해 아무런 이해도 또 아무런 동기도 가지고 있지 않다. 또한 국가에는 대체로 그것에 필요한 지식(능력)이 결여되어 있다."[83]

이는 사회주의 계획경제에서 나타나는 것이지만, 서방 세계에서도 국가가 많은 자연자원(토지, 공원, 도로, 강, 대기)을 국유화하고 있다. 국가가 법률이나 판결을 통해서 독점화함으로써 비로소 환경 문제가 불거졌다고 폴라이트는 말한다.

"예를 들어 국가는 기업과 소비자들에게 무료로 유해 물질을 거리와 하천, 바다 및 대기로 흘려보내도록 허락한다. 종종 이러한 조치는 '공익'을 이유로 이루어지지만, 이를 통해서 가해자의 권리를 피해자(토지 소유자)의 권리 위에 놓는 것이다. 예를 들어 공항 근처에 있는 토지의 소유자는 공항 운영자로부터 아무런 보상도 받지 못한 채 항공기 소음을 참을 수밖에 없다."[84]

폴라이트는 급진적-자본주의적인 해법을 제안한다. 한편으로 자연자원의 소유자이자 관리자로서의 국가가 거둔 성적이 형편없다는 점과 다른 한편으로 자유시장이 희소한 수단들을 제대로 잘 다룬다는 점에 비추어 본다면 다음과 같은 질문을 던지지 않을 수 없다.

"**왜 모든 것을 민영화하지 않는가? 왜 국가의 손에 들어 있는 모든 소유권을 민간의 소유로 넘기지 않는가?**"[85]

폴라이트가 머릿속에 그리고 있는 순수한 자본주의에서는 토지, 도로, 강과 바다 등 모든 것이 민간의 소유이다. 그의 주장은 이렇다. 예를 들어 수로와 바다를 소유한 사람이라면, 자신의 자원이 타인에 의해 훼손되는 것에 대해 세심하게 주의할 것이다. 결과적으로 자원이 시장 가치를 갖게 되고, 사람들은 그것을 식수 혹은 휴양지나 스포츠 시설로 시장화할 것이다. 폴라이트의 구상은 다음과 같다. 타인의 (자원) 소유권을 침해한 사람은 소유권자로부터 책임을 추궁당하게 된다. 그는 대기 오염이나 소음 공해와 같은 문제들에 대해서도 유사한 해결책을 제안한다.[86] 아마도 긴급한 환경 문제에 대한 시장경제적 해법을 찾는 데서 폴라이트와 같은 자본주의적 사상가들의 여러 생각을 어떻게 통합할 수 있을지에 대해 생각해 볼 필요가 있을 것이다.

제4장

"자본주의에서는 경제 위기가 반복된다"

　반자본주의자들이 등장한 이래 그들은 자본주의를 최종적으로 붕괴시킬 대(大) 위기를 예측해왔다. 마르크스는 자신이 자본주의를 필연적으로 붕괴시킬 몇 가지 경제 법칙을 발견했다고 믿었다. 이를테면 '이윤율의 경향적인 저하'나 프롤레타리아의 비참함이 그런 것들이다. 『자본론(Capital)』에서 마르크스는 이렇게 말했다.

　"이 전환 과정에서의 모든 이점을 찬탈하고 독점하는 거대 자본가들의 숫자가 지속적으로 감소함과 더불어 비참함, 억압, 예속, 퇴보, 착취당하는 대중이 늘어날 뿐만 아니라 자본주의적 생산 과정 자체에 의해 훈련되고 단결되고 조직된 노동 계급의 분노 또한 끊임없이 커진다. 자본의 독점은 그것과 함께 그 아래에서 번성했던 생산 양식에 족쇄가 된다. 생산 수단의 중앙집권화와 노동의 사회화는 임계점에 도달하고, 그리하여 더 이상 자본주의 외피와는 양립할 수 없게 된다. 자본주의적 외피는 폭파될 것이다. 자본주의적 사적 소유의 시대는 무너진다. … 자본주의적 생산은 필연적인 자연스러운 과정을 통해 스스로를 부정하게 된다."

　마르크스는 자신이 만든 이윤율의 경향적 하락이라는 법칙을 "모든 면에서 현대 정치경제학의 가장 중요한 법칙이자 가장 알기 어려운 관계를 이해하기 위한 가장 중요한 법칙이다. 역사적인 관점에서 볼 때 이것이 가장 중요한 법칙이다"[2]라고 표현했다. 이 문장은 마르크스의 다른 저작『정치경제학 비판(Grundrisse: Foundations of the Critique of Political Economy)』에 있는 것으로, 그는 여기에 덧붙여 다음과 같이 쓰고 있다.

"이 법칙은 아주 단순함에도 불구하고 이제까지 결코 이해되지 않았으며 거의 의식적으로 언급되지 않았다."[3]

이어서 마르크스는 이 법칙으로부터 자본주의가 날카로운 모순, 위기, 동요로 필연적으로 붕괴되는 결과로 이어진다고 설명하고 있다.[4] 마르크스주의 학자들 가운데 꽤 유명한 책『마르크스의 '자본론'의 형성(The Making of Marx's 'Capital')』을 쓴 경제학자 로만 로스돌스키(Roman Rosdolsky)는 이를 일컬어 마르크스의 '자본주의 붕괴의 예측'[5]이라고 표현했다.

마르크스가 이 예측을 했던 시점은 19세기 중반이었다. 그런데 마르크스가 예측했고 다른 사람들이 반복적으로 예견했던 자본주의의 붕괴는 오늘날까지 실현되고 있지 않다. 또 마르크스가 했던 또 다른 예언들, 즉 자본주의 붕괴의 전조로서의 '이윤율의 경향적 하락'이나 노동자들의 점증하는 비참함 같은 것들도 틀린 것으로 드러났다. 그렇지만 마르크스주의자들은 마르크스의 이론을 오늘날까지도 여전히 옳다고 여기고 있다.

과거에 있었던 경제 위기들은 언제나 반자본주의자들에게는 자본주의가 최종적으로 붕괴된다는 희망의 원천이었다. 이 희망은 계속 반복해서 물거품이 되었다. 2008년 금융 위기 때 반자본주의자들은 오랫동안 고대해오던 자본주의의 종말이 오고 있다고 보았다. 그런데 이번에도 그런 일이 일어나지 않자 그들은 코로나 위기에 다시 희망을 걸었다. 코로나 위기가 터지자마자 좌파 지식인들은 이 코로나 위기가 자신들이 이미 2008년 재정 위기 때 품었던 희망, 즉 사회의 근본적 개조와 자본주의 극복이 이뤄지지 않을까 하는 기대를 수차례 표명했다.[6] 영국의 사회학자 윌리엄 데이비스(William Davies)는 좌파 일간지 〈가디언(Guardian)〉에 "지난번의 글로벌 위기는 세상을 바꾸지 못했다. 하지만 이번에는 가능할 수 있다"라는 제목으로 다음과 같은 글을 썼다.

"2020년의 위기 및 그것의 결과와 1970년대의 위기 사이에 몇 가지 차이점이 있다는 것을 발견할 수 있다. 하나는, 비록 이 위기가 사업을 위한 이동, 관광, 교역 등 글로벌 자본주의 경로를 통해 확대되기는 했지만, 위기의 원인은 경제 외적인 데에 있다는 점이다. 이 위기의 여파로 남겨질 황폐함의 정도는 세계 자본주의의 아주 근본적인 특성에 기인하고 있다. 어느 경제학자도 의문을 제기하지 않는 노동시장에서의 고도의 국제적인 네트워크화와 의존성이 바로 그것이다. 이것은 말하자면 케인스주의의 기본이 되는 고정환율제라든가 관세 협정과 같이 어떤 특정 경제정책적 패러다임에 고유한 특징이 아니다. 이것은 자본주의 그 자체에 고유한 특징이다. … 2020년 위기의 의미를 완전히 파악하기 위해서는 몇 년 혹은 수십 년이 걸릴 것이다. 하지만 2020년을 진정한 글로벌 위기로 또 세계적인 변곡점으로 보는 것이 맞다고 분명하게 말할 수 있을 것이다. 가까운 미래에 많은 감정적, 신체적, 재정적 고통이 있을 것이다. 그런데 이러한 정도의 위기는 우리의 사회적 및 경제적 삶의 기반의 대부분이 새롭게 형성되지 않는 한 사라지지 않을 것이다."[7]

경제적인 의미에서 코로나 위기가 자본주의적 경제 체제와는 아무런 관련도 없는 외부의 충격 때문이라는 것은 너무나 분명한 사실이다. 문자

그대로 인류는 석기시대 이래 강력한 전염병과 싸워 왔으며, 물론 세계화가 코로나 전염병이 신속하게 확산되는 원인이 되기는 했지만, 위기가 시작되자마자 그것을 극복하기 위한 마스크, 코로나 테스트 기기 및 백신까지 나오게 만든 것은 다름 아닌 자본주의였다. 그런 물건들은 미움을 받는 자본주의 거대 제약회사들이 개발한 것들이다.

오스트리아 경제학자 조지프 슘페터(Joseph Schumpeter)는 1912년에 출간한 저서 『경제발전론(Theory of Economic Development)』에서 한 개의 장을 할애하여 '경제 위기의 본질'이라는 주제에 대해 다루었다. 슘페터에 따르면, 위기라는 용어는 "경제 발전을 멈추게 만들었던 모든 사건 … 이라는 점을 제외하고는 공통된 것이라고는 아무것도 없는" 잡다한 것들을 한꺼번에 모아 놓은 것에 불과하다.[8] 그는 "위기에서는 언제나 하나의 그리고 동일한 현상이 존재한다는 … 대중적이고 학문적인 믿음"에 대해 반대했다.[9] 슘페터는 위기를 두 가지로 분류했다. 즉 "그 원인이 경제 시스템의 외부에 있는 것과 그 원인이 경제 시스템 내부에 있는 것"이 그것이다.[10] 슘페터에 따르면, 후자의 경우는 그 위기의 원인이 "경제 발전의 전환점"이라는 것이다.[11] 슘페터라면 코로나 전염병에 의해 촉발된 위기는 그 원인이 "현실 경제의 영역 밖에 놓여 있는 것"으로 볼 것이다.[12]

슘페터는 1942년 출간된 자신의 저서 『자본주의 사회주의 민주주의 (Capitalism, Socialism and Democracy)』에서 자본주의는 그것의 동태적 특성으로 인해 과거의 '정태적' 생산 양식과는 구별된다고 하면서 이렇게 말했다.

"자본주의는 태생적으로 경제적 변화의 양식 혹은 방식이고, 더 이상 정태적이지 않으며 또 정태적일 수도 없다."[13]

그의 글 가운데 유명한 문구는 다음과 같다. 자본주의는 "끊임없이 경제 구조를 **내부로부터** 혁신하며, 끊임없이 낡은 구조를 파괴하고 끊임없이 새로운 구조를 만들어간다. 이러한 창조적 파괴 과정은 자본주의에 본질적인 사실이다."[14] 그는 경제학자들이 오로지 자본주의가 현재 형성되어 있는 구조를 어떻게 이용하고 있는지만을 살핀다고 하면서 "자본주의가 그 구조를 어떻게 형성하고 파괴하는지 하는 문제"를 도외시하고 있다고 비판했다.[15] 이런 관점에서 본다면, 위기는 잡다한 것들을 깨끗이 쓸어버리는 폭풍우처럼 무언가 긍정적인 것이다. 위기 시에 경영에 실패한 기업은 퇴출되고, 보다 나은 생산물, 보다 나은 생산 과정, 보다 나은 판매 구조, 보다 낮은 비용을 실현한 혁신적 기업이 그 자리를 대신한다.

슘페터는 호황기에는 능력이 부족한 많은 기업도 일시적으로 이윤을 획득할 수 있으며 오류와 실책이 만연하지만, "가격이 급락하고 신용에 대한 수요가 감소한 결과 신용이 더 이상 확대되지 않게 되면 이런저런 이유로 건강하지 못한 모든 것이 드러나도록 하는 것"이 곧 위기가 하는 역할이라고 강조했다.[16] 이와 관련하여 사회학자이자 경제학자인 베르너 좀바르트(Werner Sombart)는 자신의 저서 『현대 자본주의(Der moderne Kapitalismus)』에서 이렇게 표현했다. 자본주의 경제의 발전에서 훨씬 더 중요한 것이 퇴조기일 수 있다. 이 시기에 허약한 기업은 사라지고 강력한 기업은 살아남는 선별 과정이 이루어진다.[17]

"그래서 잇따른 축복이 팽창적인 경제의 존재와 과정으로부터 자본주의로 흐른다."[18]

자본주의에서 경제 위기가 어떻게 발생하는가 하는 문제에 대해서는 이론가의 숫자만큼이나 많은 이론이 존재한다. 필자는 근본적으로 두 가지 종류의 위기를 구분해야 한다는 것을 언급하고자 한다. 통상적인 경기 순환에서 보이는 위기와 구조적인 취약성에 기인한 위기를 구분해야 한다. 오늘날 최대의 문제점은 두 번째 범주에 속하는 위기이다.

원칙적으로 시장경제적으로 움직이는 사회에는 시간이 경과함에 따라 시장에 대한 규제가 쌓이고 국가의 역할이 증대되는 경향이 있다. 이익 집단들의 활동과 표를 얻기 위해 복지를 약속하는 정치인들에 의한 것 외에도 불가피하게 나타나는 자본주의의 경기 순환과 위기가 근본 원인 이다. 이런 것들에 대한 정부의 반응은 대체로 경기 부양 조치, 새로운 규제의 도입 및 전반적인 국가의 역할 확대이다.

위기란 인간이나 동식물처럼 생명이 있는 존재에서 나타나는 신체적인 쇠약 및 질병과 마찬가지로 경제에 나타나는 쇠약 및 질병이다. 인간이 살아가면서 겪게 되는 대부분 질병의 경우에는 면역 체계와 자동치유력으로 인해 다시 건강해진다. 자본주의적 위기는 중장기적으로 경제를 튼튼하게 만드는 역할을 한다. 비생산적인 기업을 시장에서 퇴출시키기 때문이다. 비록 위기로부터 직접 영향을 받는 기업과 노동자들에게는 달갑지 않은 일이겠지만, 위기는 시장을 정리하는 긍정적인 역할을 한다.

하지만 많은 사람이 처방전도 주지 않으면서 그냥 집에 가서 쉬면 감기가 나을 것이라고 말하는 의사를 능력 없는 의사라고 생각하는 것과 마찬가지로 시민들은 다음과 같이 말하는 정치인의 능력에 의구심을 갖는다.

"위기가 지나갈 때까지 기다려야 합니다. 비록 위기로 인해 몇몇 대규모 기업이 파산하겠지만, 장기적인 관점에서 보면 좋은 결과로 이어질 것입니다."

정치적 반대파들은 이런 정치인을 냉혹하다거나 혹은 무능력하다고 비난할 것이고 대부분의 사람도 마찬가지로 생각할 것이다. 많은 사람이 감기에 항생제나 해열제를, 기침에는 기침을 멎게 하는 약을 처방해주는 의사를 훌륭한 의사로 생각한다. 이 사람들에게는 단기적인 '도움'에는 때때로 원치 않는 부작용, 치료 과정의 지연이나 안 좋은 경우 만성적인 문제로 이어지는 희생을 치르게 된다는 인식은 없다. 열과 기침은 감염과 싸우기 위해 우리 신체가 보이는 자연스런 반응으로, 아무것도 하지 않는 것이 더 나은 경우도 있다. 경미한 질병이 있을 때마다 신체의 자동치유력에 맡기기보다는 항생제를 복용하는 사람은 원치 않는 일련의 부작용이라는 위험을 무릅쓰는 것뿐만 아니라 항체의 형성에도 좋지 않은 결과를 초래한다.

대부분의 사람은 정치와 경제에서 무언가 적극적으로 나서는 것이 소극적으로 '아무것도 안 하는 것'보다 더 낫다는 믿음을 가지고 있다. 질병에 대해 의도적으로 아무것도 안 하는 것이 종종 적극적으로 나서는 것보다 더 낫다는 것을 많은 환자가 이해하지 못한다. 마찬가지로 대부분의 시민은 통상적인 경기 위기 때 자동치유력을 믿고 기다리는 것이 최상책이며, 국가가 개입하고 돈을 찍어대는 경기 활성화 프로그램보다 훨씬 나은 정책이라는 것을 거의 이해하지 못하고 있다. 경기 활성화 프로그램은 단기적으로는 도움이 될지언정 원치 않는 부작용을 일으키고, 경제의 건전화를 불필요하게 길게 뒤로 미루며, 장기적으로 경제 성장을 약화시킨다.

슘페터는 경기 변동의 위기를 완화시키고자 하는 모든 인위적인 활성화 조치는 비록 그것이 아주 훌륭한 도덕적 이유에서 추진되는 것이라 할지라도 언제나 사태를 더욱 악화시킬 뿐이라고 주장한다. 잘못된 것을 바로잡는 불황이라고 하는 메커니즘을 공격하고 새로운 잘못을 불러일으키기 때문이다. 슘페터는 "회복은 그것이 자연적으로 이루어질 때에만 견고한 법이다"라고 강조한다.[19]

경제학자 토머스 딜로렌조(Thomas J. DiLorenzo)는 마틴 밴 뷰런(Martin van Buren) 대통령이 1837년의 불황에 어떻게 대처했는지와 프랭클린 루스벨트(Franklin D. Roosevelt) 대통령이 1929년의 대공황에 어떻게 대처했는지를 비교했다. 뷰런은 무간섭주의(laissez-faire) 정책을 단호하게 추진하는 한편, 하루빨리 위기를 종식시키기 위해 국가가 적극적으로 개입해야 한다는 제안들을 모두 물리쳤다.[20] 루스벨트는 대규모 뉴딜 정책을 추진했는데, 이는 극단적으로 국가가 적극적인 역할을 하면서 반자본주의적, 개입주의적 정책을 추구하는 것이었다. 반자본주의자들에 의해 널리 퍼진 신화와는 달리 뉴딜은 위기를 종식시킨 것이 아니라 오히려 위기를 연장시켰다. 1929년 3.2%에 불과했던 실업률은 1940년에는 14.6%나 되었다. 1933년부터 1940년까지의 평균 실업률은 17.7%나 되었다.[21] 1929년 857달러였던 미국의 1인당 국내총생산(GDP)은 11년이 지난 1940년에는 겨우 916달러로 거의 증가하지 않았다. 1929년 780억 9,000만 달러였던 민간 소비는 1940년이 되면 710억 9,000만 달러로 오히려 감소했다.[22]

위기를 견뎌 나가는 것에 대한 두려움 때문에 국가가 개입해서 엄청난 피해를 입은 비극적인 사례는 1990년 주식과 부동산 거품이 꺼진 일본이다. 시장의 자동치유력을 믿지 못하고 시장경제적 개혁을 하는 대신에 일본인들은 이 위기로 인해 생긴 '고통'을 국가부채를 증가시켜 해결하고자 하였다. 일본의 국가부채는 2020년 믿을 수 없는 수준인 국내총생산의 266%까지 치솟았고, 이는 그리스(약 200%), 이탈리아(155%) 및 미국(131%)

보다도 훨씬 높은 수준이다. 일본에서 1980년부터 2003년까지 사회 복지 지출은 매년 4.37%씩 증가했으며, 이는 모든 비교 대상 국가(미국 2.84%, 독일 1.94%)보다 훨씬 크게 증가한 것이다.[23]

경기 침체의 경우나 투기 거품이 터질 때 정치인들이 아무것도 하지 않는 것이 종종 더 나은 경우가 있지만, 깊게 뿌리박힌 구조적인 원인에서 비롯된 심각한 위기 시에는 이것은 잘못된 처방이 된다. 그러한 구조적 위기 시에는 정치가 실제로 역할을 해야 한다. 마치 심각한 질병이나 심각한 교통사고를 당했을 때 스스로 다시 건강해지기를 소극적으로 기다리지 않는 것과 같다. 필자의 저서 『부유한 자본주의 가난한 사회주의』에서 필자는 대처 수상과 레이건 대통령이 1980년대 심각한 위기로부터 어떻게 자신들의 나라를 구해냈는지 보여주었다. 그들은 이 위기를 사회 복지 프로그램과 지출 확대를 통해 극복한 것이 아니라, 민영화, 감세 및 규제 완화를 통해 시장의 힘이 발휘될 수 있는 공간을 확대함으로써 극복했다.

1990년대에 소규모이지만 그러한 방향으로의 개혁을 실시한 국가는 스웨덴이다. 스웨덴은 과중한 세금 부담과 규제를 완화하는 정책을 추진했다. 이를 통해 스웨덴은 다시 성장의 길로 들어섰다. 마찬가지로 자본주의적 개혁이 더 높은 성장과 복리를 가져다 준 많은 국가의 사례가 있다. 독일도 2000년대 초반 게르하르트 슈뢰더(Gerhard Schröder) 총리가 실시한 시장경제적 개혁을 통해 경제를 회복시키고 실업을 감소시켰다.

하지만 유감스럽게도 자본주의적 개혁은 너무나 드물게 추진된다. 사회 복지 공약과 새로운 재분배 프로그램을 선전하는 쪽이 사회복지 지출 감축과 종종 연계되지 않을 수 없는 시장경제적 개혁을 천명하는 쪽에 비해 선거에서 수월하게 승리할 수 있기 때문이다.

대부분의 정치인의 시각에서는 복지국가를 확장하는 데 아무런 한계가 존재하지 않는다. 매번 새로 달성되는 복지 수준이 곧 불충분하다고 느껴지기 때문이다. 정치인들은 재분배를 통해서나 아니면 국가부채를 늘려 교정해야 할 새로운 '부정의(=불평등)'를 계속해서 찾아낸다. 혜택을 받은 사람들이 다음 선거에서 그 혜택을 준 정치인에게 표를 줄 것이라는 것이 정치인들의 계산법이다. 정부의 복지 프로그램을 통해 수혜자에게 혜택을 주지 않을 이유가 없다.

자본주의와는 아무런 연관도 없는 위기조차도 이 자본주의에 책임을 떠넘긴다. 코로나 위기뿐만 아니라 리먼 브라더스(Lehman Brothers) 파산으로 정점에 달했던 2008년의 금융 위기도 마찬가지다.

2000년 닷컴 버블 후에 미국의 중앙은행인 연방준비위원회(Fed)는 이자를 급격하게 인하했고, 이는 부동산 부문에 새로운 거품을 만들었다. 이 거품이 미국 전역에 걸쳐 형성된 것은 아니고, 특히 건축 부문에 대해 주(州) 정부가 강력한 규제를 행사함으로써 부동산 공급이 제한되었던 주들에서 만들어졌다. 몇몇 경제학자가 미국 주택 가격 위기가 폭발하기 몇 년 전에 경고를 했고, 저금리와 점증하는 부동산 가격 간에 연관이 있다고 밝혔다. 시장경제적 성향의 이른바 오스트리아학파를 추종하는 캐나다 경제학자 윌리엄 화이트(William R. White)는 2003년 8월 다음과 같이 경고했다.

"현재와 같은 경기 침체기에 비정상적으로 활발히 움직이는 주택 가격은 중앙은행의 아주 느슨한 통화정책과 관련이 있는 것으로 보인다. 이것이 많은 국가에서 민간의 가계 부채가 증가하도록 부추겼고, 이로 인해 특히 주택 가격이 하락할 경우 상환 부담이 급격히 늘어날 위험이 커지고 있다."[24]

주목할 것은 적극적인 시장 개입을 주장하며 화이트와는 정반대 입장에 서 있는 저명한 미국 경제학자 폴 크루그먼(Paul Krugman)이 이 사안을 어떻게 평가하고 있는가 하는 점이다. 2002년 크루그먼은 화이트가 **하지 말아야 한다고 하는 바로 그 정책을** 중앙은행이 해야 하는 매우 적절한 전략이라고 **추천하기까지 했다.**

"불황을 극복하기 위해서는 중앙은행이 단기간의 금리 인하에 그쳐서는 안 된다. 대규모로 축소되고 있는 기업 투자를 상쇄하기 위해서는 민간 가계의 씀씀이가 급속하게 증가되어야 한다. 그리고 이를 위해 앨런 그린스펀(Alan Greenspan)은, 세계 최대 채권운용회사 핌코(Pimco)의 폴 매컬리(Paul McCulley)가 표현했듯이, 나스닥 거품을 대체하기 위해 주택 가격 거품을 일으켜야 한다."[25]

부동산 가격 거품을 일으킨 한 가지 원인은 대출을 갚을 능력이 없다는 것이 너무나 명백하기 때문에 절대 대출을 해주어서는 안 되는 주택 구입자에게 대출을 해주었다는 점이다. 이는 정치적으로 이루어진 것으로 빌 클린턴(Bill Clinton) 대통령이 원했고, 의회가 움직였고, 또 준(準) 국영은행인 프레디 맥(Freddie Mac)과 패니 메이(Fannie Mae)를 통해 보장되었다. 정치적으로 정해진 소수 인종에 대한 대출 할당량을 채우지 못하는 은행들은 소수자에 대해 차별했다는 이유로 고소를 당할 위험에 처하게 된다.

미국 중앙은행인 연방준비위원회의 전임 의장인 앨런 그린스펀은 자신의 회고록에서 이런 정책이 금융시장의 위험을 높일 것이라는 점을 알고 있었다고 시인했다.

"하지만 나는 현재도 그렇지만 당시에도 광범위한 인구가 주택을 소유할 수 있도록 하기 위해서는 이런 위험을 감수할 가치가 있다고 믿었다."[26]

'고삐 풀린 시장'이 아니라 사회 복지 정책적인 동기에 의한 국가의 규제와 중앙은행의 저금리정책이 이 비정상적인 사태의 원인이었다. 미국에서 신용 등급이 매우 낮은 사람들에게 대출해준 대출금은 묶음으로 묶여(증권화) 투자자들에게 판매되었다. 이 투자자 중에는 독일 주립은행(Landesbanken)도 포함되어 있었다(미국인들은 이 은행들을 '어리석은 독일 돈'이라고 불렀다). 부동산 거품이 터지고 가격이 급락한 순간 이 상품들의 가치가 급격하게 하락했다. 많은 주택 소유자가 자신들의 대출금을 더 이상 갚을 수 없게 되었기 때문이다. 이는 은행, 보험회사 및 펀드에 심각한 위기와 연쇄적 반응을 불러왔고 2008년 9월 리먼 브라더스가 파산하면서 위기는 정점에 달했다.

여기서 특히 중요한 역할을 한 것이 바로 패니 메이와 프레디 맥이었다. 1938년 설립된 패니 메이는 1968년 형식적으로는 민영화되었다. 패니 메이는 본래 연방모기지협회(FNMA, Federal National Mortgage Association)로 출발했다가 민영화하면서 이름을 변경했다. 형식상의 민영화 이후에도 이 회사는 규제 혜택 및 세금 감면 특혜를 받는 등 마치 국영기업처럼 운영되었다. 자매회사인 프레디 맥은 은행으로부터 주택담보대출을 사들여서 이를 묶음으로 묶어 자본시장에 채권(모기지 담보부 증권)으로 내놓았다. 이 두 회사는 미국 재무성으로부터 아주 저렴한 비용으로 많은 자금을 차입할 수 있었다. 이들이 자금을 차입하며 발행하는 채권은 '정부가 보증하는 채권'으로 통했으며, 정부 공채와 마찬가지로 이자율이 아주 낮았다. 이러한 정부 보증을 2008/2009년 이 두 준(準) 국영 부동산 담보 대출 회사가 활용했다.

패니 메이와 프레디 맥은 세계에서 가장 큰 부동산 담보 대출 회사였으며 미국 부동산 담보 대출의 대부분을 이들이 차지했다. 이들이 없었다면 서브프라임 대출(소득이 낮은 주택 구매자에 대한 위험한 대출)이 그렇게 급격하게 확산되는 일은 없었을 것이다. 이 두 부동산 담보 대출 회사는 서브프라임 대출에 깊게 관여한 것으로 유명한 금융서비스회사인 컨트리사이드(Countryside)와 긴밀한 관계를 유지했는데, 이 회사는 전성기에는 6만 명의 직원과 90개의 지점을 보유하고 있으면서 패니 메이에 가장 많은 채권을 판매했다. 당시에 부동산 세계에서는 컨트리사이드가 패니 메이의 자회사라는 이야기가 있을 정도였다.[27]

두 준 국영 부동산 담보 대출 회사는 정치적으로 '옳은' 대출을 실행으로 옮기는 데 중요한 역할을 했다. 이미 1999년 9월 〈뉴욕타임스〉는 패니 메이가 자신이 구매하는 대출의 요구 사항을 완화했다고 보도했다. 이러한 조치는 "일반 대출을 받을 수 없을 정도로 신용 등급이 좋지 않은 사람들에게까지 부동산 담보 대출을 확대하는 것"이 가능하게 만들었다. 패니 메이는 "소득이 낮거나 중간 정도인 사람들에게까지 부동산 담보 대출을 확대하라는 클린턴 정부의 압력"을 받곤 했다. "히스패닉계가 아닌 백인보다 통상적으로 신용 등급이 낮은 소수 인종과 저소득계층의 주택 소유를 높이려는 것"이 이 정책의 목표였다. 이미 당시에 〈뉴욕타임스〉는 이 조치가 특히 경제적으로 어려운 시기에는 엄청나게 커다란 위험으로 이어질 수 있다고 지적했다.[28]

미국에서 건축 및 도시 개발을 담당하는 주택도시개발부(HUD)는 1996년 패니 메이와 프레디 맥의 모든 대출 가운데 특히나 소득이 아주 낮은 부동산 구매자에게 제공된 12%의 대출에 대해서는 아주 낮은 이 자율을 적용할 것을 요청했다. 이 수치가 2000년에는 20%로 상향되었고 2005년에는 22%로 상향되었다. 2008년에는 이 수치가 28%에 달할 것으로 예상되었다. 패니 메이와 프레디 맥은 이 조치를 실행에 옮겼다. 패니 메이는 2000년 12억 달러 규모의 서브프라임 대출을 사들였으며, 그 규모는 2001년에 이미 92억 달러, 2002년에는 150억 달러에 달했다. 2004년 프레디 맥과 패니 메이가 서브프라임 대출을 위해 지출한 자금이 1,750억 달러나 되었다.[29] 하지만 유명한 좌파 경제학자 폴 크루그먼(Paul Krugman)은 2008년에도 여전히 이 두 기관을 옹호하면서 서브프라임 대출을 절대로 포기해서는 안 된다고 강조했다.[30]

만일 이 두 기관의 역할이 없었다면 부동산 위기는 결코 오지 않았을 것이다. 이 두 기관이 다른 기관과는 비교할 수도 없을 정도로 서브프라임 대출을 경솔하게 최대로 구매한 구매자였기 때문이다. 2005년부터 2007년 사이에 이 두 기관이 사들인 부동산 대출의 40% 이상이 서브프라임 대출이거나 유사한 수준의 아주 위험한 신용 대출을 일컫는 단어인 이른바 'Alt-A' 대출이었다.[31]

부동산 가격이 하락하는 순간 증권화 및 금융기관 신용 평가의 기반이 되었던 모든 통계적 수치가 아무런 쓸모도 없는 것으로 판명되었다. 미국의 20개 지역에 관한 케이스-실러 주택가격지수는 2006년 7월부터 2012년 2월까지 35%나 하락했다. 같은 기간 플로리다의 탬파에서는 주택 가격이 48%, 디트로이트에서는 49%, 마이애미에서는 51%, 샌프란시스코에서는 46% 하락했다. 인플레이션까지 고려하면 가격 하락은 훨씬 더 극적이다.

주택 가격 거품이 한창일 때 주택을 구입한 사람들은 집과 부동산에 투자했던 자기 자본 전부를 잃었다. 종종 부동산 가치보다 부채가 더 많아졌고, 자기 자본을 추가로 투입할 수 없었던 사람들은 은행이 자신의 집을 강제 경매시키는 것을 지켜볼 수밖에 없었다. 이 잘못된 사태의 진전이 전 세계적인 금융 위기를 촉발시킨 요인이다. 신용평가기관들이 좋은 점수를 매겼던 증권화된 부동산 대출은 그 가치를 대부분 상실했다. 주택 가격이 하락하고 대출을 받은 많은 사람이 그것을 갚을 능력을 상실했기 때문이다. 이것이 은행, 보험회사 및 펀드에 심각한 위기와 연쇄적 반응을 불러왔고 2008년 9월 리먼 브라더스가 파산하면서 위기는 정점에 달했다.

반자본주의자들은 이 금융 위기가 강력한 규제 완화의 결과라고 강조했다. 이들은 금융시장이 마치 '자유로운 시장경제'였으며 마치 아무런 규제도 없는 것처럼 묘사한다. 그런데 야론 브룩과 돈 왓킨스는 미국 증권거래위원회(SEC), 금융산업규제국(FINRA), 상품선물거래위원회(CFTC), 연방준비제도이사회(Fed), 연방예금보험공사(FDIC), 통화감독청(OCC), 전국신용협동조합감독청(NCUA), 예금감독원(OTS)의 여덟 개 서로 다른 규제 기관이 존재하고 있다며 이렇게 말한다.

"만일 당신이 지옥을 통과하는 여행을 하고자 한다면, 시간을 내서 당국이 공포한 규제의 덤불을 샅샅이 살펴보아야 할 것이다. 만일 이런 것이 자유로운 시장이라면, 도대체 규제된 시장이란 어떤 것인지 상상조차 할 수 없을 것이다."[32]

브룩과 왓킨스는 자신들의 책에 1980년에서 2009년까지 금융산업을 규제하거나 규제를 완화하는 28가지의 다양한 조치를 망라한 표를 만들었는데, 이 기간은 미국 금융산업에서 무제한의 규제 완화가 있었다고 가정되었던 기간이다. 28개 조치 가운데 다섯 개만이 규제 완화와 관련된 반면에 나머지 23개는 추가적인 규제를 의미하는 것이었다.[33]

사실상 금융산업 부문에서 자유 방임 자본주의를 언급할 수조차 없는 형편이다. 금융 위기가 발발하기 직전 워싱턴에만 1만 2,190명의 인력이 금융시장의 감시와 규제 관련 일을 하고 있었는데, 이 수치는 1960년에 비해 다섯 배나 많은 인원이다. 미국 금융시장 규제와 관련된 업무를 하는 연방기관들의 지출 규모는 이른바 '자유 방임'이 시작되었다고 하는 1980년대 이후 7억 2,500만 달러에서(인플레이션이 조정됨) 23억 달러로 증가했다.[34]

지난 수십 년간 서구 사회에서 '시장 근본주의'가 지배적인 경제 모델이었다는 엉뚱한 주장을 펴는 영국 경제학자 폴 콜리어(Paul Collier)와 존 케이(John Kay)조차도[35] 금융시장이 자유로운 시장이 아니었다는 사실을 인정한다.

"규제 완화가 금융 위기의 원인이라고 하는 사람들은 오늘날의 금융시장이 아주 촘촘하게 규제되고 있으며 과거 그 어느 때보다도 더 많은 규제를 받고 있다는 점을 인식하지 못하고 있다. 국가가 시장에 점점 더 많이 개입하고 있지만, 그것의 성과는 점점 보잘것 없어지고 있다."[36]

그 어떤 시장도 금융시장보다 더 반시장적인 곳은 없으며, 아마도 의료 보건 분야를 제외하면 금융시장보다 규제와 국가에 의한 감시가 심한 곳도 없을 것이다. 물론 이 두 부문에 대한 규제는 필요하다. 하지만 "규제가 많을수록 좋다"라는 식의 규제는 잘못이다. 미국 경제학자 리처드 북스테이버(Richard Bookstaber)는 규제가 증가할수록 금융시장의 문제가 악화된다는 연구 결과를 발표했다.

"추가적인 안전 장치, 규제와 예방 조치 등의 노력은 단지 시스템을 복잡하게 만들고 사고 발생의 빈도만을 높일 뿐이다."[37]

규제가 규제를 만든 사람의 의도와는 정반대의 효과를 낳는 것은 거의 언제나 나타나는 현상이며, 이 문제는 일반적으로 국가가 개입할 때 간과되고 있다. 따라서 우리는 규제 개입의 가능성을 과대평가해서도 안 되며 규제 개입이 불러오는 바람직하지 않은 부작용 문제를 과소평가해서도 안 된다. 『부유한 자본주의 가난한 사회주의』에서 필자는 다음과 같이 썼다.

"금융 위기의 원인에 대한 진단이 잘못되었기 때문에 그 처방도 잘못되었다. 너무나 낮은 이자율, 시장에 대한 개입 및 과도한 국가부채에 의해 초래된 금융 위기를 더 낮은 이자율, 더 강력한 시장 개입 및 더 극단적인 국가부채 증가를 통해 극복하고자 한다. 이러한 조치들은 단기간에는 효과를 보이겠지만 저금리에 대한 시장의 의존도는 더 높아진다. 문제는 해결되지 않고 단지 뒤로 미뤄질 뿐이다."[38]

오늘날 가장 큰 문제는 자본주의의 위기가 아니라 국가와 중앙은행이 위기에 어떤 식으로 대응하느냐 하는 것이다. 경제학자이자 자유주의 사상가 롤란트 바더(Roland Baader)의 말이다.

"모든 위기, 경기 후퇴 및 불황은 만일 계획경제식으로 반응하는 중앙은행이 이런 불행을 초래한 조치, 즉 더 낮은 이자율과 더 많은 통화 공급 및 신용을 통해 극복하고자 한다면 연장되고 악화될 것이다. 이런 조치들은 생산 구조의 불균형을 바로잡는 것을 방해하고 더 크고 광범위한 불균형을 불러온다."[39]

대부분의 위기는 정치와 중앙은행이 개입함으로써 발생하고, 그들이 조치를 취함으로써 더 악화된다. 결국 모든 위험으로부터 시민을 안전하게 지켜주겠다는 메시지를 전달하는 복지국가가 문제다. 국가가 모든 측면에서 시민의 행복을 책임지겠다고 선언하는 순간 국가는 모든 위기에 대해 가능한 한 모든 증상이 억제되는 방향으로 대응하지 않을 수 없다. 단기적인 대증요법은 당선과 재선을 노리는 정치인의 입장에서 볼 때는 합리적이지만, 대부분 장기적으로 문제를 더욱 악화시킨다. 이런 식의 문제 해결이 언제까지 계속될 수는 없다. 이런 식의 대증요법이 더 이상 작동하지 않으면, 정치권과 대부분의 대중 매체는 그에 대한 책임이 자본주의에 있으며 언제나 '부자들', '탐욕스러운 은행들' 또는 '탐욕스러운 경영자들'에서 희생양을 찾는다. 이로써 국가와 중앙은행의 개입으로 초래된 위기가 자본주의의 위기로 둔갑해버린다.

전체적으로 볼 때 일시적으로 경제성장률이 떨어지고 실업이 증가하는 위기는 물론 자본주의에서 벌어지는 일이 맞다. 이런 위기는 순수하게 시장경제적인 요인들에 의해 발생할 수도 있고 시장경제와는 전혀 혹은 거의 아무런 연관도 없는 자연 재해, 전염병, 전쟁 또는 여타 정치적 개입[40]과 같은 외부의 충격에 의해서도 발생할 수 있다.

대부분의 경제 위기는 경제 성장이 순환적으로 활발했다가 위축됐다가 하는 통상적인 경기 변동의 수축기에 해당하는 것으로 대체로 수개월 내지 1년 정도가 지나면 사라진다. 실제로 지난 120여 년간 발생했던 위기의 대부분은 정치인들의 포퓰리즘적 개입에 의해 초래되었거나 적어도 악화되고 연장되었던 것들이다.

제5장

"자본주의는 비민주적이다 – 부자들이 정치를 좌우한다"

스위스의 사회학자이자 자본주의 비판가인 장 지글러(Jean Ziegler)는 자신의 저서 『자본주의의 악(Was ist so schlimm am Kapitalismus)』에서 '이 세상의 진정한 지배자'는 슈퍼부자들이라고 말한다.

"몇 명 되지도 않는 이 소규모 집단의 남녀 구성원들은 국적, 종교, 출신은 다르지만 열정과 탐욕, 약자들에 대한 무시, 공공복리에 대한 무관심, 자신들이 살고 있는 이 지구의 역사와 인간의 운명에 대한 무지몽매함에서는 일치하고 있다."[1]

이들은 '냉혹한 괴물들'이며,[2] 세계화된 금융 자본의 과두 지배자들인데, '진짜 세계 정부'가 되었다.[3] 하지만 이 사실을 인식하고 있는 사람은 거의 없다. "극소수의 억만장자가 대중 매체 대부분을 장악하고 있기 때문이다. … 이들이 이 야만적인 세계 질서의 희생자들에 대한 매우 충격적인 정보가 대중에게 알려지지 않도록 하는 데 관심을 기울이고 있기" 때문이다.[4]

매일매일 우리는 대중 매체에서 정치에 영향을 미치고 심지어 법률 제정까지도 하는 강력한 로비 단체들에 대한 이야기를 보고 듣고 읽는다.

할리우드 영화에서는 강력한 대기업의 어두운 음모를 폭로하는 선량한 사람들과 자본가의 꼭두각시 노릇을 하는 정치인 간의 투쟁에 관한 이야기가 종종 등장한다. 미국 선거 운동에서 월스트리트, 강력한 제약회사와 방위산업 업체, 무기 로비스트, 거대 노동조합 및 여타 이익단체들로부터 수억 달러의 기부금을 받아내지 못하는 사람은 결코 대통령이 될 수 없다는 것을 우리 모두 알고 있다. 우파 음모론자들이 보기에는 조지 소로스(George Soros) 같은, 정치적으로 좌파로 여겨지는 억만장자들에 의해서, 좌파 음모론자들이 보기에는 자유주의적인 코크-형제들(Koch brothers) 같은 억만장자들에 의해 정치가 좌우되고 있다. 또 세계 최고 부자에 속하는 사람인 아마존 창업자 제프 베이조스(Jeff Bezos)에게 2013년 매각된 워싱턴 포스트의 사례에서 보듯이 대중 매체들도 억만장자의 수중에 들어 있다.

이것이 끝이 아니다. 사회적 불평등에 대해 비판하는 사람들은 이 모든 것이 점점 더 악화되고 있으며, 불평등이 증가하면서 부자들이 정치에 미치는 영향력도 증가하고 있다고 주장한다. 경제학자 폴 크루그먼(Paul Krugman)은 이미 10년 전에 〈뉴욕타임스〉에 기고한 글에서 우리는 "자본이 점점 더 소수의 수중에 집중되고 있으며, 이러한 소득과 자산의 집중은 우리를 허울뿐인 민주주의로 만들 정도로 위협적인 사회"에 살고 있다고 주장했다.[5] 그리고 그의 동료이자 노벨경제학상 수상자인 조지프 스티글리츠(Joseph Stiglitz)는 2015년 출간된 자신의 에세이 모음집 『대분열(The Great Divide)』에서 정치가 "점점 더 1% 사람들만의 이해를 대변하고 있다"라고 하였다.[6] 아마도 미국에서 가장 유명한 반자본주의자인 노엄 촘스키(Noam Chomsky)는 "실질적인 권력은 국민의 1%도 안 되는 사람들의 수중에 집중되고 있다. … 그들은 자신들이 원하는 것은 간단하게 얻으며, 일이 어떻게 돌아가야 할지 근본적인 것을 결정하고 있다"라고 경고한다.[7]

필자는 이런 지배적인 인식에 세 가지 테제를 대비시키고 몇 가지 사례를 들어 설명하고자 한다.

1. 부자들이 정치적 영향력을 가지고는 있지만, 반자본주의적 성향의 대중 매체, 할리우드 영화 및 일부 학자가 이야기하는 것과는 달리 그다지 강력하지 않다.
2. 예를 들어 로비를 통해 부자들이 정치에 영향력을 행사하는 것은 민주주의에서는 합법적인 것일 뿐 아니라 중요한 것이기도 하다. 그리고 부자들의 이해와 관계되는 법률이 사회적 약자들에게 도움이 되는 것들도 많다(예: 감세 및 규제 완화).
3. 특수한 이해를 대변하는 부자 로비스트들이 정치에 너무나 강력한 영향력을 행사한다고 생각하는 사람이라면 작은 정부에 찬성하고 큰 정부에 반대해야 한다. 즉 더 많은 자본주의에 찬성해야 옳다. 정부가 보조금과 과도한 규제를 통해 경제에 개입하면 할수록 로비스트들이 영향력을 행사할 가능성이 더 커지기 때문이다.

만일 부자들이 그렇게 강력하고 또 점점 더 강해지고 있다면, 이들이 지금 행해지고 있는 정치에 대해 매우 만족해야 할 것이다. 그런데 적어도 독일에서는 전혀 그렇지 않다. 학문적인 연구를 위해 2013/2014년 독일 경제를 대표하는 인사들과 160차례에 걸쳐 인터뷰(60~90분)가 이루어졌다.[8] 연구자들은 경제계를 대표하는 사람들이 정치에 대해 매우 부정적인 태도를 취한다는 점을 확인했다.

"그들은 정치를 비관적으로 바라본다. 오늘날 독일 사람들은 잘 살고 있다. 이는 결국은 사회 발전의 엔진인 기업 덕택이다. 하지만 빠른 시일 내에 반대 방향으로의 조치가 취해지지 않는다면 늦거나 잘못된 결정으로 인해 현재의 상태를 유지하지 못할 위험에 처하게 된다. … 고위 정치인들의 위선, 무능, 이기주의에 대해 비판하고 그들을 불신하는 목소리를 독일 경제계 대표 인사들로부터 자주 듣는다."[9]

심지어 몇몇 기업가와 경영자들은 "정치인들이란 이 나라를 망치는 떠버리, 무능력자 및 이기주의자들의 모임"이라 평하기도 했다.[10] 좌파 성향의 이 연구자들은 이런 태도에 충격을 받아 일부 경제계 대표 인사들은 '철저한 정치 교육'을 받아야 하지 않느냐고 생각했을 정도이다.[11]

독일 대기업 가운데 하나인 린데(Linde) 회장인 볼프강 라이츨레(Wolfgang Reitzle)는 2021년 4월 인터뷰에서 이렇게 말했다.

"메르켈 총리 집권 16년이 지난 현재 독일은 여러 부문에서 구조 조정이 필요하다. 팩스를 주고받던 시절의 관료주의가 여전히 남아 있고, 디지털화는 뒤처져 있으며, 빠른 인터넷도 없고, 사회간접자본은 엄청나게 부족하며, 학교는 병들어 있다. 이것들은 선도적인 산업 국가로서 부끄러울 정도로 뒤처져 있는 사례 중 몇 가지에 불과하다."[12]

이와 함께 그는 경제 나아가 사회 전체를 위해 중요하지만, 정치에 의해 경시되고 있는 주제들에 대해 언급했다. 지난 수십 년간 서구의 모든 주요 국가에서 사회복지정책 지출은 크게 늘어난 반면, 사회간접자본과 교육에 대한 지출은 그렇지 못했다. 만일 거대 자본이 정치에서의 우선 순위를 결정하고 있다면, 정치는 지금과는 확실히 달랐을 것이다.

필자는 지난 15년 동안 독일 부동산 시장의 잘 나가는 광고 자문회사 소유주로서 공개되지 않은 비하인드 스토리를 보고 듣는 경험을 했다. 독일 부동산 경제에서 주도적인 두 개 단체(로비스트)도 우리 고객이었는데, 하나는 독일 부동산협회(Immobilienverband Deutschland)였고 다른 하나는 부동산 중앙협의회(Zentrale Immobilienausschuss)였다. 그들을 자문하던 15년 동안 필자는 강력한 기업이 정부의 정책을 좌우한다는 인상을 단 한 번도 가져본 적이 없다.

기업과 이 단체들은 자신들의 삶을 계속해서 어렵게 만드는 정치에 대항하여 끊임없이 방어하는 처지에 놓여 있었다. 로비스트들의 업무 대부분은 경제에 대한 관념과 이상을 관철시키는 것이 아니라 최악의 상황을 막는 것이었다. 필자가 직접 정치를 들여다볼 수 있었던 분야에서 이 단체들의 영향력이 너무 큰 것이 아니라 오히려 정반대로 너무 작았다. 유감스럽게도 그들의 훌륭한 제안 대부분이 관철되지 못했다. 건축법의 탈관료주의화에 대한 제안이 계속되었지만 결과는 정반대로 나타났다. 현재 독일 건축법에는 2만 5,000개의 다양한 규정이 존재한다.

자본주의 비판론자들은 경제 로비 단체들이 아주 강력한 것처럼 보이게 만들고, 로비 단체들로서는 자신들이 실제보다 훨씬 더 강력하게 보이는 것이 나쁘지 않다. 로비 자체는 나쁜 것이 아니다. 다양한 이익단체(기업, 노동조합, 환경단체 등)가 자신들의 이해와 관점을 표명하는 것은 다원주의적 사회에서 당연한 일이다. 부자들이 정치에 영향을 미치는 것도 마찬가지로 비판받을 일이 아니다.

과거 프로이센 및 다른 국가들에서는 3등급 선거제가 있었고, 세금을 더 많이 부담하는 시민들의 표에는 세금을 덜 내거나 전혀 내지 않는 시민들의 한 표에 비해 가중치를 주었다. 이런 시절은 오래전에 지나갔다. 하지만 사회에서 소수에 속하는 부자들(대부분 기업인)이 자신들의 이해를 관철시키고자 하는 노력은 다른 집단들이 그러한 것과 마찬가지로 정당한 일이다. 널리 퍼져 있는 오해와 달리 민주주의는 소수에 대한 다수의 무제한 지배를 의미하지 않는다. 부자와 관련해서도 마찬가지이다. 그런 일이 벌어진다면, 그것은 마르크스와 레닌이 선동했던 프롤레타리아 독재이지 절대 다원주의적 민주주의가 아니다.

부자들의 영향력을 제한하기 원하는 사람이라면 무엇보다도 먼저 국가와 정치 권력을 제한하는 일에 나서야 할 것이다. 국가가 좌우할 수 있는 경제적 자원 배분의 범위가 넓어지면 넓어질수록 부자들이 영향력을 획득하고 또는 심지어 정치인들을 매수할 가능성이 높아지기 때문이다. 대체로 미국은 부자들이 유난히 강력하게 정치를 좌우하는 나라로 알려져 있다. 미국 정치에 미치는 부자들의 영향력이 지속적으로 증가하고 있다는 것은 두 정치인 무소속 상원 의원 버니 샌더스(Bernie Sanders)나 민주당 좌파 알렉산드리아 오카시오-코르테스(Alexandria Ocasio-Cortez) 같은 자본주의 비판가들이 몇 년 전부터 주로 내세우고 있는 주제이다.

그런데 만일 돈으로 정치적 권력을 사버릴 수 있다면, 2016년 도널드 트럼프(Donald Trump)가 미국 대선 후보가 되지 못하고, 아마도 훨씬 더 많은 기부금을 받아낼 수 있었던 젭 부시(Jeb Bush)가 되었을 것이다. 부자들에 의해 정치가 좌우된다는 테제를 대변하는 대표적인 미국 학자들 벤저민 페이지(Benjamin I. Page)와 마틴 길렌스(Martin Gilens)조차도 다음과 같이 말하고 있다.

"대부분의 거액 기부자들(그리고 대부분 공화당 싱크 탱크의 일원들 및 공무원들)이 다른 후보자들을 지지했다."[13] 그리고 "트럼프의 입장은 일반적으로 잘 사는 기부자들과 잘 사는 미국인들의 관점과는 완전히 상반되었다."[14]

만일 부자들이 정치를 좌우했다면 2017년 트럼프가 승리하지 못했고, 오히려 민주당 후보인 힐러리 클린턴(Hillary Clinton)이 승리했을 것이다. 페이지와 길렌스는 "힐러리 클린턴의 경우처럼 종종 기부금을 더 많이 받은 후보가 패배하곤 한다"라고 인정한다.[15] 연방 선거관리위원회에 따르면 힐러리 클린턴이 민주당과 함께 꾸렸던 공동위원회, 그녀를 지지했던 이른바 미국정치행동위원회(Super-PACs. 거액 정치자금단체들) 등 그녀의 동맹 세력들과 힐러리 클린턴은 전체 선거 기간 중 12억 달러 이상의 기부금을 걷었다.

그런데 크리스 에드워즈(Chris Edwards)와 라이언 본(Ryan Bourne)에 따르면 "2016년 9월까지 포춘(Fortune) 100대 기업에 속하는 최고경영자 중 단 한 사람도 트럼프 선거전을 위해 기부금을 내지 않았다. 그의 승리는 부자들의 영향력 때문이 아니라, 오히려 해안 지역에 거주하는 잘 사는 엘리트들에 반대한 대중의 저항에 기인한 것이다."[16]

만일 정치적 권력이 돈으로 매수할 수 있는 것이라면, 현재의 조 바이든(Joe Biden)이 대통령이 되는 것이 아니라, 엄청난 부자 기업인인 마이클 블룸버그(Michael Bloomberg)가 대통령이 되었을 것이다. 〈포브스〉 지에 따르면 블룸버그가 대통령 후보가 되고자 선거 캠페인을 할 당시 그의 재산은 610억 9,000만 달러로, 그는 세계에서 여덟 번째 부자였다. 역사상 한 후보자가 그토록 짧은 기간에 선거를 위해 자신의 호주머니에서 그토록 많은 돈을 지출한 사례는 없었다. 선거 운동 자금 조달에 관한 연방 선거관리위원회의 보고서에 의하면 블룸버그는 약 3개월 남짓 기간에 약 10억 달러를 지출했다.[17] 블룸버그는 한 푼의 기부금도 받지 않고 자신의 선거 운동 비용을 모두 자신의 돈으로 지출했다.

블룸버그의 경우가 자신의 정치적 야망을 실현하는 데 재산이 별 도움이 되지 않았던 유일한 사례는 아니다. 공화당의 스티브 포브스(Steve Forbes)는 1996년과 2000년 대통령 후보 지명을 위한 선거 운동에 690억 2,000만 달러를 지출했지만, 겨우 몇 명의 선거인단만을 확보했을 뿐이다.[18] 2008년 미국 공화당 예비 선거에서 부자인 밋 롬니(Mitt Romney)는 상대인 존 매케인(John McCain)보다 두 배 이상의 돈을 썼지만(대부분 롬니 자신의 돈이었다), 이미 2월에 경선에서 탈락했고 매케인이 공화당 후보가 되었다.[19] 코크 형제는 자본주의 비판가들로부터 끊임없이 위험한 친자본주의자로 언급되고 있지만, 데이비드 코크는 이미 1980년에 돈으로 정치를 매수한다는 것이 얼마나 어려운지 경험한 바 있다. 당시 그는 리버테리언당(Libertarian Party)을 대대적으로 지원하면서 그 당의 부통령 후보로 출마했지만, 그의 득표율은 겨우 1%에 불과했다.[20]

미국의 선거 역사를 보면 특히 거액 기부자의 지지를 받는 민주당 후보들이 있는가 하면, 버니 샌더스(Bernie Sanders)처럼 소액 기부자들의 지지를 받는 민주당 후보들도 있다. 2016년 예비 선거에서 좌파 후보인 샌더스에게 기부금을 낸 사람 가운데 60%는 200달러 미만을 기부한 소액 기부자들이었다.[21] 이런 사정은 공화당도 마찬가지다. 배리 골드워터(Barry Goldwater)나 패트릭 뷰캐넌(Patrick Buchanan) 같이 수많은 소액 기부자를 동원했던 후보자가 있는가 하면, 젭 부시처럼 거액 기부자들의 지지를 받았던 후보자도 있다.

연방 선거관리위원회의 전임 위원장이었던 브래들리 스미스(Bradley A. Smith)는 2016년 '정치자금의 힘이 과대평가되어 있다'라는 제목으로 〈뉴욕타임스〉에 기고한 글에서 다음과 같이 결론을 내렸다.

"대중에게 정보를 전달하고 모든 의견을 경청하기 위해서 돈이 중요하지만, 이번 선거는 돈이 유권자들에게 전달되는 메시지를 유권자들이 좋아하도록 만들지는 못한다는 사실을 다시 한번 증명하고 있다. 젭 부시(Jeb Bush)가 엄청난 돈을 쓰고도 경선에서 탈락한 유일한 사례가 아니다. … '정치에서 돈이 저지르는 악행'은 터무니없이 과대평가되고 있다."[22]

미국 정치학자 래리 바르텔스(Larry M. Bartels)는 자신의 저서 『불평등 민주주의(Unequal Democracy)』에서 미국 정치에서의 불평등과 부자들의 영향력에 대해 비판하고 있다. 그는 1952년부터 2012년까지의 열여섯 차례의 미국 대통령 선거에서의 '불평등한 선거 비용 지출의 추정 효과'를 연구했다. 그는 "이 가운데 열세 차례의 선거에서 공화당 후보가 상대인 민주당 후보보다 더 많은 자금을 지출"했지만, 1968년 리처드 닉슨(Richard Nixon)과 2000년 조지 부시(George W. Bush)의 선거 등 단 두 차례의 선거에서만 "만일 공화당 후보가 상대방인 민주당 후보보다 더 많은 자금을 지출하지 않았다면 패배가 거의 확실시될 정도로 가까스로 승리했다"라는 결과를 얻었다.[23] 앞서 언급했듯이 2016년 선거에서는 민주당 후보인 힐러리 클린턴이 트럼프보다 훨씬 더 많은 기부금을 걷을 수 있었기 때문에 결과적으로 64년 동안 열일곱 차례에 걸친 선거에서 단 두 차례의 선거에서만 더 많은 기부금이 승리의 결정적 요인이었다고 할 수 있다.

그럼에도 불구하고, '돈이 세상을 움직인다'라는 테제는 특히 미국에서 여전히 널리 퍼져 있다. 미국에서 돈의 위력을 증명한다고 하여 가장 많

이 인용된 연구물은 벤저민 페이지, 래리 바르텔스(Larry M. Bartels), 제이
슨 시라이트(Jason Seawright)가 2013년 발표한 '민주주의와 미국 부자들
의 정책 선호(Democracy and the Policy Preferences of Wealthy Americans)'라
는 논문이다.[24] 부자들이 얼마나 정치를 좌우하는지에 대한 증거로서 이
논문이 계속해서 인용되고 있다는 것이 그저 신기할 뿐이다. 왜냐하면
이 논문이 정량적 분석의 기초로 삼고 있는 설문 조사의 응답자가 겨우
83명에 불과하기 때문이다. 게다가 모든 응답자가 시카고 대도시 지역 사
람들이다. 응답자 중 많은 수가 실제 부자도 아니다. 전체 응답자 83명 가
운데 36명만이 자산 1,000만 달러 이상 소유자였고, 중앙값은 겨우 750
만 달러에 불과했다.[25]

이 설문 조사는 2011년에 이루어졌다. 이때 '부자들'의 87%는 설문의
11개 항목 가운데 미국 정치가 해결해야 할 가장 큰 문제로 국가 재정 적
자를 언급했다. 기후 변화는 16%로 꼴찌를 차지했다. 연구자들은 자신들
의 연구 결과를 "… 워싱턴은 현재 국가 재정적자를 줄이는 문제에 중점
을 두고 있는데, 이는 미국 부자들에게는 가장 큰 관심사이지만 미국 전
체 대중의 관심사는 아니다"라고 요약했다.[26]

그로부터 10년이 흘렀다. 미국 부자들은 최우선 목표로 국가부채의 감
소를 지적했는데, 국가부채는 15조 6,000억 달러에서 28조 4,000억 달러
로 거의 두 배나 되었다. 설문이 이루어질 당시 미국 국내총생산에서 국
가부채가 차지하는 비중은 100% 미만이었는데, 현재는 133% 이상이 되
었다. 국가부채를 확실하게 감축시키는 것이 부자들이 가장 원했던 것인
데, 이는 버락 오바마나 도널드 트럼프 때는 물론이고 조 바이든 정부에
서도 실현되지 않을 것이다. 사실상, 바이든 정부의 의제 리스트에서 최상

위를 차지하고 있는 의제는 10년 전 부자들이 최하 순위로 꼽았던 문제, 즉 기후 변화 대응과 '녹색 뉴딜(이를 위해 엄청난 규모의 국가부채가 늘어날 것이다)'이었다.

물론 부자들은 정치에 영향력을 행사한다. 하지만 여론이 상반되고 있고 또 정책의 방향을 좌우하게 되는 그런 거대 담론들과 관련해서는 거의 아무런 영향력도 행사하지 못한다. 앞서 언급했던 연구자들은 "한 가지 중요한 사실은 설문 응답자 가운데 절반 미만(44%)의 사람들이 아주 제한된 경제적 이해에 초점을 맞춰 응답했다는 점이다"라고 했다. 부자들에게는 거대 담론이 아니라 자신들의 직접적인 경제적 이해가 중요한 것이다. 연구자들은 "재무부가 부실자산회생법안-펀드(TARP-Fund)의 확대를 승인할 때 시카고에 있는 한 특정 은행을 포함시켜줄 것을 촉구하는 일", "도드-프랭크법(Dodd-Frank Act)의 새로운 규정과 그것이 자신의 사업(은행/금융기관)에 미칠 영향을 더 잘 이해하는 것", "건축 부지를 위해 … 물고기와 야생동물 … 개발 토지에 대한 허가" 또는 "고객에 대한 규제 승인을 구하는 일"을 사례로 들었다.[27]

2017년에 '소득 불평등 증가가 민주주의를 위협하는가?'라는 문제에 관한 논문을 쓴 미국 정치분석가 존 요크(John York)는 로비스트들의 활동이 커다란 정치 노선보다는 오히려 그러한 특수한 이해를 관철시키고자 하는 것과 연관되어 있다는 결론을 내렸다. 그는 이것이 경제에 대한 국가의 영향력을 배제함으로써 가장 잘 달성될 수 있다고 주장하였다.

"국가 기관을 제한하게 되면 돈이 정치에 덜 흘러 들어가도록 하는 이점도 생기게 될 것이다. … 자유 시장을 왜곡하고 정치적으로 연계된 관련자들을 위해 게임을 조작하는 규제의 철폐, 낭비적인 정부 계약과 측근에 대한 뇌물의 폐지 및 이런 작태에 동참하고 있는 정치인들에 대한 비판/탄핵 등이 이루어지면 워싱턴으로 향하는 돈의 흐름이 원천적으로 차단될 것이다."[28]

요크는 의식적으로 거액의 정치자금도 내지 않고 또 로비 활동도 포기한 기업들이 얼마나 정치적으로 고통을 당하고 있으며 정치로부터 입장을 바꾸라는 압력을 받고 있는지에 대해 여러 사례를 제시하고 있다. 이런 상황은 국가의 권력을 제한함으로써 가장 잘 배제할 수 있을 것이다. 한편, 요크는 2017년 현재 미국 정치에서 부자들의 영향력이 증가되었다는 그 어떤 징후도 볼 수 없었다고 말한다.

"사람들이 불평등과 민주주의에 관한 연구물들을 접하고 난 후 기대하게 되는 것과는 달리 지난 수십 년간 가난한 사람들에게 혜택을 주는 복지 프로그램을 위한 지출은 극적으로 증가했고 부자들의 세금 부담은 늘어났다."[29]

강력하고도 점증하는 불평등의 아주 극단적인 사례로 끊임없이 언급되는 미국에서, 국내총생산(GDP)에서 사회 복지 지출이 차지하는 비중은 1980년과 2018년 사이 9.6%에서 14.3%로 증가했으며, 이는 50%나 증가한 것과 같다.[30]

마틴 길렌스(Martin Gilens)는 자신의 저서 『부유함과 영향력(Affluence and Influence)』에서 미국에서 부유한 유권자들이 저소득 집단 유권자들에 비해 훨씬 큰 영향력을 행사한다는 테제를 내세운다. 그는 1981년부터 2002년까지 미국에서 이루어진 여론조사에서 나온 1,923개의 질문에 대해 연구했다. 이 연구에 1964년부터 1968년까지의 데이터, 2005/2006년의 데이터가 추가되었다.[31] 그의 연구 방법은 다음과 같다. 그는 소득 하위 집단, 중간 집단 및 상위 집단의 정치적 견해를 분석한 다음 각 집단이 여론조사에서 응답한 내용과 당시 치러진 선거 이후 몇 년 동안의 정부 정책을 비교했다.

그는 '대표성 불평등'을 강조했는데, 이는 소득 하위 집단 전체 및 중간 집단의 일부의 여론은 소득 상위 집단의 여론에 비해 정부에 의해 실행으로 옮겨질 가능성이 훨씬 적다는 사실에서 확인할 수 있다는 것이다. 그런데 주목할 것은 종교 문제, 외교 문제, 경제 정책과 관련해서는 이런 대표성 불평등이 나타나지만, 길렌스도 인정하듯이 바로 사회 복지와 관련해서는 나타나지 않는다는 사실이다.

"복지 정책 분야는 소득 집단 간 선호의 차이가 사회적 약자의 선호로부터 크게 벗어나지 않는 유일한 정책 분야이다. 그 이유는 가난한 미국인 및 중간소득의 미국인들은 일반적으로 이런 문제와 관련하여 자신들의 선호를 공유하는 강력한 동맹 세력(예를 들면 미국에서 가장 강력한 로비단체인 미국 은퇴자 협회(AARP))을 가지고 있기 때문이다."[32]

길렌스의 관점에서 볼 때 경제 영역에서의 대표성 평등을 달성하기 위한 정책은 어떤 모습이 되어야 할까? 길렌스는 이러한 격차를 없애기 위해서는 정치가 "높은 수준의 최저임금, 대범한 실업자 구제 대책, 강력한 기업 규제 … 포괄적인 누진세 제도를 시행해야"만 한다고 생각한다.[33] 높은 수준의 최저임금, 부자들에 대한 과중한 세금 및 규제 강화가 실제로 근로자들의 이해와 일치하는 것인지는 의문이다. 일방적으로 부자들의 이해만을 대변하고 너무나 많은 규제를 완화했다고 지난 수십 년간 가장 많은 비난을 받았던 두 명의 전직 미국 대통령은 레이건과 트럼프였다. 실제로 이 두 전직 대통령은 부자들의 세금 부담을 크게 줄였고 몇몇 부문에서는 규제를 완화하기도 했는데, 사실상 이것이 저소득 계층에게는 여러 사회 복지 정책보다도 훨씬 많은 도움이 되었다.

최하위 소득 계층의 미국인에게 아메리칸 드림이 작동했던 시기는 다름 아닌 1980년대 레이건 시절이었다. 1980년 최빈곤층에 속했던 가구의 86%가 1990년에는 차상위 계층으로 상승했다. 심지어 최빈곤층에서 최고부유층으로 상승한 가구들도 있었다. 연간 소득이 1만 달러가 안 되는 미국인의 숫자는 1980년대에 5% 낮아졌고, 같은 기간 중 연간 소득 5만 달러 이상인 미국인의 숫자는 60%, 그리고 7만 5,000달러 이상인 미국인의 숫자는 83%나 증가했다.[34]

레이건 시대에 대해 수많은 유언비어가 만들어졌다. 예를 들자면, 이미 부자인 백인들이 가난한 흑인들을 희생시키면서 혜택을 봤다는 것이다. 실제로는 1981년부터 1988년까지 기간에 흑인들의 실질 가계소득이 백인들의 그것보다 더 많이 상승했다.[35] 트럼프 시기에는(코로나 발생 이전까지) 미국의 실업률이 매우 낮아졌고, 저소득자, 흑인 및 라틴계 미국인들의 경제 사정이 개선되었다. 그래서 트럼프가 2020년 재선에 도전했을 때 전통적으로 공화당과는 거리가 있던 이들 유권자 집단의 지지가 많이 늘어났다. 자본주의 비판론자들의 책이나 칼럼 등에서 볼 수 있는 가정(假定), 즉 부자들에게 혜택을 주는 정치는 가난한 사람들에게 피해를 주지 않을 수 없다는 가정은 맞지 않는다.

그런데 미국에서 의회 의원들 대부분은 경제적으로 유복한 사람들 아니냐고 하는 주장은 어떠한가? 좌파 경제학자 조지프 스티글리츠(Joseph Stiglitz)는 "실제로 모든 상원 의원과 대부분의 하원 의원이 의원이 될 당시에 이미 최상위 1%에 속해 있었다. … 무역 및 경제 정책 분야를 담당하는 행정부의 고위 정책 결정자의 대부분은 최상위 1%에 속하는 사람들이다"라고 비판한다.[36] 이들의 부가 정책 결정을 하는 데 얼마나 영향을 미칠까?

미국 의회 의원들의 재산과 그들의 표결 행태 간의 연관성을 다룬 연구는 아주 많다. 부자들이 미국 정치에 전반적인 영향을 미치고 있다고 비판하는 마틴 길렌스는 이 문제와 관련해서 의원들의 재산과 정치적 결정 간의 사이에 연관성이 있다고 할 만한 근거가 없다고 인정한다.

"무엇보다도 앞서 언급한 분석은 의원들의 개인적 이해와 선호가 의회에서의 그들의 표결 행태에 영향을 미칠 수는 있지만, 의원들의 재산이 늘어나는 것에 대해 우려하는 것이 온당치 않을 수 있다는 점을 암시한다. 적어도 넓은 의미에서의 경제 정책과 관련해서는 미국의 리버럴 의원들(좌파 민주당 사람들)과 보수주의 의원들이 재산이 아주 많은 의원들과 또 재산이 아주 적은 의원들 사이에 똑같이 발견될 것 같다. 만일 그들의 연봉이 미국에서의 소득 분배 상 상위가 아닌 중간 지점에 위치해 있다 하더라도 의원들이 현재와 다르게 행동할 것인지 아닌지는 정확하게 말할 수 없다. 하지만 의회 의원들의 경제적 형편상의 현격한 차이와 경제 정책 관련 표결 행동 패턴 사이에는 그 어떤 연관성도 보이지 않는다."[37]

그런데 많은 억만장자가 진출해 있는 중국의 전국인민대표회의 대표들은 미국 의원들의 재산을 보면서 가엾다며 웃음을 지을 것이다. 한편 다른 서방 국가들, 예를 들어 독일의 의원들의 경우에는 미국만큼 경제적으로 부유하지 않다. 그럼에도 정치인이 부자라는 것이 언제나 결점이 되어야만 하는 것일까?

재산이 많은 정치인은 의사결정을 할 때 전적으로 당에 의존하고 있는 정치인에 비해 훨씬 독립적이고 자유로울 수 있다. 독일에서 오랜 세월 기독사회당(CSU) 의원을 지낸 페터 가우바일러(Peter Gauweiler)를 사례로 들수 있다. 그는 훌륭한 법률가이고 모든 의원 가운데 최고로 많은 부수입을 가지고 있었다. 이러한 재정적 독립은 그로 하여금 항상 자신의 신념을 따르고 당의 노선과는 전적으로 다른 의견도 개진할 수 있도록 해주었다. 정치 이외에는 아무것도 하지 않는(할 능력도 없는) 의원은 이런 내적인 독립을 갖지 못한다.

예전에는 재산이라는 것이 심지어 정치적 직책을 맡기 위한 분명한 전제조건이었다. 로마 초기부터 로마 공화정과 황제 시대를 거쳐 고대 후기까지는 무엇보다도 재산이 한 시민의 지위와 영향력을 결정했다. 경제 엘리트는 항상 정치 엘리트이기도 했다. 그래서 아우구스투스(Augustus) 황제는 1백만 세스테르티우스를 가지고 있는 자만이 원로원 의원이 될 수 있다고 정했다. 40만 세스테르티우스의 재산은 기사 계급이 되는 전제조건이었다.

오늘날 많은 의회의 문제는 너무 많은 기업인이 의회에서 활동하고 있다는 사실에 있지 않다. 오히려 정반대이다. 2017년 독일 연방 총선 이후 프랑크푸르터 알게마이네 차이퉁(FAZ)은 "연방 의회에 기업인들 숫자가 두 배나 늘었다"[38]라고 보도했다. 2017년 연방 의회에 진출한 기업인은 706명의 의원 중 고작 76명이었으며, 그 이전에는 겨우 35명에 불과했었다. 더 많은 경제적 전문성과 더 많은 기업가적 사고가 정치를 망치기보다는 더 좋게 만들 수 있을 것이다. 2021년 독일 연방 총선에서는 새로 선출된 의원들의 비중이 2%에서 1.4%로 낮아졌다.[39]

만일 서구 세계에 있는 부자들에게 비판하고자 한다면, 그들이 정치에 너무 많이 참여하고 있다는 것이 아니라 너무 적게 참여하고 있다고 비판하는 것이 맞다. 부자들에 대한 중과세를 맹렬하게 찬성하고 있는 조지 소로스(George Soros)나 톰 스타이어(Tom Steyer) 같은 자본주의 비판론자들의 목소리는 쉽게 들을 수 있지만, 자본주의 옹호론자들의 목소리는 거의 들리지 않는다. 페이지와 길렌스는 이를 "대부분 억만장자의 공공연한 침묵"이라고 표현했다. 자유주의적 입장을 재정적으로 후원하는 데이비드 코크(David Koch)는 10년 동안 단 한 차례 조세 정책에 대해 공개적으로 입장을 밝혔을 뿐 그의 형제인 찰스 코크(Charles Koch)는 이런 주제들에 대해 단 한 번도 공개적으로 입을 연 적이 없다.[40]

페이지와 길렌스는 "대부분의 억만장자의 공공연한 침묵은 마이클 블룸버그, 워렌 버핏 및 빌 게이츠 등의 소규모의 이례적인 억만장자 집단이 특정 정치적 사안에 대해 적극적으로 나서는 것과 크게 대조된다"라고 말한다.

"이 세 명은 광범위한 사회 복지 안전 장치, 누진적 조세, 경제에 대한 적절한 규제에 찬성한다. 일반적인 미국 시민이 블룸버그나 버핏, 게이츠의 말을 듣고 미국 억만장자들의 정치적 태도나 행위도 그럴 것이라고 생각한다면 큰 실수를 저지르는 일이 될 것이다."[41]

이는 올바른 관찰이며 동시에 문제의 핵심을 지적한다. 자본주의를 비판하는 방향으로의 여론의 압력이 너무 거센 나머지 억만장자들조차도 입을 다물게 만드는 반면, 부유세 중과 및 국가의 규제에 찬성하는 부자들은 아무 거리낌 없이 의견 표명을 할 수 있다. 다른 체제에 비해 자본주의를 우월한 체제로 보며 국가의 과도한 역할에 대해 비관적인 태도를 갖는 부자들은 더 많은 용기를 내야 하고 공개적인 논쟁에 보다 적극적으로 참여해야 할 것이다.

문제는 부(wealth)가 기업가의 아이디어에 의해 창출되는 것이 아니라 정치적 영향력에 의해 좌우되는 나라에서는 돈과 정치의 연계는 곧 권력과 부패가 연결되는 관문이 된다는 사실이다. 이는 러시아의 경우를 보면 잘 알 수 있다. 러시아에서는 공산주의 붕괴 이후 원자재(특히 석유와 가스)를 장악한 소수의 과두 정치가들과 '지대 추구' 산업들이 결정적인 역할을 하고 있다. 예를 들어 러시아는 국제투명성기구(Transparency International)가 발표하는 부패인식지수에서 176개국 가운데 129위로 아주 낮은 순위를 차지하고 있으며 심지어 〈이코노미스트〉 지가 발표하는 2016년 '정실 자본주의 지수(crony capitalism index)'에서는 1위를 차지했다.[42] 헤리티지재단이 발표하는 자본주의 지수인 경제자유지수 순위에서 러시아는 저 아래인 92위에 머물러 있다. 러시아 같은 나라에서 보는 바와 같이 정치와 경제의 유착을 줄이기 위해서는 자본주의를 억누르는 것이 아니라 더 많이 활성화시키는 것이 필요하다.

많은 사람이 자본주의를 부패와 연결한다. "뇌물과 같은 범죄는 공공 부문뿐만 아니라 민간 부문에서도 발생할 수 있으며 이는 많은 국가에서 그랬고 또 그럴 것이다. 하지만 그런 일이 가장 빈번하게 발견되는 곳은 정부 관료들이 가장 큰 권한을 가지고 있는 곳이다"라고 미국 경제학자 앨런 멜처(Allan H. Meltzer)는 말한다.[43] 부패가 자본주의 국가들에서 특히 기승을 부린다는 생각은 틀렸다. 이는 국제투명성기구의 부패인식지수와 경제자유지수를 비교하면 금방 알 수 있다. 부패가 적은 나라들은 경제자유도가 높은 나라들이다. 부패가 적은 상위 10개국의 경제자유도는 예외없이 '자유로운' 또는 '대체로 자유로운' 범주에 속한다. 덴마크, 뉴질랜드, 핀란드 및 싱가포르는 세계적으로 부패가 가장 적게 감지되고 있는 나라들이다. 그리고 이 가운데 3개국(덴마크, 뉴질랜드, 싱가포르)은 전 세계에서 경제적으로 가장 자유로운 10개국에 속하며, 핀란드는 17위를 차지하고 있다(이 순위는 미국이나 독일보다도 앞서는 순위다).[44]

　이와 반대로 부패인식지수 최하위 10개국에 속하는 나라들은 북한(부패인식지수 170위, 경제자유지수 178위)이나 베네수엘라(부패인식지수 176위, 경제자유지수 177위)처럼 경제적으로도 자유롭지 못한 나라들이다. 국가가 경제 생활에 강력하게 개입하면 할수록 정부 관료들에게 뇌물을 줄 가능성도 점점 더 커진다. 정치에 대한 부자들의 비윤리적이고 심지어 범죄이기까지 한 영향력을 제한하고자 한다면, 더 많은 국가의 개입을 요구할 것이 아니라 국가의 개입을 줄일 것을 요구해야 할 것이다.

제6장

"자본주의는 독점을 조장한다"

경제학자 루트비히 폰 미제스(Ludwig von MIses)는 이미 1922년 자신의 저서인 『사회주의(Socialism)』에서 '독점'에 대한 논쟁에서의 비합리성에 대해 언급한 바 있다. 미제스는 "독점이라는 단어로 명명한 것 자체가 이미 모든 분명한 숙고도 불가능하게 만들고, 국민경제적 사고가 아닌 국가주의적 및 여타 반자본주의적 문헌에 나오는 통상적인 윤리적 진술이 나오지 않으면 안 되도록 감정을 몰아간다"라고 했다.[1] 국가의 간섭으로부터 자유로운 자본주의 경제에서 독점이 들어설 공간은 "일반적인 카르텔 및 트러스트 문헌들"에서 가정되고 있는 것보다 훨씬 좁다.[2]

실제 필연적으로 독점을 형성하는 경향이 있다는 것은 자본주의에 대한 아주 오래된 비판 중의 하나이다. 자유로운 경쟁은 스스로 무너지고, 자본의 집중과 중앙집권화 과정의 끝에는 경제를 지배하는 소수의 독점이 존재한다는 것이 그 비판의 요체다. 레닌은 1917년 출간한 논문 '자본주의 최고 단계로서의 제국주의(Imperialism: The Highest Stage of Capitalism)'에서 이미 이 과정을 설명했다.

"경쟁으로부터 독점으로의 이러한 변환은 현대 자본주의 경제에서 나타나는 가장 중요한 현상은 아닐지라도 매우 중요한 현상이다."[3]

계속해서 레닌은 독점이란 현 자본주의의 '근본적 법칙'이라고 하였다.[4] 레닌이나 여타 이론가들이 독점이라고 할 때, 그들이 의미하는 바는 국가 기업이 아닌 다음에야 결코 있을 수 없는 상태로서 한 기업이 100% 시장 점유율을 점하고 있는 상황만을 뜻하지는 않는다. 애덤 스미스도 자신의 저서 『국부론』에서 '독점'이라는 단어를 유일한 공급자라는 의미로 사용한 것이 아니라, 자신들의 제품을 "자연 가격 이상으로" 판매하기 위해 "유효 수요를 완전히 충족시키지 않는" 기업이라는 의미로 사용했다. 스미스는 '자연 가격'을 자유로운 경쟁 조건 하에서 결정되는 가격으로 보았다.[5] 또한 많은 현대 경제학자도 이런 광범위한 의미에서의 독점, 즉 "자신의 시장에서 유일한 공급자가 아니더라도 시장 공급을 통제함으로써 확실한 가격 통제력을 확보한 기업"으로 정의한다.[6]

레닌은 미국에서 1904년 모든 기업이 생산한 생산물의 절반 가까이가 전체 기업의 1%밖에 안 되는 기업에서 생산되었다고 했다.

"이로써 (자본주의) 발전의 특정 단계에서 집중은 이른바 독점으로 이어진다는 것이 분명하다. 왜냐하면 몇십 개의 거대 기업끼리 서로 소통하는 것은 쉬운 반면, 거대한 기업 규모 자체가 경쟁을 어렵게 만들고 독점으로의 경향을 낳기 때문이다."[7]

레닌은 이러한 경향을 결코 부정적으로 보지 않았다. 독점의 형성을 "생산의 사회화에 엄청난 진전"이 이루어지는 것이라고 보기 때문이다.[8] 레닌이 100여 년 전 자본주의 최고 단계라고 보았던 그 단계에서 자본주의는 "생산의 전면적인 사회화에 아주 근접하고, 이른바 자본가들이 의식하지 못한 채 그리고 자본가들의 의지에 반해 그들을 완전 자유 경쟁 사회로부터 완전한 사회화로 넘어가는 그러한 새로운 사회 질서로 끌고 들어간다."[9] 레닌은 자유 경쟁으로의 복귀를 꿈꾸는 "자본주의의 소시민적 반동적" 비판에 대해 단호하게 반대했다.[10]

경제역사가인 베르너 플룸페(Werner Plumpe)는 레닌의 분석과 같은 것들은 정확한 분석이 아니라는 점을 밝혔다. 특정 부문, 특히 중공업과 같은 자본집약적인 산업에서 일어나는 경향을 일반화하고는 그것을 근거로 미래를 예측했기 때문이다.[11] 19세기에서 20세기로 넘어오는 시기 및 제1차 세계대전과 제2차 세계대전 사이에 지배적이었으며 레닌의 예측에 참고가 되었던 대규모 기업들 가운데 남아 있는 것은 거의 없으며, 설령 이름이 남아 있는 기업이라 하더라도 예전과 공통되는 것은 거의 없다는 것이다.[12]

조지프 슘페터(Joseph Schumpeter)는 1942년 자신의 저서 『자본주의 사회주의 민주주의』에서 장기간에 걸쳐 순수한 독점이 유지되는 경우란 거의 없으며 "(독점이라는) 개념의 조건에 그럭저럭 가까운 경우까지 포함하더라도 완전 경쟁의 경우에 비하면 훨씬 더 드문 것이 확실하다"라고 말했다.[13]

독점은 "방해받지 않는 온전한 자본주의 조건 하에서는 예컨대 재정 독점의 경우처럼 국가 기관에 의해 지지되지 않는 한 총생산의 분석에서 문제가 될 정도로 충분히 오랜 기간 거의 존속될 수 없을 것이다."[14]

나아가 슘페터는 '그렇다면 독점에 대한 이 모든 야단법석은 왜 생겨나는 것일까'라고 묻는다. 그 해답은 '정치적 토론의 심리학'의 영역에 있다고 한다.[15] 말하자면 미국에서는 경제학자, 정부 인사, 저널리스트 및 정치인들이 독점이라는 단어를 애호하고 있는데, 그 이유는 그것이 하나의

'모욕적인 단어'가 되어버렸고 경제 생활에서 드러나는 모든 나쁜 것을 이 어두운 권력의 탓으로 돌려버릴 수 있기 때문이다.[16] 슘페터는 물론 단기에는 "독점적 위치에 있거나 그것에 가까운 위치에 있는" 기업들이 더 흔하지만, 그렇다고 해서 부정적인 기능만이 있는 것은 아니며 (경쟁을 잠재우는: 역자) "마취제 같은 효과"는 전혀 없다고 말했다.[17]

슘페터는 독점의 경제적 기능을 전적으로 부정적인 것으로만 보지 않았을 뿐만 아니라 한발 더 나아가 '창조적 파괴' 과정에서 긍정적인 기능을 한다고 평가한 최초의 경제학자 가운데 한 명이었다. 그러기에 미국 경제학자인 리처드 매켄지(Richard B. McKenzie)와 드와이트 리(Dwight R. Lee)는 자신들의 저서 『독점을 옹호함(In Defense of Monopoly)』에서 슘페터를 언급하면서 "슘페터의 분석에는 경제 성장의 극대화를 위해 필요한 **최적 독점이론이** 숨겨져 있다"라고 썼다.[18] 두 경제학자는 독점을 무비판적으로 보지는 않으며, 그런 식의 시장 지위가 경제 성장에 해로울 수 있다는 것을 인정한다. 하지만 그들은 슘페터의 분석은 "모든 독점 및 모든 독점화 수준이 경제 복리에 해로운 것은 아니며, 경제학자들이 **최적의 독점**이라고 부를 수 있는 것을 위한 제도적 조건들에 더 많은 관심을 기울여야 함을 시사하는 견해"라고 덧붙인다.[19]

이들은 특히 이미 존재하고 있는 상품에서의 독점(이들은 이 독점을 상품의 창출과 순가치의 창출에 아무런 역할도 하지 않는, 부정적인 독점으로 본다)과 해당 기업이 처음으로 창출했고 유용한 역할을 할 수 있는 상품에서의 독점을 구분한다.[20] 이들의 관점에서 볼 때는, 경제학 전문 용어로 '완전 경쟁' 상황은 첫째, 현실에서는 달성될 수도 없으며, 둘째, 그것이 바람직스러운 것도 아니다.[21]

독점 이익을 얻을 수 있다는 희망이 혁신을 추구하게 만든다. 경쟁은 경제 진보에 하나의 중요한 요소이지만, 그 경쟁은 완전 경쟁이나 완전 시장이 아니라(이런 것은 현실에서 존재하지 않으며, 오직 경제 모델에서만 존재한다), 일시적인 독점에 의해 끊임없이 감소되는 경쟁이다. 슘페터는 "주어진 시점마다 자신의 가능성을 최대한 유리하고 완전하게 이용하는" 완벽한 체제는 장기적으로는 **결코 그렇지 못한** 불완전한 체제보다 열등할 수 있다고 강조한다.

"왜냐하면 그렇지 못하다는 것이 장기적인 성과의 수준이나 속도가 높아질 수 있는 조건이 될 수 있기 때문이다."[22]

독점은 추가적인 이윤 획득을 가능하게 하며, 이 추가 이윤은, 마르크스가 『자본론』 3권에서 정확하게 판단했듯이, 효율과 혁신을 추구하게 만드는 동력이다.

"각 생산 부문 사이의 이윤율 괴리는 끊임없이 균등화되어 평균이윤율로 수렴하기에 우연한 경우가 아니라면 특정 생산 분야에서 개별 자본이 실현하는 초과 이윤은 원가, 즉 생산 비용의 감축으로부터 발생하며, 이 감축은 다음과 같은 사정 중 어느 하나에 의거한다. 즉 자본이 평균 규모보다 더 많이 사용되며 이에 따라 생산을 하는 데 비생산적 비용이 감소하는 한편, (협업, 분업 등) 노동생산성을 향상시키는 일반적 원인들이 보다 높은 강도로 보다 집중적으로 작동할 수 있게 되거나, 아니면 자본의 규모를 별개로 한다면 보다 나은 작업 방식, 새로운 발명, 개량된 기계, 화학적인 비법 등 간단히 말해 새로운, 개량된, 평균 수준 이상의 생산 수단과 생산 방법이 도입되기 때문이다."[23]

완전히 새로운 제품과 시장을 개발해야 하는 경우에는 기존 시장에서 행동할 때와는 완전히 다른 위험과 요구 사항이 존재한다. 기업가는 독점 이윤이 정상적인 이윤보다 훨씬 높을 것이라는 전망이 있을 때 이 높아진 위험을 기꺼이 감수하게 된다.

"따라서 **개발이나 발전**이 어떤 식으로든 체계적으로 사전에 예측되어야 하는 보다 동태적인 현실 경제에서는 평균적인 이윤을 크게 상회하는 수준의 이윤을 획득할 수 있어야만 하며, 그리고 이 수익률 수준은 완전 경쟁적인 상태에서 획득할 수 있는 수준보다 높아야만 한다."[24]

독점의 단점으로는 대체로 보다 높은 가격 및 소비자들의 선택권 제한, 비용 절감의 동기 부족, 혁신에 대한 동기 부족, 특수 이해를 보호하기 위해 정치에 대해 영향력 행사 같은 것들이 언급된다.[25] 한편 대량 생산으로 인한 규모의 경제, 높은 이윤은 연구 개발(R&D)에 투자될 수 있다는 점, 특허를 획득할 수 있다는 전망이 투자를 촉진할 수 있다는 점 등 장점은 종종 간과된다.

하지만 이러한 장점과 단점이 독점이라고 간주되는 모든 기업에 통용된다는 의미로 받아들여져서는 안 된다. 예를 들면, 현재 독점이라고 간주되는 기업이 매우 혁신적일 수 있다. 아마존이나 페이스북 혹은 구글 같은 기업들은 예전에 독점 기업으로 간주되었던 다른 기업들이 기술 혁신과 새로운 경쟁자의 등장으로 순식간에 독점적 지위를 잃거나 아예 시장에서 사라지는 것을 목격해왔다. 현재는 치열한 경쟁이 없다고 할지라도 이런 기업들은 혁신적 기술을 갖춘 새로운 시장 참여자가 등장하여 자신들의 자리를 위협할 수 있다는 것을 의식하고 있다.[26] 이러한 사실은 역으로 이 기업들이 시장에서 지배적인 위치를 차지하고 있음에도 여전히 혁신을 유지하는 이유 중 하나이다. 만약 이 기업들이 이 위험을 과소

평가하고 혁신을 유지하지 않는다면, 이들도 자신들의 시장 지위를 잃게 될 것이다.

현재 전지전능한 힘을 발휘하고 있는 듯이 보이는 기업들이 실제로는 이런 힘과는 거리가 한참이나 멀다. 그리고 그들은 이런 사실을 잘 알고 있다. 프랑스계 벨기에 경제학자 니콜라 페티(Nicolas Petit)는 기존의 해법들을 급속하게 낡은 것으로 만들어버리는 신기술, 새롭고 혁신적인 기업의 시장 진입 및 기존의 사업 모델을 뒤흔드는 정부 규제를 주요 위험 요소라고 본다.[27] 현실 및 추정 상의 독점은 언뜻 보는 것과는 달리 그다지 견고하지 못하다. 그 독점이 최고조에 달했을 때 특히 그러하다.

독점의 긍정적인 측면은 대부분 가려져 있다. 게다가 이 효과는 좁은 틈새시장에서 사실상 독점적 지위를 차지하고 있는 소규모 기업에서도 나타날 수 있다. 필자는 독일의 한 틈새시장에서 회사(Dr.ZittelmannPB. GmbH, 현재는 PB3C)를 설립했는데, 이 회사는 독일 부동산 부문 광고서비스 제공자로서 15년 이상 실제적인 독점적 지위를 차지했다. 10년 이상 거의 아무런 경쟁자도 나타나지 않았고, 이에 따라 높은 가격과 유리한 계약 조건을 관철하는 것이 가능했으며, 이는 우리의 수입이 안정적으로 유지될 수 있도록 해주었다. 당연히 우리 회사가 매우 높은 수익을 올리고 있다는 소문이 나자(필자가 이 회사를 매각하기 전 15년간 영업수익률은 평균 48%였다), 새로운 서비스 제공자들이 시장에 몰려들고, 이에 따라 가격을 낮추고 구속성이 덜한 계약 조건을 내세워 경쟁할 수밖에 없었다.

하지만 이 경쟁자들은 아마도 필자의 회사와 같은 롤 모델이 없었다면 나타나지 않았을 것이다. 그런 면에서 독점이 부동산 분야에서 전문적인 광고서비스 시장이 최초로 등장하도록 기여한 것이다. 필자가 2016년 매각한 이 회사는 현재도 존속하고 있고 여전히 업계의 선두 자리를 차지하고 있지만, 경쟁으로 인해 과거와 같은 높은 수익은 더 이상 얻지 못하고 있다.

아주 소규모 기업에서 이제 거대 첨단 기업으로 눈을 돌려보자. 구글, 아마존, 페이스북, 마이크로소프트와 애플 등은 오늘날 전 세계적으로 적개심을 불러일으키는 기업이 되었다. 거의 모든 사람이 그 기업들을 이용하면서도 거의 누구도 그 기업들을 좋아하지는 않는다. 특히 페이스북과 같은 기업이 보여주는 정치적 편향성은 많은 우려를 낳고 있다.

하지만 이들 기업에 대해 독점이라며 비판하는 것은 적합하지 않다. 미국 경제학자 타일러 코웬(Tyler Cowen)은 구글, 페이스북 및 애플의 사례를 들어 이 기업들은 혁신에 결코 적대적인 기업들이 아니며 오히려 정반대라는 것을 보여준다.

"실제로 이 주요 기술 기업들은 전적으로 혁신 친화적인 기업들이라는 것을 증명해오고 있다. 그밖에도, 구글이나 여타 다른 거대 첨단 기업에 의해 인수될 수 있을 것이라는 예상은 다른 기업들에게 혁신을 촉구하는 동기를 부여하며, 어려움을 겪고 있는 기업들에게는 자본과 노하우에 접근할 수 있는 기회를 준다. 이런 기회가 없었다면 이 기업들은 파산했거나 애초부터 설립되지도 않았을 것이다."[28]

거대 첨단 기업들은 오늘날 연구 개발에 엄청난 금액을 지출하고 있다. 2018년 한 해에만 아마존, 구글, 마이크로소프트, 넷플릭스, 페이스북 및 애플 등 6개 거대 첨단 기업이 연구 개발에 지출한 금액이 적어도 226억 달러나 되는 것으로 추정된다.[29]

페티는 2020년 수행한 대규모 연구('빅 테크와 디지털 경제, Big Tech and

Digital Economy')에서 독점에 대한 개념을 상대화하면서 '독점이면서 과점 (Moligopoly)'이라는 개념을 내세웠다. 아마존, 구글, 마이크로소프트, 넷플릭스, 페이스북 및 애플과 같은 거대 첨단 기업들은 점점 더 다양한 분야에서 활동하며, 서로서로 경쟁하면서 많은 부문에서 치열한 경쟁자가 되고 있다.

"구글은 이메일 서비스, 브라우저, 모바일 운영 체제 및 소셜 네트워크를 개발했다. 아마존은 전문화된 온라인 서적 판매점에서 전반적인 온라인 소매점으로 올라섰으며 게다가 현재 매장이 있는 식료품 체인까지 갖춘 클라우드 컴퓨팅 서비스 제공자로도 부상했다. 페이스북은 글로벌 네트워크와 메시지 서비스 두 부문에서 활동하고 있다."[30]

그리고 이들 거대 첨단 기업들은 계속해서 새로운 부문들을 개척해 나가고 있는데, 여기서 이들은 서로 간에 경쟁하고 또 다른 기업들과도 경쟁한다. 게임 부문에서 마이크로소프트, 자율주행 자동차 부문에서 구글, 결제 시스템 부문에서 페이스북, 비디오 생산과 비디오 스트리밍 부문에서의 아마존이 그렇다. 만일 이 기업들을 정부의 반독점 기관의 시각이 아니라 주식 분석가의 시각에서 바라보게 되면 흥미로운 사실을 보게 될 것이다. 페티가 많은 사례를 통해 보여주듯이, 어떤 분석이 되었든 이들 기업에게는 이미 현존하는 또는 잠재적인 경쟁자들이 다수 존재한다는 사실을 발견할 것이다.[31]

필자는 최근 브래드 스톤(Brad Stone)이 쓴 아마존의 제프 베이조스(Jeff Bezos)의 전기를 읽어보았다.[32] 이 책 전체를 통해 알 수 있는 것은 베이조스는 온라인으로 아기 기저귀를 판매하는 전문회사부터 이베이(Ebay), 애플, 반스앤노블(Barnes & Noble), 월마트 같은 거대 기업에 이르기까지 수

많은 경쟁자와 처음부터 끊임없이 경쟁을 해왔다는 사실이다. 페티의 결론은 다음과 같다.

"거대 첨단 기업이 독점 기업이라는 이미지는 직관적으로는 매력적으로 보이지만, 분석적으로는 틀렸다. 거대 첨단 기업이 본래 활동했던 시장에서 경쟁이 제한적으로만 이루어진다는 관찰을 기반으로 한 독점에 대한 판단은 경쟁에 대해 매우 협소한 관점을 드러낸다. 특허 부문에서 지배적인 위치를 차지하고 있음에도 불구하고 거대 첨단 기업들은 평온한 삶과는 거리가 한참이나 멀리 떨어져 있다. 그들의 높은 지출은 일반적인 독점 이론과는 양립되지 않는다. 거대 첨단 기업들을 독점이면서 과점인 기업, 즉 독점자와 과점자가 공존하는 기업으로 바라볼 때 그림이 보다 선명해진다."[33]

정부가 특정 시장에 대한 규제를 증가시키거나 독점을 해체할 것을 주장하는 대부분의 비판가는 일반적으로 독점이 통상 생각하는 것만큼 그렇게 지속되지 않는다는 사실을 간과하고 있다. 벨기에 경제학자 더크 아우어(Dirk Auer)와 니콜라 페티(Nicolas Petit)는 지난 150년 동안 있었던 독점에 대한 언론 보도를 분석했다. 그들은 1850년부터 2000년까지 언론에 나왔던 1,399개의 보도를 평가했다.[34] 이 분석은 무엇보다도 독점에 관한 언론 보도의 대부분이 부정적이었다고 평가했다. 평가 대상 보도의 61%가 부정적인 내용이었고, 30%는 중립적이었으며, 단지 9%만이 독점에 대해 긍정적인 내용이었다.[35] 이는 언론이 통상 긍정적인 사안보다는 부정적인 사안을 더 많이 보도하는 성향이 있다는 것을 감안하면 놀랄만한 일은 아니다.

하지만 한 가지 생각해 볼 것은, 독점의 종료보다는 독점의 성립에 대

해 더 자세하게 또 더 자주 보도하고 있다는 사실이다.[36]

"독점에 관한 언론 기사 중에서 무작위로 표본을 추출한다면, 새로 성립되는 독점이나 사라져가는 독점이나 비슷한 보도 횟수가 나와야 할 것이다. 이는 데이터 세트의 전체 기간을 볼 때 살아남은 독점 기업이 거의 없기 때문이다."[37]

이미 밀턴 프리드먼(Milton Friedman)이 독점에 관해 언급한 바와 같이 언론 기사에 대한 이 분석은 독점의 의미가 굉장히 과대평가되고 있으며, 그 이유는 "독점의 경향이 경쟁보다 훨씬 많은 관심을 끌기 때문"이라는 것을 잘 보여주고 있다.[38]

이런 사실을 보기 위해 저 먼 역사까지 거슬러 올라갈 필요도 없다. 2019년 타일러 코웬(Tyler Cowen)은 자신의 저서 『거대 기업(Big Business)』에서 특히 다음과 같은 기업들이 지난 수십 년간 미국에서 독점 기업으로 비판받았다고 쓰고 있다. 코닥(Kodak), IBM, 마이크로소프트, 팜(Palm), 블랙베리(BlackBerry), 야후, AOL, 디지털 이큅먼트 사(Digital Equipment Corporation), GM과 포드.

"이 리스트에 올라 있는 기업들 가운데 마이크로소프트만이 아직까지 지배적인 독점 기업으로 남아 있다."[39]

미국 경제학자 라이언 본(Ryan Bourne)은 자신의 논문 '이번에는 다른가? 슘페터, 거대 첨단 기업, 독점 운명론(Is This Time Different? Schumpeter, the Tech Giants, and Monopoly Fatalism)'에서 독점이라고 비판받던 기업들이 어떻게 자신의 시장 지위를 상실했는지에 관한 많은 사례를 보여주고 있다.[40] 마이스페이스(Myspace)라는 기업은 2003년에 설립되었다. 이 소셜 네트워크는 급속하게 팔로워를 획득했다. 이미 2006년 6월에 마이스페이스는 미국에서 구글보다도 많은 조회 수를 기록한 사이트가 되었다. 2007년 영국의 주도적인 좌파 신문 〈가디언(Guardian)〉은 "마이스페이스는 독점 지위를 잃을까?"라고 묻는다. 2008년 초 마이스페이스는 소셜 네트워크 부문에서 시장점유율 74.4%를 차지했고, 2008년 12월에는 미국에서 7,500만 명 이상의 방문자를 가진 사이트가 되었다. 그런데 불과 반년 만에 페이스북이 마이스페이스를 추월했고, 2009년 말이 되면 마이스페이스의 시장점유율은 30%로 추락했다. 현재 마이스페이스는 아무런 역할도 하지 못한다. 라이언 본은 "특히 마이스페이스의 역사는 바로 그 네트워크 효과가 엄청난 성장을 가져오기도 하지만 보다 나은 제품이 등장하면 급속하게 추락시키기도 한다는 사실을 잘 보여준다"라는 결론을 내린다.[41]

2008년 11월 〈포브스〉 지는 이동전화 생산자 노키아(Nokia)에 관한 이야기를 전한다. 표지에 쓰여있는 머리기사 제목은 '10억 명의 소비자, 누가 이 휴대폰 황제를 따라잡을 수 있을까?'였다. 1998년부터 2011년까지 세계 최대의 이동전화 생산자였던 노키아는 2012년 1분기에 25.4%의 (추정) 시장점유율을 차지한 삼성에 의해 1위 자리를 빼앗긴다. 노키아의 시장점유율은 여전히 높은 22.5%였고, 애플의 시장점유율은 9.5%였다. 그럼에도 노키아의 시장점유율은 2008년 이후 3분의 1 이상 하락했다.

"노키아는 1990년대에 최초로 스마트폰을 개발했지만, 휴대폰의 매력에 앱이 큰 역할을 한다는 것을 너무 뒤늦게서야 알아차렸다."[42]

2013년 마이크로소프트가 노키아의 이동통신 부문을 매수했는데, 당시 노키아의 세계 시장점유율은 겨우 3%에 불과했다.[43]

다른 사례로 제록스를 보자. 제록스는 1960년 세계 최초로 복사기를 개발했고 1970년 시장점유율 100%에 가까울 정도로 시장을 석권했다. 오늘날 인터넷에서 무언가를 탐색할 때 '구글링'한다는 단어를 사용하는 것처럼, 당시 미국에서는 부분적으로 오늘날까지도 무언가를 복사할 때 '제록싱(xeroxing)'한다고 말했다. 1973년 제록스는 공정거래법 위반으로 소송을 당했고 길고 긴 소송전에 휘말렸다. 하지만 문제가 되었던 사안은 바로 그 해에 시장친화적인 방식으로 해결되었다. IBM, 이스트만-코닥, 캐논, 미놀타, 리코 및 여타 다른 기업들이 시장에 진입하여 소형의 저렴한 복사기들을 생산했기 때문이다.[44] 경쟁사들의 복사기는 유지 관리가 수월한 액상 토너를 사용했으며 저렴한 표준 부품들로 만들어졌다. 그들은 비용이 많이 드는 자체 판매망을 운영하는 대신에 일반 사무용품 대리점을 통해 판매했다. 일본인들은 돌연 저렴한 가격대의 복사기를 제록스의 생산 비용보다도 낮은 가격으로 판매하기 시작한 반면, 제록스는 예전과 마찬가지로 안정적인 회원 확보와 대규모 복사를 통해 수익을 올리고자 했다. 제록스의 시장점유율은 1972년 95%에서 1979년 49%로 하락했다. 제록스의 시장점유율은 1998년과 1999년 사이에 처음으로 30% 이하로 떨어졌다.[45] 현재 제록스의 세계 시장점유율은 2% 이하에 불과하다.[46]

또 다른 사례는 1976년 미국 필름 시장에서 시장점유율 90% 이상, 미국 카메라 시장에서 시장점유율 85%를 차지했던 코닥이다.[47] 그 후 코닥은 디지털카메라로 바뀌는 경향을 인지하지 못했고, 디지털카메라는 오늘날 스마트폰에서 지배적인 고성능 카메라가 되어 있다. 2012년 이 기업은 파산 신청을 하였고 추후 다른 분야로 진출하고자 했다. 코닥은 몇몇 기업은 매우 오랫동안 독점 지위를 유지할 수 있다는 것을 보여주는 하나의 사례라고 할 수 있다. 하지만 마이스페이스와 노키아의 역사가 보여주듯이 대다수의 기업은 그렇지 못하다.

대부분의 경우 독점은 일시적이지만, 결국은 또 다른 독점에 의해 대체되는 것이 아니냐는 이의를 제기할 수 있을 것이다. 마이스페이스와 페이스북의 경우가 그런 사례라 할 수 있다. 이를 일컬어 '연쇄 독점(serial monopolies)'이라고 한다. 특정 시점에 소비자들에 의해 동종 최고 공급자가 결정되는 그런 산업이다.

"이런 시장에서는 기업들은 독점 지위를 차지하기 위한 경쟁을 한다. 이런 경쟁을 통해 소비자들에게 보다 높은 가치를 창출하는 제품이 낮은 가치를 창출하는 제품을 누르고 승리자가 된다. 이것이 무엇을 의미하는지에 주목해보자. 시장이 제품들에 대해 테스트를 하는 바로 이 경쟁 행위가 … 마치 독점화 행위인 것처럼 보일 것이다. '연쇄 독점'이라고 하는 이유가 여기에 있다. 더 나은 제품이 점점 더 수익성이 높아지는 시장을 정복하기 위해 새로운 캠페인을 시작할 때까지는 이 경쟁을 통해 결정된 독점이 지배적이 된다."[48]

현재 종종 독점 기업이라고 비판받는 기업 가운데 하나는 아마존이다. 온라인 서적 판매 기업으로 출발한 아마존은 자신의 제품군을 지속적으로 확대했다. 물론 아마존을 상대로 한 경쟁에서 경제적으로 열세에 놓이게 된 서적 판매상들은 불평했지만, 이것은 아마존이 기존의 다른 판매상들보다 훨씬 많은 제품군(중고 서적을 포함하여)을 제공했기 때문이다. 이 말은 아마존이 계속해서 결코 물리칠 수 없는 경쟁자라는 의미는 아니다. 광범위한 대중의 행동들을 살펴보면, 아마존 없이도 작동하는 새로운 수익 모델들이 성장하고 있음을 보게 된다.

"장기적으로는 이런 것들이 현재 세계에서 가장 가치 있는 기업의 뿌리까지도 갉아먹을 수 있다. 원칙은 아주 간단하지만, 여러 가지 요소가 함께 작동해야만 한다. 소비재의 생산자가 소셜 네트워크를 통해 소비자와 직접 소통하고 소비자의 문 앞에 제품을 배송하기까지의 모든 과정을 조직한다. 이를 통해 소비재 생산자가 가치 창출 사슬의 모든 연결고리에 대한 주도권을 확보한다. 전문가들은 이것을 D2C(Direct-to-Consumer)라 부른다. 그 결과 생산자들은 거대 전자상거래플랫폼을 우회하고 모든 중간 유통 단계를 생략해버렸다. 시장을 잘 아는 관계자는 D2C 경향은 장기적으로 전자상거래 부문에서 구축된 아마존의 현재의 지배력을 약화할 수 있는 운동의 씨앗이 될 수 있다고 보고 있다."[49]

경쟁과 독점은 결코 반대되는 것이 아니라 오히려 변증법적 모순이다. 경쟁을 통해 최고의 제품이 우위를 점하게 되므로 경쟁이 독점으로 이어진다. 높은 독점 이윤은 새로운 경쟁자를 끌어들이고, 이들은 계속해서 독점을 허물며, 어떤 특정 시점이 되면 스스로가 독점 기업이 될 수 있지만, 이 독점은 또다시 경쟁에 의해 무너진다. 오직 국가에 의한 독점만이 이것으로부터 예외가 된다. 국가 권력에 의해 모든 경쟁으로부터 보호를 받기 때문이다. 밀턴 프리드먼(Milton Friedman)은 국가에 의한 통제와 국영 기업의 근본적인 단점은 위와 같은 발전을 무위로 돌려버릴 수 있다는 점에 있다고 강조했다. 프리드먼은 "그러므로 나는 민간의 통제받지 않는 독점이 그나마 가장 폐해가 적다는 견해를 갖고 있다"라고 말했다.[50]

국가 독점이 아닌 독점은 규모가 점점 커지고 경쟁이 줄어듦에 따라 관료주의적으로 변하면서 점차 국영 기업과 유사해지기 때문에 조만간 사라지게 된다.

"독점 기업들이 점점 더 관료주의적으로 변하거나, 그들이 새로운 중요한 제품을 예견하지 못하거나, 시장 환경이 독점 기업들에 부정적으로 변하거나, 외국의 경쟁자들이 시장에 진입하거나, 파괴적 기술이 모든 것을 바꿀 수 있거나, 자신의 역동성을 상실함에 따라 그들의 비용이 상승하게 된다."[51]

그런 기업 내부에 남아 있던 창조적 인재들은 조만간 그 기업을 떠나 새로운 기업을 설립한다. 아주 교훈적인 사례는 독일의 최대 소프트웨어 대기업인 SAP의 설립이 잘 보여준다. IBM의 경영진보다도 시장의 발전 사정을 더 잘 파악하고 있었던 최고의 직원 가운데 몇몇이 IBM에 실망했는데 이 가운데 한 명이 1966년 독일 만하임대학교를 졸업한 후 IBM에서 시스템 전문가로 일을 시작했었던 클라우스 벨렌로이터(Claus Wellenreuter)였다. 경영학 석사학위 소지자로서 SAP에서 물리학자들, 수학자들 및 엔지니어들과 비교하면 문외한이라고도 할 수 있는 벨렌로이터는 컴퓨터 재무회계 프로그램 개발 전문가로 발전했다. SAP의 공동 설립자인 디트마르 호프(Dietmar Hopp)는 "IBM에 있을 때부터 회계와 벨렌로이터는 유명했다"라고 집약해서 표현했다.[52]

당시 IBM은 하드웨어 판매에 집중하고 있었다. 소프트웨어의 중요성에 대해 사람들은 오랫동안 인식하지 못했다. 1971년 중반 IBM은 벨렌로이터가 열정을 보였던 재무회계 소프트웨어를 중앙집중식으로 개발하기로 결정했다. 벨렌로이터는 "나는 모든 시간을 재무회계에 쏟아부었던 사람이었다. 따라서 그 프로젝트를 수행하는 데 나에게 중요한 역할이 오지 않겠느냐고 생각했다"라고 말했다.[53] 하지만 벨렌로이터는 그런 업무는 관리자에게 적합한 업무이기에 그에게는 어울리지 않는다는 말을 들었다. 벨렌로이터의 경력은 막다른 골목에 이르렀고 그는 IBM에서는 더 이상

발전할 수 없다는 것을 알았다. 그는 두 달이나 누적된 휴가를 처음으로 사용하면서 심사숙고를 거듭했다. 심사숙고 끝에 그는 IBM에 사표를 내고 1971년 10월 초 자신의 사업을 시작했다. 그의 집 문패에는 '시스템 분석 프로그램 개발(System Analysis Program Development: SAP)'이라고 적었다.

또 다른 IBM 직원인 호프(Dietmar Hopp)도 심사숙고하기 시작했다. 그는 IBM에서 이른바 다이얼로그 프로그래밍(Dialog-programing) 전문가로 통했다. 이전에는 프로그램 명령을 입력하면 컴퓨터에서 실행되기까지 한참 시간이 걸렸지만, 이 방법을 사용하면 프로그램 명령이 입력되자마자 실행되게 되었다.

이때까지 IBM은 응용 프로그램의 개발을 대체로 고객이나 외부 전문가에게 위탁하고 이들을 개인적으로 지원하는 방식을 택했었다. 매번, 소프트웨어 기술자들은 이미 있는 것을 다시 만드느라 쓸데없이 시간을 낭비했고, IBM의 고객들에게는 상당한 비용이 발생했다. 호프는 "IBM에서 우리가 하고 있는 일이 고객에 대해 같으며, 그렇다면 그것을 표준화할 수 있을 것"이라는 사실을 깨달았다.[54] 호프는 가능한 많은 기업에 적용시킬 수 있는 표준 소프트웨어를 개발하기로 작정했다. 이런 생각과 함께 호프, 벨렌로이터, 하소 플라트너(Hasso Plattner) 및 또 다른 IBM 전 직원 두 명이 모여 자신들의 사업을 시작했다.

표준 소프트웨어 개발에 대한 기발한 아이디어를 가지고 있고 그것을 잘 프로그래밍할 수 있다는 것만으로는 부족했다. 그런 것들 외에 결정적인 것은 적절한 판매 방식이었다. SAP 설립자들은 대기업의 컴퓨터 전문가들에게 자신들의 아이디어를 소개하는 것은 별 의미가 없다는 것을 곧바로 알아차렸다. 왜냐하면 대기업에 있는 이들 컴퓨터 전문가들은 첫째, 자신과 자신의 동료들이 쓸모없는 인력이 되는 것이 아니냐는 걱정을 하였고, 둘째, 회사 내에 자신들을 제외하고는 컴퓨터에 대해 아는 사람이 아무도 없었기 때문에 이제까지 드러나지 않았던 자신들의 오류와 부족함이 한순간에 드러나는 것이 아니냐는 두려움을 가지고 있었기 때문이다. 따라서 SAP 설립자들은 자신들의 소프트웨어를 기업의 IT-책임자에게 보여주는 대신에 그보다 한참 높은 직위에 있는 대표들과 재무이사들에게 보여주었다. 이것이 아주 훌륭한 첫 번째 판매 전략이었다. 그런데 보다 중요한 것은 판매를 하는 데서 처음부터 대형 회계감사 기업 및 하드웨어 생산자들과 협업을 하는 일이었다. 결론적으로 제품을 직접 선전하는 것이 아니라 이미 최고 경영진의 신뢰를 받고 있는 독립적인 외부 전문가들의 추천을 통함으로써 소프트웨어 판매가 훨씬 수월해졌다.

SAP는 소프트웨어의 지속적인 개발과 최적화에 집중했다. 호프는 "우리에게 혁신 능력은 곧 이윤과 동의어"라고 말한다. 동시에 그는 "경쟁자들이 뛰어나거나 우리를 추월하지 않을까" 항상 경계하는 것이 SAP 기업문화에 정착되어 있다고 말한다.

"그런 불확실성이 계속해서 우리를 몰아붙인다."[55]

SAP는 표준 소프트웨어의 개발에만 집중했기 때문에 경쟁자들보다 일관성이 있었고 또 훨씬 빠르게 움직였다.

"수년 동안 경쟁자들은 기성복 만들 듯이 표준 소프트웨어를 생산하는 것과 맞춤복처럼 특수한 소프트웨어를 개발하는 것 사이에서 오락가락했다."[56]

SAP는 주도적인 역할을 하는 거의 모든 독일 기업을 고객으로 확보하는 데 성공했고, 몇 년 지나지 않아서 독일 시장에서 독점적 지위를 갖게 되었다. 오늘날 SAP는 유럽에서 가장 큰 소프트웨어 기업이고, 미국에서는 이 부문에서 세 번째로 큰 기업이 되었다. 이 모든 일은 독점 기업인 IBM이 한편으로 새로운 발전을 제때 이해하지 못했고, 다른 한편으로 이러한 새로운 발전을 경영진에 앞서 훨씬 잘 인식했던 능력 있는 직원들이 계속 발전시켜 나갈 수 있는 기회와 활동 공간을 제공하지 않음으로써 시작된 것이다.

IBM은 독점이 국가의 반독점법 제정이 아니라 시장에 의해 훨씬 더 잘 제어된다는 것을 보여주는 훌륭한 사례이다. 토머스 딜로렌조(Thomas DiLorenzo)는 이렇게 말한다.

"IBM은 1969년부터 13년 넘게 컴퓨터 시장을 독점화한다는 혐의로 미국 정부로부터 소송을 당했다. IBM이 수백만 달러를 쓰면서 긴 시간의 법정 싸움을 하고 나서야 미국 정부는 해당 사건을 단념했다. 그동안에 IBM은 마이크로소프트와 왕컴퓨터(Wang Computer)같은 기업들과 경쟁하는 과정에서 어둠이 드리워졌다."[57]

왕컴퓨터라고? 그렇다, 아마도 독자들은 이 회사가 한때 엄청나게 강력한 회사였다는 사실을 전혀 모를 것이다. 왜냐하면 이 회사는 설립된 지 거의 50년 만인 1999년 시장에서 완전히 사라졌기 때문이다.

자신의 독점 지위를 잃을 정도로 큰 실책을 저지른 기업이 컴퓨터 공룡 기업인 IBM 하나만은 아니다. 이미 앞에서 언급했듯이, 제록스도 유사하게 행동했다. 제록스는 팰로앨토연구소(Palo Alto Research Center: PARC)라는 철저히 가려진 비밀 연구소를 운영하고 있었는데, 업계에서는 경외심을 가득 품은 '제록스 파크(Xerox PARC)'라고 불렀다. 애플의 창업자 스티브 잡스(Steve Jobs)는 여기서 무엇이 연구되고 있는지 매우 궁금했다. 그는 자신이 가지고 있는 설득 기술을 발휘해 마침내 애플의 몇몇 컴퓨터 전문가와 함께 이 신성한 장소를 들여다볼 기회를 얻게 되었다.

여기서 잡스가 목격한 것은 그를 완전히 흥분시켰다. 그는 너무나 신이 나서 이리저리 위아래 가릴 것 없이 돌아다녔다. 오늘날 우리에게는 너무나 당연한 것들로서 각 문서마다 개별 창이 뜨는 것과 '마우스'라고 알고 있는 장치를 생애 처음으로 대면했기 때문이었다. 오늘날 개인용 컴퓨터에 당연히 갖춰져 있는 것이라고 생각되는 것들이지만 당시에는 완전히 새롭고 흥미진진한 것들이었다. 잡스와 애플 사람들에게 자신이 개발한 것을 소개했던 제록스 직원은 이들이 너무나 신이 나 있고 또 자신에게 핵심적인 질문을 던지는 것을 보면서 매우 즐거워했다. 자신의 팀이 무언가 굉장한 것을 개발했는데 회사로부터는 별 주목도 받지 못하고 인정도 못 받던 한 직원에게 무슨 일이 일어났을지 상상해보라. 개발한 것을 소개했던 그 제록스 직원은 자신이 다니던 제록스에 사표를 내고 애플에서 새롭게 시작해야겠다고 마음먹게 되었다.

IBM과 SAP, 제록스와 애플에 관한 이야기에는 공통점이 있다. 즉 대기업은 멋진 아이디어를 가진 좋은 인재들을 가지고 있으면서도 그들의 잠재력을 알아차리고 즉각적으로 시장에서 통용될 수 있는 제품으로 옮길 수 있는 능력은 없었다는 점이다.

역사를 살펴보면, 독점은 대부분의 경우에 그 힘이 정점에 달했던 시점에 사람들이 생각했던 것만큼 견고하지 않다는 것을 알 수 있다. 비판자들은 이번에는 이전과는 전혀 다르며, 만일 국가가 개입하지 않는다면 이번 독점은 오랫동안 지속될 것이라고 말한다. 실제 독점이든 아니면 추정상의 독점이든 독점을 없애고자 하는 국가의 활동은 대부분 불필요하거나 역효과를 불러온다는 점에 대해 살펴보자. 마틴 론하이머(Martin Rhon-heimer)에 따르면, "국가 기관이 어떤 독점(카르텔에 대해서도 마찬가지이다)이 폐해를 가져오는지 아니면 혜택을 가져오는지 판단하는 것은 불가능하다. … 따라서 독점의 효율성에 대한 판단은 자유시장에 맡기는 것이 보다 효율적인 것으로 보인다."[58]

미국 경제학자 이즈리얼 커즈너(Israel M. Kirzner)는 한 기업이 경쟁 과정 속에서 다른 경쟁자들에 비해 소비자의 욕구를 더 잘 충족시켜주기 때문에 생겨나는 독점은 전혀 해롭지 않고 오히려 경제 발전을 위해 중요한 요소이기도 하다고 강조한 반면에,[59] 독일 경제학자 발터 오이켄(Walter Eucken)처럼 질서자유주의적 전통에 속하는 학자들은 모든 독점 및 카르텔에는 위험 요소가 들어 있다고 본다. 이들 질서자유주의자들 가운데 일부는(오이켄 이외에도 특히 경제학자 알렉산더 뤼스토우(Alexander Ruestow)를 들 수 있다) 수많은 소규모 기업으로 이루어진 자유 경쟁이라는 이상적인 상태를 상정한다. 이처럼 현실과 괴리된 유토피아 및 카르텔과 독점은 언제나 해롭다는 추정은 트러스트와 카르텔을 분쇄하는 강력한 반독점 기관을 받아들이게 만든다. 이들은 경제에 관한 국가의 강력한 개입 등 다른 사안에 대해서는 비관적으로 바라보고 있으면서도, 독점과 관련해서는 경제에서의 권력의 집중을 막기 위해 아주 강력한 국가 기관이 필요하다는 입장을 보인다.

러시아 태생의 미국 작가 아인 랜드(Ayn Rand)는 국가 개입에 반대하며 미국의 반독점법에 대해 다음과 같이 아주 냉소적으로 비판한다.

"법률에 의해 **강제되는 자유** 경쟁이라는 입장 자체가 기괴한 모순이다. 그런 식의 자유 경쟁은 사람들에게 총을 겨눈 채 자유로운 존재가 되라고 강요하는 것과 같다. 이는 따를 수도 없는 칙령들을 발하는 자의적 통치를 통해 인간의 자유를 보호하겠다는 것을 의미한다."[60]

랜드는 법률을 통해 경쟁을 조정할 수는 없다고 주장한다. 그 이유는 누가 누구와 경쟁해야 하는지, 어떤 특정 부문에 얼마나 많은 경쟁자가 있어야 되는 것인지, 경쟁자들의 상대적 강약은 어뗘해야 하며 '관련 시장'은 어떻게 보아야 하는 것인지, 어떤 가격을 요구해야 하는지 그리고 어떤 경쟁 수단이 공정한 것이고 어떤 것은 불공정한 것인지를 가려낼 수 있는 척도가 전혀 없기 때문이다.

"이런 질문들에 대해 하나도 대답하지 못할 것이다. 왜냐하면 바로 **이런** 질문들이야말로 오직 자유시장 메커니즘에 의해서만 그 답을 얻을 수 있는 것들이기 때문이다."[61]

반독점법이 가지고 있는 유일한 의미는 "능력이 있다고 해서 능력을 벌주고, 성과가 크다고 해서 성과를 벌주며, 질투심에 가득 차 평범함을 요구하는 것을 들어주기 위해 창조적 정신을 희생시키는 것"이라고 할 수 있을 것이다.[62]

중국의 경제학자 웨이잉 장(Weiying Zhang)은 '완전 경쟁'이라고 하는 허구에 대해 "이른바 완전 경쟁이란 경쟁의 결여를 의미"한다며 비판한다.[63] 반독점법이야말로 경쟁과는 완전히 상반된다는 것이다. 오늘날의 경제학 이론에 따르면, 기업들은 어떤 가격을 책정하든 그것으로 인해 언제나 비판받을 위험에 처해 있다.

"만일 누군가 다른 경쟁자에 비해 높은 가격을 책정하면 독점적 가격 책정이라 한다. 만일 누군가 다른 경쟁자에 비해 낮은 가격을 책정하면 덤핑이라고 한다. 만일 누군가 다른 경쟁자들과 비슷한 가격을 책정하면 불법 가격 담합이 된다. 어떤 가격을 책정하든 모두 독점적 행동이라고 하게 된다."[64]

실제적이든 아니면 추정적이든 독점에 유사한 위치를 점하고 있는 대기업들은 수많은 적대자에 둘러싸여 있기 때문에 그런 행동을 하기가 더 어렵다. 적대자들에는 우선 성과가 저조한 경쟁자들, 다시 말해 소비자들의 욕구를 적정한 가격으로 충족시켜주지 못해 성과가 저조한 경쟁자들이 있으며, 또 종종 반자본주의적 분노를 표출하는 언론들이 있다. 성과가 저조한 경쟁자들과 언론들은 독점 권력을 분쇄한다는 공통의 임무를 맡고 있는 정부의 규제 기관들과 동맹을 맺는다. 이들은 겉으로는 이른바 소비자를 위한다는 명분으로 활동을 하지만, 사실은 자기 자신들의 이권을 위해 또는 이데올로기적 이유로 그런 활동을 한다.

독점 기업들은 이들의 공격에 맞서 싸우기가 어렵다. 시장경제를 지지한다는 진영 내에도 만만치 않은 적대자들이 존재하고 있기 때문이다. 일례로 루트비히 에르하르트(Ludwig Erhard)의 경우를 보자. 그는 제2차 세계대전 이후 경제부장관으로 서독에 시장경제를 관철한 공이 크지만, 모든 독점과 카르텔은 그 자체로 폐해가 크다면서 신랄하게 공격했다.[65] 독점(전반적으로 대기업들)은 수많은 적대자에 둘러싸여 있지만 방어에 나서는 사람은 아무도 없다.

민간의 독점에 대해서는 강력한 공격을 가하는 많은 비판자가 국가 독점 기업에 대해서는 인정하거나 정당화하고 있다. 실제적인 혹은 추정된 독점에 대한 반자본주의자들과 국가에 의한 공격은 사실을 호도하는 역할도 하고 있다. 왜냐하면 사실상 가장 위험한 독점은 바로 국가 독점이기 때문이다. 토머스 딜로렌조(Thomas DiLorenzo)는 이렇게 단언한다.

"정부는 잘 나가는 기업을 **불공정경쟁** 행위를 이유로 기소함으로써 그 자체로 엄청난 홍보 효과를 얻는다. 여기서 진정한 독점의 주된 이유는 국가 자체에 있다. 특정 부문에 대한 국가에 의한 규제 요금과 각종 규제가 프랜차이즈 독점으로 이끌기 때문이다. 또 카르텔 규제도 종종 성과가 가장 좋은 기업들을 처벌하기 위한 정치적 무기로 사용된다."[66]

독점과 관련된 사안에서 국가는 문제 해결사가 아니라 오히려 문제 유발자이다. 종종 국가 스스로 독점자가 될 뿐만 아니라 과도한 규제를 통해 독점 및 과점의 성립을 부채질하기 때문이다. 규제가 많아지면 많아질수록 신규 진입자가 시장에 진입하기는 점점 더 어려워진다. 생산성이 떨어지는 직원에게도 임금을 지급해야 할 뿐만 아니라, 규제가 요구하는 것들을 충족시키는 일에 전적으로 매달릴 수 있는 기업은 대기업들뿐이기 때문이다. 타일러 코웬(Tyler Cowen)은 "몇몇 사실은 관찰되는 경제 집중도의 상승이 경제에 대한 점증하는 국가의 규제와 관련이 있다는 점을 보여준다"라고 말한다.[67] 코웬이 국가가 외국 항공사들의 국내선 취항을 금지한 미국 항공산업을 한 가지 사례로 들었듯이, 국가의 규제는 직접적으로 경쟁을 약화시키고 가격을 높이는 결과를 낳는다.[68]

페이스북과 같은 기업들의 행위 가운데 비판받는 상당수의 행위도 기업 자체의 문제라기보다는 오히려 국가에 의해 그렇게 된 경우가 많다. 정치적 내용에 대한 검열은 아주 불쾌한 일이며 비판받아 마땅하다. 그런데 페이스북이나 여타 기업들이 이런 행위를 하고자 해서 하는 것이 아니다. 이런 일은 바람직하지 않은 내용들을 적발하고 삭제하기 위해 수천 명의 직원을 고용하고 계속해서 새로운 알고리즘을 개발해야 하는, 비용이 많이 드는 일이다. 그럼에도 불구하고 기업들이 이런 일을 하는 것은 여러

나라에서 국가가 기업들로 하여금 이런 일을 하도록 강제하고 만약 이행하지 않으면 소송을 당할 수 있기 때문이다.[69]

독점에 대해 비판하는 반자본주의자들의 가장 큰 역설은 가장 영구적이고도 경쟁으로부터 가장 큰 보호를 받는 것이 국가 독점임에도 불구하고 자신들이 종종 기업의 국유화를 옹호한다는 사실에 있다. 대기업이 경쟁을 제한한다고 비판하면서 그 독점 문제의 해법으로 경쟁을 일시적도 아닌 영구적이고 완전히 배제해버리는 국유화를 주장하는 반자본주의자들의 행위를 어떻게 이해할 수 있을까? 지속적인 독점이 가능하지 않도록 하는 것은 사회주의가 아니라 자본주의이다.

제7장

"자본주의는 이기심과 탐욕을 부추긴다"

'이윤'이라는 단어를 듣기만 해도 불쾌감을 느끼는 사람이 많다. 이윤이라는 단어가 곧장 탐욕 혹은 여타 저속한 동기들과 연계되어 불쾌감을 불러일으킨다. 국제적으로 유명한 경영 이론가이자 기업가인 헤르만 시몬(Hermann Simon)은 2019년 독일에 있는 한 도시의 거리에서 100명의 행인에게 질문을 던졌다. 이것은 이른바 '편의 표본'으로, 이로부터 어떤 대표성이 있는 결과를 얻기를 기대할 수는 없다. 그에게 중요했던 것은 표본의 숫자가 아니라 질문을 던졌을 때 행인들이 보이는 반응이었다. 지나가는 행인에게 시몬은 이렇게 질문했다.

"어떤 기업이 100유로의 매출을 올리면 세금을 제하고 남는 이윤은 얼마나 될까요?"

많은 사람은 이 질문 자체를 어려워했고, 또 많은 사람이 자기들은 근본적으로 이윤을 거부한다는 주장을 하며 질문에 대답하기를 거부했다.

"나는 모든 경제학과 학생에게 이윤이라는 주제에 대해 보통 사람들에게 질문을 해보라는 과제를 내주어야 하는 것이 아닌가 하는 생각이 들었다."[1]

시몬으로부터 질문을 받았던 행인들은 평균 매출순수익률이[2] 22.8% 정도 될 것이라고 생각했고, 추정치들의 중앙값은 19%였다. 비록 표본이 많지 않았음에도 불구하고 이 수치들은 대표성이 있는 설문 조사를 통한 결과에 거의 근접해 있었다. 이와 함께 분명하게 과대평가되고 있는 부분들이 드러났다. 지난 14년의 기간 동안 실제 독일 기업들의 평균 매출순수익률은 3.24%에 불과했다.[3]

이윤이 경제에서 그렇게도 중요한 요소임에도 불구하고 이에 대해 설명하는 책은 거의 없다는 점은 상당히 이상해 보인다. 시몬은 이에 대한 책을 한 권 썼다. 그는 "나는 이윤 극대화를 지지한다!"라는 문장으로 이 책을 시작했다. 시몬에 따르면, 여기서의 이윤 극대화란 본질적으로 낭비의 반대말과 다름없으며, 따라서 이윤 극대화란 낭비의 최소화라는 말과도 같다고 할 수 있다.[4]

이윤을 거의 획득하지 못하는 기업은 반사회적인 행동을, 특히 자신의 직원들에 대해 반사회적인 행동을 하는 것이다. 그 기업은 직원들의 일자리를 위험하게 만든다. 많은 기업이 이윤을 거의 얻지 못하고 있다는 사실은 잘 알려져 있지 않다. 이는 대단히 위험하다. 왜냐하면 이윤을 거의 얻지 못하는 기업은 여차하면 바로 손실로 넘어가버리기 때문이다. 이윤 극대화를 비판하는 사람들은 이런 상황을 고려해야 한다.

많은 기업가조차 이윤의 중요성에 대해 과소평가하고 있다. 시몬은 많은 다른 회사들을 대표할 만한 위치에 있는 한 기업을 소개한다. 이 회사는 높은 신망을 얻고 있는 회사로서 회사의 대표는 66세이고 일주일에 60시간을 일한다. 이윤에 대한 질문을 받자 그는 이렇게 대답했다. "사실상 우리는 한 푼의 이윤도 내지 못하지만 그럼에도 항상 큰 어려움 없이 지내왔고, 항상 충분히 투자해왔으며, 잘하고 있습니다."

실제로 이 기업은 지난 8년 사이에 4년은 약간의 이윤을 얻었고 또 4년은 손실을 보았다. 이윤과 손실 모두 거의 0에 가까웠고, 따라서 손실은 그다지 극적이지 않았고, 이윤도 최소한에 머물렀다. 이 기업가는 왜 그가 내세우는 가격이 현실과 동떨어진 가격이며, 그 가격에 그 회사를 인수하고자 하는 사람이 아무도 없는 것인지 전혀 이해하지 못하고 있었다.[5]

시몬이 살펴보았던 또 다른 독일 기업은 시설 공사 부문에서 세계적으로 유명한 기업으로 36년 동안 한 열정적인 엔지니어가 운영해 왔다. 그는 현재 70세가 되었다. 단 한 명의 직원도 해고하지 않았고 직원들의 능력은 뛰어나며, 기계 설비들도 최신의 상태이다. 이 기업은 해당 분야 최고로 보이며 매출액은 5천만 유로에서 1억 유로 사이이다. 그런데 이 기업은 지난 9년 동안에 네 차례 손실을 경험했고, 4년은 거의 0에 가까운 이윤을, 단 한 해만 5%의 매출순수익률을 보였다. 기업 소유자는 자신의 지식 자본, 자신의 브랜드, 자신이 가지고 있는 부동산에 대해 만족해하면서 자신의 기업에 투자할 투자자가 없다는 사실에 놀라워했다.

"그는 참혹한 이윤 상황이 그 기업의 가치를 크게 낮추고 최악의 경우에는 기업 매각 자체를 불가능하게 만들 수도 있다는 사실을 결코 인정하지 않았다."[6]

이 기업의 소유자는 이렇게 말한다.

"내가 사는 세상에서 경제를 하는 최우선 동기는 많은 이윤을 획득하는 데 있지 않습니다. 통상적인 이윤 획득이라는 기본적인 욕구만 채워진다면 그것으로 충분합니다. 그 다음에는 완벽함의 추구, 새로운 것을 발견하는 즐거움, 함께 일하는 기쁨, 성공의 기쁨과 같은 다른 동기들이 존재합니다."[7]

이 사람은 이윤에 대해 비판하는 많은 사람과 이미 공감대를 이루고 있는 기업가이다. 그에게 중요한 것은 경멸스러운 이윤이 아니라 자아 실현이기 때문이다. 단, 그가 하는 행동은 매우 위험한 행동이다. 또 자신의 직원들에게는 무책임한 행동이다. 이윤을 거의 획득하지 못한다는 것은 언제든지 몰락할 수 있다는 것을 의미하기 때문이다.

시몬에 따르면, "이윤이란 기업의 지속적인 성과와 생존 가능성을 보여주는 유일한 시금석이다."[8] 그는 기업이 이윤 추구에 열성을 보이지 않고 오히려 소극적으로 임하고 있다고 비판한다. 많은 기업이 매출액 목표, 판매량 목표 혹은 시장점유율 목표 같은 것에 관심을 갖는 반면, 이윤에 대해서는 큰 관심을 갖지 않는다. 사실상 이윤이란 것이 기업이 이룩한 성과에 대한 중요한 지표이고 기업의 독립을 위한 전제조건이며, 결과적으로 기업의 생존과 기업가의 복리를 위해서도 중요한 전제조건이다. 반대로, 빈약한 이윤이나 손실은 좌절, 자신에 대한 회의, 동기의 상실 및 파산할 경우 자산 가치의 파괴로 이어진다.

많은 사람이 이윤 혹은 이익을 이기심 및 탐욕과 동일시한다. 자본주의를 옹호하는 사람들은 종종 "인간은 결국 이기적이기 때문에, 사회주의는 작동되지 않는다. 자본주의가 인간의 본성과 더 잘 일치한다"라고 말한다. 자본주의를 비판하는 사람들은 자본주의가 인간의 가장 추악한 특성, 특히 탐욕을 부추긴다고 말한다. 그러기에 많은 사람이 자본주의는 없어져야 한다고 주장하고, 또 다른 많은 사람은 자본주의가 개선되어야 한다고 말한다.

영국의 경제학자 폴 콜리어(Paul Collier)는 자본주의를 어떻게 개혁할 것인가와 관련하여 몇 가지 제안을 하였다. 그는 "현대 자본주의의 도덕적 결핍"에 대해 비판하면서 "탐욕은 좋은 것(1987년에 나온 영화 '월스트리트'에서 극중 인물인 고든 게코(Gordon Gekko)가 말했던 유명한 대사)"이라는 것이 현대 자본주의의 원리이며, 그래서 자본주의는 윤리적 교정이 시급하게 요구된다고 주장한다.

콜리어는 자신의 저서 『탐욕의 종말(Greed is Dead)』에서 자신의 영국 동료학자 존 케이(John Kay)와 함께 '시장근본주의'와 '개인주의'에 관한 왜곡된 그림들을 보여주면서 "이에 따르면 시장은 상호 간에 이득이 되는 교환을 위한 메커니즘이 아니라 인간들이 서로를 이용해 먹으려고 하는 장소"라고 말한다.[9] 그들은 또한 밀턴 프리드먼과 같은 경제학자들의 생각에 대해서도 왜곡된 이미지를 보여주면서 그들의 "이데올로기는 탐욕을 인간의 결정적인 동기로 받아들이거나 나아가 그것을 환영하기까지 한다"라고 주장한다.[10]

21세기의 자본주의에 관해 이처럼 왜곡해서 묘사한 뒤 콜리어는 공공의 복리가 중심이 되어야 하고, 기업에게는 이윤 추구가 아니라 공공의 복리 기준에 적합하게 행동할 의무를 부여할 것을 해법으로 제안한다. 이것을 어떻게 달성할 것인지에 대해 콜리어는 자신의 저서 『자본주의의 미래(The Future of Capitalism)』에서 이렇게 설명한다.

"이런 단점들을 극복하기 위한 최선의 방법은 규제를 강화하는 것만으로는 되지 않으며, 의사결정이 이루어지는 곳에서 공공이 목소리를 낼 수 있도록 해야 한다. 기업의 경영진, 이사회 및 감사회에 공공의 대표들이 직접 참여해야 한다."[11]

언뜻 보기에 이것은 전체주의 시스템에서 정치적 지침을 따르고 있는지를 감시하는 '정치감독관'을 연상케 하기도 한다. 콜리어는 법률을 고쳐 기업 경영자로 하여금 자기 회사의 이해만을 고려하여 의사결정을 할 것이 아니라 공공의 복리를 고려하여 의사결정을 하도록 강제해야 한다고 주장한다. 이렇게 함으로써 그는 이기심과 탐욕을 막아야 한다고 한다. 콜리어는 공공의 복리를 무시하는 사람을 처벌해야 한다고 주장한다.

"어떻게 하면 공공의 이해가 경영진에서 관철될 수 있도록 만들 것인가? 해당 법률을 개정하여 경영진을 구성하는 구성원 **모두가** 공공의 이해를 적절히 고려하도록 의무를 부과하면 된다. 만일 이사회 및 감사회 구성원들이 공공의 이해 측면을 도외시하게 된다면 이 법률적인 의무로 인해 민사 및 형사상 소송을 당하게 될 것이다."[12]

그런데 공공의 복리라는 것이 모호하고도 고무줄 같은 탄력적인 개념이기에 모든 사람이 각자 자신이 원하는 모든 것을 여기에 포함시킬 수 있게 된다. 콜리어가 의도했던 바는 경영진이 법률적인 규정들을 준수하도록 하자는 것이 아니었다(오늘날에도 이미 그렇게 되고 있다). 그가 의도하는 바는 자신이 내세우고 있는 '사회적 자본주의'에서 기업의 모든 의사결정이 공공의 복리에 이바지하는지, 이를테면 지속가능성과 일치하는지, 기후 변화를 유발하는지, 성적(性的, gender)인 측면을 고려하고 있는지 등을 확인해 볼 필요가 있다는 것이다. 그런데 그게 전부가 아니다. 콜리어는 훨씬 더 급진적인 생각을 갖고 있다. 그는 기업들이 공공의 이해에 기반하여 행동을 하고 있는지를 감시하는 '경찰' 역할을 시민들이 하기 원한다. 여기서 그가 생각하는 경찰은 국가 경찰이 아니라 누구로부터도 정당성을 위임받지 않고 스스로 정당성을 부여한 채 기업을 감시하고 통제하는 그런 활동가들을 지칭한다.

"모든 규제는 잘 짜인 점검표를 만들어 확인함으로써 회피할 수 있다; 모든 조세 부담은 능숙하게 회계 처리함으로써 줄일 수 있다; 모든 명령은 이기적인 생각으로 인해 왜곡 조작될 수 있다. 이러한 식의 행위를 막을 수 있는 유일한 방법은 모든 것을 주의 깊게 감시하는 '경찰'이다. … 부드러운 감시 기능을 수행하기 위해 모든 사람이 다 참여할 필요는 없다. 참여자의 숫자가 일정 임계수치를 초과하면 기업의 위법 행위로 인한 위험이 엄청나게 높아질 것이다."[13]

콜리어는 모든 기업이 통제 및 감시 활동을 기꺼이 수행하겠다고 스스로 나설 활동가들을 찾는 것은 어렵지 않을 것이라고 장담한다.

"모든 기업에 훌륭한 윤리 의식을 갖추고 추가적인 임무를 기꺼이 수행하고자 하며 공공의 이해를 수호하는 수호자 역할에 자부심을 느낄 직원들은 얼마든지 있다. … 대기업에 근무하면서 사회에 대한 책임감도 느끼는 그런 의욕이 충만한 사람이 부족할 일은 결코 없을 것이다."[14]

비록 콜리어는 자신의 책에서 실용주의에 찬성하고 이념과 포퓰리즘에 반대한다고 반복해서 말하고 있지만, 그의 사상은 놀랍게도 전체주의 시스템과 유사하다. 만일 어떤 민간인이 어떤 위임도 받지 않은 채 기업의 소유주 및 소유주의 대리인이 공공의 이해에 맞게 행동하는지 '모든 것을 감시하는 경찰' 역할을 하게 된다면, 이는 어떻게 보더라도 시장경제 및 자본주의와는 아무런 관련이 없는 일이다.

필자가 콜리어에 대해 상세히 다루는 이유는 그가 급진적 마르크스주의자가 아니고, 오히려 어떻게 하면 자본주의를 개선하고 만연해 있는 탐욕을 억제시킬 수 있을 것인가를 고민하는 그런 수많은 사람 가운데 한 명이기 때문이다.

질문은 이렇다. 탐욕과 고삐 풀린 이기심이 진정으로 자본주의의 추진 동력인가? 모든 인간이 자기 이익을 추구하는 것은(비록 유일한 것은 아닐지라도) 모든 인간으로 하여금 행동하게 만드는 동력이다. 그리고 이것은 어떤 특정 경제 체제와는 아무런 관련이 없다. 오히려 이것은 인간 본래의 특성이며 인류학적 상수(常數)이다. 아인 랜드는 말하기를, "일반적으로 '이기심'이라는 단어는 나쁜 것, 악(惡)과 동의어처럼 사용되고 있다. 그것은 자신의 목적을 달성하기 위해 피에 굶주린 채 시체 더미 위를 걸어다니는 짐승의 이미지를 연상시킨다. 생명체에 대한 관심은 하나도 없이 오로지 자신의 맹목적인 순간의 즐거움에서 의미를 찾는 그런 짐승말이다. 하지만 이기주의라는 단어의 정확한 의미는 **'자신의 이해에 전념하는 것'**이다."[15]

이기주의라는 단어는 '나'를 의미하는 라틴어 '에고(Ego)'에서 나왔다. 율리안 바크하우스(Julian Backhaus)는 자신의 저서 『에고, 승자는 훌륭한 이기주의자이다(Ego. Gewinner sind gute Egoisten)』에서 이렇게 쓰고 있다.

"'나'라는 것이 이 행성에서 당신이 겪는 모든 경험의 출발점이다. 그것은 좋은 것도 아니고 나쁜 것도 아니다. 복잡할 것 없다. 아주 단순하고도 간단하게 그것이 당신의 삶의 중심이다. 그것이 당신을 당신의 주변과 분리시킨다."[16]

전체주의 이데올로기는 이 '나'를 축소하여 '우리' 아래에 두려고 한다. **"너는 아무것도 아니다. 너의 민족이야말로 모든 것이다"**라든가 **"개인의 복리보다는 공공의 복리"**라는 것이 나치의 신조였다. 히틀러는 1930년 11월에 행한 연설에서 이렇게 말했다.

"모든 경제 생활, 모든 삶 그 자체에서 개인의 이익이 전체의 이익을 구성한다는 생각, 즉 우선 개인의 이익이 있어야 전체의 이익도 생긴다는 생각을 버려야만 합니다. 정반대가 맞습니다. 전체의 이익이 개인의 이익을 결정합니다. … 만일 이 기본 철칙이 받아들여지지 않게 되면 필연적으로 사회를 분열시키는 이기주의가 등장하게 됩니다."[17]

이런 신조는 모든 전체주의 사상가, 혁명가 및 독재자, 프랑스혁명의 로베스피에르(Robespierre)에서부터 레닌, 스탈린, 히틀러 및 마오쩌둥에 이르기까지 공통된다. 20세기 위대한 사상가였던 한나 아렌트(Hannah Arendt)는 자신의 저서 『혁명에 관하여(On Revolution)』에서 "프랑스혁명만이 아니라 프랑스혁명의 사례를 따랐던 모든 혁명에서 개인의 이해는 일종의 공동의 적으로 등장하며, 로베스피에르에서부터 레닌 및 스탈린까지 테러 이론에서는 공동의 이해가 개별 시민들의 개인적 이해와는 자동적이고 지속적으로 적대관계를 이루고 있다"라고 했다.[18] 심지어 황당하게도 자기 이익에 반하는 행동을 최고의 미덕으로 선언하고, 한 인간의 가치는 그가 얼마나 자신의 개인적 이익이나 충동에 반해 행동하는가에 따라 달라진다고도 한다.[19]

애덤 스미스(Adam Smith)는 이기심의 편익을 강조하였는데, 주로 순전히 자기 이해 때문만이 아니라 끊임없이 동료 인간의 도움을 필요로 하기 때문이라고 하였다. 그렇지만 그는 동료 인간의 호의에만 의존해서는 안 된다는 말도 강조하였다.

"이렇게 하는 것보다 오히려 나의 이익을 위해 동료 인간의 이기심에 관심을 기울이고 내가 원하는 것을 가질 수 있도록 해주는 것이 동료 인간 자신에게도 이익이 된다는 것을 보여주는 것이 나의 목적을 훨씬 더 잘 달성할 수 있다. … 우리가 식사할 수 있는 것은 정육점 주인, 양조장 주인, 빵집 주인의 자비심에 의한 것이 아니라 자기 자신의 이익에 대한 그들의 관심 때문이다. 우리는 그들의 인간성에 호소하지 않고 그들의 이기심에 호소하며, 그들에게 우리 자신의 필요를 이야기하지 않고 그들의 이익을 이야기한다.[20]

미제스(Ludwig von Mises)는 이기적 행동과 이타적 행동을 대립된 것으로 보는 것은 잘못이라고 강조했다. 다행스럽게도 "나는 내 행동과 행위가 나에게 이익이 되게 할지 나의 동포들에게 이익이 되게 할지 선택할 힘을 가지고 있지 않다. 만일 그랬다면, 인간 사회는 불가능했을 것이다."[21]

많은 사람이 제로섬(zero-sum) 사고에 사로잡혀 있기 때문에 이윤 추구와 탐욕을 동일시할 뿐만 아니라 이윤 추구를 불편하게 바라본다. 이것이 무슨 의미일까? 테니스 경기에서 승자가 있으면 패자가 있는 것과 마찬가지로 어떤 한 사람의 이익은 다른 사람의 손실이 될 수밖에 없다고 보는 것이 제로섬 사고이다. 부자들을 질투하는 사람들은 부자들은 타인, 특히 착취당하는 노동자들의 희생으로 부자가 되는 것이라고 믿는다.

하지만 자본주의는 그런 식으로 움직이지 않는다. 교역과 생산성 향상을 통해 나눌 수 있는 케이크의 크기가 커진다. 경제가 성장하면 많은 사람(자본가들만이 아니라 노동자들도)이 혜택을 받는다. 경제 위기가 닥치면, 기업가는 최악의 경우 회사의 존망을 걱정하고 노동자는 자신의 직업을 걱정해야 한다. 여기서 자본가와 노동자 간의 화해할 수 없는 모순 관계(계급 모순)는 존재하지 않는다. 이윤도 얻지 못하고 파산의 위협에 시달리는 기업에서보다는 번창하고 있는 기업에서 대체로 소유주는 물론 노동자들의 형편도 좋아지기에 양측의 이익이 일치하는 경우가 훨씬 더 많다.

자본주의에서는 소비자들의 욕구를 가장 잘 파악하고 있는 그런 기업만이 장기적으로 성과를 거둘 수 있기에 이기심이 억제된다. 탐욕이 아닌 공감이 자본주의의 기반이다. 공감이란 타인의 감정이나 동기를 인정하고 이해하는 능력을 말한다. 이것이 바로 좋은 성과를 거두는 기업가가 갖추어야 할 가장 중요한 특성이다.

일례로 스티브 잡스(Steve Jobs)를 보자. 그는 아이폰(iPhone)과 같은 제품을 개발했는데, 이는 그가 현대 사회의 사람들이 필요로 하는 것과 원하는 것이 무엇인지를 잘 이해했기 때문이다. 오늘날 세계에서 최고 부자 중 한 명인 마크 주커버그(Mark Zuckerberg)의 경우도 마찬가지이다. 그는 페이스북을 개발했는데, 이는 그가 사람들이 인터넷상에서 상호 연결을 원한다는 것을 다른 기업가들보다 훨씬 잘 인식했기 때문이다. 다른 모든 성공한 기업가들과 마찬가지로 잡스와 주커버그도 고객들을 통해 성공을 거둔 것이다.

독일에서는 한동안 카를 알브레히트(Karl Albrecht)와 테오 알브레히트(Theo Albrecht) 형제가 최고 부자였다. 이들은 좋은 품질의 식료품을 아주 낮은 가격에 공급하는 식료품 체인 판매점 알디(Aldi)를 운영해 부자가 되었다. 월마트를 설립하고 미국 최고 부자 중 한 명이 되었던 샘 월튼(Sam Walton)의 전략도 바로 이것이었다. 소비자들은 자신들의 구매 결정을 통해 잡스, 주커버그, 알브레히트 형제 및 월튼이 타인들의 욕구와 감정을 제대로 파악했다는 것을 확인해주었다.

물론 지나치게 이기적으로 행동하면서 동료 인간들의 필요와 이해를 도외시하는 기업가들이 있다. 고객들과 수천 건의 소송을 벌였던 도이치은행이 그런 사례 중 하나이다. 그런데 자본주의에서 그런 기업들은 시장의 처벌을 받는다. 도이치은행은 고객과 주주의 이익보다 자신을 위해 일하던 투자은행가들의 이익을 우선시했기 때문에 전 세계적으로 지도적인 은행이라는 위치를 상실했다.

자본주의를 비난하는 사례로 계속해서 등장하는 것은 기업 및 경영자가 속임수를 쓴다는 것이다. 말하자면 2001년 미국 에너지기업 엔론(En-ron)의 스캔들, 2015년 폴크스바겐(VW) 및 다른 자동차 제조회사들의 이른바 디젤 스캔들, 또는 2020년 독일에서 적발된 전자 결제 중개 회사 와이어카드(Wirecard)의 수십억대 분식회계 같은 것들이 그런 사례들이다. 와이어카드의 사례에서 보는 것처럼, 그런 일들은 때때로 국가의 감독기관이 감독에 완전히 실패했기 때문에 발생할 수 있었다. 이미 여러 경제 관련 매체에서 상세한 내용이 지적되었음에도 불구하고 감독기관인 독일의 연방금융감독원은 이 사안을 도외시했다. 다른 사례들과 마찬가지로 이 사례도 시장 실패가 아닌 정부 실패의 사례이다.

인류가 지구상에 존재한 이래 그리고 그 어떤 체제가 되었든 사기꾼과 범죄자는 존재했었고 또 존재한다. 인류학적 근본 사실(예를 들면, 사기꾼의 존재)을 하나의 체제적 특징으로 탈바꿈시키는 것은 자본주의를 비판하는 사람들이 하는 전형적인 수법이다. 자본주의가 아닌 체제에서보다 자본주의 체제에서 속임수가 더 많다는 증거는 전혀 없다. 많은 정황은 오히려 정반대가 맞다는 것을 보여준다. 왜냐하면 고객들의 신뢰를 오용한 기업들은 이미지에 손상을 입고 고객이나 금융시장으로부터 처벌을 받기 때문이다. 고객은 신뢰를 접고 다른 경쟁자에게로 가고, 투자자는 해당 기업의 주식을 처분하거나 이른바 공매도를 통해 처벌한다. 독점 기업조차도 자신의 힘을 잃고 결국에는 독점의 자리에서 내려오거나 심지어 시장에서 완전히 퇴출당할 수 있다. 자본주의에서 시장은 이 정도로 강력한 힘을 가지고 있다.

이와는 반대로 사회주의 체제에서 소비자들은 (국가 소속의) 기업들에 대해 아무런 조치도 취하지 못하고 그냥 지켜볼 수밖에 없다. 왜냐하면 이 기업들은 경제적으로도 또 법률적으로도 경쟁을 전혀 하지 않는 독점 기업이기 때문이다. 사회주의에서 어떤 국영 기업이 고객의 욕구에 반해 행동한다 하더라도 경쟁이란 것이 존재하지 않기 때문에 고객으로서는 다른 선택의 여지가 없다.

물론 자본주의 기업에서만 도덕적으로 비난받을 만한 행동이 발생하는 것은 결코 아니다. 이런 일들은 가난한 사람들을 위한 활동, 환경 보호 운동 및 반자본주의 활동을 하는 교회, 노동조합 또는 이른바 비정부조직(NGOs)에서도 마찬가지로 발생한다. 일례로 매년 미디어의 엄청난 관심을 받으며 부자들과 자본주의에 대해 고발하는 내용을 담은 보고서 '연구(studies)'를 발간하는 비정부조직 옥스팜(Oxfam)에서 최근에 일어났던 일을 보자. 2018년 2월 옥스팜의 직원들이 옥스팜 매장에서 자원봉사를 하던 여직원들에게 이들이 어려움에 처하면 도와주겠다면서 그 대가로 성 상납을 하도록 강요했다는 사실이 드러났다. 이런 사실을 폭로한 사람은 영국 옥스팜의 전직 고위급 관리자이자 전직 보안팀 팀장이었던 헬렌 에번스(Helen Evans)였다. 옥스팜은 이 사건에 대해 철저하게 조사하지 않은 것으로 드러났다. 몇몇 국가에서 실시된 내부 설문 조사 결과에 따르면, 직원 열 명 중 한 명은 성추행을 당한 피해자거나 적어도 그러한 괴롭힘과 학대를 목격한 것으로 나타났다. 이 사건은 이윤 추구를 하지 않는 조직들이 도덕적으로 실패한 수많은 사례 가운데 하나에 불과하다. 이런 사례들을 일반화함으로써 비정부조직 전체를 피고석에 앉히는 것이 부당한 것과 마찬가지로, 몇몇 개별 기업의 도덕적 과오에 대해 자본주의에 그 책임을 묻는 것도 부당한 일이다.

물론 탐욕스런 기업들도 존재한다. 하지만 높은 이윤을 획득하고자 하는 노력을 모두 탐욕으로 보는 것은 잘못이다. 미국 경제학자 토머스 소웰(Thomas Sowell)은 탐욕에 대해 이렇게 말한다.

"탐욕이 더 많은 돈을 원하는 개인의 **욕망**을 잘 설명할 수 있을 것이다. 그런데 나의 소득은 타인(고용주이거나 소비자이거나 마찬가지이다)이 나에게 얼마를 주느냐에 따라 결정된다. 범죄를 저지르는 경우가 아니라면, 시장 경제에서 대부분의 사람은 자율적인 교환의 결과로 소득을 얻는다. 어떤 사람이 얼마만큼의 소득을 얻을 수 있느냐는 타인이 이 사람이 제공하는 노동이나 제품 혹은 서비스에 대한 교환의 대가로 얼마를 지불하고자 하느냐에 달려 있다."22

경제적 차원에서 보면 이윤 획득은 기업에게는 필수적이다. 이윤을 획득하지 못하는 기업은 생존할 수 없기 때문이다. 이러한 사실은 자본주의에만 적용되는 것이 아니라 여타 모든 경제 체제에서도 마찬가지로 적용된다. 예를 들어 사회주의 경제 체제나 '공공복리 경제' 또는 그 어떤 다른 경제 체제에서 기업의 대다수가 손실을 입고 있다면, 지출이 수입을 초과하게 될 것이고, 이 체제는 곧 종언을 고하게 될 것이다. 결국 1980년대 말 소련이 70여 년 만에 '파산'한 가장 큰 이유가 바로 이것이었다. 모든 소비에트식 기업이 함께 너무나 많은 손실을 축적해 경제적으로 더 이상의 생존이 불가능했던 것이다.

헤르만 시몬(Hermann Simon)은 이윤이 자유를 가져온다고 강조한다.

"이윤을 획득하는 기업은 은행, 고객 및 납품업체에의 의존성을 줄여나갈 수 있다. 이 기업은 자신의 이윤을 가지고 무엇을 할지 자유롭게 결정할 수 있다. 이 기업은 이윤을 배당할 수도 있고, 현재의 기업에 재투자할 수도 있으며, 새로운 사업을 추진하거나 자선 목적으로 사용할 수도 있다. 이윤이 자유를 부여한다."[23]

그런데 그 반대도 사실이다. 기업가로서 이윤을 획득하지 못하는 사람은 자유를 상실한다. 은행은 그의 자율 영역을 제한하고, 그는 모든 명령에 따라야 하며, 직원들은 자신들의 일자리 걱정을 하게 되고, 가능하면 경쟁 기업으로 이직해버릴 것이다.

자유는 기업가가 되고자 하는 사람의 핵심 동기이기도 하다. 필자는 부자들의 심리에 관해 박사 논문을 쓰면서 그들이 돈과 연관시키는 것이 무엇인지를 파악하고자 했다. 필자는 이 연구를 하면서 45명의 부자에게 질문을 던졌고 각각 약 한 시간에서 두 시간에 걸쳐 대화를 나눴다. 이 대화를 기록한 문서는 최종적으로 1,700쪽에 달했고, 거기에 50개 문항의 심리테스트에 대해 부자들이 응답한 내용들이 추가되었다. 그 결과, 인터뷰에 응했던 부자들은 돈, 즉 많은 부를 삶에서 누릴 수 있는 여러 가지 이점과 연계하고 있다는 것이 드러났다.[24]

이들에게 돈과 연계될 수 있는 6개 항목을 제시했다. 그리고 인터뷰에 응했던 부자들에게 이 각각의 항목의 중요성을 판단해 그것을 0(전혀 중요하지 않다)에서 10(매우 중요하다)까지의 수치로 표시하도록 했다. 다양한 답변이 나왔고, 이는 부자가 되고자 하는 동기가 매우 다양하다는 것을 보여준다.

"좋은 것들(초고가의 자동차, 주택 또는 여행 등)을 할 수 있다"라는 동기는 열세 명의 응답자가 매우 중요한 역할을 한다고 답했고, 열 명은 이것은 자신들에게는 아무런 의미도 없다고 답했다. 나머지 응답자들에게 이 동기는 극단적으로 중요한 것도, 또 전혀 중요하지 않은 것도 아니었다. 안전이라는 동기에 대해서는 응답자의 약 절반이 특히 중요하다고 응답한 반면 전혀 아무런 의미도 없다고 응답한 사람도 아홉 명이나 되었다.

단 하나의 동기에 대해서는 거의 모든 응답자의 의견이 일치했다. 그들은 부를 '자유 및 독립'과 연계시켰다. 자아의 발견, 금전적으로 자유로워지는 것에 거의 모든 응답자의 응답이 일치했다. 단지 다섯 명의 응답자만이 7 미만의 낮은 점수를 주었다. 스물세 명의 응답자는 심지어 가장 높은 점수인 10점을 주었다. 두 번째로 많은 응답자의 응답이 일치한 동기는 "돈을 가지고 새로운 것에 투자할 수 있는 가능성"이었다. 이 항목은 스물세 명의 응답자가 매우 중요하다고 응답했고, 단 한 명만이 별로 중요하지 않다고 응답했다.

이렇게 이야기하면 많은 사람은 이렇게 대응한다. "자유란 좋고 아름답지, 아마 이윤도 그렇겠지. 그런데 도대체 인간성은 어디서 찾을 수 있단 말인가?"라고. 사회주의 체제는 사람들에게 행복과 함께 모든 문제가 한꺼번에 해결될 수 있다는 약속, 즉 일종의 지상낙원을 약속한다. 우리는 20세기의 사회주의 실험을 통해 이 지상낙원 약속은 너무나 자주 지옥으로 끝을 맺었다는 사실을 알고 있다. 학자들은 이 사회주의 실험으로 인해 1억 명 이상이 목숨을 잃었다고 추산하고 있다.[25]

자본주의는 지상낙원이 아니라 재화의 공급을 제대로 하는 질서를 약속한다. 그런데 자본주의가 제공할 수 없는 한 가지가 있다. 개인의 삶의 의미와 행복에 대한 약속이다. 인간은 자유롭게 자신의 행복을 추구한다.

경제 체제는 행복을 추구할 수 있는 틀을 제공할 뿐이지 그가 그것을 달성하느냐 못하느냐 하는 것에 대해 책임지지는 않는다. 자유주의 철학은 인간의 자기 책임 원칙에 기반하고 있다.

독일 경제사학자인 베르너 플룸페(Werner Plumpe)는 이렇게 말한다.

"자본주의가 아닌 다른 경제 질서들은 이것이 충족되지 않는 한 '좋은 삶'이란 어떤 것인지 상상할 수조차 없는 물질적 배후 조건을 오늘날까지도 충족시켜본 적이 전혀 없다. 물질적 배후 조건의 충족이 결코 행복한 삶을 의미하는 것은 아니며, 더구나 자본주의라 할지라도 그것을 항상, 누구에게나 충족시켜줄 수는 없다. 전반적으로 볼 때 자본주의 경제 질서가 다른 경제 질서들보다 훨씬 우월하다. 그렇다면 경제의 무정함·비인간적임이 성공적인 삶이 이루어지도록 해주는 충분조건은 아닐지라도 최소한 성공적인 삶을 위한 하나의 필요조건이 된다. 경제는 성공적인 삶에 대해 아무런 책임이 없다. 오로지 인간 스스로가 성공적인 삶을 이룰 수 있을 뿐이다."[26]

사회주의자들은 언제나 '우리(We)'라는 말을 쓴다. 자유주의자들은 국가가 아닌 인간이 자기 자신의 운명의 개척자이며, 인간 스스로가 성공적인 삶에 책임이 있다고 믿는다. 한 미국인의 삶은 필자에게 특히 깊은 인상을 남겼다. 이 사람은 1930년에 출생했는데, 자기가 태어난 도시에서도 가장 가난한 집안에서 태어났다. 그는 아버지를 본 적이 없다. 그의 어머니는 서른한 살의 젊은 나이에 세상을 떠났다. 그는 흑인이었고, 흑인이라는 사실은 미국에서 당시에는 오늘날보다 훨씬 더 큰 문제였다. 게다가 그는 치료가 불가능한 눈병을 앓았고 결국 일곱 살 때 시력을 잃었다.

이 사람은 바로 레이 찰스(Ray Charles)이다. 사람들은 그를 '소울(Soul)'의 대제사장'으로 부른다. 미국 음악 잡지 〈롤링 스톤〉의 역대 최고의 가수 목록에서 그는 엘비스 프레슬리(Elvis Presley), 존 레논(John Lennon), 밥 딜런(Bob Dylan), 폴 매카트니(Paul McCartney) 같은 슈퍼스타들을 제치고 남자 가수 부문 1위를 차지했다. 남녀 가수 모두를 망라한 '100명의 위대한 가수'에서 그보다 순위가 높은 사람은 여가수인 아레타 프랭클린(Aretha Franklin) 한 명뿐으로, 그는 전체 순위에서 2위를 차지했다. 그는 가수이자 노래를 만드는 싱어송라이터 겸 프로듀서였으며, 영광스러운 그레미상 후보에 서른일곱 차례 올라 열일곱 차례나 수상했다. 1억 달러의 순자산을 소유했던 그는 당대 최고 부자 가수 가운데 한 명이었다.

하지만 그에게도 역시 삶의 어두운 면이 있었다. 레이 찰스는 16년 동안이나 헤로인 중독자로 지냈다. 그렇지만 그는 자신의 마약 중독 책임을 결코 외부 환경이나 자신의 장애 또는 고통스러운 차별 탓으로 돌리지 않았다. 그는 자신의 자서전에 이렇게 적었다.

"나에게 그것을 하라고 한 사람은 아무도 없었다. 나 스스로 한 일이었다. 내가 앞을 못 보게 된 것, 흑인으로 태어난 것 또는 가난하게 태어난 것은 사회가 그렇게 한 것도 아니고 또 마약 판매상이 그렇게 한 것도 아니었다. 모든 것은 다 내가 결정한 일이었다."[27]

좋든 싫든 자기 삶의 주체가 되는 것이 중요하다. 철학자이자 문화연구가인 피터 슬로터다이크(Peter Sloterdijk)는 이런 철학을 실존 철학이라고 부른다.[28] 성공한 사람들에게 이런 철학이 두드러진다고 한다.

"스스로 선택하는 특성, 이를 통해 자신이 주체가 되어 자신으로 인해 일어난 것을 재료로 하여 무엇인가를 이룩하는 것이다."[29]

이와 반대되는 철학이 바로 사회주의이다. 사회주의는 "너는 사회적 환경의 피해자이고 너는 이 자본주의 구조 속에서는 보다 나은 삶을 살 기회를 절대로 갖지 못한다. 그러므로 우리와 손잡고 이 구조를 깨부수기 위해 투쟁하자"라고 말한다. 사람들에게 당신은 희생자라고 말하는 사람은 그들을 의지가 박약하고 무능한 사람으로 만들어버린다. 반면에 불리한 외부 환경에도 불구하고, 심지어 때로는 그런 불리한 외부 환경을 가졌기에 자신의 운명을 스스로 결정해 나갔던 사람들의 사례들은 사람들에게 분발하도록 용기를 준다.

모든 사람이 자유와 자기 책임을 좋아하는 것은 아니기에 자본주의가 더 힘든 체제라는 점은 인정한다. 많은 사람이 체제가 자신들에게 의미를 제시해주는 것을 훨씬 편하게 여긴다. 이슬람 국가들은 사람들에게 종교적 의미를 부여하고, 사회주의 국가들은 사람들에게 계급이 사라진 공산주의 사회에 대한 비전을 제시하며, 나치는 독일인들에게 민족공동체와 함께 하는 삶의 의미와 내부 결속을 제시했었다. 이 모든 전체주의 체제는 각각의 사람에게 공동체 속에서 각자가 해야 할 역할과 하지 말아야 할 일에 대해 세세하게 지시한다. 하지만 다른 신념을 가지고 있는 사람들 혹은 다른 신앙을 가지고 있는 사람들에게 이 전체주의 체제들은 지옥이었고, 많은 사람이 히틀러의 강제수용소에서 혹은 스탈린의 형무소와 노동수용소에서 죽음을 맞이했다.

자유주의 철학에서는 국가도 경제도 모든 시민을 함께 묶어주는 삶의 의미를 부여하지 않는다. 당신은 삶의 의미를 무엇이라 규정하는가? 아널드 슈워제네거(Arnold Schwarzenegger)는 "삶의 의미란 그냥 사는 것, 그저 생존하는 것이 아니라, 앞으로 나아가고, 높은 곳으로 오르고, 성취하고, 정복하는 것"이라고 했는데, 필자도 여기에 동의한다.[30] 그는 아주 어린 시절에 이미 자신의 커다란 목표를 세웠다. 그는 "꿈과 야망이 있었기에 나는 전혀 평범하지 않았다. 평범한 인간은 평범한 삶에 만족할 수 있다. 나는 달랐다. 나는 삶이 그저 평범한 존재 이상을 나를 위해 준비해놓고 있다고 느꼈다"라고 말했다.[31] 필자는 이렇게 생각하는 사람들에게 매료된다. 하지만 필자는 모든 사람이 똑같이 이렇게 생각하고 똑같이 이렇게 느끼는 사회가 되어야 한다고는 결코 생각하지 않는다.

사람들은 제각각 다양한 꿈을 가지고 있으며, 충만한 삶이란 무엇인지에 대해 각각의 생각을 가지고 있다. 오스트리아의 슈타이어마르크의 한 작은 동네에서 태어나 미국으로 건너가 세계에서 가장 유명한 보디빌더가 되고 할리우드에서 출연료를 가장 많이 받는 액션 스타가 되었던(후에 캘리포니아 주지사에 두 차례나 당선됐던) 슈워제네거 같은 사람들에게 자유 사회는 그들 각자가 꿈꾸는 것을 실현시킬 수 있는 가능성을 다른 어떤 사회보다 더 많이 열어준다. 그러나 자유 사회는 누구에게도 특정한 꿈을 꾸라거나 삶에서 무언가 특별한 것을 해야 한다고 요구하지 않는다. 이것 또한 모든 개별 인간이 자유롭게 결정할 사안이다.

제8장

"자본주의는 불필요한 소비를 조장한다"

프란치스코 교황은 2015년 자신의 회칙 '찬미 받으소서(Laudato si)'를 통해 자본주의에 대해 신랄하게 비판했다.

"시장은 자신의 제품을 판매하기 위해 저항할 수 없는 소비 메커니즘을 만들어내고, 인간은 결국에 불필요한 구매와 지출이라는 소용돌이에 휘말리게 된다. 강요된 소비주의는 기술-경제적 패러다임이 개인에게 어떻게 영향을 미치는지 보여주는 하나의 사례이다."

나아가 다른 반자본주의자들과 마찬가지로 교황도 이런 일이 오직 부자들만의 이해 때문에 발생한다고 강조한다.

"이 모델은 모든 사람이 이른바 소비할 자유를 가지고 있는 한 자유롭다는 믿음에 기반하고 있는데, 실제로는 경제적, 재정적 권력을 쥐고 있는 소수만이 그 자유를 누린다."[1]

다른 반자본주의자들이 그러하듯이 교황도 제로섬 사고의 추종자이다. 그는 이런 문제들에 대해 "세계의 일부 지역에서 경기 침체를 감수하고 다른 지역에 도움의 손길을 내밀어야 그 다른 지역에서 건강한 경기 회복이 일어날 수 있다"라는 식의 해법을 제안한다.[2]

자신의 저서 『자본주의의 사악함(Was ist so schlimm am Kapitalismus?)』에서 스위스의 사회학자 장 지글러(Jean Ziegler)는 다음과 같은 결론을 내린다.

"소비 사회는 몇 가지 간단한 원칙에 기반하고 있다. 소비 사회의 구성 원들은 구매하고, 소비하고, 가지고 있는 물건들을 계속해서 갖다 버리고, 필요하지 않으면서도 계속해서 새 물건을 사도록 유도될 고객에 불과하다."[3]

항상 새로운 욕구가 "소비자의 뇌리에 새겨지고 심어지며",[4] 이에 따라 자본주의에서는 소비에 대한 강박이 존재하게 된다.[5] 소비주의에 대한 비판이 새로운 것은 아니다. 자본주의는 광범위한 근로 대중에게 점점 더 커다란 곤궁을 안겨준다는 테제가 제2차 세계대전 이후 미국과 서유럽에서의 자본주의 발전상에 의해 논박된 이후 '신좌파(New Left)'들은 자신들의 주장을 다른 방향으로 전환했다. 즉 너무 적은 소비가 아니라 너무 많은 소비가 자본주의의 진정한 악(惡)이라는 것이다. '소비 테러'라는 말이 나돌았다. 자본주의 기업들은 먼저 광고를 통해 욕구를 인위적으로 만들어낸 다음 그 욕구를 값싸고 별 가치도 없는 제품들로 충족시킨다는 것이 '마구 버리는 사회'에 대한 비판의 요지였다. 영국의 철학자 로저 스크러턴(Roger Scruton)은 '과잉 사회' 및 '소비 사회'에 대한 비판을 이렇게 특징짓는다.

"이런 이야기는 우리가 원하는 것이 우리가 진실로 원하는 것이 아니라 만들어진 것이라는 이유로 우리의 자유에 대한 증거를 우리의 노예의 증거로 변질시킨다."[6]

프랑크푸르트학파의 선구자인 허버트 마르쿠제(Herbert Marcuse)는 커다란 영향력을 행사했는데, 그는 자신의 저서 『일차원적 인간(One-Dimensional Man)』에서 현재 주어진 것을 거부할 수 있는 사람들의 능력이 상품 생산의 압도적인 발전에 의해 제압당했기 때문에 더 이상 자신들의 '진정한 욕구'와 '거짓된 욕구'를 구분하지 못한다고 주장했다. 자본주의 상품 세계의 소비재들이 "인간을 조종하고, 거짓 의식을 조장하며, 자신의 잘못에 대해 무감각하게 만든다. … 이렇게 해서 **일차원적 사고와 행동 패턴**"이 나타난다는 것이다.[7] 마르쿠제에게 중요한 것은 비인간적인 상태였다.

"풍요라는 지옥같은 사회에서 살아야 하는 사람들은 중세와 근대 초기 관행들을 되살리는 야만적 행위로 인해 정렬을 당하게 된다."[8]

소비가 소외를 강화한다고 하는데, 이 소외라는 개념은 너무나 모호해서 모든 사람이 소외에 대해 제각기 다른 것들을 생각할 수 있고 또 자기 자신의 문제를 사회의 문제로 인식할 수도 있다. '소비 테러'라는 개념은 68세대가 매우 좋아하던 말이었다. 소비에 대한 극단적인 형태의 급진적 비판은 나중에 울리케 마인호프(Ulrike Meinhof)와 함께 적군파(RAF)를 결성했던 안드레아스 바더(Andreas Baader)와 구드룬 엔슬린(Gudrun Ensslin)의 첫 번째 극적인 행동으로 이어졌다. 1968년 4월 3일 프랑크푸르트에 있는 두 백화점, 즉 카우프호프(Kaufhof)와 카우프하우스 슈나이더(Schneider)백화점에서 폭발물이 터졌다. "우리는 너희가 구매하는 것을 멈출 때까지 백화점들을 폭파할 것이다. 강요된 소비가 너희를 테러한 것이고, 우리는 그 상품들에 대해 테러를 하는 것이다"라는 것이 폭탄 테러의 이유였다.[9] 이 논리에 따르면, 소비 테러는 그에 반대하는 테러를 통해 싸워나가야 하며, 따라서 소비 노예제에 대항하는 이 테러는 정당하다는 것이다.

많은 좌파에게 소비주의는 파시즘보다도 더 사악한 것이었다. 따라서 모든 수단과 방법을 동원하여 이것과 투쟁해야 한다는 논리가 성립되었다. 이탈리아의 좌파 영화감독 피에르 파올로(Pier Paolo)는 '소비주의'를 공격하면서 심지어 이런 주장까지 하였다.

"그 어떤 파시즘적 중앙 집권 제도도 소비 사회의 중앙 집권제가 이룩한 것을 이룩하지는 못했다."[10] 이 새로운 이데올로기가 '인류 역사상 최악의 억압'이며 새로운 형태의 전체주의로서 "인류학적 타락의 극한까지 소외를 몰아간다"라고 한다.[11] "재화의 과잉이 삶을 과잉으로 만들므로" 새로운 빈곤 문화가 필요하다는 것이다.[12]

유럽을 비롯한 세계의 많은 지역에서 소비에 대한 비판은 반미(反美)와 결합되어 있다. 미국의 문화 제국주의가 진정한 문화를 파괴하고 자본주의 세계 전체에 천박하고 지루한 똑같은 문화만을 만들어낸다고 한다. 이러한 비판도 1960년대에 미국과 유럽에서 커다란 반향을 일으켰지만, 사실상 이 비판은 자본주의만큼이나, 아니 고대 철학자인 플라톤까지 거슬러 올라갈 정도로 오래된 것이다. 베르너 플룸페(Werner Plumpe)는 18세기 말 성립된 신흥 자본주의에 대한 초기 비판은 사회적인 문제를 전면에 내세우지는 않았다고 주장한다. 플룸페에 따르면, 초기 비판자들이 보기에는 "자본주의가 이제까지 유행을 선도하던 부유한 계층의 눈에는 열등한 제품으로 보이는 저렴한 소비재들을 대중을 위한 시장에 제공하는 것이 문제"였다.

"교양인들의 세계가 신흥 자본주의를 만나 그에 대한 첫 번째 불편함을 표현한 것이 곧 소비에 대한 비판이라고 할 수 있을 것이다."[13]

이 비판에는 여러 가지 분노가 포함되어 있다. '저속한 경제'에 대한 '교양인들'의 분노도 들어 있고, 또 '넘쳐나는 것들, 돈 그리고 개인주의가 사회도덕적 질서를 변경시킬 뿐만 아니라 해체시켜버릴 정도로 위협적인' 세계에 대한 기독교 전통의 불편함도 포함되어 있다.[14] 19세기가 되면 이러한 비판은 더욱 강해지고, 미국이 자본주의에 대한 신랄한 비판의 대상으로 등장한다. 그런데 미국 자본주의에 대한 비판의 중심에 사회적 문제가 등장하지는 않았다.

"유럽의 참상으로부터 대거 탈출한 곳이라는 점, 미국으로부터 들려오는 그곳에서의 삶에 대한 소식을 고려한다면 사회적 문제 운운은 너무 터무니없는 것이 될 것이기 때문이다. 오히려 전통에 의해 길들여지지 않은 채 개인의 이익을 탐하는 부도덕만큼이나 많이 대량 소비를 거부하는 '오만한' 유럽 세계로부터의 광범위한 혐오가 미국 자본주의에 대한 비판의 중심이 되었다."[15]

교양을 쌓은 시민의 눈으로 볼 때 자본주의는 그 핵심이 하층민 프로젝트였으며, 북미 세계는 이것을 똑똑히 보여주는 것으로 여겨졌다.[16] 이른바 천박함과 소비주의에 대한 비판은 언제나 지식인들에 의해 이루어졌는데, 그들은 가치평가 및 명성을 판단하는 기준이 변경되는 것에 두려움을 가지고 있었다. 교양 있는 시민의 눈에 이제까지 개인적 명성은 글을 얼마나 잘 읽는지, 고전적 교육 규범에 얼마나 탁월한지에 달려 있었는데, 자본주의에서는 누구라도 돈만 있으면 그런 '지위 상징'을 살 수 있게 된 것이다.

영국의 문학사 전문가인 존 캐리(John Carey)는 자신의 저서 『지식인과 대중(The Intellectuals and the Masses)』에서 이러한 비판에 대한 사례로 영국 작가 조지 기싱(George Gissing)을 들고 있다. 기싱이 "대중문화에 대한 지식인들의 공격 방향을 설정했다"라는 것이다.[17] 이 소설가는 자신의 소설에서 새로운 인물을 만들어내기 위해 두 개의 표준적인 절차를 이용했다. 둘 중 하나는 책장을 보여주는 것이다.

"시집, 문학, 역사서들이 있는 한편 과학 지식을 다룬 책들이 없는 책장은 민감하고 상상력이 풍부하며 지적인 소설 속 인물을 나타낸다. 정치, 사회과학, 기술 및 모든 학파의 현대 사상을 다룬 책들로 가득 찬 책장은 이 책장의 주인이 기껏해야 교육을 받다 말았거나 최악의 경우 잔인하고 저속하고 부정직한 사람이라는 것을 나타낸다."[18]

캐리는 "기싱에게 현대와의 불화의 근본 원인"은 상업이며, "그는 지식인은 시장의 더러운 제약으로부터 자유로워야 한다고 암시하고 있다"라고 말한다.[19] 기싱은 광고와 연계된 모든 것을 혐오했으며, 그것을 저속하고 나쁜 행동과 연결시켰다.[20]

반자본주의적 문화 비판은 이미 19세기 후반에 백화점을 타깃으로 삼았다. 에밀 졸라(Émile Zola)는 1883년 발표한 소설 『여인들의 천국(The Ladies' Paradise)』에서 백화점이 도덕적으로 좋지 않은 일을 하고 있다고 비난하면서 파리의 한 지역에서 소규모 소매상들이 몰락하는 장면을 그렸다. 이 소설을 쓰기 위해 그는 경영학과 사회학에 대해 광범위하게 공부하고 인터뷰했으며, 그의 소설은 실제로 존재하던 백화점을 기반으로 했다. 에리히 쾨러(Erich Köhrer)의 소설 『베를린 백화점(Warenhaus Berlin)』에서는 성공한 백화점 주인 프리드리히 닐란트(Friedrich Nielandt)가 마지막에 자신의 백화점에 불을 지른다. 이미 그 당시에 백화점이 사람들의 도덕을 파괴하고 그 자리를 소비 열풍으로 대체한다는 비난을 받았다.[21]

역사학자 볼프강 쾨니히(Wolfgang König)는 소비 사회에 대한 비판에는 세 가지 기둥이 있다고 한다. 하나는 '문화 비판적' 입장으로, 소비의 천박함을 공격한다. 두 번째는 '지배에 대한 비판'으로, 여기서 소비자는 아무런 생각이 없는 총체적 조작의 대상이자 자본의 손에 놀아나는 꼭두각시로 나타난다. 마지막 세 번째는 소비가 환경 파괴의 주범이라는 비판이다.

"시간의 경과에 따라 소비에 대한 비판의 초점이 문화 비판적 입장에서 지배에 대한 비판을 거쳐 환경 파괴에 대한 비판으로 넘어간다. 비록 문화 비판적 입장의 초점은 보수적 성향이 좀 더 강하고, 지배 및 환경 파괴 비판 입장은 좌파적 성향이 좀 더 강했지만, 각기 내세우는 것들은 극좌에서부터 극우까지 광범위한 정치적 스펙트럼을 보여준다."[22]

독일에서 제2차 세계대전 이후 영향력이 컸던 보수적 지식인 중 한 명은 프랑크푸르터 알게마이너 차이퉁 읍내 화젯거리(Talk of the Town) 문화면의 책임자이자 1973년까지 이 신문의 주필이었던 카를 코른(Karl Korn)이다. 그는 이런 질문을 던졌다.

"현대의 자동차 중심 생활 양식에 동화되면서도 동시에 변함없이 문화적 주체로 남아있을 수 있다고 진지하게 믿는 사람이 있을까? 자동차를 운전하고, 라디오를 듣고, 이제까지 유럽 국가들에서 그랬던 것처럼 규칙적으로 교회에 나가고, 자신의 단골 영화관을 다니고, 술폰아미드(sulfon-amide)나 호르몬제를 삼키고, 산아 제한을 하는 사람이라면 그의 의식과 그의 사회적 존재는 변화를 겪게 된다."[23]

독재의 공포, 세계대전 및 그 이후의 궁핍을 경험한 서독인 다수는 엄청난 상품의 등장을 반겼던 반면에, 코른은 소비의 '야만성'을 감지했다.

"인간의 의식에서 죽음과 고통을 밀어내는 소비 욕구의 충족이 최고의 법인 세상에서는, 우리 모두가 알고 경험했듯이, 두려움과 공허함이 증가하기 때문에 불안정도 마찬가지로 증가할 것이다. 이렇게 결국 초문명화와 야만이 동시에 발생한다."[24]

코른은 이 대량화 과정에 포함되지 않는 학자, 종교인, 예술가 및 시골 사람들[25]을 제외한 모든 사람을 의심했다.

교양 있는 시민계급(좌파이든 우파이든)에게 소비에 대한 비판은 스스로를 경제 엘리트 및 광범위한 대중과 구분 짓는 하나의 수단이었고 그것은 지금도 마찬가지이다. 자본주의에서 소비에 대한 비판에 시동을 건 지식인들은 근본적으로 자신과 같지 않은 모든 사람(천박한 소비에 몰두하는 대중, 적절한 교양과 문화도 없는 자본가들)을 경멸한다. 대중과 자본가들은 모두 천박한 물질주의자들이라는 점에서 일치하며, 이 물질주의는 교양 있는 시민계급을 특징 짓는 진정한 가치와 고상한 문화를 추구하는 이상주의와는 대척점에 서 있다.

자본주의 및 자본주의를 대표하는 사람들에 대한 이러한 비판은 특히 1960년대에 유행했다. 뉴욕대학의 사회과학 및 경제학 교수인 페르디넌드 런드버그(Ferdinand Lundberg)는 1968년『부자와 슈퍼부자(The Rich and The Super-Rich)』라는 제목의 책을 출간하여 많은 주목을 받았다. 거기에 이런 글이 있다.

"돈 많은 미국인의 일반적인 유형은 신세대이든 구세대이든 관계없이 일반적으로 상당히 외향적이고, 천박하며, 생각이 없는 사람으로 묘사된다. … 종종 그는 교양도 없고 책도 거의 읽지 않으며 대부분의 경우 세계와 그 안에서 자신이 하는 역할에 대해 다소 순진한 생각을 가지고 있다. … 이 거부(巨富) 자본가는 오로지 재산을 가지고 있다는 것만으로도 다른 사람들로부터 소외된다."[26]

사람들은 〈포춘〉 지의 부자 리스트에 올라 있는 대부분의 자본가를

"정신적으로는 학교를 무단결석한 자"로 묘사한다.[27] 좌파 성향의 캐나다계 미국 경제학자 케네스 갤브레이스(Kenneth Galbraith)는 세계적인 베스트셀러가 된 자신의 유명한 저서 『풍요한 사회(The Affluent Society)』의 첫머리에서 "그러나 부(富)가 사고(思考)의 냉혹한 적이라는 점에는 의심의 여지가 없다"라는 주장을 폈다.[28]

소비자본주의에 대한 비판은 오늘날까지도 지식인들에 의해 이루어지고 있는데, 그 비판의 강도가 점점 강해지고 냉혹해졌다. 영국의 작가 닐 로슨(Neal Lawson)은 2009년 좌파 성향의 영국 신문 〈가디언〉지에 '쇼핑을 원하는가 아니면 자유를 원하는가? 빨리 선택하는 것이 낫다'라는 제목의 글을 기고하며 이렇게 비판했다.

"우리는 우리의 신분을 구매하고, 존경과 인정을 받기 위해 그리고 우리의 사회적 지위를 확보하기 위해 소비를 한다. 이제 우리는 주로 구매를 통해 자신과 타인을 인식하고, 이를 통해 다른 존재, 다른 지식 및 다른 삶의 가능성은 배제되는 지경에까지 다다랐다. 그 이유는 원하는 것들을 끊임없이 새롭게 만들어내고 그것들을 욕구로 바꾸어버리는 디자이너, 광고전문가, 심리학자와 판매 컨설턴트들로 이루어진 산업적 소비자복합체 때문이다. 시장은 마치 한 마리 상어처럼 경쟁한다. 시장에 도덕은 사라지고, 우리로 하여금 계속해서 점점 더 많이 구매하라고 부추긴다. 판매와 이윤이 계속해서 증가해야만 하기 때문이다."[29]

로슨의 비판은 스탈린 시대 소련에 있었던 정치범 강제 노동 수용소들의 체계였던 굴라그(Gulag) 군도와 로슨 자신이 증오하는 소비자본주의의 화신인 이탈리아 명품 브랜드 구찌(Gucci)를 동일시하면서 절정에 달한다.

"선택권을 전혀 허용하지 않는 사회인 전체주의는 사실 공산주의 좌파나 파시스트 우파의 부츠를 신고 나타난다. 그런데 지금의 전체주의는 입가에 미소를 띤 채 다가와 또 다른 구매를 하라고 유혹한다. 이 부츠는 각 시즌에 맞는 색상과 스타일을 가지고 있다. 우리는 우리의 정치적 신념이 아닌 구매 의사에 따라 모니터링되고 저장되고 분류된다. 굴라그가 구찌로 대체된 것이다."[30]

자본주의 소비 사회에 대한 지식인들의 비판은 교양 있는 시민계급이 지니고 있는 가치와 취향을 절대시하고 이것과 일치하지 않는 모든 바람과 욕구는 자본가의 이윤을 높이기 위해 술수를 부린 광고에 의해 만들어진 '거짓 욕구'라고 비난한다.

문화학자인 토마스 헤켄(Thomas Hecken)은 구매자의 진정한 욕구는 무시되고 자본주의 시장에 의해 인위적으로 조작된 거짓 욕구만이 만들어진다는 견해 자체가 '고도로 왜곡된 수사학적 행위'라고 비판한다.

"다른 사람은 모두 잘못이고 자기 자신만이 참되고 진정한 욕구가 무엇인지를 안다고 하는 이야기는 부족한 존재로서의 인간에게 주어진 문화적 가변성을 고려할 때 공허하고도 교만하게 들린다. 이런 잘못된 방식을 통해 자기 자신의 정치적 의도와 미적 취향을 자연적으로 주어진 인간적 결정이라는 거짓 모습 뒤로 숨겨버린다."[31]

정당하고 '자연적인' 욕구와 무의미하고 '인위적인' 욕구를 구분하는 것은 특히 지식인들이 활용하는 방식으로서, 자신들의 정체성을 확인하고 자신들이 가지고 있는 가치, 취향 및 자신들만의 소비 습관을 드높이고 다른 계층과 구분을 짓는 경계선이 된다.

프랑스 사회학자 피에르 부르디외(Pierre Bourdieu)는 '태도'를 자신의 연구의 중심으로 삼았는데, 그는 이것을 "실천을 통해 획득되며 지속적으로 실질적 작용을 하는 경향이 있는 구조화되어 왔고 또 구조화되고 있는 성향들이 사회적으로 조직된 시스템"이라고 다소 복잡하게 설명한다.[32] 이것이 의미하는 바는 옷을 어떻게 입는지, 자유시간에 무슨 활동을 하는지, 무엇을 어떻게 소비하는지, 말은 어떻게 하는지, 어떤 스포츠를 즐기는지, 어떤 상식을 가지고 있는지, 전체적으로 얼마나 자신감 있게 보이는지와 같은 그런 방식이나 풍(風)이다. 부르디외에 따르면, 서로 다른 태도는 사회적 계층 간의 차이를 나타낸다.

개인들은 한 특정 계층으로 태어나고, 어린 시절부터 예법을 배우고 자신의 부모와 사회적 환경으로부터 특정 방식으로 행동하는 법과 자신을 표현하는 방식, 특히 특정 취향을 물려받는다. 이 모든 것이 하나의 삶의 방식으로 이어지고, 이것이 이 계층 및 여기에 속하는 개인들을 다른 사회적 계층들과 구분 짓는다.

경험적 연구를 위해 부르디외는 설문 항목을 만들었는데, 거기에는 예를 들면 어떤 가구를 가지고 있는지, 어떤 취미를 가지고 있는지, 좋아하는 가수는 누구인지, 좋아하는 작가는 누구인지, 좋아하는 화가는 누구인지, 좋아하는 영화는 무엇인지, 어떤 스타일의 옷을 입는지, 손님이 왔을 때 어떤 음식을 대접하는지 등의 질문들이 포함되어 있었다.[33] 이 모든 선호하는 것들의 총합이 사회에서 계급 및 계층을 서로 구분 짓는 하나의 삶의 방식을 나타낸다.

전형적인 지식인은 무엇이 '진정한' 욕구이고 무엇이 '거짓' 욕구인지에 대해 분명한 생각을 가지고 있다. 따라서 책을 많이 읽지 않는 사람은 그것만으로도 이미 명예가 실추되며, 나아가 좋지 않은 책을 읽는 사람에게도 진정한 문화와 교양이 결여되어 있는 것으로 간주된다. 그리고 지식인들은 이렇게 아는 것이 별로 없고 진정한 문화의 가치를 알지 못하는 것이야말로 광고에 의해 조종된 대중과 조롱받는 자본가를 묶어주는 끈이라고 생각한다.

하지만 아는 것이 별로 없다는 것은 지식인들에게는 단지 하나의(비록 그것이 가장 중요한 것일지라도) 구분 기준일 뿐이다. 음악 취향도 구별 기준이 된다. 클래식 음악 대신에 유행하는 팝 음악을 좋아하는 사람은 놀라울 정도의 천박성을 보여주는 것이 된다. 예를 들자면, 프랑크푸르트학파의 선구자인 테오도르 아도르노(Theodor Adorno)는 비엔나의 작곡가 아놀드 쇤버그(Arnold Schönberg)의 12음계 음악을 좋아했으며, 비틀스의 음악 같은 팝 음악은 미적으로 참혹한 음악으로 보았다. 자신들의 지극히 개인적인 취향이 지배적인 사회에 대한 비판에서 정체성을 형성하는 결속의 역할을 한다.

물론 자본주의에서 독자들이나 필자가 보기에도 쓸모없고 불필요한 상품이 많이 만들어진다. 그런데 (아동 포르노와 같이 좋은 의도에서 금지된 상품을 예외로 하고) 무엇이 필요하고 무엇이 필요하지 않은지를 사람들이 스스로 결정하도록 하는 한 자본주의는 자유롭고 민주적이다. 이것의 대안은 국가 통제경제로서, 여기서는 사람들에게 어떤 상품이 필요하고 어떤 상품이 필요하지 않은지를 정치인과 관료들이 결정한다. 루트비히 에르하르트(Ludwig Erhard)는 소비에 대해 비판하는 사람들에게 반어적으로 이렇게 말한 적이 있다.

"숙녀들이 뻐꾸기가 있는 모자를 쓰고 싶어하면 그 모자를 쓰면 됩니다. 저도 뻐꾸기 모자 생산을 금지하지 않을 것입니다."[34]

실제로 무엇이 '진정한' 욕구이고 무엇이 '거짓' 욕구인지를 누가 결정할까? 2020년 출간하여 독일에서 굉장히 많이 팔린 책은 소비연구가인 카를 틸레센(Carl Tillessen)이 쓴 『소비. 필요하지도 않은 것들을 왜 구매할까?(Konsum. Warum wir kaufen, was wir nicht brauchen)』이다. 이 책을 읽다 보면 사람들은 옛날이 훨씬 좋았다는 인상을 받게 된다. 세계화와 디지털화는 특히나 부정적으로 비춰진다. "모든 것이 국내에서 생산되던" 옛날에는 가격 구조가 "대체로 합리적"이었다는 것이다.

"그런데 일상생활에 필요한 많은 소비재의 생산이 세계화됨에 따라 우리의 상품 세계가 뒤죽박죽되어버렸다. … 오늘날에는 반팔 셔츠의 가격이 긴팔 셔츠의 가격보다 스무 배나 비쌀 수 있다. 스위스에서 오는 반팔 셔츠와 중국에서 오는 긴팔 셔츠가 그렇다. … 이는 단지 잘못되었다고 느끼는 것이 아니라 확실히 잘못된 것이다."[35]

"지리적으로나 문화적으로 우리와 그다지 가깝지 않은 사람들에게는 세계화와 더불어 아주 암울한 시대가 도래했기" 때문에 잘못이라는 것이다.[36] 좋았다는 옛날은 어떠했을까? 당시에는 소비가 합리적이었던 반면에 오늘날의 소비는 비합리적이라고 한다. 다음과 같은 이야기를 그 증거라고 내세운다.

"우리의 소비가 여전히 합리적이었을 때, 하위 계층의 사람들은 저렴한 가격대의 물건들을, 중간 계층의 사람들은 중간 가격대의 물건들을, 상위 계층의 사람들은 높은 가격대의 물건들을 구매할 것으로 기대할 수 있었다. 예전에 호모 이코노미쿠스(Homo oeconomicus)는 합리적이었고 자신의 소비를 항상 자동적으로 자신의 재산에 맞춰서 했었다."[37]

이를 달리 표현하면 이렇게 말할 수도 있을 것이다. 예전에는 전 세계인 대다수가 거지처럼 가난했었고 따라서 살아가는 데 절대적으로 필요한 것을 제외하고는 아무것도 살 수 없었다. 이게 좋았다는 옛날이란 말인가? 틸레센에 따르면, 오늘날에는 모든 것이 악화되었다고 한다. 그리고 다음과 같은 이야기를 그 증거로 들고 있다.

"루이뷔통 가방을 살 수 없으면 그것 대신 보다 저렴한 가방을 사는 것이 아니라, 루이뷔통의 머리글자가 새겨진 가방을 살 수 있을 때까지 저축한다."[38]

오늘날의 평범한 사람들이 예전보다 더 많이 구매할 수 있다는데 무엇이 악화되었다는 말인가? 그리고 그것이 '필요한지' 아닌지를 누가 결정하는가? 틸레센이 볼 때 '희열을 느껴서 하는 구매'는 비합리적이다. 이는 암묵적으로 오직 꼭 필요한 물리적 욕구를 충족시키기 위한 것만이 합리적인 구매라는 의미를 내포하고 있다.

"우리는 현재 금전적인 고민 없이 순전히 즐겁기 위해 구매를 할 수 있다. 지금 어떤 물건을 구매하더라도 다른 물건의 구매를 포기할 필요가 없다. 이를 통해 우리의 소비가 매일매일 점점 더 비합리적으로 되어간다. 인간의 전 역사를 통틀어 물건을 구매할 때 분명한 필요를 충족시키는 것과는 거의 아무런 관련도 없이 구매했던 적은 없었다."[39]

그가 '아무런 필요도 없는' 상품의 예로 언급하고 있는 것은 향수다.[40] 틸레센은 "우리가 구매하는 상품의 90% 이상은 불공정한 조건에서 생산된 것"이기 때문에, 우리가 하는 거의 모든 구매 행위, 약 90% 이상의 구매 행위에 대해서는 양심의 가책을 느껴야 한다고도 한다.[41] 저렴한 티셔츠를 사는 사람은 동시에 그 구매 영수증을 "액자로 만들어 벽에 걸어야 할지도 모른다. 왜냐하면 그 구매 영수증은 우리가 현대 노예제를 지지하는 지지자라는 사실을 인증해주는 것이기 때문이다."[42] 저렴하게 구매하는 것은 곧 가장 큰 죄악이 되는 셈이다. 이와 반대로 '메이드 인 이탈리아'가 새겨진 구찌에서 나오는 299유로짜리 티셔츠를 구매하는 사람은 공정한 조건에서 생산된 것을 구매했을 가능성이 매우 높지만, 그렇다고 100% 확실한 것은 아니다.[43] 고급 브랜드의 제품을 구매함으로써 "현대 노예제를 … 확실히 저지하지는 못할지라도, 적어도 그것을 의도적으로 지지하고 촉구하지는 않는다."[44]

소비에 대해 비판하는 사람들이 보기에 아무런 쓸모도 없는 물건들을 매일매일 그렇게도 많이 사는 이유는 도대체 무엇일까? 틸레센에 따르면 그 이유는 아주 간단하다. 사람들이 병들었고, 심지어 반드시 치료를 받아야 할 정도로 심각하게 병들었기 때문이라는 것이다. 틸레센은 소비 중독이라는 용어를 사용한다. 물론 그런 병은 존재하지만, 그는 우리 모두가 소비 중독이라고 한다. 그는 클래식 CD 구매에 중독되어 단 하루에 8,000달러어치 CD를 구매하는 사람처럼 아주 극단적인 사례를 든다.[45] "경제적으로 무의미하다는 것과 생태적으로 피해가 크다는 것이 점점 더 분명해지고 있음에도 불구하고 전혀 필요치도 않은 물건들을 점점 더 자주 구매하기 때문에" 중독이라는 것이다.

"우리가 우리 자신에게 정직하다면, 우리는 규칙적으로 즐겁기 위해 하는 구매에 점점 더 정신적 및 육체적으로 종속되지 않을 수 없다는 점을 인정해야 할 것이다. 의식하지도 못한 채 우리는 이미 수년 전부터 소비에 중독되어 있다."[46]

많은 물건을 포장도 뜯지 않은 채 쌓아놓거나 사용설명서를 읽을 시간도 없기에, 물건들을 구매하지만 사용하지는 않는다고 틸레센은 말한다. 이처럼 소비 비판자들은 일부의 극단적인 현상을 마치 우리 모두에게 해당되는 대규모 현상인 것처럼 바꾸어버린다. 꼭 필요한 물건을 구매했다 하더라도 소비 비판자들의 비판을 피해갈 수는 없다. 그들은 도덕적인 구매를 요구한다. 도덕적으로 '올바른' 구매를 해야 한다는 것이다. "몸에 좋다고 하여 유기농 과일이나 유기농 채소를 사는 것은 절대로 윤리적인 소비가 아니다. 또 유기농 빵과 유기농 계란이 더 맛있다고 하여 그런 물건을 사는 것도 도덕적인 행위가 아니다"라는 것이다.[47] 틸레센은 우리가 결정하는 소비 선택의 99.9%가 도덕적인 고려 없이 이루어진다고 주장한다.

이 모든 사태의 배후에는 누가 있을까? 세계 정복을 꿈꾸는 아마존과 같은 거대 기업들(Amazons & Co.)의 음모가 도사리고 있다고 한다.

"제임스 본드 영화에 나오는 악당들처럼 인터넷 소매상들이 눈에 보이는 점포들을 통한 판매를 완전히 근절시키고 세계적인 지배권을 장악하고자 한다."[48]

소비에 대해 비판하는 사람들도 자신들이 주장하는 바에 따라 일관되게 살 수도 없고 또 그렇게 살고자 하지도 않는다는 사실을 잘 알고 있다. 틸레센도 공개적으로 종종 이렇게 말하고 있기 때문이다.

"하지만 우리가 이 모든 것을 다 실행한다면, 오직 뿌리채소, 소금에 절인 양배추 및 말라비틀어진 사과만을 먹어야 하고, 세탁도 안 하고 다림질도 안 한 중고 의복만을 걸쳐야 할 것이다. 수없이 많은 강도 높은 요구 사항은 우리가 달성할 수도 없고 원하지도 않는 그런 급진적인 지속 가능한 삶으로 이끌 것이다. 오로지 전적으로 지속 가능한 삶을 살아야만 하고 또 공정 거래된 것만을 구매해야 한다는 요구는 구글의 제품을 직접적이든 간접적이든 절대로 이용하지 말아야 한다는 요구와 마찬가지로 인류의 진보를 수십 년 뒤로 후퇴시킬 것이다. 그리고 결국 한 사람이 세상을 개선해 보겠다고 행하는 것들이 개인적으로 너무 큰 희생을 치르게 하는 반면 세상의 개선에는 거의 아무런 기여도 하지 못하는 황당한 불균형이 발생할 것이다. 그래서 대부분의 사람이 좀 더 지속가능하게 사는 것을 간단히 포기하고 이제까지 살던 방식으로 계속해서 살게 된다. 유감스럽지만 그렇다."[49]

즉 틸레센은 자신이 주장하는 방식대로 사람들이 일관되게 살 수는 없다는 것을 알고 있다. 하지만 그럼에도 **무언가는** 할 수 있지 않느냐고 말한다. 예를 들어 4월부터 9월까지는 직장에 자전거를 이용해서 출퇴근할 수 있고, 국내 여행 같은 경우에는 비행기가 아닌 철도를 이용할 수도 있지 않느냐는 것이다. "이것이 전체 생태계를 고려하는 여러 측면 중 하나에 불과하고 또 그러한 소비가 사회적으로 용인될 수 있는 것인지에 대한 의문은 차치하더라도"[50] 이산화탄소를 배출하는 흔적을 계속해서 추적해야 한다는 것이다.

말하자면 이러한 제안들은 상징적인 '무언가'를 해야 한다는 것이다. 물론 이런 몇 가지를 포기하는 것만으로는 환경 파괴를 멈추지 못하고, 기후 변화를 촉진시키며, 무의미한 상품들을 소비하고, 특히 아시아와 아프리카 또는 동유럽 사람들을 착취하고 노예화하는 일에 동참하는 것이라는 죄책감을 계속해서 갖고서 말이다. 잘못된 이유를 근거로 올바른 것을 구매하는 것도 문제라고 했던 말을 상기해보자. 이 말은 곧 언제나 죄책감을 느껴야 한다는 것이다. 소비자가 좋은 의도를 가지고 하는 소비는 나쁜 소비이고 죄책감을 가지고 하는 소비는 덜 저주스러운 소비라는 의미가 된다.

지속적으로 죄책감에 시달리는 인간이 행복할까? 이런 사람이 자의식이 있는 사람일까? 아니면, 시민들이 느끼는 죄책감을 자신들의 정치적 전략의 일부분으로 활용하면서 반자본주의 운동에 동참하거나 적어도 선거에서 환경 보호를 강조하는 정당에 투표하면 심리적인 부담을 덜게 된다고 속삭이는 정치인들에 의해 조종당하는 대중일까?

이 모든 것은 다음의 질문으로 이어진다. 한편으로는 소비를 이데올로기적으로 저주하면서 다른 한편으로는 어쩔 수 없이 소비할 수밖에 없는 존재라는 이 모순을 어떻게 해결해야 할까? 이 모순에 대한 해법은 이렇다.

"사적 개인들의 구매 행위 가운데 아주 특정한 것만을 '소비'라고 지칭하는 것이다. 누구나 사는 물건들은 소시민과 노동자들이 구매하는 물건보다 훨씬 덜 상업적이고 요구가 적은 것 같고, 상위의 혹은 포부를 가진 중산층 구성원들이 자신을 둘러싸는 물건들에 대한 인식과 그것들에 대한 그들의 취급은 훨씬 덜 괴롭고 덜 냉담한 것 같다. 한마디로 말해서 별가치도 없어 보이고 또 전혀 창의적이지도 않아 보이는 것들을 구매하는 것에 대해서만 소비라는 딱지를 붙여 거부하는 것이다."[51]

독일의 문화학자인 토마스 헤켄(Hecken)에 따르면, 좌파 지식인들의 소비주의 비판은 자신들과는 다른 목적과 취향을 가진 사람들로 붐비는 영역을 향해서만 이루어진다. 어쨌든 만일 당신이 그 영역에 대해 그다지 좋게 평가하지 않는다면, 그 영역에 발을 들이는 것을 '문화적 실패 또는 도덕적 실패'라고 비난하면서 "그것의 확산을 막아야 한다"라고 선언하는 한편 해당 영역을 무시해버리는 것은 어려운 일이 아니다.[52]

소비에 대해 비판하는 사람들이 진정한 욕구와 거짓 욕구를 구분할 때 언급하지 않는 사실이 하나 있다. 음식물 섭취와 성생활을 제외한 거의 모든 욕구는 문화적으로 영향을 받고 또 변화한다는 사실이다. 이는 언제나 그래 왔다. 역사학자인 프랑크 트렌트만(Frank Trentmann)은 『물건의 지배(Empire of Things)』라는 자신의 저서에서 18세기 유럽에서 있었던 인도산 면직물에 대한 욕구, 19세기 아프리카에서 있었던 유럽 의상에 대한 욕구, 또는 커피와 차, 초콜릿 등 이국적인 상품에 대한 유럽인들의 새로운 취향의 등장을 사례로 들고 있다.

"이러한 물건들에 대한 취향은 원래부터 존재했던 것도 아니었고 영속적인 것도 아니었다. 그 취향은 형성되었어야만 했고 또 형성되어야만 한다."[53]

생존을 위해 필요한 것을 넘어선 모든 욕구는 과거 역사상 언제인가는 과잉이었고 사치스러운 것이었으며, 단지 극소수의 사람만이 그것을 가질 수 있었다. 과거에 유리창이나 실내 화장실은 정신 나간 사치품의 표상이었으나 현재에는 세계 대부분의 사람에게 당연한 것이고 또 포기할 수 없는 것이 되어 있다. 중세 후기 및 근대 초기에 멋진 옷, 화려한 결혼식 및 아름다운 가구에 대한 지출은 광범위한 거부감을 불러일으켰고 심지어 금지되기까지 했다.

"사람들은 그것이 모방하기 바람을 불러일으키고 가치와 사회적 계급 구조를 무너뜨리지 않을까 두려워했다. … 최악이었던 것은 탐욕과 사물에 대한 욕망이 기독교인들을 영적인 삶의 올바른 길에서 멀어지게 할 것이라는 비난이었다."[54]

사회학자인 헬무트 쉐크(Helmut Schoeck)에 따르면 사치와의 투쟁은 아주 오랜 옛날부터 있어 왔다. 원시 사회, 고대 사회, 극동의 선진 문명, 중세 유럽에서부터 현대에 이르기까지 아주 다양한 사회에서 사치에 관한 법령들을 발견할 수 있다.

"때로는 스스로를 타인들과 구분되게 만드는 사람은 (공동체의 부러움을 무마하기 위해) 그 특권에 대해 대가를 지불해야 했다. 최소 기준을 넘는 창문이 있는 집에 사는 사람, 최소 기준을 넘는 오븐을 가지고 있는 사람, 최소 기준을 넘는 단추가 달린 옷을 입고 있는 사람은 특별세를 내야 했으며, 오늘날에는 배기량에 따라 자동차세가 부과된다."

때때로 서부 아프리카에서는 일반 평민이 자신의 오두막 지붕을 너무 많은 나뭇잎으로 덮거나 숲에서 발견한 꿀을 먹으면 '사치'를 부렸다는 이유로 사지가 절단당하거나 심지어 목숨을 잃기까지 한다는 것이다.[55]

소비의 역사에 관해 연구한 트렌트만은 사람들이 물질적 유혹에 굴복한다고 비난하는 사람들은 로마 철학자였던 세네카(Seneca)처럼 대체로 유복한 사람들이라고 한다. "이런 판단을 내리는 사람 중에 일반 평민은 거의 없다"라고 트렌트만은 말한다.[56] 그리고 참 특이하게도 자본주의적 소비에 대해 가장 강력하게 비판하는 사람들도 자본주의 상품들을 지나치게 이용하는 사람들이다. 독일에서 있었던 한 연구를 보면, 종종 소비를 포기하고 제한하라고 호소하고 생태계를 위해 비행기를 이용하지 말아야 한다고 비판하는 독일 녹색당 소속의 연방의회 의원들이 국내에서 이동할 때 다른 정당들 소속 의원들보다도 더 자주 비행기를 이용하는 것으로 나타났다. 그리고 자본주의에 대한 비판을 확산시키기 위해 컴퓨터, 인터넷 및 스마트폰을 포기할 자본주의 비판가는 단 한 명도 없을 것이다.

그런데 사람들에게 소비와 소비재를 약속한 것은 자본주의만이 아니다. 사회주의와 나치 체제도 이 점에서는 마찬가지였다. 트렌트만은 이렇게 말한다.

"물론 재화를 제공하는 성과에서는 차이가 있다. 하지만 세계사적 관점에서 흥미로운 점은 높고 상승하는 수준의 소비에 대한 비전이 논란의 여지가 없는 문화적 이상으로 정립될 수 있었다는 것이다. 검소한 자급자족의 이상은 이것과 대적할 수 없었고 현실에서는 1975년부터 1979년까지 캄보디아의 크메르루주(Khmer Rouge)가 그랬던 것처럼 스스로를 파멸시키는 단기간의 실험으로 끝났다."[57]

트렌트가 명명했던 '물건의 지배'는 특히 다음과 같은 이유로 인해 확대되었다. 소유물이 점점 더 정체성, 기억, 감정의 중요한 전달자가 되었기 때문이다. 의복, 자동차, 시계, 스마트폰 등은 그것들을 실제로 사용하는 사용자들이 있기에 가치가 높이 평가될 뿐만 아니라, "그것들을 소유하고 있는 사람들이 느끼는 감정 때문에도 그 가치가 높게 평가되고 있다."[58]

소비에 대해 비판하는 반자본주의자들은 모든 형태의 광고 또한 거부한다. 유명한 자본주의 비판가 장 지글러(Jean Ziegler)의 발언을 다시 한번 보자.

"자본가들이 이 욕구를 만들어내는 장치가 **마케팅**과 **광고**이며, 이것은 인류가 이제까지 발명한 것 가운데 가장 좋지 않으면서도 가장 어리석은 두 가지 활동이다."[59] "**광고쟁이들은 아주 영리하여** 소비자가 어디로 가든 따라다니고, 그의 주위를 맴돌며, 전화로 괴롭히고, 이른바 메시지라고 하는 자신들의 홍보물을 들이민다."[60] 이들 광고전문가들이 "소비자들의 행동을 조종한다."[61]

물론 독자들이나 필자 그리고 많은 사람이 보기에도 우스꽝스럽고 불필요한 광고도 많다. 하지만 반자본주의자들에게는 **모든** 광고가 비판의 대상이다. 노엄 촘스키(Noam Chomsky)는 광고의 목적이 "**모든 사람**을 통제"하기 위해 "사람들을 소비주의의 함정으로 끌어들이는 것"이라고 비판한다.[62] 그는 인간이 합리적으로 결정하지 않는다는 사실에 대해 비판하면서, 호모 이코노미쿠스라고 하는 경제 모델에서 인간은 그 어떤 감정도 없이 결정을 내린다는 식으로 묘사한다. 그의 관점에서 볼 때, 현실이 모델과 다르다는 것은 모델이 잘못된 것이며 나아가 광고전문가들의 조작 기술이 사악하다는 것을 증명하는 것이 된다.

"만일 광고 부문이 이러한 시장 원칙(즉 정보를 가진 소비자들이 합리적으로 선택한다)을 믿는다면, 제너럴모터스 같은 기업은 소비자 개개인이 해당 제품에 대해 판단할 수 있도록 자신의 제품과 그 제품의 특성을 간략하게 소개하고 '컨슈머 리포트'에서 발표하는 테스트 보고서를 게시할 것이다. … TV를 켜기만 해도 정보도 없이 비합리적인 결정을 내리는 소비자들을 양산하기 위해 수억 달러를 쏟아붓고 있는 것을 보게 된다. 광고란 바로 이런 것이다."[63]

이런 식의 논리에 따르면, 결혼에 대한 간결한 정보가 담긴 냉철하고 꼼꼼한 이메일 형식으로 남성의 청혼을 받지 못한 모든 여성은 아무런 정보도 없이 조종을 받은 것이라고도 말할 수 있을 것이다.

광고를 비판하는 사람들은 기업이 전지전능하다고 묘사하면서 소비자들이 그들의 손아귀에서 놀아나는 무력한 희생자라는 인상을 일깨우고자 한다. 이 전지전능함을 증명하기 위해 수십 년 전부터 여러 신화가 반복적으로 언급되고 있다. 한 가지 신화는 1957년 출간 당시 커다란 주목을 받았던 밴스 패커드(Vance Packard)의 『감춰진 설득자들(The Hidden Persuaders)』에 기반하고 있다. 그 책에 광고에 의해 조종당한다는 언급이 나온다. 극장에서 사람들이 그것이 광고 영상인지조차 의식하지 못할 만큼 아주 잠깐 광고 영상을 보여준다는 것이다. 언론은 이 무의식적 광고

를 '완전히 감춰지고 숨겨진 설득', '보이지 않는 괴물' 및 '세뇌'라고 표현했다.[64]

패커드의 책이 주목을 받았던 이유는 책이 출간된 것과 같은 해인 1957년 광고회사 소유주였던 제임스 비커리(James M. Vicary)가 영화 상영 중에 사람들이 의식하지 못하도록 "코카콜라를 마시자"와 "팝콘을 먹자"라는 광고 자막을 내보내는 하나의 미심쩍은 실험을 했다고 알려졌기 때문이다. 비커리는 그 이후 코카콜라의 매출이 18.1%, 심지어 팝콘의 매출은 57.7%나 증가했다고 주장했다. 나중에 밝혀진 바로는 이 미심쩍은 실험은 가짜였거나 전혀 시도된 적이 없었다고 한다.

"이 연구는 오직 비커리의 광고회사 매출을 올리기 위한 마케팅 전략일 뿐이었다."[65]

필자는 어렸을 때부터 사람들이 이 미심쩍은 실험에 대해 계속 반복해서 이야기하고 또 그것을 광고를 통한 소비자 테러 및 조종이라는 특히 비난받을 만한 사례로 묘사한 것을 셀 수도 없이 많이 듣고 봐왔다. 물론 그 실험에 대해 사람들이 왜 그렇게 격분하는지 잘 이해할 수는 없었지만, 필자 또한 오랫동안 그 실험이 실제로 행해졌다고 생각했었다. 왜냐하면 '결국 무슨 일인가는 있지 않았을까?'라고 생각했기 때문이다. 아마 사람들은 살인이나 무자비하게 구타하는 장면이 있는 영화를 보았을 것이지만 영화가 끝난 후 폭력적으로 변한 것이 아니라, 극장을 나와서는 영화 중간 언뜻 스쳐 지나갔던 콜라를 주문하지는 않았을까? 하지만 이런 일들은 결코 일어난 적도 없었고, 광고를 통해 무의식적으로 영향을 미친다고 떠벌렸던 비커리의 회사는 미심쩍은 실험 1년 후 파산했다.

물론 광고는 영향을 미치고, '조종'할 수 있고 또 조종을 한다. 하지만 그렇다고 비판가들이 말하는 것처럼 광고가 전능한 것은 아니며, 심지어 아무런 효과도 미치지 못하는 경우가 더 많다. 다음 문장은 미국 기업가 헨리 포드가 했다고 한다.

"광고에 쏟아붓는 돈의 절반은 그냥 버리는 돈이다. 다만 어느 쪽 절반이 그런 돈인지가 불명확할 뿐이다."

1980년대 중반 독일 사회심리학자이자 광고전문가인 에바 헬러(Eva Heller)는 헨리 포드가 했다는 이 말이 더 이상 맞지 않는다면서 이렇게 말했다.

"오늘날 광고 예산의 적어도 4분의 3은 아무런 성과도 없이 지출되고 있다고 봐야 한다."[66]

광고계의 천재로 알려진 데이비드 오길비(David Ogilvy)는 자신의 저서 『한 광고인의 고백(Confessions of an Advertising Man)』에서 자신과 같은 일을 하는 광고인들을 조롱하고, 그들이 비효율적이며 매출 증대에 아무런 도움도 되지 않는 오락물을 제공한다고 비판했다. 그는 광고인들은 제품의 판매보다는 광고 가격으로 얼마를 받을까에 더 많은 관심을 갖는 사람들이라고 비판했다.

마케팅 전문가인 배른트 잠란트(Bernd M. Samland)는 2003년부터 정기적으로 3,000명 이상의 사람에게 여러 다양한 광고 카피에 관해 질문을 던져 왔다. 그리고 (잠재적) 고객들이 대부분 영어로 된 광고 카피를 전혀 이해하지 못하거나 완전히 다르게 이해하고 있다는 것을 알게 되었다.[67] 카피라이터들이 자신의 공공연한 임무, 즉 매출 촉진이라는 임무를 망각했던 것이다.

해리 포터처럼 커다란 매출을 기록한 것들은 광고에 의해 그렇게 된 것이 아니다. 스타벅스 설립자 하워드 슐츠(Howard Schultz)는 이렇게 말한다.

"오늘날 소비자를 향한 광고를 통해 제품을 소개하는 것은 어렵다. 왜 냐하면 사람들이 과거처럼 광고에 그렇게 많은 관심을 갖지 않으며 또 그 메시지를 믿지도 않기 때문이다. 나는 광고에 쏟아붓는 돈을 보면서 광고 주들이 여전히 광고에 투자할 가치가 있다고 믿고 있다는 사실이 놀랍기 만 하다."[68]

미국의 광고전문가들인 브래들리 샤피로(Bradley Shapiro), 귄터 히치 (Günter Hitsch), 안나 터크먼(Anna E. Tuchman)은 2021년 1월 자신들의 연 구 결과를 발표했는데, 이 연구는 288개의 소비재에 대한 TV 광고를 학 문적으로 분석한 것이다. 광고비의 80%가 아무런 결과도 내지 못한 것에 그치지 않고 심지어 투자 대비 수익이 마이너스를 기록했다는 것이 이들 연구의 냉정한 결과였다.[69]

오늘날 소셜 미디어를 통한 온라인 광고가 훨씬 더 효과적이라고 반박 할 수도 있겠지만, 여기에 대해서도 의구심이 존재한다. 프록터앤드갬블 (Procter & Gamble)과 유니레버(Unilever)는 이미 몇 년 전에 자신들의 온라 인 광고를 각각 41% 및 59%나 줄여버렸다. 그럼에도 이들의 사업 성과에 는 하등의 영향도 없었다. 우버(Uber) 또한 엄청난 부정광고(Ad Fraud) 공 격을 받은 이후 온라인 광고 예산을 3분의 2나 줄여버렸지만, 앱을 다운 받는 수치에는 하등의 영향도 없었다.[70]

이처럼 광고인들과 반자본주의자들이 여러 가지 이유를 들면서 광고 가 전능하다고 이야기하는 것과는 달리 광고는 전능하지 않다. 또한 천재 적인 광고전문가들에 의해 잘못 인도되어 필요하지도 않은 물건을 하루 종일 쇼핑하는 의지가 박약한 소비자라고 하는 것도 상당히 과장된 것이다. 필자는 속임수에 당하는 측은 오히려 아무런 효과도 없는 광고에 거액을 지불하면서 다른 기업들이 광고를 하고 있으니까 같이 광고를 하고 있는 기업들이 아닌가 생각한다. 여기서 가장 큰 이득을 얻는 사람은 광고주의 고객을 설득하는 것이 아니라 광고주를 설득하는 데 성공한 광고 전문가들이다.

필자 역시 가끔 저급한 광고를 보면 화가 나기도 한다. 하지만 필자는 내가 현대 오페라 작품을 전혀 감상하지 않는다고 해서 오페라하우스의 문을 닫아야 한다고는 생각하지 않는다. 제품이나 서비스에 대한 광고가 없는 세상을 상상해보면, 광고 대신 당(party)을 선전하는 지루한 선전 포스터와 계획 달성을 촉구하는 구호들이 거리를 도배했던 사회주의의 황량함이 연상된다. 필자는, 광고 그래픽 전문가이기도 했던 앤디 워홀(Andy Warhol)이 보여주었던 것처럼, 광고가 최고의 형태로서 예술의 경지에까지 오른 자본주의 하에서의 광고를 더 선호한다. 사회학자인 헬무트 쉐크(Helmut Schoeck)는 자신의 면전에서 '소비 테러'에 대해 언급하는 사람이 있을 때마다 즉각 그가 소비 테러라고 표현하는 그 자신의 일상에 관해 이야기해보라고 요청한다고 한다.

"대학 세미나에서든 아니면 다른 강연에서든 자신이 소비 테러의 피해자라고 고백하는 사람을 본 적이 없다. 항상 자신은 그렇지 않은데 다른 사람들은 잘못된 욕구를 충족시키고 있다는 것이다."[71]

반자본주의적 소비 비판에서 중요하게 언급되고 있는 또 다른 주제는 이른바 '노후화(obsolescence)'이다. 노후화라고 하는 이 개념 자체가 이미 애매하다. 왜냐하면 이 개념 속에 근본적으로 서로 연관도 없는 여러 가지 다양한 내용을 뭉뚱그려 놓았기 때문이다. 위키피디아에는 이 용어가 다음과 같이 정의되어 있다.

"노후화란 어떤 제품이 여전히 양호하게 작동됨에도 불구하고 일부 부품의 내구성의 한계나 유행의 변화 또는 기술 진보에 의해 경제, 특히 산업에서 제품이 낡은 것을 의미한다.[72] … 시장전략적 이유에서 생산자가 이 노후화 과정을 의도적으로 추진하게 되는 경우 이를 계획적인 노후화라고 부른다."[73]

이른바 기술적 및 심리적 노후화를 종종 의도적으로 뒤섞음으로써 이 노후화 문제를 가능한 한 크게 부각시킨다. 어떤 제품이 기술적으로 아직 충분히 기능할 수 있음에도 불구하고 그것을 폐기하는 것 자체는 비판받을 이유가 전혀 없다. CD가 개발되자 필자는 몇 년 전에 레코드플레이어와 카세트 녹음기를 폐기한 적이 있다. 이 두 기기는 당연히 몇 년은 더 사용할 수도 있었다. 필자가 자본주의적 광고에 의해 조종을 받은 희생자였던 것일까? 그렇지 않다. 필자는 이미 그 전에 음반에 흠집이 나는 것과 카세트 녹음기의 테이프가 엉키는 것에 대해 화가 많이 나 있었고 이런 두 가지 문제를 일으키지 않는 새로운 기기의 등장에 무척이나 기뻤다.

필자의 옛날 휴대폰은 노키아 휴대폰이었는데, 배터리가 하루 종일 유지되었기 때문에 필자가 좋아했었다. 필자는 심지어 이 모델이 언젠가 판매 중단될 경우까지 대비하여 여분으로 몇 개나 더 사서 가지고 있었다. 나중에 필자는 휴대폰을 아이폰으로 바꿨다. 애플의 사악한 광고 전략에 필자가 조종당해서 그렇게 한 것일까? 아니다. 필자가 휴대폰을 바꾼 것은 노키아 휴대폰은 제공하지 못했던 여러 가지 의미 있는 기능을 아이폰이 필자에게 제공했기 때문이다. 이전에 필자는 비디오 녹음기(VCR)를 가지고 있다는 것에 큰 자부심을 느꼈지만, 여기서도 테이프가 엉켜 망가지는 문제가 항상 필자를 화나게 만들었다. 따라서 DVD가 개발되어 더 이상 테이프가 엉키는 문제가 발생하지 않게 되어 필자는 기뻤다. 비록 비디오 녹음기는 기술적으로 여전히 작동하고 있었음에도 불구하고 필자는 그것을 내다 버렸다.

볼프강 쾨니히(Wolfgang König)가 자신의 저서『마구 버리는 사회의 역사(Geschichte der Wegwerfgesellschaft)』에서 보여주듯이, 노후화라고 하는 주제는 전혀 새로운 것이 아니다. 반자본주의자들과 이른바 소비자 활동가들은 제품들이 더 빨리 망가지도록 하는 방식으로 '계획적 노후화' 전략을 기업이 체계적이고 집단적으로 추진하는 것이 아니냐는 거대한 음모론을 제기한다.

그런데 이미 1976년 경제학자 부르크하르트 뢰퍼(Burckhardt Röper)는 한 연구를 통해 기업들이 제품의 수명을 의도적으로 단축시킨다는 증거를 찾을 수 없다는 결론을 내렸다. 같은 주제를 다룬 최근 수십 년간의 많은 다른 연구도 같은 결론을 내렸다. 심지어 프라이부르크 생태연구소(Freiburger Öko-Institut)조차 2015년 많은 비판이 크게 과장되어 있다는 것을 인정했다. 동시에 이 연구소는 연구 대상이었던 제품군 대부분에서 지난 몇 년간 최초 사용자의 사용 기간이 감소했다는 것은 분명하다고 밝혔다. 즉 많은 전자 제품이 기술적으로 여전히 작동하고 있음에도 불구하고 새로운 제품으로 대체되고 있다는 것을 확인할 수 있었다는 것이다.[74]

이처럼 차별화된 분석들의 대척점에 서 있는 것들이 의도적으로 과장된 언론 보도들인데, 이 보도들은 기기들이 빨리 망가지도록 의도적으로 생산하는 것이 집단적인 현상이라는 인상을 심어준다. 이 주제는 또한 많은 정치인이 관심을 갖는 주제이기도 하다. 놀랍게도 "음모론 문헌에는 같은 사례들이 계속해서 반복적으로 등장하며, 그것 중 일부는 한 세기 전으로 거슬러 올라가는 것들도 있다"라고 쾨니히는 말한다.[75] 백열전구의 수명이 소비자에게 불리하도록 의도적으로 단축되었다고 하는 가공의 역사는 수백 번이나 등장했다.[76]

1920년대 여러 모델을 선보였던 미국 자동차회사 제너럴모터스의 사례는 계획적인 노후화의 증거로 삼기 위해 지속적으로 수정되었다. 제너럴모터스가 새로운 모델을 계속 출시함으로써 단일 모델을 고집하던 포드자동차로부터 시장점유율을 빼앗았다는 것이다. 그런 일이 일어난 배경으로는 누군가가 헨리 포드에게 시대에 뒤처지지 않으려면 그 유명한 T-모델을 변경해야만 한다고 말을 할 때는 언제든지 그가 아주 감정적으로 격하게 대응했다는 이야기가 언급된다. 한 목격자의 진술이라는 것을 보면, 포드가 자리를 비운 사이에 한 직원이 후속 모델을 개발해서 문 앞에 세워놓자 포드는 완전히 정신이 나갔다고 한다.

"그가 손을 뻗어 자동차 문을 잡더니 꽝! 자동차 문을 확 뜯어버리더라고! 맙소사! 어떻게 그런 힘이 나오는지 몰라! 그가 자동차 안으로 들어가더니 다른 쪽 문도 쾅 쳤어. 앞 유리창을 쾅 치고 뒷좌석으로 뛰어 넘어가더니 자동차 지붕을 마구 치기 시작해. 자동차 지붕을 구두 뒤꿈치로 찢어버리더라고."[77]

포드는 오랫동안 자신의 직원이 새로운 모델을 개발하지 못하도록 막는 데는 성공했지만, 경쟁자들과의 경쟁까지 막을 수는 없었다. 제너럴모터스는 변화된 소비자들의 생각에 맞춰 대응하면서 새로운 모델들을 출시했다. 바로 이 사례가 그때부터 계속해서 자본의 음흉한 전략 및 자본주의적 소비 사회의 괘씸함의 증거로 반복해서 인용되고 있다. 이에 대해

쾨니히는 "이것이 음모론적 의미에서의 계획적인 폐기와 무슨 연관이 있는지는 의문"이라고 논평한다.[78]

마찬가지로 계속 반복해서 거론되고 있는 또 다른 사례들(이른바 일찍 녹이 생기는 자동차 차체에서부터 잉크를 자주 구매하게 만드는 잉크젯 프린터에 이르기까지)의 경우에도 검증된 바가 없다. 독일의 제품테스트재단(Stiftung Warentest)이 실행한 한 연구에 따르면 계획적으로 취약한 부분이 있도록 만든다는 주장은 비논리적이라는 것이다.

"계획했던 사용 기간이 경과된 후에 모든 부품이 동시에 고장나도록 만드는 것이 아주 이상적인 경우라 할 수 있을 것이다. 이런 사정을 고려한다면 의도적으로 취약한 부분을 만드는 전략은 별 의미가 없으며 오히려 낭비가 될 것이다. 왜냐하면 그렇게 되면 한 기기에 들어 있는 다른 부품들을 너무 크게, 너무 비싸게 생산하는 것이 되기 때문이다."[79]

덧붙여 급속한 기술 진보에 의해 어쨌든 몇 년이 지나면 옛날 것이 되어버리는 것이 확실하다면 그런 기기들을 영원히 사용할 수 있도록 생산하는 것에 무슨 의미가 있을까? 추측하건대, 뼛속까지 반자본주의 비판가인 사람도 오늘날 자신의 집에는 테이프를 쓰는 녹음기나 구식 영사기가 없을 것이고, 또 낡은 노키아 휴대폰과 흑백 TV도 가지고 있지 않을 것이다. 그리고 오래된 레코드플레이어는 기껏해야 순수한 음악애호가들을 위해 명맥을 유지할 뿐이다.

구형 아이폰의 성능 저하도 자주 언급되는 사례이다. 교체가 불가능한 오래된 리튬 이온 배터리가 장착된 기기는 갑자기 전원이 꺼져서 작동하지 않는 일이 발생할 수 있기 때문에 이런 일이 발생하지 않도록 하면서 일상적으로 사용할 수 있도록 하기 위해서는 아이폰의 성능을 저하시키는 것이 불가피했다고 애플은 인정했다. 미국에서 애플은 소송당했고, 이 소송은 2020년 3월 합의로 종료되었다. 애플은 피해자들에게 총 5억 달러까지 지불하는 것에 동의했다. 이것이 원고들이 옳았으며 애플이 자신의 잘못을 인정한 것이라는 증거가 될까? 반드시 그런 것은 아니다. 미국에서는 아무리 어이없는 소비자의 비판과 관련해서도 높은 금액의 손해배상 청구가 가능하다. 예를 들어 레드불(Red Bull)은 소비자들이 "레드불, 날개를 달아 주다"라는 슬로건에 속았다는 느낌에 괴로움을 겪는다는 이유로 한 소송에서 1,300만 달러를 지불하기로 합의했다.

물론 기업들이 의도적으로 취약한 부분들을 만들어낸다는 주장과 부합되는 몇몇 사례가 존재한다. 하지만 이것이 이윤에 눈이 먼 자본주의자들이 광범위하게 사용하는 전략이라고 할 수는 없다. 오늘날 모든 기업은 그런 책략을 사용했다가는 인터넷과 미디어에서 공개적으로 낙인이 찍혀 브랜드 가치와 주식 가격이 폭락할 수 있다는 것을 알고 있다. 자본주의에서 최종적인 결정권자는 소비자이며, 합리적으로 행동하는 기업의 입장에서 볼 때는 그런 책략을 써서 소비자들로부터 벌칙을 받게 될 위험은 가능한 이익보다 훨씬 더 높다.

소비에 대한 비판과 더불어 나오는 것이 자본주의에서의 돈의 의미에 대한 비판이다. 소비에 대해 비판하는 사람들에게 자본주의는 오직 돈이 지배하는 그런 체제로만 보인다. 비판의 요지는 그렇다고 돈이 사람들을 행복하게 만들어주지는 않는다는 것이다. 이런 회의론은 학문적인 연구를 통해 마치 증명된 것처럼 여겨진다. 이미 1974년에 경제학자 리처드 이스털린(Richard Easterlin)은 소득 수준과 행복 사이에는 아무런 긍정적인 연관성이 없으며, 적어도 연간 소득이 특정 수준을 넘어서면 이것과 행복

사이에 아무런 긍정적인 연관성이 없다는 견해를 밝혔다.[80] 대니얼 카너먼(Daniel Kahneman)과 앵거스 디턴(Angus Deaton) 두 노벨경제학상 수상자는 이러한 무연관성의 적용 범위를 제한하면서 특정한 행복감의 경우에만 이런 현상이 나타난다고 하였다. 그렇지만 이 두 사람도 일정 한도까지는 소득이 높을수록 행복감도 높아진다는 결론을 내리면서, 그 한도는 연간 소득 7만 5,000달러라고 하였다. 그 이상의 소득은 한 인간의 행복감에 하등의 영향도 미치지 못하는데, 그 이유는 그 사람이 이미 안락한 재정 상태에 적응이 되어 있어 급여가 인상되더라도 자기의 라이프 스타일을 아주 미세하게만 조정하면 되기 때문이라고 한다.[81]

새로운 연구 결과들은 이러한 주장을 반박한다. 가장 최근의 연구는 미국의 심리학자 매튜 킬링스워스(Matthew A. Killingsworth)가 행한 것이다. 그는 소득이 증가함에 따라 '경험적 행복'은 물론 '평가적 행복'까지 모두 증가하는 것을 발견했다.[82] 경험적 행복은 미국인 3만 3,391명의 173만 개의 자료를 분석하여 측정되었다. 이 미국인들에게 사전에 시간을 정하지 않고 휴대폰으로 전화를 걸어 "현재의 기분이 어떠한가?"라는 질문을 던졌다. 평가적 행복은 "전체적으로 당신은 당신의 삶에 만족하는가?"라는 질문으로 측정되었다.

결과는 이렇다. 카너먼과 디턴이 주장했던 7만 5,000달러 한도는 존재하지 않았다. 소득이 8만 달러에 달하고 심지어 그 이상이 되더라도 돈이 많아질수록 행복도 높아지는 연관성이 확실하게 드러났다. 이 연구는 과거의 연구들에 비해 몇 가지 장점을 지니고 있었다. 과거의 연구들에서는 응답자는 자신의 행복에 대한 질문에 오직 "예" 또는 "아니오"로만 대답할 수 있었다. 하지만 이 연구에서는 행복의 정도를 여러 단계의 수치로 표시할 수 있었다. 또한 휴대폰을 통한 접촉으로 인해 접촉이 이루어진 순간의 감정을 측정할 수 있는 이점도 있었다. 과거의 연구들에서는 사람들에게 어떻게 느꼈었는지 기억을 떠올려보라고 했는데 이런 기억은 종종 왜곡되고 현재의 기분에 따라 쉽게 달라질 수 있다.

그럼에도 불구하고 반자본주의적 소비 비판가들의 눈에는 물질적 가치를 추구한다는 것은 곧 피상적이고 물질주의적인 것을 추구하는 것과 동일시되고 있다. 문학비평가이자 사회평론가인 마르셀 라이히-라니키(Marcel Reich-Ranicki)는 이와는 정반대로 보고 있다.

"분별 있는 사람들은 명성과 부를 위해 열심히 일한다. 분별 없는 사람들은 세상을 바꾸어 인간을 구원하고자 한다."

물론 이것은 하나의 강조되고 과장된 표현으로, 세상을 바꾸어보겠다는 이상주의자라고 해서 모두 다 그런 것은 아니다. 권력욕과 부정부패로 인류에게 엄청난 불행을 안겨 준 독재자들이 있는가 하면, 스위스 사업가로서 국제 적십자를 창설한 앙리 뒤낭(Henry Dunant)이나 앨버트 슈바이처(Albert Schweitzer) 같이 훌륭한 일을 한 사람들도 있다.

그렇지만 라이히-라니키는 한 가지 핵심을 짚고 있다. 세상을 바꾸어 인간을 구원하겠다고 했지만 인류에게 끝없는 고통을 안겨주었던 이상주의자는 무수히 많다. 아돌프 히틀러와 마오쩌둥 같은 대량 학살자들과 광신적인 사이비종교 교주나 IS 추종자들도 여기에 속한다. 다른 한편에는 물질주의적 이윤 추구로 인류의 삶을 획기적으로 개선한 수없이 많은 기업가가 있다.

가장 큰 잘못은 인간 또는 기업을 그들이 하는 행동의 결과가 아니라 그들의 의도를 가지고 판단하는 점이다. 오직 이윤만을 추구하는 사람이 사람들의 삶을 간편하게 만들어주는 새로운 제품을 시장에 내놓거나, 같은 품질의 제품이지만 훨씬 저렴한 가격으로 제공하여 더 많은 사람이 구매할 수 있도록 함으로써 사람들에게 엄청난 혜택을 가져다줄 수 있다.

제9장

"자본주의는 전쟁을 일으킨다"

'자본가들'의 경제적 이익에 도움이 되기 때문에 전쟁을 일으킨다는 이야기는 본래 마르크스주의자들이 하던 주장이었다. 그런데 이제는 일반 대중도 그렇게 생각하고 있는 것 같다. 제국주의 식민지 쟁탈 전쟁부터 제1차 세계대전을 거쳐 이라크전쟁에 이르기까지 실제로는 자원과 판매 시장을 확보하고자 하는 기업들의 이해가 중심에 있다는 것이 반자본주의자들의 주장이다.

우선 전쟁은 자본주의 시대에서보다 자본주의 이전 시대, 즉 대략 19세기가 시작되기 이전에 훨씬 더 빈번하게 일어났다는 것을 분명히 할 필요가 있다. "인류 역사의 대부분은 정부들이 자연스럽게 심심풀이 삼아 일으켰던 전쟁 기간이었고, 평화는 전쟁과 전쟁 사이에 있었던 잠깐의 휴식 기간이었다"라고 스티븐 핑커(Steven Pinker)는 말한다.[1] 자신의 저서 『지금 다시 계몽(Enlightenment Now)』에서 그는 강대국들이 전쟁을 한 햇수를 백분율로 나타낸 그래픽을 보여준다. 16세기와 17세기에는 이 백분율이 75%부터 거의 100% 사이에서 움직이고, 19세기 초반에는 50% 이상이 되고, 20세기와 21세기가 되면 25% 및 그 이하로 뚝 떨어진다.[2] 이와 반대로 인구 100만 명당 전투에서 죽은 전사자 숫자는 20세기에 벌어졌던 제1차 세계대전과 제2차 세계대전에서 정점을 이룬다. 그 이후에는 전쟁의 횟수도 줄어들고 전사자 수도 줄어들었다.[3] 이 순수한 통계 숫자로만 보더라도 전쟁을 도발하는 자본주의라고 하는 명제는 맞지 않는다는 것을 알 수 있다. 약 200년 전 자본주의가 등장하면서 전쟁의 횟수가 늘어난 것이 아니라 오히려 확실히 줄어들었다.

이 장에서 필자는 사실을 확인하는 차원에서 세 개의 전쟁, 즉 제1차 세계대전과 제2차 세계대전 및 2003년의 이라크전쟁에 대해 살펴보고자 한다. 필자는 이 전쟁들이 얼마나 '자본주의적 전쟁'이었는지, 다시 말해 전적으로 또는 현저하게 자본주의적 이해로 인해 발발한 것이었는지를 살펴볼 것이다.

이 전쟁들에 관해 살펴보기 전에 먼저 전쟁과 갈등에 관한 연구 결과 몇 가지를 보자. 연구자들은 오랫동안 민주주의 국가들은 전혀 또는 거의 서로 간 전쟁을 하지 않는다고 주장했다.[4] 일부 연구자들은 이 주장이 약간 수정되어야 한다고 하면서 민주주의 국가이면서 동시에 선진 산업국가들에게만 적용될 수 있다고 보았다. 하지만 전반적으로는 이 주장에 대한 이견은 없었다. 이 주장은 이른바 짝짓기, 다시 말해 국가들을 쌍(pair)으로 묶어 통계적으로 검증되었다. 이 쌍이 그 국가들이 얼마나 자주 그리고 무슨 이유로 서로 군사적 충돌을 일으켰는지 조사하기 위한 연구 단위가 된다.

어떤 이유에서 민주주의 국가들 간에는 거의 전쟁이 발발하지 않는지에 대해서 연구자들 간에 의견이 일치되지 않았고 또 지금도 일치되고 있지 않다.[5] 이 테제에 관해 깊이 연구했던 사회학자 에리히 베에데(Erich

Weede)는 2005년 "두 나라 모두 민주주의적으로 통치되며 서로 활발히 교역하고 경제적으로 상호의존적인 국가들로 짝을 이룬 쌍들에서는 갈등 위험이 특히 낮다"라고 밝혔다.[6]

역사상 대부분의 민주주의 국가들은 동시에 자본주의 국가들이었고 또 대부분의 자본주의 국가들은 동시에 민주주의 국가들이었기 때문에, 도대체 민주주의와 자본주의 가운데 어떤 것이 평화를 위해 더 중요한 것인지에 대한 판단은 쉽지 않았다. 두 가지가 중첩된 경우가 많기는 하지만 예외라는 것도 언제나 있게 마련이다. 말하자면 피노체트(Pinochet) 하의 칠레는 자본주의 국가였지만 독재 국가였다. 또 중국도 오늘날 자본주의 방향으로 가고는 있지만 여전히 독재 국가이다.

2007년 미국의 정치학자 에릭 가츠키(Eric Gartzke)가 광범위한 실증 연구 결과를 발표했는데, 여기서 그는 바로 이 문제, 즉 '전쟁을 줄이는 데 보다 결정적인 요소가 민주주의인가 아니면 자본주의인가?'라는 문제를 파고들었다. 가츠키는 1950년부터 1992년까지 국가들로 묶인 쌍들을 분석했고 총 222개의 전쟁을 검토했다.[7] 포함된 모든 국가에는 정치적으로 얼마나 민주주의적인지, 경제적으로 얼마나 자본주의적인지 측정한 수치를 부여했다. 이 수치들을 사용하여, 해당 국가가 군사적 충돌에 처했었는지 아닌지를 회귀 분석했다. "이 연구는 민주주의가 아닌 자본주의가 평화로 이끈다는 것을 보여준다"라는 것이 그가 얻은 결과였다.[8]

가츠키와 조지프 휴잇(Joseph Hewitt)이 2010년 공동으로 수행한 연구도 마찬가지로 1950년부터 1992년까지의 군사적 충돌을 분석한 것인데, 여기서는 "한 국가에서 외교상 최고 의사결정권자의 결정으로 발생한" 충돌들만을 분석했다. 반대로 "최고위층의 직접적인 승인없이 국경에서의 군인들 간의 충돌"의 결과 발생한 갈등은 분석에서 제외했다.[9] 이 분석에서도 마찬가지로 군사적 충돌을 막는 것이 민주주의적 정치 질서인가 아니면 자본주의적 경제 질서인가를 파악하는 것이 핵심이었다. 이번에도 결과는 마찬가지였다. 민주주의가 아닌 자본주의가 군사적 충돌이 생기지 않도록 하거나 충돌의 빈도를 낮추는 가장 중요한 요인이라는 것이다. 가츠키와 베에데 모두 "국가 간의 평화는 정치적 자유를 통해서라기보다는 오히려 경제 발전과 자유 시장을 통해 훨씬 더 잘 촉진된다"라는 점에 동의한다.[10]

물론 '자본주의적 평화' 이론을 따르는 사람들도 어떤 이유에서 자본주의가 갈등의 빈도를 낮추는지에 대해서는 서로 다른 대답들을 내놓는다. 베에데는 교역을 통한 상호 의존을 강하게 강조하는 반면에 가츠키는 교역보다는 금융시장 통합이 평화를 위해 더 중요하다는 생각을 갖고 있다.

교역과 전쟁이라는 주제는 새로운 것이 아니다. 일찍이 자유무역 운동의 선구자이면서 평화주의자였던 영국인 리처드 코브던(Richard Cobden)은 전쟁을 방지하기 위해서는 교역과 경제적 상호 의존이 대단히 중요하다고 역설했다. 그는 이렇게 말했다.

"나는 위대하고 강력한 제국에 대한 열망, 거대한 군대와 함대에 대한 열망, 인명을 살상하고 노동의 결과물을 파괴하는 데 사용되는 수단들에 대한 열망은 사라져야 한다고 믿습니다."[11]

한편 가츠키는 전쟁을 방지하는 데 교역의 역할은 다소 양면적인 측면이 있다고 하면서 "경제 발전, 금융시장 및 화폐 정책에서의 협조가 평화를 촉진하는 데 훨씬 더 중요한 역할을 한다"[12]라고 주장한다. 베에데는 2018년 군사적 충돌을 줄이는 데 교역이 아무런 역할도 하지 못한다는 결론을 내리는 연구들은 방법론적으로 의문점이 많다고 보았다.

"이 모든 방법론적인 결함들을 배제한다면, 거의 모든 연구가 '**자유무역을 통한 평화**'라는 테제를 지지하게 된다."[13]

다시 말해, 교역을 통해 상호 밀접하게 연관된 국가들 사이에서는 군사적 갈등에 빠지는 경우가 거의 없다. 아직 더 논의되어야 할 것이 있다면, 그것은 자본주의의 어떤 특성들이 자본주의 국가 간의 군사적 충돌을 줄이는 결정적 원인이냐 하는 것인데,[14] 이에 대해서도 베에데와 가츠키 같은 연구자들은 민주주의가 아닌 자본주의가 결정적 요소라는 점을 분명하게 밝혀 왔다.

"민주주의는 자본주의 또는 경제적 자유 및 이를 통해 달성된 복리에 의존적이기 때문에 민주주의적 평화란 단지 자본주의적 평화의 한 구성요소가 될 뿐이다."[15]

이와 관련해서 아주 자주 언급되는 반대 주장은 제1차 세계대전은 자본주의 국가들 간에 일어났던 전쟁이라는 것이다. 이에 대해 베에데는 적국이었던 프랑스와 독일 사이의 교역 의존도가 서로 전쟁을 하지 않았던 영국과 프랑스 사이의 교역 의존도에 비해 낮다는 점을 내세우며 반박한다.[16]

"교역 연관성에 관해서 보자면, 가장 필요치 않은 곳에서 가장 강력한 교역 연관성을 보였다. 영국과 프랑스 사이, 영국과 미국 사이, 독일과 오스트리아-헝가리 사이에서 그런 모습을 볼 수 있다. 이 국가들의 묶음들이 결국은 전쟁에서 같은 편이 되었다."[17]

필자로서는 보다 관심이 많이 가는 훨씬 근본적인 다른 주장이 하나 있다. 물론 자본주의 국가들 간에도 전쟁은 일어날 수 있고, 제1차 세계대전은 그런 사례 가운데 하나일 뿐이라는 것이 그것이다. '자본주의 평화론'을 탐구하는 연구자들은 대부분 상당히 많은 군사적 갈등에 관해 분석하면서 여기에 참전한 국가들이 자본주의적인지 아닌지를 검토했다. 필자가 보기에는 이 방법만으로는 만족스러운 결과를 얻기 어렵다. 첫째, 자본주의 국가들이 비자본주의 국가들을 상대로 전쟁을 벌일 가능성이 있으며, 특히 경제 체제는 자본주의적이지만 이 경제 체제와는 아무런 관련도 없는 다른 이유로 서로 전쟁을 하는 것도 생각해볼 수 있다. 자본주의 경제 질서를 가지고 있는 국가 간에 전쟁을 한다고 해서 그 전쟁이 언제나 자본주의와 관련되어 발발하는 것은 아니기 때문이다. 전쟁이냐 평화냐 하는 판단은 최종적으로 자본주의적 기업가가 아닌 정치가들, 즉 국가가 하게 되어 있다. 물론 마르크스주의 이론에서는 자본주의 국가는 항상 지배 계급, 즉 자본가들의 이해를 집행하는 집행 기구라고 하지만, 이 주장에 대해서는 필자가 이미 제5장에서 반박한 바 있다.

필자가 보기에는 모든 구체적 갈등을 하나하나 분석하고 전쟁 발발에 자본가들이 결정적인 영향력을 행사한 것인지 여부 및 영향력을 행사했다면 어느 정도인지, 혹은 정치인들이 자본가들의 이해에 결정적으로 영향을 받은 것인지 여부 및 영향을 받았다면 어느 정도인지를 증명해야 한다. 필자는 제1차 세계대전을 예로 들어 실제로 그런 일은 없었으며, 오히려 독일과 영국 모두에서 대표적인 기업가들은 이 전쟁에 반대했다는 점을 보이고자 한다.

국가들이 전쟁에 돌입하는 원인은 수도 없이 많다는 말은 맞다. 경제적 이유 외에 지정학적 이유도 역할을 할 수 있으며, 때때로 전쟁은 위협과 최후 통첩이 있는 갈등 확대의 결과로서 참가국들이 원치 않았음에도 결국 군사적 충돌로 끝을 맺게 된다. 제1차 세계대전 당시 영국의 수상이었던 로이드 조지(Lloyd George)는 이 전쟁의 발발을 설명하면서 "우리 모두 이 전쟁에 빠져들고 말았다"라고 말했다. 때때로 통치자들은 내부를 단속하기 위해 전쟁을 이용하기도 하며, 옛날에는 통치자가 명성을 얻기 위해 전쟁을 일으키기도 했다. 또한 오늘날보다는 과거에 종교적인 이유로 전쟁이 발발하는 경우가 더 흔했다. 전쟁의 원인은 수없이 많다. 전쟁론 편람에는 인류학적, 생물학적, 심리학적, 사회심리학적, 정치적, 지정학적, 사회적, 경제적, 생태적 및 종교학적 전쟁론에 관한 열 편의 글이 실려 있다.[18]

그러기에 자본주의 체제를 가지고 있는 국가가 전쟁을 한다고 해서 그 원인이 무조건 경제 영역에 있는 것은 아니며 또 무조건 자본가들의 이해에 부합하는 것도 아니다. 마르크스주의 역사 서술은 제1차 세계대전을 자본주의 특성을 가진 전쟁의 확실한 사례로 기술했고 또 기술하고 있다. 또 '자본주의적 평화론'을 비판하는 사람들도 종종 그에 반하는 사례로 제1차 세계대전을 언급한다. 따라서 필자는 이하에서 제1차 세계대전에 관해 보다 심도있게 다루고자 한다.

이미 제1차 세계대전이 발발하기 7년 전에 제2인터내셔널의 사회주의 정당들은 군사주의와 제국주의에 반대하는 결의문을 채택했다.

"자본주의 경제 질서에 기반하고 있는 국가 간의 전쟁은 통상 세계 시장에서의 경쟁의 결과이다. 왜냐하면 각국은 자신의 판매 지역을 공고히 해야 할 뿐만 아니라 새로운 판매 지역을 정복하기도 해야 하기 때문이다. … 즉 전쟁은 자본주의의 본질이며, 자본주의 경제 질서가 없어지지 않는 한 전쟁도 사라지지 않을 것이다."[19]

1920년 레닌(Lenin)은 자신의 책 『제국주의, 자본주의 최고 단계(Imperialism, the Highest Stage of Capitalism)』의 독일어판 서문에서 자신의 글은

"1914~1918년의 전쟁이 양측 모두에게 제국주의 전쟁(정복 전쟁, 약탈 전쟁), 세계를 분할하려는 전쟁, 식민지와 금융 자본의 '영향 범위' 등을 나누고 다시 나누기 위한 전쟁이라는 것을 증명한 것"이라고 썼다. 생산 수단에 대한 사적 소유가 존재하는 한 이런 전쟁은 "절대로 피할 수 없다"라는 것이다.[20]

베르너 플룸페(Werner Plumpe)는 전쟁의 원인을 분석하면서 1914년 8월 이전에는 독일 기업들이 전쟁을 원했다거나 또는 어떤 식으로든 전쟁의 발발을 지지했다는 증거를 전혀 찾을 수 없다는 결론을 얻었다.[21] 어떻게 전쟁이 독일 경제에 도움이 될 수 있다는 것일까? 전쟁이 일어나기 전 수십 년 동안 대규모 수출지향적 기업들은 유례없는 성장세를 경험했다. 크루프(Krupp)와 티센(Thyssen) 같은 중공업 분야의 대규모 콘체른들조차 수출 비중이 상당히 높았고, 이는 전쟁과는 어울리지 않는 것이었다.[22]

"급성장하던 세계 시장에서 아주 강력한 위치를 차지하면서 대단한 성공을 거두고 있던 독일 산업계에 특히 자신의 고객을 상대로 펼쳐질 가능성이 매우 높았던 전쟁은 그야말로 **최악의 시나리오**였다."[23]

플룸페는 아주 분명하게 전쟁에 반대했던 주요 산업계 인사들의 발언을 소개한다. 이들이 두려워하던 것이 전쟁의 발발과 더불어 현실이 되었다. 전반적인 수출 금지 조치가 취해졌고, 외국으로부터의 수요는 갑자기 사라졌으며 국내 수요도 감소했다.

"주요 시장에서의 광범위한 퇴조를 고려하면 전쟁의 충격은 상당히 컸다."[24]

다른 국가들의 사정도 다르지 않았다. 제1차 세계대전에 관해 쓴 자신의 저서에서 영국의 역사학자 닐 퍼거슨(Neil M. Ferguson)은 런던의 대다수

은행가는 전쟁이 발발할 것이라는 전망에 경악을 금치 못했다고 전한다.

"전쟁이 국제 무역 금융에 관여하고 있는 주요 외환 은행 전부는 아닐지라도 대부분을 파산 위기로 몰아갈 수 있기 때문이었다."[25]

반유대주의 및 반자본주의자들에게는 악의 화신처럼 되어 있는 로스차일드 가문이 영국과 독일의 갈등을 피하기 위한 노력을 기울였지만 헛수고가 되었고, 이들의 모든 노력은 〈타임〉 지의 외교 분야 편집자 헨리 위컴 스티드(Henry Wickham Steed)로부터 "우리를 중립 정책을 찬동하는 방향으로 몰고 가기 위한 독일계 유대인들의 국제 금융계의 추잡한 시도"라는 이유로 고발을 당했다.[26] 퍼거슨은 기업가들이 거대한 유럽 전쟁을 원했다는 증거는 하나도 없다는 결론을 내렸다.[27]

전쟁이 발발한 후에 기업들이 전쟁 수행을 적극적으로 지원했고 그 중 상당수는 전쟁을 통해 상당한 재산을 모았다는 점이 증거라고 등장한다. 기업가 대부분이 상황에 적응하는 것은 사실이지만, 그것은 경제 체제와는 상관없이 기업가만이 아니라 대부분의 사람이 상황에 적응한다. 기업가들은 자신들이 원하는 외부 환경이 이루어지기를 바랄 수는 있지만 그것을 결정하지는 못한다. 하지만 전쟁은 독일 경제에 장점이 아니라 완전히 정반대였다. 제1차 세계대전이 끝난 후 수십 년간은 인플레이션과 대량 실업 등 경제적 비참함으로 얼룩져 있었으며, 이는 1896년부터 1914년까지의 자본주의 경제 호황과는 전혀 다른 상황이었다. "제1차 세계대전은 제1차 경제적 세계화의 황금시대를 파괴했다"라고 퍼거슨은 말한다.[28]

자본주의는 외국 영토 정복의 경제적 중요성과 그 효용을 확실하게 감소시켰다. 자본주의 이전 경제가 대체로 정적(static)인 상태에 머물러 있을 때는 경제 권력을 확장하고 원자재 수급을 안정적으로 확보하기 위해 외국 영토를 정복하는 것이 중요한 역할을 했었다. 하지만 오늘날에는 한 국가의 크기나 매장되어 있는 원자재가 해당 국가의 경제에 중요한 의미를 갖지 않는다. "원자재나 영토적 문제가 중심이 되면 국가들은 언제나 서로 다른 이해관계를 갖게 된다. 그런데 이러한 차이는 현대 경제가 변화함에 따라 종종 사소한 문제로 전환되어버린다. 원자재는 교역을 통해 쉽게 획득할 수 있기 때문"이라고 가츠키는 설명한다.[29]

러시아는 1,710만 제곱킬로미터나 되는 광대한 영토를 소유한 세계에서 가장 큰 나라이다. 동시에 러시아에는 추정 가치가 75조 7,000억 달러에 달하는 엄청난 원자재가 매장되어 있다.[30] 하지만 러시아의 1인당 국내총생산(GDP)은 겨우 1만 1,774달러에 불과하다.[31] 다른 나라와 비교해보자면, 국토 면적은 겨우 728제곱킬로미터에 불과하고 매장되어 있는 원자재도 거의 없는 작은 나라인 싱가포르의 경우 1인당 국내총생산은 6만 5,233달러로 러시아에 비해 5.5배나 높다.[32] 싱가포르 주식시장의 시장자본화 규모는 7,000억 달러로[33] 러시아(7,450억 달러)와 거의 같다.[34] 이렇게 된 한 가지 이유는 싱가포르는 세계에서 가장 자유로운(즉 가장 자본주의적인) 국가(2021년 경제자유도 세계 1위)인 반면에 러시아는 한참 낮은 순위인 92위에 머물러 있기 때문이다.[35]

독일의 국토 면적은 단지 35만 7,000제곱킬로미터에 불과하고 원자재 매장량도 다른 나라들에 비해 상대적으로 빈약하다. 비교할 수 없을 정도로 작은 국토 면적과 빈약한 원자재 매장량에도 불구하고 독일의 경제력은 3조 8,000억 달러로 러시아의 두 배 이상이며,[36] 1인당 국내총생산은 4만 6,445달러로[37] 러시아보다 네 배나 높다.

엄청난 원자재 매장량은 많은 국가에게 경제적으로 부정적으로 작용하기도 한다. 경제학자들은 이를 '네덜란드 질병'이라고 부르고 또 경제학자 폴 콜리어(Paul Collier)는 '천연자원의 함정'이라 부른다.[38] 즉 한 국가의 경제력에는 옛날과는 전혀 다른 요인들이 중요한 역할을 하는 것이다.

만일 우리가 제2차 세계대전의 원인을 분석한다면, 여기서는 경제적 요인이 얼마나 중요한 역할을 했을까? 여기서는 경제적 요인이 연구에서 흔히 가정하고 있는 것보다 더 중요한 역할을 하는데, 그 이유는 제2차 세계대전을 일으킨 히틀러의 사고에서 경제적 측면이 결정적인 역할을 했기 때문이다.[39] 히틀러의 목표는 동쪽, 즉 러시아에서 새로운 삶의 공간을 정복하는 것이었다. 이에 대해 그는 전혀 숨김이 없었고 이를 자신의 책『나의 투쟁(Mein Kampf)』에서, 그리고 이른바『두 번째 책(Second Book)』및 수많은 연설을 통해 공개적으로 밝혔다.

히틀러는 로자 룩셈부르크(Rosa Luxemburg)나 니콜라이 부하린(Nikolai Bucharin) 같은 마르크스주의 이론가들도 주장했던 '축소되는 시장(shrinking markets)' 이론을 신봉했다.[40] 그는 독일 기업들이 걸어온 길, 즉 수출에 주력하는 것은 엄청난 잘못이라고 여겼다. 히틀러는 선진국들이 산업화를 이루게 되면서 판매 시장은 계속해서 축소될 것이라고 생각했다. 따라서 수출 주도의 길은 막다른 골목에 다다를 것이며, 동쪽에서 새로운 삶의 공간을 확보하는 것만이 이 문제를 해결할 수 있다고 여겼다.

"인간은 생각으로 사는 게 아니라 곡물과 옥수수, 석탄, 철, 광석 등 이른바 땅에 있는 것들이 있어야만 살 수 있다. 만일 이 땅이 없다면, 어떤 이론도 쓸모가 없다. 경제 자체가 문제가 아니라 땅이 문제"라고 히틀러는 말했다.[41] 히틀러는 1942년 5월 30일에 행한 연설에서 이전의 연설 및『나의 투쟁』에서 빈번히 등장하는 자신의 이론을 다시 한번 반복했다.

"인간이 삶의 공간을 확대하지 않으면, 언젠가는 지속적으로 증가하는 민족 구성원 숫자와 변함없이 머물러 있는 삶의 공간 사이에 불균형이 생기게 된다. 이것은 자연이 의도하는 바다. 이를 통해 자연은 지구상에 존재하는 모든 생명체에 그런 것처럼 인간으로 하여금 투쟁하게 만든다. 이 것은 영양 섭취를 위한 투쟁이며, 삶의 근거를 위한 투쟁이며, 지구가 제공하는 원자재를 위한 투쟁이며, 지하에 묻혀 있는 천연자원을 위한 투쟁이며, 과일나무를 심은 사람에게 자연이 제공하는 열매를 위한 투쟁이다."[42]

히틀러는 이 삶의 공간을 러시아를 정복하여 확보하고자 하였다. 이것이 제2차 세계대전이 자본주의적 이해에 의해 촉발되었다는 것을 증명하는 증거는 아닐까? 전혀 그렇지 않다. 히틀러는 자신이 '평화로운 경제적 세계 정복' 전략이라고 불렀던 것을 단호히 거부했다.[43] 그는 독일의 수출 지향 경제 정책은 위험천만한 잘못된 방법이라고 보았다. 히틀러는 동쪽에서 삶의 공간을 정복함으로써 독일을 세계 경제로부터 독립된 자급자족 국가로 만들고자 했다.

민간 자본의 기업들이 원자재의 새로운 공급원과 새로운 시장을 개척하는 것은 히틀러의 관심사가 아니었다. 그는 전쟁 후 정복 지역에 계획 경제를 할 것을 염두에 두고 있었기 때문이다. 소련을 침공한 직후인 1941년 7월 28일 히틀러는 이렇게 선언했다.

"민족의 저력을 의미있게 사용하는 것은 당연히 위로부터의 계획경제를 통해서만 가능하다."[44]

약 2주 후 그는 또 이렇게 말했다.

"경제의 계획과 관련해서 우리는 여전히 **완전 초보 단계**에 서 있다."[45]

그는 약 1년 후에 이러한 생각을 다시 반복해서 드러낸다. 전쟁이 끝난 후에도 **"민족 경제에 대한 국가의 조정**을 결코 포기할 수는 없다." 그렇지 않으면 모든 이해집단이 오직 자신들만의 이해를 충족시키려고 할 것이기 때문이다.[46]

히틀러는 점점 더 소비에트 경제 체제에 매료되었고 그것이 자본주의 경제 체제보다 우월하다고 여겼다.[47] 1944년 4월 말에 있었던 이탈리아 독재자 베니토 무솔리니(Benito Mussolini)와의 회담에서 자본주의는 수명이 끝났으며, 모든 민족이 그것을 더 이상 유지시키지 못할 것으로 확신한다고 밝혔다. 그는 오로지 나치(민족사회주의)와 파시즘 그리고 "아마도 동쪽의 볼셰비즘"만이 이 전쟁에서 살아남을 것으로 보았다.[48] 이렇게 볼 때 경제적인 고려가 히틀러의 삶의 공간 개념에서, 이에 따라 제2차 세계대전에 결정적인 역할을 하였다고 해서 이것을 자본주의가 전쟁을 일으켰다는 증거라고 할 수는 결코 없다.

또한 제1차 세계대전과 제2차 세계대전은 자본주의적 이윤 추구 때문에 발발했으며 부유한 자들의 경제적 이해가 이 전쟁을 유도했다는 테제에 반하는 사실이 많이 있다. 그중 하나는, 경제, 사회 및 정치에서 자본가들의 위치가 전쟁을 통해 상당히 취약해졌다는 점이다. 심지어 토마 피케티(Thomas Piketty)는 『21세기 자본(Capital in the Twenty-First Century)』에서 "20세기의 누진세는 민주주의의 산물이라기보다는 오히려 전쟁의 산물"[49]이라는 주장까지 하였다. 제1차 세계대전까지는 "천문학적인 소득에 대한 세율조차 … 극히 낮았다. … 이는 예외 없이 모든 나라에서 그러했다."[50] 1914년까지 최고세율은 미미한 수준에 머물러 있었다. 프랑스의 경우 그것은 2%였는데 1920년대 중반이 되면 72%까지 올라간다. 이는 특히 제1차 세계대전의 영향이었다고 피케티는 보고 있다.[51] 프로이센에서 최고세율은 1891년부터 1914년까지 변함없이 3%에 머물러 있다가 1919~1920년에 40%로 올라간다. 미국과 영국에서 제1차 세계대전 이후 이 세율은 각각 77% 및 40%로 올라간다.[52]

"물론 1914~1918년의 비극이 없었다면 역사가 어떻게 흘러갔을지는 아무도 모른다. 아마도 의심의 여지 없이 세율이 높아지는 방향으로 갔을 것이다. 하지만 세율의 누진성이 상당히 느리게 진척되었을 것이고 결코 그 수준까지는 도달하지 못했을 것이라는 점에는 의심의 여지가 없다"라고 피케티는 말한다.[53]

독일에서도 제1차 세계대전 이후 상속세 및 증여세 세율은 0%에서 하루아침에 대규모 상속의 경우 35%까지 상승한다.

"전쟁 및 전쟁이 남긴 정치적 파국이 여기에 결정적인 역할을 한 것으로 보인다."[54]

다른 나라들의 사정도 마찬가지였다. 말하자면 제1차 세계대전을 겪으면서 고소득자 및 대규모 자산가들의 세금 부담이 급격하게 증가한 것이다. 제2차 세계대전은 부유한 사람들의 세금 부담을 훨씬 더 크게 늘렸다. 1942년 미국에서 통과된 이른바 '승리법(Victory Act)'은 최고세율을 88%까지 올릴 수 있도록 하였고, 여러 다양한 부가적인 부담까지 합쳐지면서 세율은 1944년에 94%까지 상승했다. 그리고 최고세율이 적용되는 소득 기준선을 크게 낮춤으로써 이 세율의 적용을 받는 사람들을 현저하게 증가시킬 수 있었다.[55]

영국에서는 1940년대에 최고세율이 무려 98%까지 올라갔다.[56] 독일에서도 이 세율이 1941년 64.99%까지 올라갔다.[57] 프랑스에서 전체 소득에서 가장 부유한 사람들이 차지하는 몫이 제2차 세계대전 이후 38년 동안 낮아졌던 것보다 제2차 세계대전 중에 68배나 더 빨리 낮아졌다. 1939년부터 38년 동안 최상위 1%가 차지하는 몫의 전체 감소분의 92%가 1945년 제2차 세계대전 종전까지 7년 사이에 감소한 것이다.[58]

일본에서는 1938년 세금과 소득 이전이 있기 전 신고된 전체 소득의 19.9%가 최고 부자 1%에게 돌아갔다. 하지만 그 후 7년 만에 이 최고 부자 집단에 돌아간 몫은 3분의 2가 줄어든 6.4%로 내려앉았다. 이러한 소득 감소의 절반 이상은 이 소득 집단 내의 10%에 해당되는 슈퍼부자들에게서 일어났는데, 이들의 몫은 9.2%에서 1.9%로 거의 5분의 4나 줄어들었다.[59] 일본 최고 부자 1%가 신고한 자산의 실질가치는 1936년부터 1945년 사이에 90%나 추락했고, 1936년부터 1949년까지의 기간으로 보면 97%나 떨어졌다. 이 기간에 0.1%의 슈퍼부자들의 경우에는 각각 93%와 98%가 줄어들었다.[60] 이 시기에 일본의 경제 체제는 자본주의 시장경제라는 외양만 유지하고 있을 뿐 실질적으로는 한 단계 한 단계 계획경제로 옮겨가고 있었다.[61] 경영자들의 보수도 제한되었고, 강력한 임대료 규제가 시행되었으며, 1935년부터 1943년 사이에 소득세 최고세율은 두 배로 상승했다.[62]

발터 샤이델(Walter Scheidel)은 한 연구를 통해 근대 역사에서 부유한 사람들의 엄청난 자산 손실을 가져온 최대의 원인은 바로 전쟁이라는 사실을 파악했다. 그의 분석에 따르면, 제1차 세계대전과 제2차 세계대전은 "역사상 최고로 세상을 평등하게 만든 것들(levelers)"이다.[63] 제2차 세계대전에 적극적으로 참전했던 국가들의 부자들이 평균적으로 차지했던 소득의 몫이 전쟁 전의 31%로 떨어졌다. 12개 국가를 대상으로 분석한 것이기에 이 결과는 신뢰할 수 있다.[64] 이 기간 중에 불평등이 증가한 나라가 단 두 나라 있었는데, 이 나라들은 전쟁터로부터 가장 멀리 떨어져 있었던 나라들(아르헨티나와 남아프리카)이었다.[65]

"낮은 저축률과 자산 가치의 하락, 물리적인 파괴와 외국 자산의 상실, 인플레이션과 누진적 세율, 임대료와 가격의 통제 및 국유화가 다방면으로 평등화에 기여했다."[66]

두 차례의 전쟁에서 승전국이든 패전국이든 관계없이, 전쟁 중에 점령을 당했든 아니면 종전 후 점령을 당했든 관계없이, 민주주의였든 아니면 독재였든 관계없이 부자들의 자산은 감소했다.[67] 즉 부자들에게 두 차례의 세계대전의 경제적 결과는 파괴적이었다. 이러한 사실은 또한 자본주의자들이 자신들의 이해 때문에 전쟁을 벌인다는 테제를 반박한다. 전쟁이 일어나면 보통 사람들이 대부분 고통을 받는다는 널리 퍼진 인식과는 정반대로 절대적 및 상대적인 소득 감소로 측정한 경제적 관점에서 볼 때 자본가들도 마찬가지로 두 차례의 세계대전에서 커다란 손실을 본 사람들이었다.

그런데 더 최근의 전쟁들은 어떠할까? 미국은 제2차 세계대전 이후에 몇 차례 전쟁을 치렀고, 자본주의 비판가들은 이 전쟁들이 대규모 콘체른들의 경제적 이해가 배후에서 결정적인 역할을 하고 있는 증거라고 계속해서 주장했다. 아마도 이 테제를 뒷받침하는 가장 두드러진 예는 제2차 이라크전쟁일 것이다. 전쟁이 발발하기 전에 실시되었던 설문 조사에서 러시아인의 76%, 프랑스인의 75%, 독일인의 54%, 영국인의 44%가 미국이 이라크의 석유를 통제하기 위해 이라크를 침략할 것이라는 항목에 동의했었다.[68] 독일의 주간 잡지 〈슈피겔(Der Spiegel)〉은 표지에 '석유를 위한 피. 이라크에서 실제로 무슨 일이 벌어지고 있나'라는 표제어를 실으면서 배경으로 미국 성조기 위에 휘발유 주유 노즐과 돌격 소총이 엇갈려 배치된 그림을 넣음으로써 그 답까지 제시했다.[69] 또 미국의 좌파 활동가이자 영화감독인 마이클 무어(Michael Moore)는 2004년 역사상 미국에서 가장 흥행한 다큐멘터리 영화 〈화씨 9/11(Fahrenheit 9/11)〉을 통해 그 주장을 널리 확산시켰다.[70] 노엄 촘스키(Noam Chomsky) 같은 반자본주의자들도 마찬가지로 미국이 이라크의 유정을 확보하는 것이 이 전쟁의 목적이라는 이야기를 퍼뜨렸다.[71] 이들의 관점에서 이것은 호전적인 자본주의라고 하는 테제를 확실하게 확인시켜주는 것이었다.

이 이론들은 이라크의 독재자 사담 후세인이 대량 살상 무기를 보유하고 있으며 국제 테러리스트들과 협력하고 있다고 했던 미국의 공식적인 전쟁 이유가 종전 후 조사에서 해당 근거들을 찾지 못하자 더욱 확고하게 굳어졌다. 정보가 부분적으로 잘못되었으며 게다가 미국 정부가 이를 일방적으로 해석했던 것이다. 추후에 있었던 조사에서는 미국이 주장했던 바와는 달리 이라크에 대량 살상 무기가 없었던 것으로 밝혀졌다. 이는 석유를 위한 전쟁이라는 이론의 화염에 기름을 부은 격이 되었다. 하지만 이 광범위하게 퍼진 관점에 대한 학문적인 분석은 다음과 같은 명확한 결론에 도달했다.

"미국 석유 회사들이 이라크 침공을 어떤 식으로든 요구하거나 촉구한 증거가 전혀 없다. 오히려 정반대가 맞다. 미국의 석유 콘체른들은 오래전부터 이라크의 석유를 확보하기 위한 경쟁에서 프랑스, 러시아 및 중국 등 경쟁자들에게 더 크게 뒤처지지 않기 위해 이라크에 대한 미국과 유엔의 제재가 해제되기를 고대했다. 거의 언제나 그렇듯이 대규모 기업들은 전쟁이 아닌 사업을 하기를 원했다. 미국의 기업들이 이라크의 석유를 점령군 치하에 두면서 대가도 치르지 않고 채굴하여 판매할 수 있을 것이라는 상상은 현실과는 한참이나 동떨어진 것이다."[72]

만일 석유 수급을 개선하고 석유 가격을 낮추는 것이 미국의 목적이었다면, 미국은 유엔 안전보장이사회에서 수출 제한을 해제하라는 러시아와 프랑스의 요구에 응하는 것만으로도 충분했을 것이다.

"또 그런 목표라면, 미국은 고도로 무장되고 인구도 많은 이라크가 아니라 석유 매장량은 훨씬 많으면서도 군사적으로는 매우 취약한 사우디아라비아를 타깃으로 했을 것이다."[73]

그밖에 점령 기간 중이나 그 이후에 미국이 이라크 석유 산업에서 미국의 콘체른들에게 특권을 주려고 했다는 징후도 전혀 없다.[74] 독일의 정치학자 스테판 비얼링(Stephan Bierling)은 이라크전쟁에 관해서 쓴 자신의 저서에서 다음과 같은 명확한 결론에 도달했다.

"'석유를 위해 피를 흘려서는 안 된다(no blood for oil)'라는 주장을 살펴보고 또 살펴봐도, 충분한 사실적 근거는 하나도 없다."[75]

제2차 이라크전쟁의 핵심 이유는 미국이 자신의 힘을 과시하여 본보기를 보임으로써 9.11 테러 이후 미국에 대한 모든 잠재적인 적의 두려움을 높이고자 했다는 것이 그의 분석 결과이다. 그 전쟁은 친구와 적 모두에게 미국을 조롱하도록 그냥 놔두지 않을 것이고, 미국은 무제한의 엄청난 능력을 가지고 있으며, 테러리스트들과 협력하는 국가는 누구를 막론하고 값비싼 대가를 치를 것이라는 사실을 보여주기 위한 전쟁이었다는 것이다.

자본주의와 전쟁의 연관성과 관련해서는 고려해야 할 또 다른 측면이 있다. 미국의 정치학자 존 뮐러(John Mueller)는 그 인과관계가 전도되어 있다고 말한다. 즉 자유시장자본주의가 평화로 이끄는 것이 아니라, 평화가 자본주의의 발전을 촉진한다는 것이다.[76] 그는 또한 경제적 복리와 부를 추구하는 자본주의의 특성상 수천 년은 아닐지라도 수백 년간 주장되어 온 전쟁 개념과는 양립할 수 없다는 점을 지적한다. 평화가 오래 지속되면 비겁함과 나약함이 득세하게 된다는 것이 아리스토텔레스부터 니체에 이르기까지 수많은 철학자가 주장했던 바다.[77] 사상가들과 정치인들은 계속 반복해서 평화 기간이 오래 지속되면 영웅적 행위와 희생정신 및 명예와 같은 높은 가치 대신에 쾌락주의, 표피적인 이기심이 그 자리를 차지한다거나 아니면 전쟁이야말로 진정한 동력이라고 주장했다.[78] 이런 생각들이 다른 생각들, 예를 들면 교역이 정복보다 훨씬 낫다, 전쟁보다는 평화가 인류의 진보에 훨씬 더 많이 기여한다, 경제 성장과 복리가 우선적인 목표라는 생각들로 대체되고 나서야 비로소 전쟁을 정당화하던 사상들이 그 의미를 상실했다.

반자본주의자들이 즐겨 내세우고 있는 또 다른 테제는 자본주의는 그 뿌리가 식민주의(colonialism)에 있다는 것이다. 식민지 확장에 가장 소극적이었던 국가들에서도 자본주의가 큰 성공을 거두었음에도 불구하고, 식민지 쟁탈 전쟁을 자본주의의 탓으로 돌려버리는 것이다. 식민지 정책을 비판하는 반자본주의자들의 용어를 빌리자면, 북아메리카와 미국은 처음에 식민주의의 가해자가 아니라 피해자였다. 미국 및 미국 경제 발전에 식민지 정책은 별다른 의미를 갖지 못했다. 또 오늘날 과거 독일의 식민지 정책에 대한 이야기가 많이 나오고 있지만, 1880년대 이후 독일의 식민지 경영이 경제적으로 부차적인 의미밖에 갖지 못했다는 사실은 자본주의의 뿌리로서 식민주의를 강조하는 테제에 반하는 내용이다.

"미국과 독일 제국의 발전은 이제까지 식민지에서 획득했던 원자재를 적어도 기술적으로 가능한 분야에서 자신들의 생산품으로 대체했으며, 이로써 두 국가의 경제가 식민지 공급원으로부터 해방되었다는 것을 의미한다."[79]

처음에 주도적으로 활동했던 국가들, 즉 영국, 네덜란드 및 프랑스는 19세기 후반이 되면 활동이 주춤해진다.[80] 멕시코에서부터 마카오까지의 식민지를 갖고 최초의 제국주의적 파워를 누렸던 포르투갈과 스페인은 자본주의가 성립되었을 당시에는 서유럽에서 가장 가난한 나라들이었다. 스웨덴과 오스트리아 같은 나라들은 의미 있는 식민지 없이도 부자가 되었다.

전쟁은 자본주의에 뿌리를 내리고 있다거나 자본주의가 특히나 전쟁을 열망한다는 테제에 반하는 주장들이 수도 없이 많이 존재한다. 전쟁이 자본주의 시대보다는 전(前) 자본주의 시대에 훨씬 더 빈번하게 발발했었으며, 제1차 세계대전부터 이라크전쟁까지 위의 테제를 증명한다고 계속해서 언급되는 전쟁들은 실상은 자본주의의 경제적 이해와는 아무런 관련도 없는 다른 이유들로 인해 발생한 것이었다.

제10장
"자본주의에는 언제나 파시즘의 위험이 도사리고 있다"

프랑크푸르트학파의 지도적인 철학자였던 막스 호르크하이머(Max Horkheimer)는 오늘날까지도 여전히 회자되는 문장을 하나 남겼다.

"자본주의에 관한 언급을 회피하고자 하는 사람은 파시즘에 관해서도 침묵해야 할 것이다."[1]

호르크하이머는 파시즘이라는 용어를 사용하여 국가사회주의를 언급하고 있었다. 좌파 이론가들은 나치즘이라는 개념을 피하고 파시즘이란 용어를 사용하기를 선호하는데, 그 이유는 나치즘(Nationalsozialismus, National Socialism)이라는 용어에 사회주의(socialism)라는 단어가 포함되어 있어 이것이 '좋은', '진정한' 사회주의의 이름을 더럽힌다고 생각하기 때문이다. 공산주의 인터내셔널 사무총장이었던 게오르기 디미트로프(Georgi Dimitroff)가 규정한 고전적 개념에 따르면, 파시즘이란 금융자본의 가장 반동적이고, 국수주의적이며 제국주의적 요소를 갖춘 테러 독재이다.[2] 마르크스주의자들에 따르면, 자본가들은 '파시스트 독재'를 통해 자신들의 지배를 공고하게 한다고 한다. 오늘날까지도 많은 사람이 파시즘의 진정한 원인은 자본주의에 있으며, 특히 아돌프 히틀러는 오로지 거대자본가들의 돈으로 권력을 장악했다고 생각하고 있다. 반자본주의자들이 자본주의와 파시즘이 연결되어 있다는 확실한 증거로 나치즘을 언급하고 있으며(이탈리아 파시즘보다 더 많이 언급되고 있다), 필자 또한 이 분야를 철저하게 연구했던 관계로 이하에서는 역사적 사실이 어떠했는지를 살펴보고자 한다.

히틀러는 자신의 초기 연설에서 금융자본 또는 주식시장 자본에 대해 강하게 비판하면서 그 자본의 소지자들이 유대인들이라고 하였다.

"이 자본이 크게 자라났고 오늘날 실질적으로 전 세계를 지배하고 있으며, 그 총액은 측정할 수 없을 정도로 어마어마하고, 그 관계망은 파악할 수도 없을 정도로 커졌다. 그리고 무엇보다도 사악한 것은 모든 정직한 일자리를 타락시킨다는 점이다. 오늘날 이 자본에 대한 이자를 부담해야만 하는 보통의 인간은 자신의 일자리에서 아무리 열심히 일하면서 근검 절약해도 의복을 마련할 돈은 고사하고 먹고 살기 위한 것조차 거의 남지 않는 상황을 그저 가만히 앉아서 바라볼 수밖에 없는 반면에, 이 국제적인 자본은 오로지 이자 수입으로만 수십억을 집어삼키면서 하는 일이라고는 이자를 독촉하고 종이 쿠폰을 뜯는 일밖에는 없다. 이에 따라 인종 간의 격차가 크게 확대되고 있다."[3]

히틀러는 1920년대 초반의 연설에서 '완전한 사회화'에는 반대하면서도 '모든 은행과 금융기관의 국유화'[4] 및 '광물자원과 화학비료의 국유화'를 선언했다.[5] 다음과 같은 1920년의 나치당 강령에는 무언가 혼란스러움이 보인다.

"우리는 [이미] 사회화되어 있는 모든 기업의 국유화를 요구한다."[6]

의회에서 나치당은 사회정책적 문제와 관련해서는 좌익인 독일사민당과 의견의 일치를 이루었다.[7] 나치당은 모든 거대 은행의 국유화 또는 주식 거래 금지를 요구하는 법안을 의회에 제출했다. '은행과 주식거래소의 큰손들'이 차지하고 있는 재산과 '전쟁, 인플레이션 및 (나중에 나타난) 불황에서 얻은 이익'을 압수하자는 것이다.[8]

이러한 요구들에 대해 경제 친화적이었던 〈독일 광산 신문〉은 나치당이 사적 소유에 대해 위협을 가하고 있으며 공산주의자들과 별반 다를 바 없다고 논평했다. 루르 지역의 산업, 은행 및 해운업 소유자들의 콘소시움에 속했던 베를린의 〈독일 알게마이네 차이퉁(Deutsche Allgemeine Zeitung)〉은 나치는 사회민주주의자들이 마르크스주의와 거리를 두었던 딱 그만큼의 마르크스주의의 유산을 물려받고자 하는 것 같다는 결론에 도달했다.[9]

한때 독일국민당(DNVP) 당원이었고 작센 지역 석탄 산업의 주도적인 인물이었던 발터 라데마커(Walther Rademacher)는 사적 소유를 인정한다는 나치의 말은 일고의 가치도 없다는 것을 진작에 알아차렸다. 왜냐하면 나치는 민간 기업가들의 노력이 공공의 복리에 기여할 때만 인정된다는 유보 조항을 내세우고 있었기 때문이다. 이 경우 무엇이 공공복리에 기여하는 것인가에 대한 판단 권한은 전적으로 국가가 가지고 있다. 그런데 국가가 간단히 기업가가 자신의 소유를 잘못 활용했다고 선언하면서 언제든지 기업가의 권리를 침해할 수 있다면, 민간경제 및 자신의 소유물에 대해 통제할 수 있는 기업가의 권한에는 남는 것이 아무것도 없게 된다고 라데마커는 보았다.[10] 이로써 그는 한참 지난 후에야 경제학자 프리드리히 폴록(Friedrich Pollock)에 의해 알려지게 되는 사실을 진작에 알아차린 셈이었다.

폴록은 프랑크푸르트 사회연구소의 공동 설립자였는데, 이 연구소는 나중에 프랑크푸르트학파의 핵심이 된다. 프랑크푸르트학파의 핵심 인사인 호르크하이머의 절친한 친구이기도 했던 폴록은 1941년에 쓴 나치즘의 경제 질서에 대한 논문에서 이렇게 주장한다.

"나는 사적 소유라는 법적 제도가 여전히 유지되고 있고, 나치즘에 고유한 것으로 보였던 많은 특징이 비전체주의적인 국가들에서도, 아직 배아 단계일망정, 두드러지게 나타나고 있다는 점에 전적으로 동의한다. 그러나 그렇다고 해서 이것이 사적 소유의 기능이 변하지 않았다는 것을 의미하는 것일까? 이제껏 벌어졌던 변화의 주요 결과가 정말로 '소수 집단의 권력 증대'일까? 나는 그 변화가 훨씬 더 깊게 진전되고 있으며 사적 소유의 본질적인 특성 하나를 제외하고는 모든 것이 달라졌다고 생각한다. 아무리 강력한 콘체른이라도 최고의 이윤이 예상된다고 하여 새로운 사업을 할 수 있는 권리가 없으며, 이윤이 나지 않는다고 하여 생산을 중단할 권리도 없다. 이 권리들은 포괄적으로 지배 계급들에게로 넘어갔다. 권리를 장악한 집단들 간의 타협을 통해 생산 과정의 규모와 방향이 정해진다. 이런 결정에 거슬러서는 재산권은 아무런 힘이 없다. 자본에 대한 소수 지분을 확보함으로써 갖게 되는 재산권은 말할 것도 없고, 아무리 많은 지분을 가지고 있다고 해도 마찬가지로 아무런 힘이 없다."[11]

이것이야말로 정확히 나치 경제 체제의 특성이다. 나중에나 드러나는 이 사실을 1933년 이전 나치당이 부상하기 전에는 극히 소수의 사람만이 알아차렸다. 그렇지만 당시 대부분의 기업인은 나치의 목표에 관해 의구심을 품었다. 당시 경제계의 지도적 인물 중 한 명이었던 파울 로이슈(Paul Reusch)는[12] 1929년 말에 자신의 회사가 관리하던 신문사들의 주필

들에게 지침을 내렸는데, 그 지침에서 그는 나치당을 공산당, 사회민주당
및 노동조합과 더불어 마르크스주의, 마르크스주의의 해로운 '계급 투쟁
사상', 마르크스주의의 '경제 정책 영역에서의 유토피아적 목표들'을 나르
는 사람으로 이름지었다.[13] 이런 두려움은 말하자면 '자유-자본주의적 경
제 체제'의 종식, '기간산업의 국가사회주의적 사회화' 및 '경제의 하이에
나들'을 제거하고 형사상 소추할 것을 요구했던 나치당의 노동자 세포 조
직 기관지인 〈노동자계급(Arbeitertum)〉과 같은 나치당의 간행물을 통해
더욱 증폭되었다.[14]

물론 히틀러, 헤르만 괴링((Hermann Göring)) 및 다른 지도적인 나치당
원들은 전략적으로 자신들이 전혀 해로운 존재들이 아니라고 기업가들
을 설득했다. 수많은 연설에서 밝혔듯이 국가를 지배하는 것이 자본가들
이라고 생각했던 히틀러는[15] 대기업을 중립화하고자 했으며,[16] 사적인 대
화를 통해 그들을 안심시키려고 하였다.

1930년 독일 제국의회 총선에서 나치당이 처음으로 대승을 거둔 후 경
제계 출신의 몇몇 인사가 나치당에 입당했지만 대부분은 아웃사이더였
다. 그런 인물들 가운데 가장 유명한 사람은 사업가 에밀 키어도르프(Emil
Kierdorf)인데, 그는 1927년에 히틀러의 당에 입당했다가 큰 실망을 하고
1년 후에 탈당해버렸다.[17] 키어도르프와 마찬가지로 많은 기업인은 자신
들이 나치당에 어떤 식으로든 영향을 미칠 수 있으며 나치당의 경제 정
책 방향에 영향력을 행사할 수 있을 것으로 기대했지만, 그런 기대가 환
상이라는 것이 드러났다.[18] 하지만 나치당이 '거대 자본가들'로부터 재정
지원을 받았다는 이야기는 거짓이다. 미국 역사학자인 헨리 터너(Henry A.
Turner)는 이 문제에 대한 자신의 광범위한 연구 결과를 이렇게 요약했다.

"경제계로부터 나치에게 흘러 들어간 돈은 나치의 상대방과 라이벌에게 들어간 돈에 비하면 보잘것없는 규모였다. 모든 것을 서로 비교해본다면, 경제계로부터 나온 재정적 후원금의 대부분은 나치에 반대하는 쪽으로 흘러 들어갔다."[19]

많은 기업인이 선호했고 따라서 이들로부터 많은 기부금을 받았던 독일민족당(DVP)과 같은 시민 정당과는 달리 히틀러의 나치당은 대규모 후원금에 의존하지 않았다. 나치당은 당을 자본의 후원금으로부터 독립할 수 있도록 만드는 자금원을 확보하는 데 성공했다. 이 당은 1920년대 말부터 점점 더 많은 자금을 당원들의 당비로 충당했다. 당원의 숫자는 1925년 2만 5,000명에서 1932년 91만 9,000명으로 증가했다.[20] 당비는 수차례 변경되었다. 1930년에는 기본 당비가 0.80제국마르크(Reichsmark)였는데, 당시 숙련노동자의 한 달 봉급이 200제국마르크였고 복지 수혜자의 한 달 수령액이 50마르크였다.[21] 이에 덧붙여 당원들 간에 특별 후원금 캠페인들이 펼쳐졌고, 당의 준군사조직이었던 돌격대(SA) 대원들은 자신들의 상표가 붙은 담배를 구입해야 했으며 또 민간 보험을 들고 보험료를 납부하기도 했다. 또한 나치당은 수많은 당 대회에 입장하는 사람들로부터 입장료를 받았다. 경찰의 보고에 따르면 나치당은 독일 전국에서 매일 평균 100회의 대회를 열었으며, 매번 입장료를 받았다. 입장료는 1마르크였는데, 당시 우체국 직원의 시간당 임금은 0.9마르크였다.[22]

1932년 제국의회 총선에서 나치당은 37.3%의 득표율로 21.6%를 획득한 사회민주당을 큰 격차로 앞서면서 독일 제1당이 되었다. 정부를 구성할 수 있는 가능성이 커졌다. 나치당이 경제계로부터 더 많은 후원금을 조성할 수 있는 여건이 조성된 것이다. 하지만 『독일 대기업과 히틀러의 부상(Big German Business & The Rise of Hitler)』이라는 책을 쓴 헨리 터너(Henry Turner)에 따르면 "이런 일은 일어나지 않았다. 왜냐하면 점점 더 많은 수의 대기업 기업인이 나치에 등을 돌렸기 때문이다. 히틀러와 나치의 지도적 인사들이 열심히 노력했음에도 불구하고 거의 모든 대기업의 영향력 있는 인사들의 태도는 여전히 유보적이었다. … 1932년 상반기에 나치당이 경제계로부터 받은 후원금의 거의 전부가 정치적 신념이 아닌 다른 동기에서 비롯된 것이었다. 그리고 대부분 나치의 성공을 원해서 후원금을 납부한 것이 아니었다."[23]

많은 기업인이 헤르만 괴링처럼 상대적으로 시장친화적이라고 평가받는 나치들을 타깃으로 후원금을 냈고, 그들이 당내의 급진적 사회주의자들을 몰아내줄 것을 희망했다. 다른 기업인들은 여러 정당에 모두 후원금을 냈으며 그 속에는 물론 나치당도 포함되었는데, 이는 혹여라도 이 당이 집권당이 될 때를 대비하여 일종의 보험을 드는 식이었다. 사업가인 프리드리히 플릭(Frierich Flick)이나 독일화학복합기업(IG Farben)은 모든 시민 정당과 나치당에 후원금을 냈는데, 나치당이 받은 후원금은 다른 정당들에 비해 매우 적었다. 예를 들어 독일화학복합기업은 1932년 총 20만에서 30만 마르크를 여러 정당에 나누어 후원했는데, 나치당이 받은 후원금은 그 가운데 10~15%를 넘지 않았다.[24]

나치가 정부에 참여할 수 있는 가능성이 커지자 자신들의 처지가 특히 위태롭고 정치적으로 취약하다고 판단한 몇몇 사업가는 "실제적 또는 잠재적 통치자에 대해 통상적으로 느끼는 두려움을 갖고 나치를 바라보기 시작했다. 그들은 나치를 '정치적 보험료' 지급 대상 명단에 올려놓고, 권력이 바뀔 때를 대비해 보험을 들기 시작한 것이다. 다른 사업가들은 나치가 권력의 일부를 차지할 것이라는 예견 하에 기회주의적으로 반응했다."[25]

반자본주의자들은 대기업들이 히틀러를 지원했다고 주장하지만, 이와는 달리 히틀러가 제국총리에 지명되기 전 수개월의 결정적인 기간에 대기업들은 아무런 역할도 하지 않았다. 이 기간 중에 히틀러는 대기업들로부터 인기를 얻지 못했다. 히틀러의 당이 대기업들이 긍정적으로 평가하고 있던 프란츠 폰 파펜(Franz von Papen)[26] 정부를 신랄하게 비판하고 있었기 때문이다. 히틀러의 총리 지명에 앞서 당시 제국 대통령이던 힌덴부르크(Hindenburg)가 중심이 되어 벌였던 모종의 책동이 있었는데, 대기업들은 여기서도 아무런 역할을 하지 못했다. 그들에게는 예를 들면 군대와 달리 힌덴부르크에게 접근할 통로가 전혀 없었기 때문이다.

"힌덴부르크의 주변 인물들 사이에서 왔다갔다 하다가 결국 히틀러의 제국 총리 지명으로 막을 내리게 되는 책동이 벌어지는 동안에 독일의 지도적인 자본가들은 소극적이고 아무런 정보도 없는 구경꾼에 불과했다."[27]

1933년 1월 30일 히틀러가 총리에 지명된 후에 경제계 인사 대부분은 일반 독일인들과 마찬가지로 기회주의적으로 반응했다. 히틀러의 총리 지명 후 수개월만에 나치당의 당원은 92만 2,000명에서 263만 명으로 세 배 늘어났다.[28] 공무원, 노동자, 자영업자 등 모든 계층의 사람이 나치당으로 몰려들었다. 너무 많은 사람이 몰려들자 나치당은 1933년 5월 1일 당원 가입을 중단시킬 정도였다.[29] 나치당은 이미 바이마르공화국 선거에서 노동자 표의 상당 부분을 획득했었다. 또한 정치학자 위르겐 팔터(Jürgen W. Falter)가 보여주듯이, 당원 구성에서도 노동자들의 비중이 40%를 차지하면서 이전에 예상했던 것과는 달리 이들이 훨씬 더 중요한 역할을 했다.[30]

경제계도 히틀러 정권으로 돌아서게 되는데, 일부는 열광해서, 또 일부는 기회주의적 행태로, 또 다른 일부는 새로운 정부의 진정한 모습을 잘못 판단하고 그렇게 한 것이다. 후자의 사람들은 새로운 정부의 권력자는 이전과 마찬가지로 히틀러가 아닌 프란츠 폰 파펜이라고 믿었다. 많은 사람이 히틀러도 일단 권력을 장악하게 되면 융통성을 발휘해서 자신의 급진적인 정책을 실행에 옮기지는 않을 것으로 생각했다. 오늘날 우리가 알고 있듯이, 이런 생각은 엄청난 착각이었고 자기기만이었다. 좌파 파시즘이론가들은 나치가 정권을 장악하기 전 펼쳤던 선전 선동은 단지 유권자들을 속이기 위한 것이었으며, 히틀러는 실제로는 자본가들의 이익을 위해 행동했다고 주장했다. 역사는 이것 또한 틀린 주장이라는 것을 보여준다.

괴츠 알리(Götz Aly)는 2005년 자신의 연구물 『히틀러의 수혜자(Hitler's Beneficiaries)』를 출간했다. 이 독일 역사가는 "나치가 인기를 얻은 이유 중 하나는 사회주의 좌파 사상 전통에서 상당수를 가져왔기 때문"이라고 지적했다.[31] 유대인에 대한 대량 학살을 주도한 아돌프 아이히만(Adolf Eichmann)은 자신의 회고록에서 "나의 정치적 감정은 적어도 민족주의를 강조하는 것만큼 사회주의적인 것을 강조하는 좌익에 놓여 있었다"라고 거듭 강조했다.[32] 수백만의 독일인에게 나치가 지닌 매력은 '거족적인 평등에 대한 약속'에 있었다.

"인종적으로 단일화된 거대 집단에 속하는 사람(전체 독일인의 95%가 여기에 속했다.) 사이에서의 내부적인 격차가 줄어들었다. 국가 정책에 의해 국가청년단(히틀러유겐트, Hitler Jugend)에서, 제국 근로봉사대에서, 당의 대규모 조직에서, 서서히 군대에서까지 계층 간의 격차가 줄어드는 것을 많은 사람이 체감할 수 있었다."[33]

알리는 대부분의 독일 사무직 근로자 및 공무원과 마찬가지로 노동자들도 1945년 5월 8일까지 "단 한 푼의 직접적인 전쟁세도 납부한 적이 없다"라고 주장한다.[34] 그는 이것을 '대중을 위한 세금 감면'이라고 부른다.[35] 동시에 "부르주아에게는 엄청난 세금 부담을 지게 했다." 알리가 자산가들이 떠안았던 세금 부담의 사례들로 언급한 것들 가운데 하나가 이른바 부동산인플레이션세로서, 주택 소유자들로부터 1942년 말 80억 제국마르크를 거둬들였다.[36] "나치가 지배하는 동안 비슷한 규모의 부담을 노동자들에게 부과하자는 법률 제정 논의는 단 한 차례도 없었다. 오히려 부동산인플레이션세를 논의하는 과정에서 물질적으로 풍족한 사람들이 전쟁 비용 부담을 훨씬 더 많이 해야 한다는 원칙에 대해 강조하는 내용이 생생하게 기록되어 있다."[37]

알리에 따르면, 1939년 9월부터 1942년 3월까지 제국 재무성은 이런저런 명목의 전쟁세로 총 120억 제국마르크를 거두었다. 이 부담이 사회 계층 간 어떻게 배분되었는지를 보자. 1939년 9월부터 1942년 초까지 총 25억 제국마르크를 거두어들인 담배와 브랜디 및 맥주에 대한 부가세만이 대다수 독일인이 부담했던 세금이었다.[38] 독일 내 전쟁 비용 부담의 75%는 기업과 고소득자들의 몫이었다. 노동자 및 저소득 내지 중간소득의 사무직 근로자 또는 공무원들이 부담했던 전쟁세 규모는 극히 미미했으며, "나치 지도부는 단 한 번도 이들 일하는 사람들에게, 기업과 고소득자들에게 부과한 것과 유사한 부담을 안기는 입법에 대해 생각해 본 적이 없다. 반대로 독일 사회의 고소득층과 초고소득층에 대한 세금 부담은 엄청나게 증가시켰다."[39]

물론 알리의 주장들은 최근 역사학자 랄프 방켄(Ralf Banken)이 쓴『히틀러의 조세 국가(Hitlers Steuerstaat, Hitler's Tax State)』에서 반박되고 있다. 방켄은 알리가 제3제국의 고소득자에 대한 부담을 과장했으며, 알리의 연구의 기반이 되었던 자료들이 너무 한정되어 있다고 비판했다.[40] 하지만 방켄도 역시 독일 기업에 대한 조세 부담은 전쟁이 시작되기도 전에 이미 크게 증가했다고 밝혔다. 그는 "독일 기업에 대한 세금 부담이 급격히 증가하는 추세가 분명했으며, 법인세는 거의 최대 35%까지 그리고 사정된 소득세는 거의 52%까지 흔히 부과될 수 있었다"라고 확인했다.[41] 그런데 세율만이 결정적이었던 것이 아니다. 방켄에 의하면, 적어도 마찬가지로 결정적이었던 것은 감가상각의 허용 여건이 급격히 악화되었다는 점이다.

"게다가 1935년부터 훨씬 더 잘 훈련받은 세무 감사관들이 등장했고, 이들은 자신들이 평가할 개별 사례들에 적용할 수 있는 각 산업별 감사 자료의 평균값과 기준점 및 여타 비율들을 참조할 수 있었다. … 그밖에 조세 법원을 통해 기업들이 법적으로 구제를 받을 수 있는 수단은 강력하게 제한되었고, 로비를 하지 못하는 소규모 기업이 재무성에 제기한 청원은 전혀 처리되지 않았다."[42]

전쟁 중에 조세 부담은 부분적으로 70% 이상 증가하였고, 이 부담은 특히 대기업에 집중되었다.[43] 나치당의 당직자들과 나치 정권의 실력자들의 사정은 전혀 달랐다. 이들은 재무성 관리들로부터 수많은 조세 감면을 받을 수 있었다. 경제계를 향한 히틀러의 목소리는 점점 더 날카로워졌다. 그는 '1936년 4개년 계획 기념사'에서 이렇게 말했다.

"경제성(經濟省)은 국민경제적 과제를 설정하기만 하고 그 이행은 민간경제가 담당해야 한다. 하지만 민간경제가 그럴 능력이 없다고 판단이 되면, 나치 국가가 그 과제를 스스로 해결할 방법을 찾아 나설 것이다.”

또 그는 공개적으로 이렇게 협박도 했다.

“독일 사업가들은 이 새로운 경제적 과제를 인식해야 하며 그렇지 않으면 소비에트 국가가 거대한 계획을 세우고 있는 현대 세계에서 더 이상 존속할 수 없다는 것을 알게 될 것이다. **그럴 경우 몰락하는 것은 독일이 아니라 기껏해야 몇몇 사업가가 될 것이다.**”[44]

같은 해 히틀러는 제국당대회에서 다음과 같이 연설했다.

“공산주의가 정말로 우리의 이른바 상위 1만 명 가운데 또는 쓸모도 별로 없는 쁘띠부르주아 가운데 부패한 자들을 제거하는 정화 작업을 기도하고 있었다면, 한동안 그것을 조용히 지켜보았을 것입니다.”[45]

히틀러는 계속해서 만일 민간기업이 국가가 지시하는 임무를 완수하지 못한다면 국가가 이것을 넘겨받게 될 것이라고 경고했다. 이것은 단순한 협박으로 그치지 않았다. 예를 들면 1937년에 ‘헤르만 괴링 제국작업장(Reichswerke Hermann Göring)’이 세워졌고, 1940년이 되면 여기에서 60만 명이 근무했다. 독일의 잘츠기터(Salzgitter)에 있던 이 작업장은 유럽에서 가장 큰 공장이 되었다. 이로써 나치 국가는 종종 선언했던 ‘정치 최우선’에 진심이라는 것과 민간경제가 국가 지침에 역행하는 부문에서는 국가가 직접 나서서 국가 공장을 설립하는 데 주저함이 없을 것이라는 점을 보여주었다.[46]

폴록(Pollock)은 1941년 당시의 나치 경제 체제를 분석하면서 다음과 같은 점을 관찰했다.

“얼마 전까지의 자본주의 시기에는 사회적 권력은 주로 그 사람이 가진 재산권에서 비롯되었던 반면에 나치 정권 하에서 사회적 지위는 각각의 사회적 역할에 의해 결정된다.[47] … 돈만 갖고서는 제한적인 권력만을 가질 수 있거나 (유대인과 같은 경우에는) 전혀 아무런 권력도 갖지 못한다. 그와 반대로 생산 수단에 대한 통제 권력과 동일한 의미를 갖는 정치 권력은 사실상 무제한적인 소득의 원천이 될 수 있다."[48]

국가가 침해해서는 안 되는 부문(이는 민간 자본주의에는 매우 중요하다)에 대한 존중은 나치에 의해 완전히 무시된다. "이에 따라 프로그램의 이행이 국가 권력에 의해 강제되고, 시장의 법칙이나 다른 경제 '법칙들'은 완전히 무시되며," 시장은 "자신의 가장 중요한 기능을 박탈당하게 된다."[49]

이스라엘의 역사학자 아브라함 바르카이(Avraham Barkai)는 나치의 경제 시스템에 관해 철저히 연구한 결과 나치 치하에서 경제에 대한 국가의 침해의 "범주와 깊이는 파시스트 국가인 이탈리아를 포함하여 그 어떤 다른 자본주의 국가들과도 비교할 수 없을 정도로 극심했다"라는 결론에 도달했다.[50]

자본주의에서 수요와 공급의 자유로운 움직임에 의해 형성되는 임금과 가격이 나치 치하에서는 국가에 의해 결정되었다. 독일 경제사학자 디트마르 페치나(Dietmar Petzina)에 따르면, 독일에서 이미 1931년부터 제국물가감독청(Reichspreiskommissar)이 존재하고 있었음에도 1936년 10월 말 제국물가변동감독청(Reichskommissars für die Preisbildung)이 새롭게 지정된 것은 "단순히 기존에 있던 기관이 이름만 바꿔 활동을 재개한다는 것이 아니라, 이 기관이 4개년 계획의 틀 내에서 경제 정책을 조정하는 핵심 기관으로 바뀌었다"라는 것을 의미했다.[51] 제국물가변동감독청의 임무는 단순히 시장가격을 모니터링하고 교정하는 것에 머무르는 것이 아니라, 공식적으로 가격을 결정하는 것이었다.[52]

알리는 한편으로는 사회적 평등화와 다른 한편으로는 잔혹한 '아리안화(Aryanization)'가 서로 맞물려 이루어졌다고 설명하며, 유럽계 유대인의 재산이 어느 정도로 독일 다수 국민에게 유리하도록 열정적으로 국유화되었는지 서술한다.

"실제로 그런 열정은 사회의 일부가 타인의 재산을 국유화할 수 있는 권리를 주장하면서 이를 그 사회에서 동질적이고, 그러므로 차별을 받기까지 한 다수인 '민족' 그 자체를 위한 행동이라는 이데올로기로 정당화하는 곳에서 일반적으로 관찰된다. 바로 여기에 지난 20세기에 벌어졌던 폭력적인 역사의 본질적인 요소가 선명하게 드러난다."[53]

한편으로는 말살 정책을 펴면서 다른 한편으로는 사회 복지 정책을 펴는 것이 결코 상반되는 것이 아니라 서로 얽혀 있었다.

"나치 지도부는 점령하고 종속시킨 나라들의 경제 전체를 희생시키고, 수백만 명을 강제노동시키고, 죽임을 당한 수백만 명의 유대인과 특히 소련에서 굶어 죽은 사람들의 재산을 아리안의 것으로 만듦으로써 독일 대중이 광범위한 정복 전쟁에 직접적으로 참여하게 만드는 기반을 마련했다."[54]

즉 나치는 사회주의적-전체주의적 체제가 갖고 있는 많은 특성을 공유하고 있다.

"방법상으로는 차이가 있지만, 제3자를 희생시켜 대중의 사회적 형편을 향상시킨다는 것이 20세기 정치사상의 핵심 요소 중 하나이다. 나치당의 민족사회주의는 바로 이것의 연장선상에 있는 것이다."[55]

히틀러와 나치는 제3제국에서의 민족 공동체(national community)를 선전했다. 좌파 파시즘 이론은 이 개념이 실체적인 내용은 아무것도 없는 하나의 위장 전술이었다고 주장했다. 하지만 최근 몇 년간 발표된 연구 결과들은 이러한 주장이 옳지 않다는 것을 밝혀냈다.

역사학자 노베르트 괴츠(Norbert Götz)는 민족 공동체를 하나의 '평범한 신화' 또는 나치즘의 하나의 단순한 '약속' 정도로 치부해버리는 널리 퍼져 있는 견해는 제3제국이 민족 공동체 개념을 하나의 사회적 실체로 구현했다고 주장하는 것만큼이나 단편적이라고 강조한다.[56] 비록 민족 공동체라는 개념의 정확한 의미에 대해 역사학자들 간에 여전히 설왕설래하고 있지만, 2012년 역사학자인 데틀레프 슈미셴-아커만(Detlef Schmiechen-Ackermann)이 주장한 다음과 같은 내용에는 몇 가지 시사점이 있다.

"민족 공동체 현상의 효과성과 적어도 단기간의 통합력을 완전히 무시하는 모든 해석은 더 이상 타당성을 인정받지 못할 것이다."[57]

히틀러가 했던 수많은 발언에서 알 수 있듯이, 나치는 전쟁이 끝난 후에 계획경제를 확충할 계획을 세웠다.[58] 점점 더 소비에트 경제 체제에 매료된 히틀러는 1942년 8월 측근들에게 이렇게 말했다.

"만일 스탈린이 10년이나 15년 더 권좌에 머무른다면, 소비에트러시아는 지구상에서 가장 강력한 국가가 될 것이다. 150년, 200년, 300년이 흘러가도 이 나라에서 벌어지는 일은 참으로 전무후무한 현상이기 때문이다! 일반적인 생활 수준이 증진되었다는 점에 대해서는 의심의 여지가 없다. 사람들은 더 이상 배고픔에 시달리지 않는다. 무엇보다도 그들은 불과 2년 전만 하더라도 아무도 알지 못했던 시골 마을에다 헤르만 괴링 작업장 규모에 버금가는 공장을 지었다는 말을 하지 않을 수 없다."[59]

또 다른 측근들과의 자리에서 그는 스탈린은 천재적인 인물이며 누구나 '그를 존경하지 않을 수 없고', 더구나 그의 광범위한 경제 계획에 대해서는 존경을 금할 수 없다고 말했다. 또한 그가 미국과 같은 자본주의 국가들과는 달리 소련에는 실업자가 존재하지 않는다는 말을 덧붙였다는 점 등을 고려한다면, 히틀러가 소비에트 경제 체제에 기울었다는 점에는 의심의 여지가 없다.[60]

측근들과의 자리에서 히틀러는 수차례에 걸쳐 거대 주식회사, 에너지 기업 및 '필수적인 원자재'를 생산하는 경제 부문(예: 철강산업)을 국유화해야만 한다고 언급했다.[61] 물론 전쟁은 그런 식의 급진적 국유화 개념을 실현하기에 적절한 시기는 아니었다. 히틀러와 나치들도 이런 형편을 잘 알고 있었기에 그들은 국유화에 대한 두려움을 가지고 있었던 기업인들을 달래는 데 온갖 노력을 기울였다. 친위대장 하인리히 힘러(Heinrich Himmler)의 1942년 10월의 메모장에는 이런 글이 적혀 있다. "전쟁 기간에는 독일의 자본주의 경제의 근본적인 변화는 가능하지 않다. 이에 대항해서 싸우는 사람은 누구나 스스로가 사냥당하게 될 것"이다.[62]

1944년 7월에 친위대의 한 돌격대장이 작성한 보고서에는 "왜 친위대가 경제를 운영해야 하는가?"라는 질문에 다음과 같은 답변이 적혀 있다.

"이 질문은 순수하게 자본주의적으로 사고하는 사람들의 진영에서 나오는 것으로, 이들은 기업이 공적인 것이라거나 또는 적어도 공적인 특성을 가지고 있다는 사실을 보려고 하지 않는다. 자유주의적 경제 체제는 경제 우선, 즉 경제가 우선이고 국가는 그 다음이 되어야 한다고 요구한다. 이에 반해 나치즘은 국가가 경제에 대해 명령을 내리고, 국가가 경제를 위해 존재하는 것이 아니라 경제가 국가를 위해 존재하는 것이라는 입장이다."[63]

이제까지 살펴보았듯이, 바로 이것이 시종일관 히틀러의 원칙이었다. 그러기에 바이마르공화국 당시 대부분의 기업인이 나치를 거부하거나 적어도 나치에 대해 회의적인 태도를 보였던 것이다. 히틀러를 적극적으로 지지하고 금전적으로 지원했던 기업인은 드물었다. 하지만 히틀러가 권력에 점점 더 가까이 다가감에 따라 나치에 순응하고 알아서 복종했던 경제계 기회주의자가 늘어났다. 그리고 히틀러 집권 후 초기 몇 년간 기업인들은 열광했다. 하지만 수많은 노동자, 사무직 근로자 및 공무원들도 마찬가지로 그랬다. 한편 파시즘이 금융자본의 지배 형태라거나 대기업들이 후원금과 영향력을 행사해서 히틀러를 권좌에 앉혔다는 테제는 역사 연구를 통해 반박되고 있다.

제2부

반자본주의 대안들

"사회주의는 서류상으로는 항상 좋아 보인다. 그 서류가 역사책 안에 있을 때를 제외하고는…"

앞에 실린 열 개의 장은 자본주의에 대한 대안이 필요 없다는 점을 보여준다. 자본주의가 기아, 빈곤, 전쟁 등에 책임이 없기 때문이다. 그런데도 이 장에서는 자본주의에 대한 어떤 반대 모형들이 존재하는지 탐구할 것이다.

매일, 누군가가, 어느 곳에서, 자본주의에 대한 새로운 대안들을 생각해내고 있다. 예를 들어, '성장 후 경제'나 새로운 사회주의 질주들에 관해 셀 수 없이 많은 책과 이론이 있다. 나는 그러한 이론들을 다루기를 원하지 않는데, 이것들은 오직 서류상으로만 존재하고 실제로는 전혀 시험해보지 않았기 때문이다. 첫째, 그것들이 너무 많고, 둘째, 나는 현실을 이론, 책, 혹은 사고 구성(thought construct)과 비교하는 것이 불공정하다고 생각한다. 그것은 당신의 결혼을 다른 현실 생활 결혼들과 비교하기보다, 야한 연애 소설에서 이상적인 사랑의 서술들에 대비하여 평가하는 것과 같을 것이다. 만약 내가 당신의 결혼이 소설가가 생각해낸 관계 중 하나만큼 완전하지 않다고 비판한다면, 당신은 당신의 결혼을 실제 결혼들과 비교하는 것이 훨씬 더 사리에 맞을 것이라고 반박할 것이다. 그것이 내가 이 장에서 따를 권고이다.

반자본주의자들이 저지르는 가장 큰 실수는 자기들의 머리에서 완전한 사회 혹은 경제 질서를 만들고, 많은 사람이 자기들의 비전을 공유하기만 하면, 현실 세계에서 자기들의 지적 구성을 집행하는 것이 가능하리라고 믿는 것이다. 또한 똑같은 함정에 빠지는 친자본주의자들도 있다. 그들은 당연히 현존하는 혼합 체제들의 단점들을 비판하고 '순수' 자본주의의 이상적인 자유주의 이상향을 생각해내는데, 그러나 이것은 세계 어느 곳에서도 존재하지 않고 결코 존재한 적도 없다. 그들도 역시 현실의, 존재하는 체제를 지적인 구성과 비교한다.

자본주의는, 사회주의와 달리 지식인들이 고안한 체제가 아니다. 그것은 동물들과 식물들이 자연 세계에서 진화했고 계속해서 진화하는 것과 같이, 중앙의 지도 계획이나 이론의 필요 없이 유기적으로 진화한 경제 질서이다. 프리드리히 아우구스트 폰 하이에크가 제공한 가장 중요한 통찰 중 하나는 기능하는 제도들의 기원이 "고안이나 설계가 아니라, 성공한 것들의 생존에"[1] 있는데, "성공적인 제도들과 습관들의 모방에 의한 선택"[2]을 통해서라는 것이다.

물론 자본주의는 계속 발전하고 진화하기도 할 것이다. 사실상 하나의 체제로서 자본주의의 주요 강점 중 하나는 그것이 끊임없이 변하고 있고 적응하고 있다는 점이다. 그렇지 않으면 그것이 그렇게 성공적이지 않을 것이다. 그리고 자본주의가 지난 200년 동안 몇 번이고 바뀌었던 것과 같이, 그것은 미래에도 계속해서 바뀔 것이다. 이 변화들은 주요 위기들과 진화적 발전들로 촉발될 것이지만, 이는 경제 생활의 현실에서 일어나지 완전한 사회를 생각해내는 지식인의 상아탑에서 일어나지 않을 것이다.

자신의 저서 『사회주의, 절대 사라지지 않는 실패한 사상(Socialism, The Failed Idea That Never Dies)』에서, 크리스티안 니미츠(Kristian Niemietz)는 지난 100년 동안 총 두 다스 이상의 사회주의 실험을 꼽는다. 이 실험 중 태반은 카를 마르크스를 주문으로 불러냈다. 많은 사람은 오늘날 이 실험들에 관해 아무것도 혹은 거의 아무것도 모르는데, 필자는 그래서 그것 중 몇몇을 이 장에서 더 자세하게 논하고 싶다. 그러나 필자는 먼저 사회주의자들이 이것으로 깊은 인상을 받지는 않을 것이라는 점을 언급하고 싶다. 그들은 세계가 아직 '진정한 사회주의'를 본 적이 없으므로 이 실험 중 어느 것도 '진정한 사회주의'의 칭호를 받을 자격이 없다고 주장할 것이다.

지난 약 100년 동안, 카를 마르크스의 아이디어에 기반을 두고 있다고 주장한 모든 체제가 실패했다고 지적하는 사람 누구든 이 체제들이 그의 이름을 제멋대로 썼고 그가 생각했던 본질적으로 올바른 사고들을 잘못 적용했다는 비난에 직면할 것이다. 이것은 반자본주의자들이 사용하는 주요 면역 전략, 즉 '착한 카를 마르크스(good Karl Marx)'를 실패한 마르크스주의 정치 관행과 분리하는 것이다.

당신은 사상가나 예언자가 오해되는 데 대해 그 사상가나 예언자를 비난할 수 있는가? 물론 아니다. 그들이 오해되는 것은 흔한 현상이다. 사람들은, 완전히 비기독교적 방식으로 행동하면서도, 얼마나 자주 예수 그리스도를 인용했던가! 그렇지만 그런데도 전 세계에 그의 가르침을 아주 올바르게 이해하는 많은 기독교인이 있었고 또한 지금도 존재한다. 그리고 예수는 결국 이승에서 낙원의 실현을 위한 이상향을 설계했다고 주장하지 않았다. "나의 왕국은 이승의 것이 아니니라"[3]라고 그는 제자들에게 말했다. 그러나 카를 마르크스의 왕국은 이승의 것이 되어 있었다.

무엇보다도, 어느 사상가가 **항상 그리고 예외 없이** 오해되었고 **단 하나의 체제도** 그의 사상들을 '올바르게' 집행하지 않았다고 주장하는 것은 아주 다르다. 그렇지만 반자본주의자들은 마르크스에 관해 이렇게 이야기한다. 만약 당신이 마르크스주의를 고안한 사람의 생각들을, 그 나라들에서 그의 사상들이 결코 '적합하게' 실행되지 않은, 마르크스주의의 현실 세계 집행과 분리하기를 원하는 누구에게든 질문한다면, 당신은 대답을 얻지 못할 것이다. 이유는 간단하다. 마르크스를 주문으로 불러내고 있거나 불러냈던 모든 사회주의 체제는 소련에서건, 중국에서건, 유고슬라비아에서건, 동독에서건, 북한에서건, 알바니아에서건 예외 없이 실패했기 때문이다. 이 나라 각각은 서로 다른 방식으로 마르크스주의를 실험했지만 모두 궁극적으로 실패했다. 왜냐하면 그들은 경제적으로 비효율적이었기 때문이다.

한 이론이 100년 이상의 기간에 걸쳐 항상, 전적으로 오해되었다는 명제는 극도로 뻔뻔스럽고 기본적으로 어떤 이론가에 관해서건 파멸에 이르는 기소장일 것이다. 결국 그것은 이론가들이 자신을 표현하지 못했고 오직 혼란의 씨를 뿌리는 데만 성공했다는 점을 의미할 것이다. 그러나 이 점은 마르크스를 부당하게 다루는 것일 것이다. 그의 글쓰기는 의도적이고 그는 미래 사회주의 혹은 공산주의에 관한 자기의 관념들을 공식화하는 데서 극도로 모호한 채로일 작정이었다. 예를 들면, 그의 초기 저작들에는 단지 소수의 고립된 진술만 있다. 마르크스는 사회주의 사회의 기성품 모델을 설계하는 '공상적 사회주의자'가 되기를 원하지 않는다고 선언했다. 그러나 사회주의는(계급 없는 공산주의 사회로의 길 위에서 과도 단계로서) 생산 수단의 사적 소유의 폐지에 기반을 두게 되어 있었다. 그것은 마르크스가 명백하게 반복해서 진술한 점 중 하나다. 그리고 그것은 세계가 지금까지 경험한 각각의 사회주의 체제에서 일어난 상황이다. 생산 수단의 사적 소유의 폐지, 생산되는 것을 기업가들이 결정하고 가격들이 본질적인 정보 원천인, 시장 질서를 국가 운영 경제로 대체한 것은 소련이나 중국에서건, 쿠바나 북한에서건, 동독이나 어떤 다른 동구권 나라에서건, 모든 사회주의 체제의 공통 특색이었다. 레닌과 마오쩌둥, 피델 카스트로와 김일성, 발터 울브리히트와 모든 다른 공산주의 지도자는 이 가장 중요한 점에 관해 마르크스를 아주 정확하게 이해했다.

그러한 체제가 항상 실패할 운명인 이유들은 이론적으로 루트비히 폰 미제스에 의해 1922년에(소련에 최초의 사회주의 국가가 수립된 다섯 해 후에) 자신의 저서 『사회주의: 경제학적이고 사회학적인 분석(Socialism: An Economic and Sociological Analysis)』에서 설명되었다. 버지니아대학교 경제학 교수 거트루드 E. 슈뢰더(Gertrude E. Schroeder)에 따르면, 지난 100년 동안 역사적 진전들은, 모든 이론 중에서 그의 이론을 아마도 가장 명백하게 부인하면서 실제로 카를 마르크스가 그릇되었음을 단정적으로 증명하였을 뿐만 아니라, 루트비히 폰 미제스가 쓴 모든 것이 옳음을 증명했다.[4]

1871년의 파리 코뮌과 같이 대부분이 곧 실패한, 사회주의를 집행하려는 많은 시도가 있었다. 그 후에 최초로 소련에서 10월 혁명의 결과로 주요 시도가 이루어졌다. 오늘날에는 거의 누구도 소비에트 체제를 옹호하지 않을 것이다. 하지만 1930년대에는 달랐다. 지도적인 지식인들, 작가들, 시인들, 언론인들은 모두 소련과 지도자 스탈린을 향해 열광하고 단결

했다. 저명한 프랑스 작가 앙리 바르뷔스(Henri Barbusse)는 모스크바 붉은 광장 여기저기를 걸었을 때의 생각들을 상세히 서술했는데, 그는 레닌의 무덤에서, "세상에서 잠자지 않는 유일한 사람이 있다. … 그는 실제로 모든 사람을 지켜보고 있는 아버지 같은 형이다. 비록 당신이 그를 모를지라도, 그는 당신을 알고 당신을 생각하고 있다"라는 점에 감명을 받았다. 그리고 그 밤늦게 걷는 사람의 시선이, 불빛이 아직도 빛나는(스탈린은 밤샘하는 사람이었다) 크렘린으로 돌려질 때, 저 높은 곳에 "당신이 누구건, 당신 운명의 가장 좋은 부분이 … 역시 당신을 지켜보고 당신을 위해 일하는 그 다른 사람(학자의 마음, 노동자의 얼굴, 이등병의 옷을 가진 사람)에 맡겨져 있다"[5]라고 차분히 확신했다.

많은 지식인은 스탈린의 테러를 경시했거나 그것을 지지하기조차 했다. 1939년에 노벨 문학상을 받은 아일랜드 극작가 조지 버나드 쇼(George Bernard Shaw)는 1931년 소련 여행 후 햄릿의 유명한 대사를 각색했다.

"우리의 질문은 죽이느냐 죽이지 않느냐가 아니라, 죽일 올바른 사람들을 어떻게 선택하느냐이다."[6]

유명한 독일 작가이자 연극 평론가인 알프레트 케르(Alfred Kerr)는 1939년에 이렇게 썼다.

"소비에트 공화국의 현실은 내가 의식하기로는 가장 위대하고 가장 만족스러운 사실 중 하나다. 여기에 2000년만에 처음으로, 에너지를 통해 세계에 정의를 가져오기 위한 매우 정직한 시도가 행해지고 있다. 만약 내가 내일 죽는다면, 겁 많고 후진적인 세계 한가운데에서 이 고립된 현상을 생각하는 것은 마지막, 유일하게 진정한 위안이 될 것이다."[7]

볼셰비키의 사상과 스탈린에 대한 그러한 칭찬은 흔한 일이었고, 그를 찬양한 사람들은 지식인 사회에서 결코 국외자가 아니었으며, 장-폴 사르트르(Jean-Paul Sartre)와 베르톨트 브레히트(Bertolt Brecht)같이, 오늘날까지 존경받는 문인들이었다. 이는 헝가리계 미국인 역사가 폴 홀랜더(Paul Hollander)와 크리스티안 니미츠의 책들에 실린 인용들에서 증거를 찾을 수 있다. 러시아 철학자 미하일 리클린(Michail Ryklin)은 유럽 필자의 대다수가 "소비에트 체제를 칭찬했거나 판단을 내리는 것을 삼갔다"[8]라고 썼다.

누구도 오늘날 스탈린을 옹호하지 않는다고 할지라도, 레닌과 트로츠키를 숭배하는 좌익 정당들의 지도적인 정치인이 여전히 많이 있다. 그들은 '스탈린주의'를 경멸하지만 그 다음 계속해서 레닌과 트로츠키에 대한 자신들의 지지를 공언한다. 그 한 예가 몇 년 전까지 영국 노동당에서 지도적인 인물 중 한 명이었던 존 맥도널(John McDonnell)이다. 노동당의 2015년 지도부 선거에서 그는 제러미 코빈(Jeremy Corbyn)을 지지했고, 코빈은 맥도널을 내각 재무 장관으로 임명했다. 맥도널은 자기에게 지적 영향력을 끼친 가장 중요한 사람들을 '마르크스, 레닌, 트로츠키'[9]로 인용했다. 독일의 좌파당(Die Linke party) 지도자, 야니네 비슬러(Janine Wissler)도 역시 2021년 2월 그 정당의 지도자로 선출되기까지 트로츠키주의 마르크스21(Trotskyist Marx21) 집단의 회원이었다. 트로츠키주의자들에 따르면, 사회주의 소련은 레닌과 트로츠키가 정책을 형성했을 때 가장 좋은 상태에 있었지만, 레닌의 사망 후 스탈린 치하에서 나쁜 일이 계속 일어났다.

그러나 사실상 공산주의의 범죄들은 볼셰비키들이 권력을 장악하고 다수의 러시아 국민에 대한 전쟁을 선포하자마자 곧 시작되었다. 전쟁은 부르주아 계급에 대한, 부자들에 대한 투쟁으로 시작되었다. 1917년 12월 레닌은 "이 인간 쓰레기, 이 희망 없을 정도로 부패하고 시들은 수족들, 이 전염병, 이 역병, 이 궤양," 특히 "부자들과 그들의 측근들," 부르주아 지식인들에 대해 극단적인 폭력을 사용할 것을 요구했다.[10] 그의 목적은 "러시아 땅에서 모든 사회 해충을 **추방하는** 것," 부자들과 기타 불량배들을 몰아내는 것이었다. 이 일을 어떻게 해야 하는지 그는 극단적인 말들로 설명했다.

"한 곳에서는 열 명의 부자, 더 많은 불량배, 자기 일을 게을리하는 여러 명의 노동자가 … 투옥될 것이다. 또 한 곳에서 그들은 변소 청소에 배치될 것이다. … 네 번째 곳에서는, 매 열 명의 게으름뱅이 중 한 명이 현장에서 총살될 것이다."[11]

1917년 12월 볼셰비키들은 토지와 부동산을 국유화했다. 1만 명 이상의 주민이 사는 모든 도시에서 재산 소유자들은 소유권을 빼앗겼다. 1918년 2월 볼셰비키들은 실직한 프롤레타리아들과 병사들을 거주시키기 위해 부유한 가족들을 자기들의 아파트에서 쫓아내기 시작했다. 평의회가 임명한 '주택 위원회들'은 재산 소유자들을 등록했고 그들을 자기들의 집에서 쫓아냈다.

"새로운 시대는 노동자들과 농민들에게 많은 새로운 기회를 제공했지만, 옛날의 엘리트에게는 삶을 살 가치가 있는 것으로 만들었던 모든 것의 종말을 의미했다."[12]

몇몇 곳에서 노동자들은 공장 관리자들과 기술자들에게 유혈 복수를 했다. 때로는 그저 자기들이 부르주아라고 여긴 누구에게든 그렇게 했다. 이런 짓은 양복을 입고 있거나 육체노동을 하지 않는 누구에게든 해당하였다.[13] 소작농들은 지주를 몰아내고 토지를 차지했다.

"혁명은 하층 계급들이 사유지들을 약탈하고 지주들을 추방하도록 허용했다. 그것은 또한 노동자들이 자기들이 살던 빈민가에서 도심부로 진입하고 공공장소들을 정복하며 사회에서 남은 것에 자기들의 규칙을 강제할 수 있게 하였다."[14]

전쟁, 내전, 혁명, 사회주의의 결과로, 농업 생산은 1914년과 1921년 사이 57%만큼 떨어졌다. 가축류는 1916년과 1922년 사이 33% 감소했고, 농업용 토지량은 35% 감소했다.[15] 그러므로 식량 상황이 매우 어려웠다. 그런데도 볼셰비키들은 기아를 부르주아 계급에 대한 계급 투쟁의 무기로 사용했다. 레닌은 기아에 대해 '부자들'을 비난했다. 증오의 대상이 되고 희생양이 되어야 했던 부자들에 대해 레닌이 설명했다.

"기근은 러시아에 빵이 없다는 사실 때문이 아니라 … 부르주아 계급과 일반적으로 부자들이 이 가장 중요하고 날카로운 질문인 빵의 질문에 관해서, 고되게 일하는 사람들의 지배에 대항해, 노동자들의 국가에 대항해, 소비에트 정부에 대항해 마지막 결정적인 투쟁을 하고 있다는 사실 때문이다. 부르주아 계급과 시골 부자들, 부농들을 포함하여, 일반적으로 부자들은 곡물 전매를 훼방 놓기 위해 최선을 다하고 있다. 그들은 전 주민에 빵을 공급하기 위해 국가가 착수하는 곡물 배급을 혼란에 빠뜨리고 있다."[16]

페트로그라드, 지금의 상트페테르부르크에서, 1인당 칼로리 할당량이 1918년 가을에 공포되었다. 노동자들은 하루 빵 100그램, 달걀 두 개, 요리용 기름 10그램, 말린 채소 10그램의 배급을 받을 수 있었지만, "부르주아들, 부동산 소유자들, 상인들, 상점 주인들 등"은 단지 빵 25그램만 받을 수 있었고 달걀, 요리용 기름, 채소는 받을 수 없었다.[17] 반면 당원들은 구내식당에서 먹을 수 있었고 식품 꾸러미들을 받았으며, 고위 당료들의 가족을 위해 설립된 특별 상점들을 이용할 수 있었다.[18]

소비에트 정치 경찰의 첫 지도자 중 한 사람, 마르틴 이바노비치 라치스 (Martin Ivanovich Latsis)는 1918년 11월 1일 부하들에게 지시했다.

"우리는 특별히 어떤 사람들에 대해 전쟁을 하지 않는다. 우리는 부르주아 계급을 하나의 계급으로서 절멸하고 있다. 여러분이 수사할 때, 소행에서든 소비에트 당국에 반대해 말하거나 행동하는 것에서든, 피고인이 한 것에 관한 기록들이나 여러 증거를 찾지 마라. 여러분이 그에게 물어야 하는 첫 번째 질문은 그가 무슨 계급 출신인지, 그의 뿌리, 그의 교육 정도, 그의 훈련, 그의 직업이 무엇인지이다."[19]

부르주아 계급의 다수는 큰 도시에서 크림반도 등지로 도망쳤다. 그러나 그들이 어디에서 붙잡히든 그들은 테러를 당했다. 한 대량 학살에서, 1만 명에서 2만 명의 사람이 총살되거나 린치를 당했다.

"크림반도의 세바스토폴(Sevastopol)에 있는 나히몹스키(Nakhimovsky)에서는 거리에서 체포된 관리들, 병사들, 시민들의 매달린 시체들을 누구나 볼 수 있었다. 도시는 죽었고, 살아남은 유일한 사람들은 다락이나 지하실에 숨어 있었다. 모든 벽, 상점 문, 전봇대는 '반역자들에게 죽음을' 요구하는 포스터들로 덮여 있었다. 그들은 재미로 사람들을 목매달고 있었다."[20]

부르주아 계급은 즉각 소유권을 빼앗기지 않은 곳에서는 극히 높은 세금을 내야 했다. 그들에게 세금을 확실히 받아내기 위해 수백 명의 부르주아가 인질로 잡혀서 강제 수용소에 감금되었다. "노동자들의 소비에트의 결의에 따라, 5월 13일은 부르주아 계급의 재산 수용일로 선언되었다"

라고 1919년 5월 13일 오데사 노동자 대표 협의회(Council of Workers' Delegates of Odessa)의 신문 〈이즈베스티야(Izvestiya)〉가 선언했다.

"재산 소유 계급들은 식품, 신발, 의복, 보석, 자전거, 침구, 시트, 식탁용은 제품, 도자기, 노동 인구에 필수적인 기타 물품들을 묻는 질문지에 답을 써야 할 것이다. … 이 신성한 과업에서 징발 위원회를 돕는 것은 모두의 의무이다. 징발 위원회를 돕지 않는 누구든 즉각 체포될 것이다. 저항하는 누구든 지체없이 처형될 것이다."[21]

볼셰비키 신문들에 단골로 실린 주제는 체카 요원들(반혁명 운동, 투기 및 사보타주와 싸우기 위해 만든 비상 전 러시아 위원회의 요원들)과 적위군(赤衛軍)들의 변소와 막사를 청소하도록 강제된 부르주아 계급의 모욕에 대한 것이었다. 〈오데사 신문〉은 이렇게 보도했다.

"만약 우리가 여러 명의 이런 흡혈 천치를 처형하면, 만약 우리가 그들을 거리 청소부의 지위로 격하시키고 그들의 마누라들에게 적군(赤軍) 막사를 청소하도록(그것은 그들에게 영예일 것이다) 강제로 시키면, 그들은 우리의 권력이 우리 생활의 일부라는 점을 이해할 것이다."[22]

이 모든 폭력 행위는 착취와 억압을 최종적으로 제거하는 '고상한' 목표로 정당화되었다. 그리고 이 목표가 매우 위대했으므로, 모든 수단이 정당화되었다. 키에프 체카의 신문 〈붉은 검(Krasnyi Metsch)〉에는 이런 사설이 실렸다.

"우리는 부르주아 계급이 '하층 계급'을 억압하고 착취하기 위해 고안한 도덕성과 인간성의 구 체계를 거부한다. 우리의 도덕성은 선례가 없고, 우리의 인간성은 절대적인데, 왜냐하면 그것은 새로운 이상에 의거하기 때문이다. 우리의 목적은 모든 형태의 억압과 폭력을 파괴하는 것이다. 우리에게는 모든 것이 허용된다. 왜냐하면 우리는 인종들을 억압하고 그들을 노예 상태로 떨어뜨리기 위해서가 아니라, 인간성을 그것의 족쇄에서 해방하기 위해 검을 든 최초의 사람이기 때문이다. … 피? 피가 물같이 흐르게 하라! 부르주아 계급이 단 검은 해적의 깃발을 피로 영원히 얼룩지게 하고 우리의 깃발이 영원히 핏빛같이 붉게 하라! 오직 구 세계의 사망을 통해서만 우리는 그런 주구(走狗)들의 귀환에서 영원히 해방될 수 있기 때문이다."[23]

페트로그라드의 정당 지도자이자 볼셰비키의 중추 지도부 집단의 구성원인 그리고리 지노비예프(Grigory Zinoviev)가 1918년 9월에 썼다.

"우리의 적들을 처리하기 위해, 우리는 우리 자신의 사회주의 테러를 일으켜야 할 것이다. 이를 위해 우리는 1억 러시아인 중에서 9,000만을 훈련해서 그들 모두가 우리를 편들게 해야 할 것이다. 우리는 다른 1,000만에는 할 말이 없다. 우리는 그들을 제거해야 할 것이다."[24]

증오는 처음 부자들과 부르주아 계급으로 돌려졌지만, 곧 볼셰비키는 전체 주민, 특히 그 이름으로 그들이 행동한다고 주장했던 노동자들과 소작농들과 전쟁을 했다. 트로츠키는 노동의 군대화를 생산 증가의 수단으로 여겼는데, 생산량은 내전의 혼란과 징발 운동 후에 매우 많이 떨어졌다. 1914년과 1921년 사이, 러시아의 산업 생산량은 85% 떨어졌다.[25] 노동자들의 파업은 빈번한 사건이었고 잔인하게 진압되었다. 파업 지도자들은 종종 총살되거나, 익사 당하거나, 그렇지 않으면 즉결로 처형되었다.

그런데도 1920년 봄, 러시아에서 모든 산업 노동자의 거의 4분의 3이 파업에 들어갔다. 볼셰비키가 공장들을 습격했고, 주모자들이 총살되었으며, 가족들은 파업 억제 수단으로서 강제 수용소에 보내졌다.[26] 노동자들의 편이라고 생각되었던 소련 정부가 시행한 조치들의 잔인성은 노동자들이 차르 체제 시대 경험했던 것보다 훨씬 더 가혹했다.

1921년 2월과 3월, 노동자들은 러시아 전역에서 도구들을 내려놓고 파업에 들어갔다. 이 노동 쟁의의 중심지 중 하나는 페트로그라드였다. 시위하는 노동자들에 체카의 특수 부대가 발포했다. 노동자들과 병사들이 친하게 지냈으므로 볼셰비키 사이에 공황이 일어났다. 페트로그라드 앞바다 섬에 있는 해군 기지이자 항구 도시인 크론시타트(Kronstadt)는 두 척의 장갑 순양함의 해병대원들이 일으킨 폭동 장소였다. 3월 1일, 1만 5,000명 이상의 사람이 모였는데, 그 해군 기지의 민간인과 군인의 4분의 1에 해당했다. 파업과 시위는 난폭하게 진압되었고 사망자 수는 수천 명 대였다. 8,000명 넘는 반란 참가자가 핀란드로 도망쳤다가 사면을 약속받고 소련으로 돌아왔다. 관용의 약속에도 불구하고 그들은 즉각 체포되어 강제 수용소로 이송되었으며, 많은 사람이 거기서 죽었다.[27] 독일 역사가 게르트 쾨넨(Gerd Koenen)은 다음과 같이 평가했다.

"볼셰비키의 승리와 독재는 특히 러시아 노동자 운동의 완전한 절멸에 의존했다."[28]

레닌은 급진적인 경제 정책을 계속하는 것이 소비에트 권력의 기반을 흔들었을 것이라는 점을 인정하는 것 외에는 선택의 여지가 없었다. 산업 생산량은 이미 1913년 수준의 10분의 1로 떨어졌고, 러시아 전역에서 사람들은 굶어 죽고 있었다. 이에 대응하여 레닌은 유턴(U-turn)을 시작했고 신경제 정책(New Economic Policy; NEP)을 제안했다. 이 제안은 1921년 3월 러시아 공산당 제10차 대회(Tenth Congress of the Russian Communist Party)에서 채택되었다. 레닌은 "우리가 경제 전선에서 매우 심하게 패배당했다"[29]라고 인정했다. 볼셰비키의 경제 정책에 대해서는 완곡어법으로 표현했다. "우리 정당의 강령이 필수적이고 절박한 것으로 여기는 생산력 발전을 낳지"[30] 못했다. 더 명백한 용어들로 말하면, 사회주의 계획 경제는 도입되자마자 곧 실패했다. 결국 레닌은 유일한 해결책이 "상당한 정도로 자본주의로 되돌아가는 것"에 있다는 점을 깨달을 만큼 충분히 영리했다. 그런 말들은 레닌이 자기의 정책 전환을 공식화하는 데 사용되었다.[31]

NEP는 이윤 지향 생산, 소비재 생산에서 사적 소유권, 부의 획득을 합법화했다. 또한 '자연세(natural tax)'의 도입을 통해 소작농들을 경제 체제에 편입시키기도 하였다. 공산주의자들은 국가 소유 기업들이 자기들의 공장을 민간인에게 임대하는 것과 금융, 물류, 기업가 정신을 민간이 소유하는 것을 허용하였다. 1921년 7월, 거래의 자유는 장인(匠人)들과 소규모 산업 기업들에 대해서도 회복되었다.[32]

1921년 가을에 채택된 새 지침들은 서로 다른 자격을 지닌 노동자들에 대한 평등주의를 단호하게 반대했다. 식품, 대량 생산된 소비재, 얼마 전 위대한 사회주의 '업적들'로 찬양받았던 국가 서비스의 무료 분배가 취소되었고, 지대들이 본래대로 되었다. 더는 화폐를 폐지한다는 어떠한 이야기도 없었다. 독일 역사학자 헬무트 알트리히터(Helmut Altrichter)는 이에 대해 썼다.

"국가는 '경제를 내려다보는 고지(command heights of economy)'의, 즉 은행업, 통화, 수송 체계, 대외 무역, 중대(中大) 규모 산업의 지배권을 유지했다. 그러나 아래에서는 더 큰 생산성과 효율을, 더 많은 경쟁을, 위로부터 더 적은 지배를, 아래로부터 더 많은 주도권을 얻으려고 애썼다."[33]

역사에서 언제나 반복되는 것처럼, 국가 주도 경제에 약간의 시장이

들어서기만 해도 사정은 변한다. 경제가 회복되었다. 기아는(1921~1922년에 2,900만 명이 굶주렸고 그중 적어도 500만이 굶어 죽었다. 1,400만 명이나 굶어 죽었다는 추정치들도 있다.[34]) 1923년과 1928년 사이 감소했고 생산성이 상승했으며, 1925~1926년까지는 많은 주요 산업이 전쟁 전 수준으로 회복되었다.[35] 신경제 정책은 흉작, 기아, 생산 감소가 '외국인 사보타주하는 사람들과 첩자들', 다른 외부 요인들 때문이라고 비난했던 공식적 담화들이 사실에 부합하지 않는다는 점을 공산주의자들이 인정한 것이었다. 러시아의 재앙의 주요 원인은 사회주의 경제 정책들에 있었다.

그러나 공산주의자들에게, NEP는 그저 전술적 후퇴였을 뿐이다. 1926년 12월, 스탈린은 "우리가 NEP를 도입했고, 민간 자본을 허용했으며, 우리의 군대를 재편성해서 공세를 갖추기 위해 어느 정도 후퇴했다"[36]라고 선언했다. 1929년, 스탈린은 사회주의 혁명의 다음 단계를 시작했는데 이번에 그는 농업에 초점을 맞췄다. 그 시점까지 볼셰비키들은 시골에서 자기들의 지배를 결코 확고히 할 수 없었다. 외르크 바베로스키(Jörg Baberowski)는 수많은 소농 계급이 어떻게, 지리적으로뿐만 아니라 이데올로기적으로, 경제적으로 공산주의 통치자들과 동떨어져 살았는지 서술했다. 많은 마을에는 공산당 세포와 국가 기관이 없었고, 있었다 하더라도 그들에게는 권력이 거의 없었다.

"소농들에게 공산주의 직원들은 대체로 세금을 요구하고 이해할 수 없는 말을 지껄이는 이질적인 당국의 대표자들일 뿐이었다."[37]

사실상 볼셰비키들은 소농들의 삶의 현실을 이해하지 못했다. 그들은 모든 것을 계급 투쟁 이데올로기 면에서 생각했고, 노동자를 자본가에 대립시켰던 것과 똑같이, 가난한 소농을 더 부유한 부농에 대립시킴으로써 시골에서 자기들의 통치를 확립할 수 있다고 믿었다.

"그러나 부자와 빈자 사이 적대 관계라고 생각되는 것은 소농들에게는 조금도 도리에 맞지 않았다. 소농들이 토지나 영향력에 대해 충돌하였을 때 그것은 가족이나 씨족 사이의 싸움이었다. … 부농들은 마을의 주인이었을 뿐만 아니라 마을의 보호자이기도 하였다. 고통과 빈곤의 시기에 소농들 사이에서 그들의 권력과 영향력은 실제로 증가했다."[38]

"한 계급으로서 부농들을 제거하는 것"은 볼셰비키의 공식적인 목표였다. 대조적으로, 세계 모든 공산주의자가 공부해야 했던 표준적인 교과서, 〈소련 공산당(볼셰비키들)의 역사: 단기 과정(History of the Communist Party of the Soviet Union(Bolsheviks): Short Course)〉에서는, 부농주의(kulakism)에 반대하는 혁명의 두드러진 특징이 "위로부터 국가의 주도로 달성되었고, **아래로부터** 부농 속박을 떨쳐버리고 집단 농장들에서 자유롭게 살기 위해 싸우고 있는 수백만 소농에 의해 직접 지원되었다는 점"이라고 실려 있다. 혁명은 "우리나라에서 착취자가 가장 많은 계급, 부농 계급, 자본주의 회복의 대들보"[39]를 제거했다. 1929년, 스탈린은 이렇게 부농 계급을 청산하는 결정을 정당화했다.

"USSR(소비에트 사회주의 공화국 연방)에서 자본주의를 회복하는 것을 꿈꾸는 모든 나라 자본주의자들의 마지막 희망(신성한 사적 소유 원칙)은 붕괴하고 있고 사라지고 있다. 그들이 자본주의 토양에 비료를 주는 인재로서 여겼던 소농들은 '사적 소유'를 찬양하는 깃발을 일제히 포기하고 있고 집산주의의 길, 사회주의의 길을 가고 있다. 자본주의 회복의 마지막 희망이 무너지고 있다."[40]

1930년 6월에, 스탈린은 제16차 러시아 공산당 대회에서 "우리나라에서 하나의 계급으로서 부농들을 제거하는 과정이 전속력으로 전진하고 있다"[41]라고 자랑스럽게 선언했다.

"완전한 집산화(collectivization)는 필수적이었다. 그것이 어떻게 공산주의를 배반하지 않고, 노동 계급과 소농 계급의 이익들을 배반하지 않고 포기될 수 있겠는가?"[42]

1930년부터 1949년까지 소비에트 정부 수반이었고 후에 외무 장관으로서 스탈린의 최측근 중 한 사람이었던 뱌체슬라프 몰로토프(Vyacheslav Molotov)는 저항하는 부농들을 강물에 빠진 고양이들처럼 익사시켜야 한다고 1930년 2월에 정당 비서들과의 회의에서 말했다.

"우리는 **지방에서** 오는 모든 유용한 제안을 환영할 것이다."

어떤 사람들은 총살되고 어떤 사람들은 시베리아로 추방되어야 할 것이다.[43] 1930~1931년에 농업 집산화 운동이 진행되는 동안, 부농 200만 명이 추방되었고 3만 명이 총살되었다.[44] 많은 소농은 집산화에 저항했고 가축의 집산화에 대해 항의하여 스스로 소유한 동물 수백만 마리를 도살했다. 게다가 수백만 마리의 동물이 새 기근 동안 죽었다. 1928년과 1933년 사이, 돼지와 소의 수는 반이나 줄었고 양은 3분의 1이나 줄었다. 일하는 말과 황소의 수는 1928년의 2,970만에서 1932년의 1,880만 마리로 줄었다.[45]

공산주의자들은 소농들이 생산한 농산물에 대한 추가 부담금을 계속해서 늘렸고, 따르지 않은 사람들은 '사회주의 재산의 도둑'으로 몰려 총살되기도 했다. 1932년, '사회주의 재산의 어떤 절도나 손상'에 대해서도 10년 징역형이나 사형을 선고하는 법률이 통과되었다. 1932년 8월부터 1933년 12월까지만도, 12만 5,000명 이상이 이 법에 따라 처벌받았고

5,400명이 사형 선고를 받았다.[46]

스탈린에 의해 인가된, 〈소련 공산당(볼세비키들)의 역사〉조차도 "집단 농장들을 형성하는 **자발적인** 원칙이 위반되었다는 점과 많은 지구에서 소농들의 소유권이 박탈되고 참정권이 박탈되며, 기타 등등의 위협을 받아 집단 농장들에 **강제되고** 있었다는 점"[47]을 인정하지 않으면 안 되었다. 스탈린주의 과업의 이례적인 비판이었지만, 사실상 야만적인 살인과 강제적인 정권에 대해서는 대단치 않게 여겼고 오직 "지방 조직들에 의해 저질러진 왜곡과 실수들"[48]만 언급했다. 사실상 그것은 소농들에 적대하는 유혈 운동이었고, 거기서 수백만 명이 기아, 추방, 죽음에 희생되었다.

서양의 많은 지식인과 언론인은 테러와 집산화 운동을 가볍게 여기거나 심지어 칭찬하기조차 했다. 1933년 최고 외국 특파원 풀리처상을 받은 〈뉴욕 타임스〉 모스크바 특파원 월터 듀란티(Walter Duranty)는 집산화를 중점적으로 다루었다.

"미래 역사가들은 … 아마 러시아의 집산화 투쟁을 인간 진보에서 영웅적인 시대로 여길 것이다. … 주민은 가장 낙후되어 있었고 가장 필요했던 것, 즉 교육받을 기회를 얻을 것이다. … 여자들은 여가와 자유의 기회도 가질 것이다. … 마을들이 진보보다 자기들의 땅과 무지를 더 원하든 아니든, 진보는 그들에게 떠맡겨질 것이다."[49]

미국의 역사가이자 문학 평론가 왈도 프랭크(Waldo Frank)는, 노동자들이 사장을 위해 일하지 않는다고 소비에트 경제 체제를 칭찬했다.

"여기에 행복한 노동자들이 있다. 왜냐하면 그들은 전인적인 남자와 여자이기 때문이다. … 꿈, 사고(思考), 사랑은 전기 부품들을 만드는 지루한 일과 함께하는데, 이 고되게 일하는 사람들이 사장을 위해 일하고 있지 않기 때문이다."[50]

집산화 정책의 배경에는 러시아를 강제로 산업화하겠다는 스탈린의 목표가 있었다. 곡물 판매로부터 얻은 외환은 중공업을 구축하는 데 사용되었고 중공업은 빠르게 성장했다. 성장의 대가는 값비쌌다. 역사학자 헬무트 알트리히터는 산업을 확대하는 데 사용되고 있는 '전 주민의 테러리스트 동원'에 관해 썼다.[51] 모스크바 주위 농업 지구들에서, 1933년 1월과 6월 사이에 사망률이 50% 올랐다. 1930년대 초기, 사망자가 보통 때보다 600만 명 더 많았고 약 30만 명이 추방되어 죽었다.[52]

동시에 공산주의자들은 전국적인 강제 노동 수용소 체제, 소위 굴라크(Gulag)를 창설하기 시작했다. 1935년 초기까지 굴라크 체제에 96만 5,000명의 죄수가 있었는데, 노동 수용소에 72만 5,000명, 노동 거주지[53]에 24만 명이 있었다. 물론 많은 정치범과 일반 범죄자도 있었지만 대부분 재소자는, 예를 들면(나라 안에서 이동의 자유를 제한한) '여권법의 위반', '최소 노동 일수 미충족', '소비에트 재산의 파괴'[54] 등에 대한 엄격한 법률들을 위반한 '보통(ordinary)' 국민이었다. 1941년 1월 1일, 굴라크수용소들은 190만 명 이상의 재소자를 수용했다.[55] 노동자들을 해방하기 위해 출발했던 체제는 점차 강제 노동과 지배의 체제로 나아갔다. 자본주의와 같은 경제적 유인들이 없었으므로 산업화의 과정은 오직 잔혹한 폭력으로만 강행될 수 있었다.

물론 그 체제의 승자들도 있었다. 소위 기술 전문가들, 즉 공학자, 기술자, 공장 감독 등이 체포되거나 총살되었을 때 새로운 사회적 출세주의자들을 위한 공간이 창출되었다. 바베로스키는 다음과 같이 썼다. 제2차 5개년 계획 초, 모든 공장 감독의 반 이상이 과거에 노동자였던 사람이다.

대학교 등 학교들에는 할당 제도가 적용되어, 대학교에서 공부할 수 있는 자리의 할당에 노동자들과 그 자녀들을 우대하였다.[56] 스탈린은 인민의 사람, 프롤레타리아로 벼락출세한 사람, 하층에서 비천한 어린 시절을 보낸 사람, 지식인 트로츠키와 달리 보통 사람들과 똑같은 단순하고 상스러운 말을 하는 사람으로서 자리잡았다.[57]

공산주의 정책은 가장 잔인한 테러로 시작하여 그 테러가 다소 가라앉으면 소농들에게 경제적 양보들을 하며 그 후 새로운 파도의 테러로 넘어가는 단계들이 끊임없이 상호 작용하는 특징을 가졌다. 공산주의자들은 항상 한계를 시험했는데, 기껏해야 극도의 기근이 그들의 마음을 흔들어 순수 교리에서 이탈하게 하고 사유재산권과 시장 원리들의 몇 가지 요소를 집행하게 할 수 있었다.

만약 공산주의자들이 자기들의 방침을 농업에서도 일관성 있게 시행했고, 오직 국가 소유권만 허용했더라면 그 체제는 완전히 붕괴했을 것이고 더욱더 많은 사람이 굶어 죽었을 것이다. 왜냐하면 집산화의 결과로 농업 생산이 붕괴했기 때문이다. 설사 스탈린이 제16차 대회에서 "우리가 이제 부농 생산을 집단 농장과 국영 농장 생산으로 대체할 뿐만 아니라, 전자를 몇 배로 능가하기도 할 처지에 있다는 점은 사실"[58]이라고 선언했다고 할지라도 그랬다. 그 반대 상황이 사실이었고 스탈린조차도 농업에 더 많은 사적 소유를 허용하도록 뒤로 물러서야 했다. 이후 소농들에게는 개인이 사용할 수 있는 작은 농토가 주어졌다.

사유 재산과 시장이 사회주의에 비해 우월함은 아래 수치들을 통해 명백하게 확인할 수 있다.

"사적으로 사용되는 토지가 총 농토의 5% 미만일지라도, 1950년대까지는 그 농토가 감자의 70% 이상, 우유의 약 70%, 달걀의 90% 가까이 제공했다. 1930년대에는 그 농토가 집단 농장 농민들의 생계를 보장했다. 그들이 집단 농장에서 임금으로 받은 것으로는 생존하기에 충분하지 않았다."[59]

1950년대가 되어서야 1인당 농업 생산이 1928년 수준으로 돌아왔다는 사실로 증명되듯이 공업화는 농업을 희생시키고 달성되었다.

집단화의 재난을 보고도 다른 나라의 공산주의자들은 단념하지 않았다. 1950년에 스탈린은 자신의 경험에 기초하여, 여러 해의 내전 후 중국의 농업을 빠르게 회복하기 위해 부유한 농민들을 괴롭히지 말라고 중국 혁명 지도자 마오쩌둥에게 특별히 조언했다.

그러나 마오는 스탈린의 조언을 무시했다. 그는 토지의 재분배를 소농들의 지지를 얻는 쉬운 방법으로 여겼다. 측량된 토지는 가난한 사람들에게 분배되었다. 부자들은 굴욕당했고 소유권을 빼앗겼으며 심지어 살해되기까지 했다. "면밀하게 지정된 소수파의 살해에 다수파를 연루시킴으로써 마오는 그럭저럭 인민을 그 정당에 영구적으로 묶어놓았다"라고 네덜란드 역사학자이자 중국 전문가인 프랑크 디쾨터(Frank Dikötter)가 썼다. 그는 1947년과 1952년 사이 살해된 '계급의 적들'의 수가 150만에서 200만 명이었다고 추정한다.[60]

1953년에 스탈린이 죽은 후, 마오는 중국에서 집산화에 속도를 냈다. 바로 그해, 곡물 전매가 도입되어서 농작물을 국가가 정한 가격에 팔도록 소농들에게 강제하였다. 1955~1956년에 소련의 국영 농장과 비슷한 농업 집단이 중국에 도입되었다. 그들은 가난한 소농들에게 주었던 토지를 회수하였고, 시골 주민은 국가가 시키는 대로 하는, 자유가 없는 하인으로

바뀌었다.[61]

1958년, 인간 역사에서 최대의 사회주의 실험인 마오의 대약진 운동 (Great Leap Forward)이 시작되었다. 필자는 이것을 나의 저서 『부유한 자본주의 가난한 사회주의(The Power of Capitalism)』 제1장에서 자세히 서술했고 이 책의 제1장과 제3장에서 간단하게 다루었다. 이 기간 저질러진 잔학 행위들은 형언할 수 없다. 약 4,500만 명이 기아나 살해로 죽었다. 프랑크 디쾨터는 이 무시무시한 기간에 대해 다음과 같이 썼다.

"열심히 일하지 않은 사람들은 매달려 구타당했다. 어떤 사람들은 연못에서 익사 당했다. 어떤 사람들은 오줌물에 처넣어졌고 강제로 배설물을 먹어야 했다. 사람들은 수족 등이 절단되었다. 주석 마오를 포함해서 최고 지도부에 회람된 보고서에는 왕지유(Wang Ziyou)라는 이름의 남자가 어떻게 귀 하나가 잘렸고 다리들이 철사로 묶였으며 10킬로그램의 돌이 등에 떨어졌고 뜨거운 인두로 낙인이 찍혔는지가 쓰여 있다. 그의 죄는 감자 한 알을 캔 것이었다. 심지어 생매장된 사람들도 있었다. 후난(중국 중남부의 성)의 어느 마을에서 한 소년이 한 움큼의 곡물을 훔치자 지방 우두머리 시옹드창(Xiong Dechang)은 그의 아버지에게 아들을 생매장하라고 강요했다. 비탄에 빠진 그 아버지는 며칠 후 죽었다."[62]

이 끔찍한 사건들 후에 마오는, 일시적으로 비판을 받게 되었다. 베이징에서 정부 간부들의 회의에서, 국가 주석 류사오치(Liu Shaoqui, 1959년부터 1968년까지 중국 인민 공화국 주석)는 기근을 인재(人災)로 서술했고 마오에 대한 지지는 사상 최저치로 떨어졌다. 그 후 약간의 사적 재산권이 허용되었고 소농들은 자기를 위하여 좁은 땅을 경작하도록 허용되었다.

그러나 마오는 계급 투쟁이 전혀 끝나지 않았다고 반복해서 강조했다.

그는 사방에서 자본주의 세력의 증거를 보았다. 자생적이고 불법적인 기업들이 중국 전역에서 설립되었기 때문이다. 선양[瀋陽]에서는 놀랍게도 사기업가가 2만 명 있었고, 중류 양쯔강에 면한 상업과 공업 중심지, 우한에서는 3,000명이 계획경제의 허점들을 이용하여 생계를 꾸렸다. 농산물뿐만 아니라 금과 은도 포함하여, 사적 망들이 멀리, 널리 구성되었다. … 지하 경제가 집단 농장들의 틈새에서 번성했다. 지하 공장들, 지하 건설팀들, 지하 수송단들이 있었다."[63]

소농들에게 사적 구획들의 토지를 경작하게 허가하지 않았더라면, 지하 경제가 없었더라면 사회주의 체제는 확실히 붕괴했을 것이다. 그러나 마오는 이 자본주의 타락들을 받아들일 준비가 되어 있지 않았다. 그는 나라 권력의 3분의 1이 더 이상 공산주의자들 수중에 있지 않다고 선언했고,[64] 류사오치는 '사회주의 교육 운동'을 시작했다. 전 성은 '자본주의 길을 가는 것'으로 비난받았다. 500만 이상의 당원이 처벌되었고 7만 7,000명 이상이 박해를 받아 죽었다.[65]

마오는 스탈린과 달리 자본주의 회복의 위험을 근절하기 위하여 계급투쟁이 밑에서 인민에서부터 지속되어야 한다고 믿었다. 그는 프롤레타리아 문화대혁명(Great Proletarian Cultural Revolution)을 감행하기로 결정했고, 이는 1966년 6월 1일, 〈인민일보〉에 호소문을 싣는 것으로 시작되었다. '모든 괴물과 악마를 소탕하라!'라는 제목으로, 인민에게 훈계하는 글이었다. 주요 내용은, 프롤레타리아 계급이 차지한 세상을 부르주아 계급독재로 바꾸려는 부르주아 계급의 우두머리들을 인민들이 봉기해서 찾아내라는 촉구였다.[66]

초등학생과 특히 중고등학교 이상 학생들이 동원되었다. 그들은 거리에서 폭동을 일으켰고 '더러운 부농들', '개새끼 지주들', '흡혈 자본가들', '신 자본가 계급', '이질적인 계급 분자들'[67]과 맞서 싸웠다. 가끔 자기들 선생이나 교수도 만났는데 그들에게도 자본주의 사고를 가졌다고 비난했다. 첫 번째 사망자는 베이징 사범대학에 부속된 어느 여학교에서 발생했다. 그 학교의 부교장은 학교에서 고문당했다. 학생들은 그녀의 얼굴에 침을 뱉었고 그녀의 입에 흙을 채워 넣었다. 그녀의 양손을 등 뒤로 묶었고 못이 박힌 곤봉 등으로 그녀를 때렸다. 여러 시간 고문당한 끝에 부교장은 의식을 잃은 채 죽고 말았다.[68]

베이징에서 어느 교장은 불볕 아래 서 있어야 했고 홍위병들은 그에게 끓는 물을 부었다. 어느 생물 선생은 여러 시간 고문당한 후 결국 죽었는데, 그 후 다른 선생들은 그녀의 시체를 때리도록 강요당했다. 학생들이 열세 살을 넘지 않는 초등학교에서도, 어떤 선생들은 강제로 못들과 배설물을 삼켜야 했고, 다른 선생들은 머리털이 깎였으며 서로 얼굴을 때리도록 강요당했다.[69] 동료 학생들도 역시 굴욕을 당했고 고문으로 죽기도 했는데, 그들이 출신 성분이 나쁘거나 '착취 가족'[70]의 일원이었기 때문이다.

베이징 외곽에서는 지방 공산당 간부들이 모든 지주와 기타 모든 '나쁜 분자'를 가족까지 몰살하라고 명령했다. 어떤 사람들은 때려죽였고 어떤 사람들은 작두로 자르거나 철사로 목을 졸라 죽였다. 몇몇은 전기로 처형했고 아이들은 발을 묶고 거꾸로 매달아 채찍질했다. 여덟 살 소녀와 그녀의 할머니는 생매장되었다.[71]

어린 홍위병은 출신 성분이 나쁜 사람들의 집들을 습격했다. 이미 세상을 떠난 셸 석유 회사 전 경영자의 부인은 상하이 자기 아파트에서 매질 당했고 살림살이는 다 박살나고 파괴되었다. 한 정당 간부가 그녀에게 물었다.

"상하이에 주택 부족 상황이 심각할 때 당신과 당신의 딸이 아홉 개 방과 네 개의 욕실이 있는 집에 사는 것이 옳은가? 다른 사람들에게 목재와 기본 가구가 부족할 때 당신이 양모 카펫들을 사용하고 각 방을 고급 목재로 만든 가구로 채우는 것이 옳은가? 당신이 비단과 모피를 입고 솜털로 채워진 누비이불들 아래서 자는 것이 옳은가?"

그 후, 그 부인은 지역 형무소로 끌려갔고 여러 노동 계급 가족들이 그녀의 집으로 이사했다.[72] 상하이에서 엄청난 몰수 행위가 있었고, 3만 가족이 자신들의 재산을 국가에 넘겨주지 않을 수 없었다. 많은 가족이 국가에 임차료를 내야 하는 작은 생활 공간을 배당받았다. 희생자 태반은 '프롤레타리아 계급을 착취하는 나쁜 분자'[73]로 분류되었다.

문화혁명 지지자들이 '자본주의 분자들'을 소위 사치스럽게 산다고 박해했다. 하지만 마오를 위해서는 그의 통치 27년 동안 별장, 정원 등이 있는 사유지 50개가 건설되었고, 베이징에만도 다섯 개나 있었다. 그 사유지들은 대부분 광대한 토지, 웅장한 장소들로 정해졌다. 대단히 아름다운 여러 곳에, 산 아래 혹은 길게 펼쳐져 있는 호숫가에 마오의 전용 공간을 위해 저지선이 쳐졌다.[74] 마오가 수영을 좋아했으므로 그가 어쩌다 한번 수영하고 싶을 경우를 대비해, 그의 빌라들에는 몇 달 동안 계속 따뜻한 물이 준비된 사치스러운 수영장들이 만들어졌다.[75] 또한 마오는 미식가여서 자기가 좋아하는 진미들을 1,000킬로미터 밖에서 가지고 오게 하였다.[76] 주변 사람들에게는 성적 자제를 요구했던 마오는 젊고 아름다운 여자들을 끊임없이 공급받아 마음대로 명령했다.[77] 마오는 자기 저서들을 팔아 엄청나게 많은 돈을 벌었는데, 그 책들을 전 국민이 소유하도록 했다. 그의 전기 작가인 정창(Jung Chang)과 존 핼리데이(Jon Halliday)는 진술했다.

"마오는 마오의 중국에서 만들어진 유일한 백만장자였다."[78]

그러나 중국인들은 이 사실을 몰랐다. 괜찮은 옷, 굽 높은 구두, 화장, 도자기 등은 자본주의적인 것으로 여겨졌고 그것들을 소유하는 사람은 누구든 조롱이나 구타를 당할 위험이 있었으므로 이 모든 품목의 생산은 곧 중단되었다. 대신 인민들의 가슴 바로 위, 접은 옷깃에 핀으로 꽂도록 수십억(!) 개의 마오 배지가 중국 전역에서 생산되었다.[79]

모든 거리 모퉁이와 들판에 세워진 확성기들에서 자본주의에 반대하고 사회주의를 지지하는 구호들이 아침부터 밤까지 가장 높은 음량으로 요란하게 울렸다. 자본주의나 봉건주의 과거를 잠재적으로 생각나게 하는 것들을 지우기 위해 모든 상점과 거리의 이름을 바꿨다. 상점들의 새 이름 중 가장 흔한 것은 적기(赤旗; Red Flag), 홍위병(Red Guard), 동방은 붉다(The East is Red), 노동자들(Workers), 소농들(Peasants), 인민(the People) 등이었다. 상하이에는 홍위병이라는 상점이 백 개 이상 되었다.[80]

서양에 '작은 붉은 책'이라고도 알려진, 『마오쩌둥 주석 어록(Quotations from Chairman Mao Tsetung)』은 수백만 부 인쇄되었고 홍위병 행동 대원들이 열광적으로 흔들고 암송했다. 마오의 어록은 예를 들면 이런 내용이었다.

"혁명은 만찬회를 열거나, 소론을 쓰는 것이나, 그림을 그리는 것이나, 수(繡) 놓기가 아니다. 그것은 그렇게 세련되고, 그렇게 한가하고 점잖고, 그렇게 온화하고, 친절하고, 예의 바르고, 삼가고, 관대할 리 없다. 혁명은 한 계급이 다른 계급을 타도하는 반란, 폭력 행위이다."[81]

마오의 철학에 따르면, 지배 계급은 오래전에 타도되었지만 자본주의 방침과 사회주의 방침 사이의 투쟁은 영구적인 것이었고 문화혁명은 그

목적에 대한 수단이었다. 마오는 자본주의 분자들이 당에 뿌리내렸다고 주장했다. 처음에 당 간부들은 어린 홍위병들의 증오를 그들의 선생들이나 교수들로, 혹은 나쁜 출신 배경을 가졌기 때문에 희생양이 된 보통 사람들에게로 돌리는 데 성공했다. 그러나 곧 홍위병들은 공격의 목표를 정당 간부들로 옮겼다.

"그것은 인민 혁명과 같았다. 마오가 몇 달 전 자기 선생들에 대항하라고 학생들에게 선동했었던 것과 마찬가지로, 그는 이제 보통 사람들이 당지도자들에 반대하도록 제한을 풀었다. 그렇게 하기 위해 그는 원한의 깊은 웅덩이를 이용했다. 당 간부들에게 불만을 가진 사람의 수는 끝이 없는 것 같았다."[82]

처음에 군대는 전투를 하지 말라고 명령받았지만 곧 개입하게 되었다. 전선(戰線)은 불분명했다. 많은 군 요원은 반역자들이 반혁명주의자, 선동자라고 여겼다. 그들이 문화혁명을 그저 당과 사회주의를 공격할 구실로 이용하고 있을 뿐이라고 여겼다. 군에 저항한 봉기들이 전국적으로 일어났고, 곧 군대에 대한 직접 공격들로 이어져 상황은 더욱더 복잡해지게 되었다. 1967년 6월까지 중국은 혼란 상태에 있었다. 반혁명주의자들은 무장하고 있었고, 상황은 완전히 통제 불능으로 나아갈 징후를 보였다. 드디어 마오는 반역자들에 대항해 스스로를 지킬 권한을 군대에 부여하는 포고문에 서명했다.[83] 중국 몇몇 지역에서는 내전이 발생하여 기관총, 박격포, 네이팜 등이 사용되었다.[84]

1968년 여름, 광시성에서만 8만 명이 살해되었다. 지방 민병대는 군대와 동맹하여 소위 반역자들을 추적하여 잡았다. 류양에서 희생자 몇 명은 공개적으로 참수되었고, 그들의 머리는 '반혁명주의자'라고 쓰인 쪽지와 함께 전시되었다. 한 인민 공사에서는 지주들이 와서 자기들의 옛날 토지를 돌려달라고 요구할 것이라는, 반혁명 음모에 관한 소문이 퍼졌다. 그 결과 약 60명은 양팔이 뒤로 묶인 채 들판까지 걸었고, 사람들은 그들의 머리를 망치로 세차게 후려쳐 무릎을 꿇게 만들었다.[85] 몇 곳에서 '계급 적들'은 산 채로 해부를 당했다. 사람들은 그들의 심장과 간을 꺼내어 먹었다. 이것은 식인이 아니라고 반도(叛徒)들이 말했다. 왜냐하면 그것은 지주들과 첩자들의 살[肉]이기 때문이었다.[86]

1968년 9월, 국가 지도자 저우언라이는 '전면적인' 승리를 선언했다. 그러나 그는 당에서 첩자들과 배반자들을 숙청하기 위해 위로부터의 운동을 다시 시작했다. 1968년과 1980년 사이, 1,700만 학생이 도시에서 시골로 추방되었고 그들은 거기서 소농들에 의해 '재교육받게' 되었다. 시골로 보내진 학생 대부분은 소농들과 따로 살았다. 다수는 동굴, 돼지우리 혹은 헛간에서 살았고, 다수는 영양실조 혹은 결핍성 질환에 걸렸다. 수많은 젊은 여자가 성추행당하거나 성폭행당했다.

젊은이들만 시골로 추방된 것은 아니었다. 실업자, 유랑자, 병약자, 은퇴한 노동자인 사회 최약자들이 합류했는데, 이들은 평생 전혀 농사지어 본 적이 없었고 도시에서 멀리 떨어져 자활할 것이 기대되었다. 많은 사람이 시골의 재교육 수용소에 보내졌지만 수용소들은 그들을 제대로 관리할 수 없었다.

문화혁명은 혼란에 이르렀고 당은 간부들이 갈등에 사로잡혀 부분적으로 통제력을 잃었다. 이런 상황 때문에 여러 성(省)의 인민은 공산주의자들이 빼앗아간 자유를 되찾게 되었다. 많은 농민은 자신이 소비하려고 채소들을 경작하기 시작했다.

"토지를 소유할 욕망은 아래에서부터 움직였고 그저 지방 당국에 의해 훨씬 뒤에 허락되었을 뿐이다."[87]

인민공사들에 남아 있고 당의 지시에 따른 사람들은 이를 어긴 사람들보다 훨씬 더 나쁜 삶을 살았다.

"그것은 뒤집힌 사회주의 세계였다. 왜냐하면 시장의 부름에 응답한 사람들은 부자가 되었지만 집단 농장의 구성원들은 빈곤의 수렁에 빠진 채였기 때문이다."[88]

크고 불법적인 시장들이 전 시골 지역에서 갑자기 생겨났고 사람들은 자기들의 제품을 팔려고 내어놓았다. 당의 감독관들은 만약 개입하다가는 상인들의 위협을 받았기 때문에 무력해졌다. 수천 명이 강제로 들어왔던 인민공사를 떠나거나 허가된 것을 훨씬 넘어 개인 농토를 확대함으로써 탈집산화의 현상이 일어났다.

광저우 성에는 지하 공장들이 갑자기 생겼는데 여기서 생산되는 상품들은 전적으로 암시장에 공급되었다.[89] 계획경제가 보통 주민의 수요를 충족할 만큼 충분한 재화를 생산할 수 없었으므로 시장경제 구조들이 어디에서나 자생적으로 생겼다. 어떤 지역에서는 목재와 기타 건축 자재들이 없어서 짓다 만 미완성 주택들을 흔히 볼 수 있었다. 그 때문에 목재를 불법적으로 거래하는 공장 수백 개가 갑자기 생겼다.[90] 디쾨터는 문화혁명 후에 추진력을 얻은, 오래 계속된 '조용한 혁명'에 대해 서술했다.

"경제 성장에 집중하는 지방 지도자들로부터 대중 시장을 재구성하는 마을 사람들에 이르기까지, 전국 방방곡곡에서 사람들은 조용히 과거와 다시 연결하기 시작했다. … 때때로 어느 농민이 곡식 약간을 시장에 가져오거나 개인 텃밭에서 더 많은 시간을 씀으로써 그저 계획경제의 경계를 확장했을 뿐이다. 그들은 더 대담해져 지하 공장들을 열거나 보통 국가에 의해 통제되는 상품들에 투자하였다. 어디에서나 사람들은 문화혁명의 실패로 대담하게 되어 자기 스스로 일을 추진했다. 어떤 통찰력 있는 관찰자는 '사람들은 자기들이 하던 방식으로 계속 살기를 원하지 않는다고 결정했고, 그들은 그 곤경에서 빠져나올 방법들을 수립하고 있었다'라고 말했다. 그것은 질이 고르지 못한, 누덕누덕 기운, 아래로부터의 혁명이었고 대개 조용한 혁명이었지만 결국 그것이 온 나라를 삼켜버릴 것이다."[91]

마오가 사망한 후 덩샤오핑이 실시한 중국 개혁의 역학을 이해하는 결정적인 요소는, '위로부터' 시작된 것은 일부분이었다는 점이다. 많은 진전이 자생적으로 이뤄졌다. 말하자면 시장의 힘이 정부를 이겼다. 중국 경제학자 웨이잉 장(Weiying Jhang)은 덩샤오핑이 중국 개혁의 '건축가'라고 불렀다고 했다.

"그러나 덩샤오핑은 경제 및 사회 개혁들이 건물 건축과 다르다는 것을 이해했다. 개혁은 미리 설계된 청사진에 따라 만들어질 수 없다. 대신 '돌다리도 두드려 보고 건너라'라는 접근법을 취해야 한다."[92]

장의 주장에 따르면 덩샤오핑은 실험을 통한 개혁의 전략을 추구했다. 가격 개혁도, 노동 시장 개혁도, 조세 개혁도, 무역 개혁도, 중요한 어떤 것도 그저 포고되는 데서 그치지는 않았다. 덩은 항상 일정 지역이나 부문들(예를 들어 경제특구들)에서 새로운 접근법들을 실험했다. 만약 그것들이 제대로 작동하면 그 부문들은 확대되었다. 만약 그렇지 못하면 그 부문들은 버렸다.[93] 중앙에서 결정하는 것과 반대로 '아래로부터의' 자극이 주요한 역할을 하였다. "자신이 모른다는 사실을 알고 있었다"[94]라는 것이 덩샤오핑의 가장 중요한 능력이었다고 웨이잉 장이 표현했다.

자본주의가 뿌리내림에 따라 서양 지식인들의 중국에 대한 열광이 식어갔다. 문화혁명 동안과 끝난 후, 마오와 중국은 어디에서나 지식인들에게 영감의 원천이었다. 프랑스의 유명한 여권주의자(feminist)이자 사회 이론가인 시몬 드 보부아르(Simone de Beauvoir)는 그 당시에 이렇게 썼다.

"오늘날 중국에서 생활은 이례적으로 즐겁다. … 많은 좋아하는 꿈이 … 장군들과 경세가들이 학자와 시인인 한 나라의 아이디어로 인정된다."95

그녀의 배우자이며 이전에 강제 노동 수용소를 우습게 봤던, 스탈린 숭배자로 알려진 철학자 장-폴 사르트르(Jean-Paul Sartre)는 마오의 중국에 관해 이렇게 썼다.

"혁명 체제는 그것을 위협하는 일정 수의 개인을 제거해야 하는데, 나는 이것에 대해 살인 외에 다른 수단을 알지 못한다. 감옥에서 도망치는 것이 항상 가능하다. 1793년의 혁명주의자들은 아마도 사람을 충분히 죽이지 못한 것 같다."96

서양의 어떤 다른 나라에서보다 반자본주의가 더 현저했던 프랑스에서 스탈린과 마오 같은 독재자들에 대한 숭배는 항상 지식인 사이에서 강하게 나타났다. 『스탈린 세대. 프랑스 작가들, 조국 그리고 개인 숭배(Generation Stalin, French Writers, the Fatherland and the Cult of Personality)』97라는 책은 스탈린 숭배자들의 많은 증언을 실었다. 역사상 가장 급진적인 사회주의 실험, 캄보디아 크메르 루주(Khmer Rouge) 정권도 파리 대학교들에서 구상되었다.

1975년 중반부터 1979년 초기까지 크메르 루주 통치 과정에 캄보디아

인구의 5분의 1에서 4분의 1 사이가 비명(非命)에 죽었다. 그 수가 160만에서 220만 명까지인 것으로 추정된다.[98] '형1(Brother 1)'이라고도 불리는 크메르 루주 지도자 폴 포트(Pol Pot)가 마오쩌둥의 대약진 운동을 기념하여 '초(超)대약진 운동'[99]이라고 부른 이 실험은 아주 많은 것을 보여준다. 그것은 사회가 인위적으로 백지에서 구성될 수 있다는 신념의 극단적 시범을 보여줬기 때문이다.

오늘날, 폴 포트와 그의 동료들이 엄격한 형태의 '원시 공산주의'를 실행하려 했다는 주장과 함께 그들의 통치가 억제되지 않은 불합리의 표현으로 그려진다. 그러나 이는 진실이 아니다. 크메르 루주의 배후와 지도자들은 파리에서 공부했고 파리 공산당 당원이었던 훌륭한 가족을 가진 지식인들이었다.

"마르크스주의와 마오주의 개념들에서 빌린 것들에 기초하여, 당의 지식 엘리트는 자기 자신의 세계 자본주의 착취 이론, 캄보디아 사회 모형, 그 나라를 저개발과 종속의 순환에 가둔 역사적 단층선들을 전개했다."[100]

주도자 중 두 사람, 키우 삼판(Khieu Samphan)과 후 님(Hu Nim)은 파리에서 마르크스주의와 마오주의 학위 논문들을 썼었다.[101] 파리에서 공부했던 지식 엘리트는 권력 장악 후에 정부의 주요 직위 거의 모두를 차지했다.[102]

그들은 나라에 필요할 모든 제품(바늘, 가위, 라이터, 컵, 빗 등)을 열거하는 상세한 4개년 계획을 구상했다. 계획경제에 대해서조차 그 구체성의 수준은 대단히 이례적이었다. 예를 들면 이런 것이었다.

"먹고 마시는 것이 집단화된다. 디저트도 역시 집단적으로 마련된다. 간단히 우리나라에서 인민들의 생활 수준을 집단적으로 올리는 것을 의미한다. 1977년 주당 두 개의 디저트가 있을 것이다. 1978년에는 이틀마다 한 개의 디저트가 있을 것이고 1979년에는 매일 한 개의 디저트가 있다는 등이다. 그래서 인민들은 먹을 것을 집단적으로, 충분히 산다. 그들은 간식을 받는다. 그들은 이 체제에서 살게 되어 행복할 것이다."[103]

독일 사회학자 다니엘 불트만(Daniel Bultmann)은 그 당에 대해 다음과 같이 분석했다.

"마치 화판에 미리 정해진 공간들과 필요들에 그것을 꼭 끼워 넣는 것처럼 주민의 삶을 계획했다."[104]

어디에서나 거대한 관개 시스템과 논밭들이 획일적인 직선 모형에 맞추어 건설되도록 계획되었다. 모든 지역에는 똑같은 목표가 적용되었는데, 당은 정확하게 똑같은 크기의 논밭들에서 표준화된 조건들이 표준화된 수확량을 산출할 것이라고 믿었기 때문이다.

"새로운 관개 시스템과 바둑판무늬 논들을 통해, 자연은 첫날부터 불평등을 제거하는 완전한 집산주의적 질서의 이상향적 현실에 맞추어 이용되었다."[105]

그렇지만 똑같이 정사각형으로 된 관개 댐들 중앙에 똑같이 정사각형인 논밭들을 가지게 배열하여 범람이 잦았다. 당의 엄밀한 설계는 자연수 흐름을 전적으로 무시했고 대부분 당 간부는 댐 건설에 관한 기술적 지식이 거의 혹은 전혀 없었다. 관개 시스템은 강제 노동으로 지어졌는데, 노동자들은 본부가 만든 계획들을 따라가는 데 힘이 들었고 시스템의 80%는 작동하지 않았다.[106]

우리가 수많은 이상향 소설에서 보았던 것과 같이 사유 재산은 완전히 폐지되게 되어 있었다. 그러나 '형1'과 그의 동료들은 토지와 생산 수단을 집산화하는 데서 끝나지 않았다. 1976년 9월부터 인민들은, 개인 소유의 시계, 라디오, 도구, 쟁기, 종자, 부엌용품 등을 포함해서, 정말로 모든 것을 내놓아야 했다.[107] 모든 사람은 똑같이 검은 제복을 입어야 했고 남자든 여자든 스스로 '혁명적(revolutionary)'으로 머리를 잘라야 했다. 보석류는 가질 수 없었지만 당 간부들은 자기들을 대중과 확실히 구별하는 노트패드, 자전거, 펜을 가질 수 있었고 그들은 그 물건들을 자랑스럽게 내보였다.[108]

과거의 실수를 청산하고 공정한 사회를 건설하기 위해 거의 모든 사람이 도시에서 추방됐다. 그 과정에서 공산주의자들은 곧 미국이 폭격할 것이므로 며칠 동안만 집을 떠나 있으면 된다고 인민에게 거짓말을 했다. 그 말은 개인 소유물을 많이 가지고 갈 필요도, 문을 잠글 필요도 없음을 의미하기도 했다. 인민들에게 24시간 동안 집을 떠나 있도록 했지만 처음부터 그들이 다시 돌아오지 못하게 계획되어 있었다. 어떤 가족들은 흩어졌고, 공동체들이 분리되었으며, 사람들은 집단 농장에 함께 밀어 넣어졌다. 대부분 경우 사람들은 새로운 곳으로 몇 번이고 옮겨졌다. 집을 잃은 사람들에게 자기 집으로 돌아가고 싶은지 아주 은밀하게 묻는 사람이 있었다. 그러나 이것은 이념적으로 불건전하고 더 많은 집중적 재교육이 필요한 사람들을 식별하기 위한 속임수였을 뿐이다. 그 질문에 "예"라고 대답한 사람은 누구든 생활 상태가 더 비참한 다른 곳으로 옮겨졌다.[109]

공산주의자들은 인민을 가축에 비유했다.

"이 황소를 보라. 황소는 먹으라고 명령받을 때 먹는다. 만약 여러분이 들판에서 황소에게 풀을 뜯으라고 명령하면 황소는 무엇이든 뜯어먹을 것이다. 만약 여러분이 황소를 풀이 충분하지 않은 다른 들판에 보내도

황소는 여전히 불평 없이 풀을 뜯을 것이다. 황소는 자유롭지 않고 끊임 없이 감시된다. 여러분이 황소에게 쟁기를 끌라고 명령하면 황소는 그대로 따른다. 황소는 자기 짝이나 자식들에 관해 결코 생각하지 않는다."[110]

집산주의 사회는 사람들이 누구와 결혼할지를 선택하는 역할까지 떠맡았다. 지정해준 배우자를 한번 넘게 거부하면 누구든 곧 체제의 적이라고 낙인 찍혔다. 크메르 루주가 권력을 장악한 1975년 4월 17일, 그들의 지도자 폴 포트는 다가오는 나날에 대한 자기 계획을 공표했다. 거기에는 다수의 조치가 담겼는데, 모든 인민의 도시로부터 소개(疏開), 모든 시장의 폐지, 화폐의 폐지도 포함되어 있었다.

바로 그날, 중앙은행이 폭파되었고 화폐 제도가 완전히 폐지되었다. 은행권들은 사람이 없는 도시 거리 여기저기에 가치 없이 팔랑팔랑 떨어졌다. 모든 사유 재산이 그랬듯이 금과 보석은 국가에 의해 몰수되었다.

계획경제는 빠르고 철저하게 실패했다. 인민들은 기아로 고통받았다. 그러나 공산주의자들은 실패의 원인을 화판에서 사회를 설계하는 것이 본래 불가능한 점에서 찾지 않았다. 그들은 소위 사보타주하는 사람들을 비난했다. 수만 명이 체포되어 고문 교도소에 감금되었다. 크메르 루주는 자신들이 교도소를 가지고 있지 않다고 주장했고, 어떤 면에서는 그 말은 진실이었다. 교도소들은 누구도 살아서 나오지 못한 고문과 죽음의 장소였기 때문이다.[111]

고문에 의해 '자백들'이 강요되었는데 그 내용은 이와 같은 것이다.

"나는 아직 덜 익은 농작물을 수확하여 없애라고 지시했다. 나는 체이엣(Chaet)에게 쌀을 태우라고 명령했다. … 나의 목표는 인민 사이에, 특히 신 인민(New People)과 구 인민(Old People) 사이에 불안을 일으키는 것이었다. 구 인민은 당의 계획을 방해했다."[112]

"나는 가짜 혁명가이다. 실제로 나는 적이다. 인민의, 캄보디아 국가의, 캄보디아 공산당의 적이다. 나는 단지 혁명가인 체할 뿐인 싸구려 반동 지식인이다."[113]

사람들은 자기가 CIA를 위해 일했다고 자백해야 했는데, 그중 많은 사람은 CIA가 무엇인지조차 알지 못했다(어떤 사람들은 그것이 사람 이름이라고 생각했다). 몇몇 자백은 터무니없고 다음과 같이 자기 모순적이었다.

"나는 CIA 요원이 아니다. 나는 유죄에 직면했을 때 CIA에 속한다고 자백했다. 나는 당에게 나를 죽일 것을 요구한다. 왜냐하면 나는 혁명을 따르지 않았기 때문이다."[114]

구조, 기능, 내부 절차가 정확하게 똑같은, 196개의 소위 안보 및 재교육 센터의 망으로 온 나라가 종횡으로 선이 그어졌다. 학교들과 불탑들은 폐쇄되었고 계급 적을 수용하는 강제 수용소로 바뀌었다.

안보 장치의 핵심은 12세부터 16세 사이 아이들을 끌어들이는 데 의존하였는데, 폴 포트의 생각으로는 이들은 사회주의 사고로 채워질 준비가 되어 있는 백지 상태였기 때문이다. 아이들 훈련 중 하나는 다른 사람들이 고문을 받거나 오래 고문을 당해 끔찍하게 살해되는 것을 지켜보도록 강요되는 것이었다. 그들은 어떤 감정도 보여서는 안 되었는데, 왜냐하면 감정은 적에 대한 동정의 표시로 해석되었고 따라서 처벌될 수 있었기 때문이다.[115]

처음에 테러는 주로 '부유하고' 잘 교육받은 사람들에게 행해졌다.

"부유하고 교육받은 도시 거주자들은 갑자기 먹이 사슬의 맨 아래에 처하게 되었다. 자신은 풍요하게 살면서 구 엘리트를 학대한 간부들의 가학적 행동 보고들이 잇따랐다."[116]

공산당은 특히 상층의 경제 및 교육 계급이 인민의 적이라고 선언하였고 재교육 수용소에서는 사소한 위반만 저질러도 그들을 살해했다.[117]

"당에 가입하기를 원하는 후보는 더 가난하거나 중간의 소농 계급 같은 낮은 계급들, 주로 더 낮은 계급들 출신이어야 한다."[118]

그러나 곧 적들의 범위는 점점 넓어졌고 모든 인민이 다 해당되었다. 누구도 언제든 체제의 적으로서 적발될 수 있었는데 설사 그가 공산당에 속한다고 할지라도 그랬다. 당 간부도 적어도 반이 살해되었다.[119] '적(enemy)'으로 여겨지지 않으려면 다른 '적'을 끊임없이 적발하고 매도해야만 했다. 이것은 폭력의 악순환을 일으켰다. 훗날 정권의 희생자들을 담고 있는 거의 2만 개의 집단 무덤이 나라 전역에서 발견되었다.

모든 것을 지배하는 권력은 자신을 '앙카르(Angkar, 조직)'라고 불렀는데, 사람들은 이 조직이 누구인지 알지도 못했다. 그들은 조지 오웰의 『1984년』에서 빅 브러더와 같은 그 조직에 저항할 수 없다는 점과 그것이 자신들의 삶 모든 영역을 지배한다는 점을 알고 있었을 뿐이다.

"모든 혁명 법률과 규정은 앙카르의 이름으로 반포되었다. 모든 위반은 앙카르에 알려졌고 앙카르에 의해 처벌되었다. 앙카르는 어디에나 있었고 누구도 벗어날 수 없는, 만연하는 존재였다. '앙카르는 파인애플보다 눈이 더 많다'라고 간부들은 말했다. 남편과 아내는 다른 사람들이 없는 데서만 귓속말로, 누가 엿들을까 두려워하며 앙카르에 관해 이야기했다. 아무도 앙카르를 공개적으로 비판하지 않았다. 최소한 비판적인, 지나가는 암시만 해도 체포, 심문, 재교육을 위해 실종되었다. 위험은 언제나 존재했다. 어느 때도, 누구도 앙카르의 스파이들이 듣고 있는지 알지 못했다."[120]

크메르 루주 정권은 몇 년 후 붕괴했다. 크메르 루주는 극단적인 구성주의를 통해 사회주의 이상향을 창설하려는 전략의 확실한 예를 제공했다. 폴 포트와 그의 동료들은 급진적인 평등이 공정하고 행복한 사회에 이르게 할 것이라고 믿었다. 그는 더 잘 알 수 있었고 알았어야 했다. 특히 중국에서 마오의 대약진운동이 철저하게 이미 실패했고, 4,500만 명의 목숨을 희생시킨 후에는 더욱 그랬다. 폴 포트에게 마오의 대약진운동이라는 사회주의 실험은 본보기가 되었다. 그래서 자기의 실험을 '초대약진운동'이라 불렀다. 캄보디아의 새 국가(國歌)는 다음과 같은 가사로 마무리되었다.

"우리 조국이 대약진하도록 우리 조국을 건설하세! 거대하고, 영광스럽고, 놀라운 대약진을."[121]

외국을 경험한 지식 기능인은 자랑스럽게 선언했다.

"우리는 유일한 혁명을 하고 있다. 우리가 했던 방식으로 화폐와 시장들을 감히 파괴할 나라가 어디 있는가? 우리는 중국인들보다 훨씬 더 낫고 그들의 존경을 받는다. 그들이 우리를 모방하려고 하지만 아직 실현하지 못했다. 우리는 전 세계에 좋은 모델이다."

폴 포트가 추방된 뒤에도 그는 1975년 4월 17일이 "1871년의 파리 코뮌을 예외로 하고"[122] 모든 혁명의 역사에서 가장 위대한 날이라고 계속해서 믿었다.

우리는 소련에서 중국을 거쳐 캄보디아에서의 가장 급진적인 변형에 이르기까지, 실패한 사회주의 실험들을 볼 수 있다. 세부적으로는 서로 다를지라도, 그것들은 모두 사람이 봉건주의와 자본주의의 비참함에서 해방되는 것은 오로지 사유 재산을 폐지하고, '부자들'과 싸우며, 계획경제를 집행함으로써만 가능하다는 구성주의적 망상으로 결합해 있다.

스탈린에서 마오를 거쳐 폴 포트에 이르기까지 이 모든 체제는 저명한 지식인 사이에서 변명자들과 숭배자들을 만들어냈다. 예를 들어 캄보디아 사회주의 테러 정권을 대수롭지 않게 여긴 지식인 가운데는 노엄 촘스키가 있었는데, 그는 대량 살인의 보고들이 조작되었다면서 그 정권의 비방에 이의를 제기했다.[123]

반자본주의 철학자 슬라보예 지젝은 크메르 루주가 충분히 멀리 가지 않았다고 선언할 정도였다.

"크레르 루주는, 어떤 면에서, **충분히 급진적이지 않았다.** 그들이 과거의 추상적인 부정을 한계까지 가지고 갔지만 그들은 어떤 새로운 형태의 집합체도 고안하지 않았다. … 혁명적 폭력이 '속죄하는' 것이고 '신성하기' 조차 한 것으로서 찬양되어야 한다."[124]

지젝이 체 게바라의 숭배자였고 1930년대 스탈린의 테러를 '인본주의 테러'로서 서술했다는 점도 또한 여기서 언급되어야 한다.

"스탈린주의는 우리가 인간성으로서 이해하는 것을 효과적으로 추구했다."[125]

폴 홀랜더는 논평한다.

"지젝의 신념은, 자본주의 해악과 자본주의가 발생시키는 폭력을 능가하는 것은 아무것도 없다는 흔들리지 않는 확신에 뿌리박혀 있는 것 같다. 그것은 서로 다른 정치적 종파의 독재자들에게 매력을 느끼면서 반자본주의 성향을 공유하는 많은 서양 지식인에게서 다양하게 보이는 확신이었다."[126]

반자본주의는 역사상 최악의 사회주의 테러 정체들까지도 찬양한다.

물론 모든 사회주의 정체가 스탈린, 마오, 폴 포트만큼 폭력적으로 피에 굶주리지는 않았다. 그러나 훨씬 더 무해(無害)하게 시작하는 사회주의 실험들조차 계속되는 급진화 과정에서 곧 경제적 붕괴와 자유의 구속을 가져온다. 실패한 사회주의 실험의 가장 최근 사례, 베네수엘라 우고 차베스(Hugo Chavéz)의 '21세기 사회주의'가 확증하는 바와 같다.

차베스는 민주적으로 선출되었는데, 그의 정권 초기에 그는 재산권을 유지하기로 약속했고 결코 "누구로부터도 어떤 것도 몰수하지"[127] 않겠다고 맹세했다. 선거 전에 차베스는 놀랄 정도로 타협적인 수사를 사용했고, 스스로 외국 투자자들을 환영하는 서양 가치 대(大) 숭배자, '카리브해의 토니 블레어(Tony Blair of the Caribbean)'[128]로서 연기하였다. 이것은 어느 정도 의도적인 속임수였다. 그런데도 차베스는 자기 나라를 경제적 재난과 독재 체제로 이끌려고 시도하지 않았다. 그렇지만 이런 일이 일어나고 말았다. 왜냐하면 경제적 자유의 제거가 항상 경제적 쇠퇴에 이르고, 정치적 자유를 없앤다는 사실에 일정한 논리가 있기 때문이다.

우리는 사회주의자들이 자유와 민주주의에 관해 이야기할 때 그들의 말과 약속을 믿어서는 안 된다. 1945년 6월 11일 독일 공산당(KPD)은 강령 선언에서 확언했다.

"히틀러주의 파괴와 함께 독일의 민주화를, 1848년에 시작된 부르주아 민주적 이전을, 완성하는 것도 중요하다. … 우리는 소비에트 체제를 독일에 강요하는 것이 잘못된 길이라 생각한다. … 오히려 우리는 현 상황에서 독일 국민의 가장 강렬한 이익을 위해 독일이 다른 길을, 반파시스트 민주 정체를 수립하는 길을, 국민을 위한 모든 민주적 권리와 자유를 가진 의회 민주 공화국을 수립하는 길을 택할 것을 요구한다는 의견을 가지고 있다."[129]

역사가 보여주듯이 그 후 몇 년간 독일 민주 공화국(동독, GDR)에서 정확하게 반대 상황이 일어났다. 반파시즘을 구실로 토지와 필수 생산 수단들이 국유화되고 소련을 본뜬 독재 체제가 수립되었다.

프레데릭 엥겔스는 생산 수단의 사회화 후에 국가가 완전히 사멸할 것이라고 약속했다.

"국가가 그 덕분으로 정말로 스스로 사회 전체의 대표로 되는 첫 번째 행위(사회의 이름으로 생산 수단을 소유하는 것)는 동시에 하나의 국가로서 마지막 독립적인 행위이다. 사회관계에 대한 국가 간섭은 불필요하게 되고 국가는 그 다음 저절로 사멸한다. 사람들의 통치는 사물들의 관리로 대체되고, 생산 과정들의 운영으로 대체된다. 국가는 '폐지되지' 않고 **사멸한다**.[130] … 사회 과정에서 무정부 상태(엥겔스에게는, 자본주의 경제, 영으로의 복귀와 비슷하다)가 사라지는 것에 비례하여 정치적 권위도 사멸한다. 마침내 자기 자신의 사회 조직 형태의 주인인 사람은 동시에 자연에 대한 주인이, 자기 자신의 자유로운 주인이 된다."[131]

『국가와 혁명(The State and Revolution)』에서 레닌은 자기의 마지막 목표를 "국가, 즉 모든 조직되고 체계적인 폭력을 폐지하는 것, 일반 인민에 대한 모든 폭력 사용을 폐지하는 것"[132]으로 서술했다. 필요한 일은 모두 사회주의라는 중간 단계였고, 공산주의 사회라는 마지막 상태를 가져오기 위한 프롤레타리아 독재였다. 마르크스는 이미 자기의 '고타 강령 비판(Critique of the Gotha Program)'에 이렇게 썼다.

"자본주의 사회와 공산주의 사회 사이에는 하나에서 다른 것으로의 혁명적 변화의 기간이 있다. 이것에 대응하는 것은 국가가 오직 **프롤레타리**

아 계급의 혁명적 독재가 될 수 있을 뿐인 정치적 과도기이다."[133]

사실상 어떤 사회주의 국가에도 프롤레타리아 계급의 독재는 없었다. 초기 소련은 바로 노동자들의 운동을 진압하는 것에서 시작되었고 한 정당의 독재, 궁극적으로 한 사람의 독재로 빠르게 나아갔다. 마르크스, 엥겔스, 레닌의 허구에 따르면, 과도기 다음에는 국가가 없는 마지막 상태에 이르게 되어 있었다. 레닌은 이렇게 썼다.

"마지막으로 오직 공산주의만이 국가를 절대 필요 없게 하는데, 억압될 **어떤 계급**도 없기 때문이다."[134]

이 논리에 따르면, 생산 수단이 사회화되고 계급들의 경제적 기초가 박탈될 때 국가는 저절로 사멸할 것이다. 그러나 세계 어느 나라에서도 결코 그러한 일이 일어나지 않았다. 국가는 사멸하지 않았을 뿐만 아니라 끊임없이 더 강해졌다. 폭력이 불필요하게 된 것이 아니라, 그것은 소련에서부터 베네수엘라에 이르기까지 사회주의 체제들의 특징 중 하나가 되었다. 그리고 이는 스탈린 통치 최악의 단계 후의 기간들에도 여전히 진실이었다. 스탈린 후 소련은 1930년대와 똑같은 잔학한 행위를 경험하지 않았을지 모르지만 여전히 국민이 출판의 자유, 언론의 자유, 집회의 자유 같은 기본권들을 박탈당한 독재 정권이 계속되었다.

인민들은 반복해서 공산주의 이상향의 약속으로 위로받았는데 그것들이 더는 먼 꿈이 아니라는 것이었다. 1961년 제22차 당 대회에서 소련 공산당(CPSU)은 20년이 지나면 공산주의를 확립하기로 약속하는 강령을 채택했다.

"공산주의 건설은 당의 실제 과업, 모든 소비에트인의 대의가 되었다.[135] … 1970년까지 소련은 가장 강하고 부유한 자본주의 국가 미국을 주민

1인당 생산에서 능가할 것이다. 그 다음 1980년까지는 **공산주의 사회가 USSR에서 건설될 것이다.**[136] … 인민들에게 **어떤 자본주의 국가의 생활 수준보다 더 높은**[137] 생활 수준을 확보해 줄 것이고 … 가장 짧고 가장 생산적이고 가장 많은 보수를 받는 노동 시간[138]을 가진 나라가 될 것이다. … 전 주민은 고품질이고 다양한 식품에 대한 필요를 충분하게 충족시킬[139] 수 있을 것인데, 1980년까지는 그러한 다수의 물질적이고 문화적인 편익들이 전 주민에게 달성될 것이고 … 그래서 마르크스가 선언한 필요에 따른 분배라는 공산주의 원칙으로 이행하는 것이 가능할 것이다."[140]

강령은 마르크스의 '고타 강령 비판'을 언급하며 약속했다.

"더 높은 공산주의 단계에서는, 개인을 분업의 노예가 되게 하는 종속과 그것과 함께 정신노동과 육체노동 사이 대립이 사라진 후에, 노동이 삶의 수단뿐만 아니라 삶의 주요 욕망이 된 후에, 생산력이 개인의 전면적인 발전과 함께 증가하기도 했고, 협동적 부의 모든 샘물이 더 풍부하게 흐른 후에, 오직 그때에만 부르주아 권리의 좁은 시야가 완전히 말살될 수 있고 사회가 자기 깃발들에 써넣을 수 있다. '능력에 따라 일하고, 필요에 따라 받는다!'라고."[141]

이것은 소련 공산당이 늦어도 1980년까지 달성하기로 한 약속이었다. 그러나 그들의 약속 어느 것도 이행되지 않았다. 1982년 소련의 인구는 2억 7,000만으로, 미국(2억 3,200만)보다 16% 더 많았다. 그런데 그해 미국에서 4,400만 대 라디오가 팔렸는데, 소련에서는 단지 600만 대가 팔렸을 뿐이다. 미국에서는 자동차가 800만 대 팔렸는데, 이에 비해 소련에서는 단지 140만 대만 팔렸다. 녹음기도 미국에서는 2,900만 대가 팔렸지만, 소련은 그저 320만 대만 간신히 팔았다.[142] 1981년, 공산주의 사회가 건설되었을 것으로 강령이 약속한 해에 미국과 소련 사이 비교가 다음의 사항을 드러냈다.

"1980년대, 소련의 생활 수준은 심각한 경제 성장 제약들 때문에 과거보다 훨씬 더 느리게 향상될 것 같다. 이는 상세한 지출 자료와 새로운 구매력 평가 지수들에 근거하여 1976년에 소련과 미국의 1인당 소비를 광범위하게 비교한 몇몇 주요한 발견이다. 1976년 소련에서 1인당 실질 소비는 미국의 34.4%였다. 이 값은 루블에서와(27.6%) 달러에서의(42.8%) 비교의 평균이다. 더구나 이 비교들은 소비에트 소비재와 서비스의 조악한 품질과 악명 높음을 충분히 감안할 수 없기 때문에 오히려 소련에 유리하게 편향된 것으로 보인다. 또한 이 비교에는 소비에트 소비자들에게 장보기를 어렵게 하는 일정하지 않고 원시적인 유통 체계와 물건 부족이 고려되지 않았다. 식품, 음료, 담배(54%)와 섬유 제품(39%)의 소비에서 소비에트는 미국과 최대한 가깝다. 내구 소비재들과 가사 서비스들에서의 차이는 엄청나게 크다(미국 수준의 20% 미만)."[143]

미하일 고르바초프(Mikhail Gorbachev)가 1980년대 중반 소련에서 원대한 개혁을 시작했을 때 사회주의 체제는 완전히 혼란에 빠져들었다. 그러나 소련에 생긴 것은 자유로운 자본주의 사회가 아니라, '연고 자본주의(Crony Capitalism)'[144] 체제였다. 이는 경제적으로 비효율적이고 소련의 국내 총생산은 이탈리아보다 더 낮았는데, 그 나라의 크기와 막대한 원자재 자원에도 불구하고 그렇다.[145]

'민주사회주의(democratic socialism)' 옹호자들은 이 체제가 소련과 동구권 나라들에서 만연했던 것과 같은 체제들과 다르다고 주장한다. 그들은 인위적으로 경제와 정치를 서로 분리하는 것이 가능한 것처럼 행동한다.

그들은 사회주의 체제를 비판할 때 경제 헌법은 거의 부차적인 문제로 비판하는 경향이 있다. 그들이 집중하는 것은 정치적 및 민주적 자유(예를 들어 언론의 자유, 출판의 자유 등)를 없앤 것이다. 수많은 '민주사회주의' 지지자가 내놓는 경제적 처방들은 그들의 비민주적 동무들의 처방과 아주 비슷하다. 그들은 시장의 힘에 대한 깊은 불신과 국가에 대한 거의 무한한 신뢰를 가지고 있다. 민주사회주의자들은 과거 100년 동안 사회주의 국가들이 저지른 '실수'를 그저 사회주의 경제 체제를 민주 국가 헌법과 결합함으로써 교정하기 원할 뿐이다. 이것은 궁극적으로 '민주사회주의'라는 용어가 의미하는 바이다.

마르크스는 경제와 정치의 기초와 상부 구조의 긴밀한 상호 의존을 강조했다. 그러나 민주사회주의자들은 마르크스를 존경하면서도 그러한 연결은 부정하는 것 같다. 마르크스가 이 연결을 서술하는 『정치 경제학 비판에 대한 기여(A Contribution to the Critique of Political Economy)』의 서문에는 이렇게 쓰여 있다.

"나의 연구로 나는 법적 관계도 정치적 형태도 인간 마음이 아니라 물질적인 생활 상태에 기원이 있다는 결론에 도달했다. … 자기 존재의 사회적 생산에서 사람들은 불가피하게 자신의 의지와는 무관한 일정 관계들, 즉 그들의 물질적인 생산력의 발전에서 소정(所定)의 단계에 적합한 생산 관계에 들어간다. 이러한 생산 관계의 전체성은 경제적인 사회 구조, 실질적인 기초를 구성하는데, 법적 및 정치적 상부 구조가 그 위에서 발생하고 일정한 사회 의식 형태들이 그에 부합한다. 물질적 생활의 생산 양식은 사회적, 정치적, 지적 생활의 일반적인 과정을 결정한다."[146]

사회주의 사회를 비판하기 시작하자마자 마르크스를 열심히 언급하는 사회주의자들이 곧 경제와 정치 사이의 이런 연결을 부정하는 것은 현저한 모순이다. 그들에게는 경제적 자유가 없는 것이 특징인 비자본주의 기초를 가진 사회들이 완전히 정치적 자유도 없는 '상부 구조'를 가지는 것은 명백히 우연의 일치이다. 니미츠는 이 연결을 적절히 요약하여 말한다.

"그 체제의 논리 안에서 개인적 자유의 제한은 불가피하고 정당하다. 타국으로의 이주를 제한한 것이 한 예이다."[147]

경제적 자유의 제거와 정치적 자유의 제거 사이 연결의 예는 독일 민주 공화국(동독)에서 찾을 수 있다. 처음 토지와 생산 수단의 국유화를 통해 경제적 자유가 사라졌다. 그 결과 동독과 서독의 경제적 성과에는 막대한 격차가 생겼다. 서독의 생활 수준이 훨씬 더 높았고, 그래서 기업가와 잘 교육받은 전문 직업인, 그 외 일반인 280만 명이 동독에서 탈출했다. 1961년에 장벽이 세워졌다는 사실은 확실히 경제적으로 불가피한 일이었다. 그렇지 않았더라면 동독의 체제에서 돈이 다 쥐어짜졌을 것이기 때문이다. 이에 대해 니미츠가 설명했다.

"베를린 장벽은 사회주의의 숭고한 이상으로부터의 일탈이 아니라, 계획경제의 논리적인 상관 현상(correlate)이었다."[148]

경제적 자유를 없애자 불가피하게 국가 권력이 확대되었다. 정치와 관료제가 정치적 결정을 하는 데 국한되는 것이 아니라 경제적 결정도 하기 때문이다. 자본주의 나라에는 정치 엘리트와 나란히 권력과 영향력을 행사하는 경제 엘리트가 있지만, 국가 운영 경제에서는 모든 영역을 지배하는 단 하나의 엘리트만 있다.

물론 자유와 사회주의가 공존하는 체제들을 상상하는 것은 가능하다. 기껏해야 일시적이겠지만 그것들이 공존하는 것도 가능할지 모른다.

1970년대 영국과 스웨덴에서 민주사회주의가 나타났다. 양 체제에서 세금이 인상됨에 따라 국가는 더 많은 권력을 얻었고, 아울러 주요 경제 부문들이 국유화되었다. 어떤 시점에서 이 나라들은 갈림길에 다다랐다. 예를 들면, 영국 노동당에서 민주사회주의의 가장 급진적인 지지자들이 더욱더 큰 정부 역할을 요구한 것이다. 그들의 견해로는, 그 나라가 겪고 있던 어떤 경제 문제도 여전히 자본주의 요소가 너무 많은 데서 유래한 것이었다. 만약 그들의 힘이 우세했더라면 경제 쇠퇴는 가속화되었을 것이고 어떤 시점에서 양(量)으로부터 새로운 질(質)로의 전환이 있었을 것이다. 또 민주사회주의는 훗날 베네수엘라처럼 보통 형태의 사회주의, 즉 정치적 억압의 체제로 나아갔을 것이다. 다행히 사회주의를 반대하는 사람들은 영국과 스웨덴에서 자기들에게 투표하도록 다수파를 설득하는 데 성공했고 경제에 대한 국가 권력을 약화시키는 감세, 민영화, 탈규제를 통해 자본주의 개혁에 착수했다.

제3부

자본주의에 대한 대중의 인식

제12장

한국인이 자본주의에 대해 생각하는 것

앞의 열한 개 장에서는 자본주의와 사회주의에 관한 사실들을 검토했다. 제12장과 제13장에서는 자본주의에 관한 의견들을 다룰 것이다. 필자는 한국인들이 자본주의에 관해 어떻게 느끼는지 수치들과 그래프들을 제시하기 전에 설문 조사에서 사용된 항목들과 방법의 세부 사항들을 설명하고자 한다.

예전부터 사람들이 자본주의와 시장경제에 관해 어떤 의견을 갖고 있는지 알기 위한 설문 조사가 빈번하게 행해졌다. 그런 설문 조사들은 단지 응답자들에게 자본주의가 좋은 체제인지에 대해 일반적인 질문을 했을 뿐이다. 28개 나라에서 행해진 설문 조사 〈에델만 트러스트 바로미터 2020〉[1]는 응답자의 평균 56%가 "오늘날 존재하는 자본주의는 세계에 이익보다는 해를 더 많이 끼친다"라고 믿는다고 보고했다.

유럽에서는 프랑스인들이 가장 강하게 이 의견에 동의했고(69%), 이탈리아(61%), 스페인(60%), 독일(55%), 영국(53%)이 그 뒤를 이었다. 미국과 캐나다 양국 다에서 응답자의 47%가 이런 자본주의 비판에 동의했다. 일본(35%), 홍콩(45%), 한국(46%)에서는 가장 낮은 비율로 자본주의를 비판했다. 에델만 혹은 비슷한 설문 조사들에서는 자본주의에 관해 단지 한 가지 질문만 했는데, 이는 사람들이 자본주의를 찬성하는지 반대하는지는 안다고 해도 그 이유를 모른다는 점을 의미한다.

필자는 더 많이 알아내기를 원했고, 알렌스바흐 연구소(Allensbach Institute) 및 입소스 모리(Ipsos MORI)와 함께 훨씬 더 자세한 항목을 담은 국제 설문 조사를 설계했다. 이전 설문 조사들에 근거하여 설문 조사가 시작되기 전에도 필자는 대부분 나라에서 다수가 자본주의에 비판적인 경향을 보일 것이라 생각했다.

무엇보다 필자는 세계 여기저기서 그렇게 많은 사람이 자본주의를 거부하는 이유를 알고 싶었다. 사람들은 자본주의라는 용어에 대해 어떤 부정적 혹은 긍정적 특징들을 연상하는가? 그들은 자본주의에 관해 정확하게 무엇을 비판하거나 무엇을 좋다고 여기는가? 나라 안에서 서로 다른 소득과 연령 계층의 사람들은 자본주의에 대해 어떻게 생각하는가? 좌파 사고 방식과 우파 사고 방식을 가진 사람들은 자본주의와 어떤 관계를 가지고 있는가? 필자는 또한 음모 이론가들과 반자본주의 사이에 어떤 상관관계가 있는지도 알아내고자 했다.

설문 조사는 2021년 6월과 2022년 9월 사이 총 27개국에서 행해졌다. 한국에서는, 입소스 모리가 2021년 7월 30일과 8월 9일 사이 999명의 대표 표본을 설문 조사했고, 국제 설문 조사에는 2만 8,093명이 응답했다.

이 설문 조사는 질문들의 깊이뿐만 아니라 특정 방식에서도 자본주의에 관한 다른 설문 조사들과 다른데, 설문 조사가 시작되기 전 가설은 비록 어떤 사람들의 실제 견해가 그들을 친자본주의 진영에 포함한다 하더라도, 그들이 특히 '자본주의'라는 단어에 혐오감을 느낀다는 것이었다.

어떤 사람들은 '자본주의'에 대해 그저 모호하고 불분명한 연상만 가지고 있지만 다른 어떤 사람들은 그 용어를 이 세상의 모든 해악과 연결한다.

따라서 경제적 자유에 관한 질문들에서는 '자본주의'라는 단어를 피했다. 응답자들에게 총 여섯 개의 진술문이 제시되었는데, 그 가운데 세 개의 진술문은 경제적 자유와 시장경제를 지지했고 세 개는 국가의 강력한 역할을 옹호했다. 모든 설문 조사 항목의 정확한 내용은 415~418쪽에 있는 부록에서 찾아볼 수 있다.

경제적 자유에 관한 질문들에는 예를 들면 이런 진술을 포함했다.

"시장이 계속해서 실패하는 경우가 있기 때문에 국가가 경제에 더 많이 개입해야 한다."

대조적인 진술도 있다.

"나는 국가가 규칙은 설정하지만 간섭하지 않는 경제 체제를 지지한다."

한 진술이나 다른 진술을 지지하는 것이 자동적으로 어떤 사람을 친자본주의 혹은 반자본주의로 만들지는 않지만 예를 들어 두 개 혹은 세 개의 친경제적 자유 진술을 지지하면서 더 많은 국가 개입 지지 진술들을 거부하는 응답자들과 더 많은 국가 통제를 지지하고 자유 시장에 회의적인 응답자들을 명백히 구별할 수 있었다. 각 나라에 대해 '친경제적 자유' 항목들과 '친국가' 항목들의 평균 지지 수준을 계산했고 이 자료들을 사람들이 어떤 나라에서 경제적 자유에 관해 어떻게 생각하는지를 계산하는 데 사용했다.

반면에 두 개의 다른 질문들에서는 '자본주의'라는 용어가 사용되었다. 첫째, 우리는 설문 조사 응답자들이 '자본주의'라는 단어로 정확하게 무엇을 연상하는지 알기 원했다. 설문 조사는 열 개 용어를 제시했는데, 즉 번영, 혁신, 탐욕, 냉정, 진취, 부패, 자유, 성과 지향적, 지속적인 성취 압력, 광범위한 제품, 환경 저하였다. 그 다음 '자본주의'라는 단어에 대해 긍정적 특징(자유, 번영)을 연상하거나 부정적 특징(환경 저하, 탐욕)을 연상하는 응답자들의 평균 백분율을 결정할 수 있었다.

가장 중요한 질문 집합은 세 번째 것이었다. 각 응답자에게 자본주의에 관해 총 열여덟 개의 진술문이 주어졌다. 부정적 진술문들에는, 예를 들면 다음과 같은 것들을 포함했다.

"기아와 빈곤의 원인이다", "불평등 증가를 초래한다", "사람들이 필요 없는 제품을 구매하도록 유도한다."

긍정적 진술문들에는 다음과 같은 것들을 포함했다.

"여러 국가에서 일반인들의 상황을 개선했다", "특별히 효율적인 경제 체제이다", "제공되는 것을 국가가 아닌 소비자가 결정한다는 의미이다."

이전의 질문 집합들에 대해서와 같이 우리는 이 긍정적 및 부정적 진술문들을 각각 지지하는 응답자들의 평균 백분율을 결정하기 위해 자료들을 분석했다. 만약 마지막 두 질문 집합에 대한 자료를 결합하면 '자본주의'라는 단어로 사람들이 생각하는 것을 결정할 수 있다. 이것을 첫 번째 질문 집합과 비교하는 것이 흥미로운데, 거기서는 자본주의가 언급되지 않을 때 사람들이 그것에 관해 어떻게 생각하는지를 드러낸다. 세 질문 집합에 걸쳐 응답들을 비교함으로써 우리는 '자본주의'라는 단어가 정확하게 무슨 역할을 하는지 알 수 있다. 한국에서는 '자본주의'가 서술되지만 그 서술이 실제 단어 자체를 사용하지 않을 때 자본주의에 대한 인정은 26% 증가한다.

그 다음 우리는 세 질문 집합 각각에서의 조사 결과들을 단일 계수로 결합하고, 각 질문 집합에 대한 수치들은 해당 나라에서 사람들이 자본주의에 관해 생각하는 것의 전반적인 지표를 제공하는 단일 계수로도 추출될 수 있다. 그 다음 이 수치는 서로 다른 나라에서 자본주의의 거부/인정의 정도를 비교하는 데도 사용될 수 있다. 그것이 전부가 아니다. 예를 들어 각 나라에 대해, 남자와 여자, 연령 수준, 소득과 교육 정도에 따라 응답자들이 자본주의를 정확하게 무엇이라고 생각하는지 나타낼 수 있다.

한국인의 경제적 자유에 대한 태도

정부의 더 강력한 역할을 지지하는 진술문들이 그저 18% 찬성만 얻은 데 비해, 정부의 축소된 역할을 지지하는 친시장 진술문들에 26% 찬성한다는 점이 드러났다((그림 12-1: 긍정적 진술문의 평균은 (40 +20 +18)/3 = 26, 부정적 진술문의 평균은 (25 + 18 + 8)/3 = 17, 혹은 18 -옮긴이 주). 긍정적 진술문들의 평균을 부정적 진술문들의 평균으로 나누면 1.42라는 계수가 나온다. 필자는 아래에서 자주 이 계수를 언급할 것이다. 1.0보다 큰 계수는 친경제적 자유 태도가 지배한다는 점을 의미하고, 1.0 미만의 계수는 반경제적 자유 의견이 지배한다는 점을 의미한다.

⟨그림12-1⟩

한국-좋은 경제 체제에 관한 여섯 개 진술문

질문 : 아래는 사람들이 좋은 경제 체제라고 생각하는 것에 관해 이야기한 것들입니다. 다음 진술 중 어떤 것에 동의하십니까?

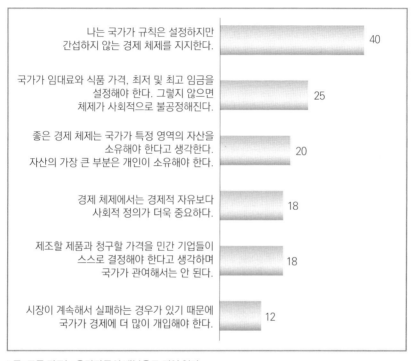

* 주: 모든 자료는 응답자들의 백분율로 되어 있다.

* 출처: Ipsos MORI survey 20-091774-30

한국의 30세 미만 응답자 가운데 25%는 친시장 진술문을 지지하고 21%는 친개입 진술문을 지지한다. 60세 이상 응답자 가운데 친시장 진술문(29%)과 정부의 더 강력한 역할을 옹호하는 진술문의 지지(16%)는 더욱 더 시장 지향적이다(그림12-2).

〈그림12-2〉

한국-경제 체제들에 관한 진술들(연령에 따른 분석)

질문 : 아래는 사람들이 좋은 경제 체제라고 생각하는 것에 관해 이야기한 것들입니다. 다음 진술 중 어떤 것에 동의하십니까?

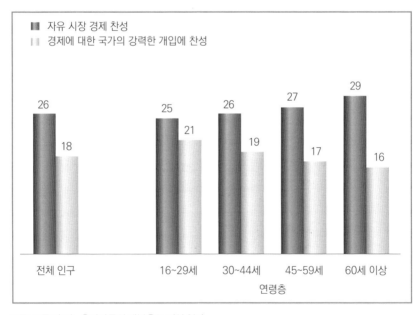

* 주: 모든 자료는 응답자들의 백분율로 되어 있다.

* 출처: Ipsos MORI survey 20-091774-30

예상대로, 고소득자(연간 8,000만 원 이상 소득 가구)보다 저소득자(연간 3,000만 원 미만 소득 가구)가 정부 개입적이다. 그런데도 21%만큼 많은 저소득자가 친시장 진술문에 지지를 나타내는데, 국가의 더 강력한 역할을 요구하는 것을 지지하는 17%에 비교된다. 고소득자 사이에서는 친시장 태도(32%)가 친정부 개입 태도(16%)보다 현저하게 더 높다(그림12-3).

〈그림12-3〉

한국-경제 체제들에 관한 진술문들(소득에 따른 분석)

질문 : 아래는 사람들이 좋은 경제 체제라고 생각하는 것에 관해 이야기한 것들입니다. 다음 진술 중 어떤 것에 동의하십니까?

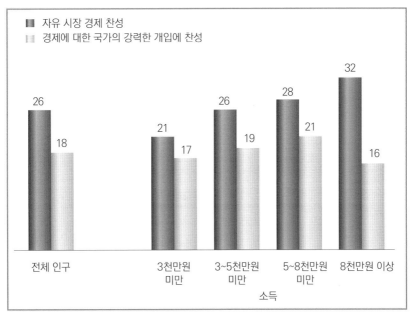

* 주: 모든 자료는 응답자들의 백분율로 되어 있다.
* 출처: Ipsos MORI survey 20-091774-30

저소득자의 30%는 국가가 규칙들을 정하지만 이상적으로는 다른 면에서 경제에 간섭하지 않는 경제 체제를 지지한다고 말한다. 고소득자 가운데서 이 의견은 50%의 동의를 이끌어 냈다(그림12-4).

⟨그림12-4⟩

한국-경제 체제들에 관한 진술문들(소득에 따른 분석)

질문 : 아래는 사람들이 좋은 경제 체제라고 생각하는 것에 관해 이야기한 것들입니다. 다음 진술 중 어떤 것에 동의하십니까?

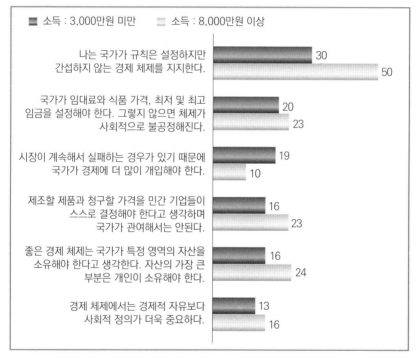

* 주: 모든 자료는 응답자들의 백분율로 되어 있다.
* 출처: Ipsos MORI survey 20-091774-30

우리는 모든 응답자에게 0(매우 극좌)에서 10(매우 극우)까지 좌우 척도에서 자신을 등급 짓도록 요청했다. 0~2는 '극좌'를 의미하고, 3~4는 '중도 좌파', 5는 '중도', 6~7은 '중도 우파', 8~10은 '극우'를 의미한다. 극좌 정치적 견해를 가지고 있는 사람들은 친정부 개입을 가장 지지하는데(27%) 그들 가운데 거의 같은 비율(26%)이 자유시장경제를 지지하기도 한다. 그러므로 여기서 입장은 명백하게 친시장적이지도 반시장적이지도 않다. 온건 좌익 의견을 가진 응답자 가운데 친정부 태도(28%)가 친시장 감정(24%)을 지배한다. 반면에 정치적 중도에서는 친시장 의견이 25%로 명백히 우세한데, 친국가 진술문들에 대해 15%만 지지하는 것과 대조적이다. 자유시장경제에 대한 지지는 중도 우파 스펙트럼에서 매우 강한데, 35%가 친시장 의견을 가지고 있고 21%만이 국가의 더 강력한 역할에 찬성한다. 정치적 스펙트럼의 극우에서는, 친시장 진술문들에 대한 지지가 가장 강하고 (37%) 친국가 진술문들에 대한 지지가 가장 낮은 데(16%) 속한다(그림12-5). 따라서 한국에서는, 몇몇 다른 설문 조사 나라에서와 달리 명백한 상관관계가 있다. 응답자들이 자신을 정치적 스펙트럼 중 오른쪽으로 분류할수록 그들은 시장경제를 더 명백하게 지지한다.

〈그림12-5〉

한국-경제 체제들에 관한 진술문들(정치 성향에 따른 분석)

질문: 아래는 사람들이 좋은 경제 체제라고 생각하는 것에 관해 이야기한 것들입니다. 다음 진술 중 어떤 것에 동의하십니까?

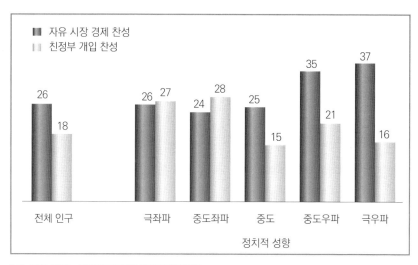

* 주: 모든 자료는 응답자들의 백분율로 되어 있다.
* 출처: Ipsos MORI survey 20-091774-30

정치 스펙트럼의 극우 응답자의 12%만이 "경제 체제에서는 경제적 자유보다 사회적 정의가 더욱 중요하다"라는 데 동의하는데, 극좌 응답자의 36%가 동의한 것과 대조적이다. 극좌에 있는 응답자의 15%만이 "제조할 제품과 청구할 가격을 민간 기업들이 스스로 결정해야 하며 국가가 관여해서는 안 된다"라는 진술에 동의하는데 극우에 있는 응답자의 43%가 동의한 것과 비교된다. 이 계수들을 분석하면 자신을 정치적으로 중도나 우파에 등급 짓는 한국인들이 자본주의에 관해 명백히 긍정적이라는 점이 드러난다(그림12-6).

〈그림12-6〉

한국-경제 체제들에 관한 진술문들(정치적 성향에 따른 계수)

질문 : 아래는 사람들이 좋은 경제 체제라고 생각하는 것에 관해 이야기한 것들입니다. 다음 진술 중 어떤 것에 동의하십니까?

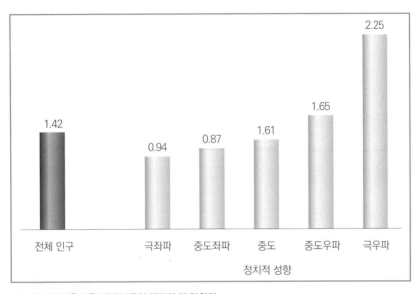

* 주: 계수가 낮을수록, 반자본주의 태도가 더 강하다.
* 출처: Ipsos MORI survey 20-091774-30

한국인들은 '자본주의'로 무엇을 연상하는가?

모든 응답자에게 다섯 개는 긍정적이고 다섯 개는 부정적인 열 개 용어를 제시하고 그들이 '자본주의'라는 단어로 무엇을 연상하는지 물었다. 그 결과 '탐욕', '냉정', '부패' 같은 부정적 용어들이 언급된 평균 백분율은 76%이다. 그와 대조적으로 응답자의 82%가 '번영', '진취', '자유' 같은 긍정적 용어들을 언급했다(그림12-7).

〈그림12-7〉

한국-'자본주의'에 대한 연상

질문 : 이제 자본주의에 관해 생각해 보십시오. 다음의 각 진술이 자본주의와 관련이 있는지 여부를 선택하십시오.

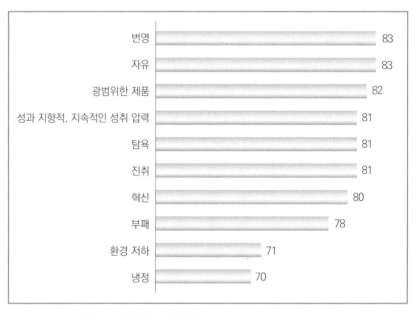

* 주: 모든 자료는 응답자들의 백분율로 되어 있다.
* 출처: Ipsos MORI survey 20-091774-30

'자본주의'라는 단어에 대한 연상을 형성하는 데서 소득은 무슨 역할을 하는가? 다른 많은 질문과는 달리 이 연상 검사에서 소득 집단들 사이에는 거의 차이가 없다(그림12-8).

〈그림12-8〉

한국-'자본주의'에 대한 연상(소득에 따른 분석)

질문 : 이제 자본주의에 관해 생각해 보십시오. 다음의 각 진술이 자본주의와 관련이 있는지 여부를 선택하십시오.

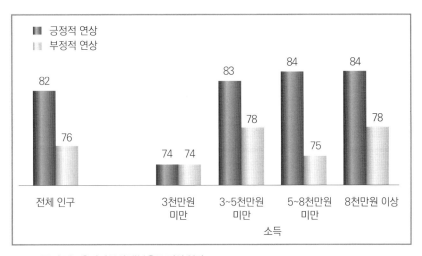

* 주: 모든 자료는 응답자들의 백분율로 되어 있다.
* 출처: Ipsos MORI survey 20-091774-30

이 연상 검사에서 정치적 성향이 좌측에 있거나 중도나 온건 우파에 있는 응답자들 사이에도 아주 적은 차이가 있을 뿐이다. 긍정적 연상들의 평균 백분율을 부정적 연상들의 평균 백분율로 나누면 극좌에서부터 온건 우파까지 모든 응답자에 대해 1.04와 1.09 사이 중립적 계수들이 생긴다. 바꿔 말하면 극좌에서부터 온건 우파까지 한국 응답자들은 '자본주의'라는 단어에 대해 부정적 연상을 가진 만큼 긍정적 연상을 가진 것 같다. 오직 극우 응답자에서만 이 질문에 대한 계수가 1.19로 더 높은데, 이는 극우 성향의 응답자들이 '자본주의'라는 단어에 대해 긍정적인 용어들을 명백히 연상한다는 점을 의미한다(그림12-9).

한국-연상 계수〈정치적 성향에 따른 분석〉

질문 : 이제 자본주의에 관해 생각해 보십시오. 다음의 각 진술이 자본주의와 관련이 있는지 여부를 선택하십시오.

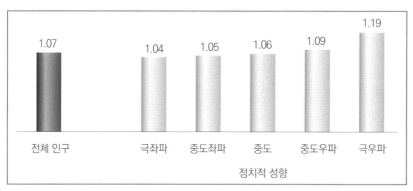

* 주: 계수가 더 낮을수록, 반자본주의 태도가 더 강하다.

* 출처: Ipsos MORI survey 20-091774-30

'자본주의'에 관한 열여덟 개 긍정적 및 부정적 진술문

응답자들에게 자본주의에 관해 총 열여덟 개 진술문이 제시되었는데, 열 개는 부정적이고 여덟 개는 긍정적이었다. 긍정적 진술에 대한 동의(평균 31%)가 부정적 진술에 대한 동의(평균 26%)를 넘어선다. 긍정적 진술의 백분율을 부정적 진술의 백분율로 나누면 계수 1.19를 얻게 된다(1.0보다 큰 모든 수는 친자본주의 태도를 나타낸다).

가장 많은 지지를 얻은 진술은, "자본주의는 경제적 자유를 의미한다"(49%)였다. 그러나 43%는 각각 "자본주의는 불평등 증가를 초래한다"와 "자본주의는 이기와 탐욕을 조장한다"라고 말하고, 42%는 "자본주의는 이상적이지 않을 수 있지만 여전히 다른 모든 경제 체제보다는 낫다"라고 말했다(그림12-10과 그림12-11).

〈그림12-10〉

한국–자본주의에 관한 진술들(열 개 부정적 진술)

질문 : 자본주의에 관한 다음 진술 중 동의하는 것은 무엇입니까?

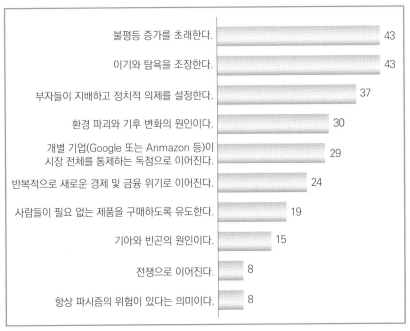

불평등 증가를 초래한다.	43
이기와 탐욕을 조장한다.	43
부자들이 지배하고 정치적 의제를 설정한다.	37
환경 파괴와 기후 변화의 원인이다.	30
개별 기업(Google 또는 Anmazon 등)이 시장 전체를 통제하는 독점으로 이어진다.	29
반복적으로 새로운 경제 및 금융 위기로 이어진다.	24
사람들이 필요 없는 제품을 구매하도록 유도한다.	19
기아와 빈곤의 원인이다.	15
전쟁으로 이어진다.	8
항상 파시즘의 위험이 있다는 의미이다.	8

* 주: 계수가 더 낮을수록, 반자본주의 태도가 더 강하다.

* 출처: Ipsos MORI survey 20-091774-30

이 책의 제1장과 제2장에서 객관적인 자료에 근거하여 자본주의가 기아와 빈곤을 줄이는 놀랄 만한 일을 했고 많은 나라에서 보통 사람들의 상황을 개선했음을 보았다. 어떤 진지한 경제학자도 도저히 이것을 부정할 수 없을 것이지만 한국 응답자의 24%만이 "자본주의는 여러 국가에서 일반인들의 상황을 개선시켰다"라는 점을 인정했다. 정말로 모든 한국인은 더 잘 알고 있어야 한다. 1948년에 자본주의 남한과 공산주의 북한으로 나누어지기 전에 한국은 사하라 사막 이남 아프리카에 비교할 수 있을 정도로, 세계에서 가장 가난한 나라 중 하나였고 그런 상황은 1960년대 초기까지 계속되었다. 자본주의는 남한에서 보통 사람들의 상황을 극적으로 개선했지만 사회주의 북한에서는 여전히 상황이 나빴다. 필자는 이것에 관해 저서『부유한 자본주의 가난한 사회주의 : 그들이 인정하지 않아도 역사가 말해주는 것』(빛서원)에 자세하게 썼다.

〈그림12-11〉

한국-자본주의에 관한 진술들(여덟 개 긍정적 진술)

질문 : 자본주의에 관한 다음 진술 중 동의하는 것은 무엇입니까?

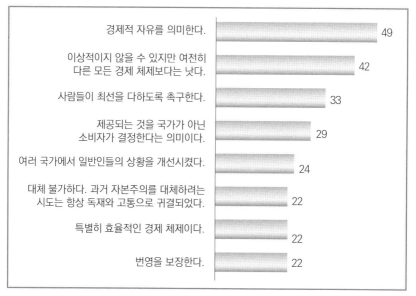

* 주: 모든 자료는 응답자들의 백분율로 되어 있다.

* 출처: Ipsos MORI survey 20-091774-30

이 질문 집합에서 특히 60세 이상 응답자들이 자본주의의 편익들을 인정하는 것을 볼 수 있다(그림12-12와 그림12-13).

〈그림12-12〉

한국-'자본주의'에 관한 열여덟 개 진술(연령에 따른 분석)

질문 : 자본주의에 관한 다음 진술 중 동의하는 것은 무엇입니까?

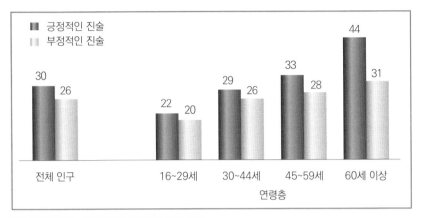

* 주: 모든 자료는 응답자들의 백분율로 되어 있다.
* 출처: Ipsos MORI survey 20-091774-30

〈그림12-13〉

한국-'자본주의'에 관한 열여덟 개 진술(연령 집단 계수)

질문 : 자본주의에 관한 다음 진술 중 동의하는 것은 무엇입니까?

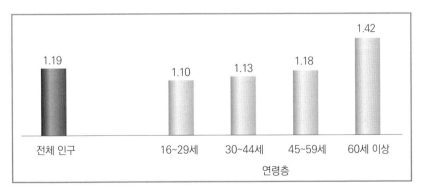

* 주: 계수가 더 낮을수록, 반자본주의 태도가 더 강하다.
* 출처: Ipsos MORI survey 20-091774-30

1년에 5,000만 원 미만을 버는 응답자들은 긍정적 반응과 부정적 반응의 백분율이 비슷하다. 1년에 5,000만 원 이상을 버는 응답자들은 자본주의에 관해 부정적인 진술보다 긍정적인 진술에 현저하게 더 동의했다(그림12-14와 그림12-15).

〈그림12-14〉

한국-'자본주의'에 관한 열여덟 개 진술(소득에 따른 분석)

질문 : 자본주의에 관한 다음 진술 중 동의하는 것은 무엇입니까?

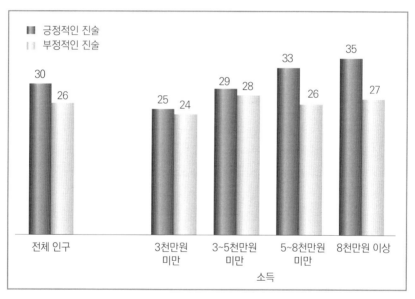

* 주: 모든 자료는 응답자들의 백분율로 되어 있다.
* 출처: Ipsos MORI survey 20-091774-30

한국-'자본주의'에 관한 열여덟 개 진술(소득 집단 계수)

질문 : 자본주의에 관한 다음 진술 중 동의하는 것은 무엇입니까?

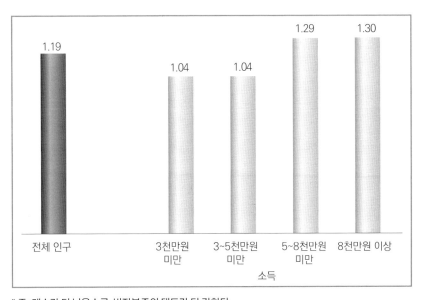

* 주: 계수가 더 낮을수록, 반자본주의 태도가 더 강하다.

* 출처: Ipsos MORI survey 20-091774-30

    이 진술들에 대한 응답을 좌우 스펙트럼에서 한국 응답자들의 분류라는 면에서 비교할 때 무슨 그림이 나오는가? 정치적 스펙트럼의 극좌에 있는 한국인들은 0.82의 계수로 반자본주의적인 경향이 있고, 온건 좌익이 0.95의 계수를 가지며 중립적인 태도를 보인다. 그러나 중도 한국인 중에서조차 친자본주의 진술들에 대한 동의가 지배적이다(1.15). 응답자들이 자신을 더 오른쪽에 둘수록 자본주의 지지는 더 강해진다. 온건 우익 응답자들은 확고하게 친자본주의적이다(1.54). 극우 한국인 가운데 자본주의 찬성은 1.97로 더욱 강하다(그림12-16과 그림12-17).

〈그림12-16〉

한국-'자본주의'에 관한 열여덟 개 진술(정치적 성향에 따른 분석)

질문: 자본주의에 관한 다음 진술 중 동의하는 것은 무엇입니까?

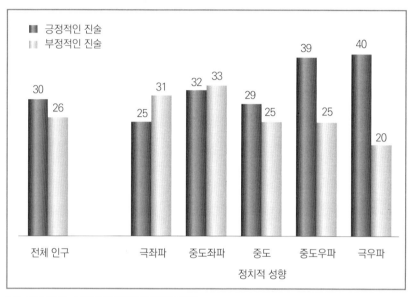

* 주: 모든 자료는 응답자들의 백분율로 되어 있다.

* 출처: Ipsos MORI survey 20-091774-30

한국-'자본주의'에 관한 열여덟 개 진술(정치적 성향에 따른 계수)

질문 : 자본주의에 관한 다음 진술 중 동의하는 것은 무엇입니까?

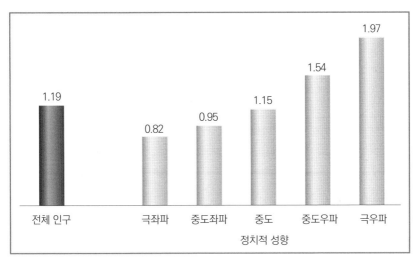

* 주: 계수가 더 낮을수록, 반자본주의 태도가 더 강하다.

* 출처: Ipsos MORI survey 20-091774-30

성과 교육

대부분 나라에서 여자들은 남자들보다 자본주의에 더 비판적이다. 그러나 한국은 성별 사이에 차이가 없는 유일한 나라이다. 한국에서는 여자 (1.23)와 남자(1.22)가 거의 같게 자본주의에 찬성한다(그림12-18).

〈그림12-18〉

한국-자본주의를 대하는 태도에 관한 전반적인 계수(성별에 따른 분석)

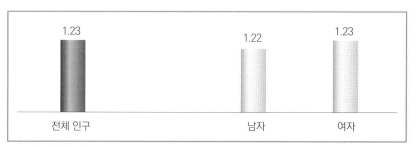

* 주: 계수가 더 낮을수록, 반자본주의 태도가 더 강하다.
* 출처: Ipsos MORI survey 20-091774-30

교육과 자본주의 인식 사이에는 연결의 차이가 없다는 분석이 드러났다(그림12-19). 폴란드와 한국에서만 그런 결과가 나타났다. 우리가 설문 조사한 열두 개 다른 나라에서는 고등 교육을 받은 응답자들이 자본주의에 대해 더 긍정적이다.

〈그림12-19〉

한국-자본주의를 대하는 태도에 관한 전반적인 계수(교육 정도에 따른 분석)

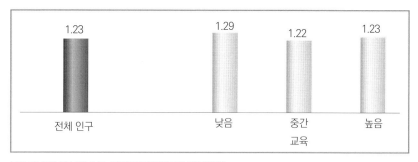

* 주: 계수가 더 낮을수록, 반자본주의 태도가 더 강하다.
* 출처: Ipsos MORI survey 20-091774-30

음모 이론과 자본주의에 대한 태도

음모 이론가들은 위기나 세계적 유행병(pandemic) 같은 어떤 사건이나 상황이 힘 있는 자들이 꾸민 비밀 계획의 결과라고 믿는다. 한 정의에 따르면, "음모 이론(conspiracy theory)은 강력하다고 여겨지는 개인이나 개인 집단이 세계의 주요 사건들에 영향을 미치고 있고, 고의로 전 주민을 해치면서 그들의 진정한 목표에 관해 주민들에게 비밀로 하고 있다는 가정이다".[2]

우익 음모 이론가들의 망령은 조지 소로스(George Soros)와 로스차일드(Rothchild) 집안 같은 엄청나게 부유한 사람들이고, 좌익 음모 이론가들의 망령은 미국 코크(Koch) 형제 같은 엄청난 부자이거나 정치적으로 배후에서 사태를 조종하고 있다고 여겨지는 수상쩍은 익명의 '로비스트들'이다. 극우 및 극좌 음모 이론가들은, 코로나바이러스 위기 동안 엄청나게 큰 적개심을 끌어들인 빌 게이츠 같은, 동일 인물들을 대상으로 삼기도 한다. 2008년 세계 금융 위기 동안에는, '탐욕스러운 은행가들'과 '금융 투기자들'이 비난의 대상으로 선택되었다.

대규모 실증 연구에서 독일 사회심리학자인 롤란트 임호프(Roland Im-hoff)와 마르틴 브루더(Martin Bruder)는 "음모 사고 방식은 우익 권위주의와 사회 지배 성향 같은 기성 정치 태도와 구별되는 일반화된 정치 태도로서 이해될 수 있다"[3]라는 점을 발견했다. 음모 이론가들은 강력한 사회적 집단들이나 그들이 강력하다고 여기는 집단들에 대해 강하게 분개한다. 그 연구자들의 분석은 음모 사고와 아래와 같은 진술들 사이에 명백한 상관 관계를 보여주었다.

"다국적 기업들은 대부분 세계 문제에 대해 비난받아야 한다."

"만약 국제적인 금융 투기가 더 적다면 세계 모든 사람이 더 잘 살 것이다."

"그들의 탐욕의 결과로, CEO들은 자신의 모든 도덕을 잃었다."[4]

음모 사고 방식은 희생양 만들기(scapegoating)와 밀접하게 관련되어 있다. 필자가 프로젝트 '여론에서의 부자들(The Rich in Public Opinion)'의 일부로 수행한 11개국의 국제 연구에서, 강한 사회적 시기(social envy)의 경향을 가지고 있는 사람들이, "더욱더 많은 권력을 원하는 엄청난 부자들이, 예를 들면 금융 위기나 인도주의적 위기 같은, 세계의 많은 문제에 대해 책임져야 마땅하다"[5]라는 진술에 상대적으로 훨씬 더 동의한다는 점이 명백히 나타났다.

이 책을 위한 설문 조사에서 사용된 질문 가운데 입소스 모리는 모든 응답자에게 이 두 항목을 제시했다.

"다음의 진술에 동의 또는 반대하십니까? '현실적으로 정치인은 아무것도 결정하지 않는다. 그들은 뒤에 있는 강력한 세력이 조종하는 꼭두각시이다.'"

"다음의 진술에 동의 또는 반대하십니까? '정치의 많은 것은 그 이면에 더 큰 계획이 있다는 사실을 알고 있는 경우에만 적절히 납득할 수 있지만 대부분의 사람은 이런 사실을 모르고 있다.'"

두 질문 모두에 동의한 개인은 음모 사고 방식을 가진 것으로 식별되었다. 그리고 요인 분석을 통해 자본주의에 관한 열여덟 개 질문 중 여섯 개에 대한 응답들에 기초하여 반자본주의 척도를 구성할 수 있었다. 이것으로 어느 응답자가 '결정적으로 반자본주의자'이고 어느 응답자가 '결정적으로 친자본주의자'인지 결정할 수 있었다.

한국에서는, 결정적인 반자본주의자들이 결정적인 친자본주의자들보다 위에서 인용된 진술들에 훨씬 더 강하게 동의하는 점이 드러났다. 이 진술들에 동의하는 한국 응답자들의 백분율을 분리하면 결정적인 친자본주의자들에 대해서는 1.6의 계수를 얻지만, 결정적인 반자본주의자들에 대해서는 현저하게 더 높은 2.8의 계수를 얻게 된다(그림12-20).

〈그림12-20〉

한국-반자본주의 태도와 음모 이론을 믿는 경향

음모 이론 계수 : 아래 두 진술, "현실적으로 정치인은 아무것도 결정하지 않는다. 그들은 뒤에 있는 강력한 세력이 조종하는 꼭두각시이다"와 "정치의 많은 것은 그 이면에 더 큰 계획이 있다는 사실을 알고 있는 경우에만 적절히 납득할 수 있지만 대부분의 사람은 이런 사실을 모르고 있다"에 동의하는 응답자들의 평균 백분율을 두 질문 모두에 동의하지 않는 응답자들의 평균 백분율로 나눈 것

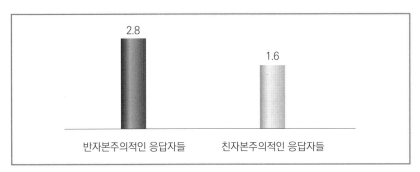

* 출처: Ipsos MORI survey 20-091774-30

요약

많은 양의 자료는 혼란을 가져올 수 있어서 모든 것을 단순한 수치로 요약하는 것이 타당한데, 여기서는 세 집합의 질문에 대한 총 34개의 응답(경제적 자유에 관한 여섯 개의 진술, 자본주의에 대한 열 개의 연상, 자본주의에 관한

열여덟 개의 진술)이 축약된다.

친정부 개입 진술들은 한국 응답자 18% 사이에서 찬성을 얻은 반면, 친시장/경제적 자유 진술들은 26% 찬성을 끌어냈다. 이것은 1.42의 계수로 끝난다. 1.0보다 낮은 계수는 반자본주의 의견이 지배한다는 점을 의미하는 반면, 1.0보다 큰 계수는 친자본주의 의견이 더 지배적이라는 점을 의미한다.

자본주의에 대한 연상에 관한 질문의 집합에서 한국 응답자의 평균 76%가 '탐욕', '부패', '환경 저하'와 같은 부정적 용어들을 연상한다는 점이 드러났다. 반면에 '번영', '진취', '혁신', '자유'와 같은 긍정적 용어들은 82% 언급되어 1.07의 계수를 나타냈다.

자본주의에 관한 열여덟 개 진술에 대한 응답 면에서, 31%는 긍정적 진술들에 동의했고 26%는 부정적 진술들에 동의하였는데 이것의 계수는 1.19이다.

'자본주의'라는 단어를 뺀 질문 집합에서는 친자본주의 선택지들이 1.42의 계수를 가지고 명백히 우세했다. 자본주의에 관한 연상들과 열여덟 개 진술을 가진 두 집합의 질문으로부터 계수들을 결합하면 1.13의 더 낮은 계수가 나타난다. 이것은 '자본주의'라는 단어가 사용되지 않고 자본주의가 의미하는 것에 관한 간단한 서술로 대체될 때, 자본주의에 대한 동의가 (1.13으로부터 1.42로) 26% 증가한다는 것을 의미한다. 만약 경제적 자유와 두 개의 자본주의 질문에 대한 수치들이 결합된다면 그 결과는 1.23의 계수가 나타난다(그림12-21). 이 계수는 후에 또한 다른 나라들과의 비교를 위해서 중요하다.

한국-자본주의를 대하는 태도에 관한 계수(개관)

계수A : '자본주의'라는 용어를 사용하지 않고 자유주의 경제 체제를 지지하는 진술들의 평
　　　　균을 정부 통제 경제 체제를 지지하는 진술들의 평균으로 나눈 것.

계수B : '자본주의'라는 용어에 대한 긍정적 연상들의 평균을 '자본주의'라는 용어에 대한
　　　　부정적 연상들의 평균으로 나눈 것.

계수C : 자본주의에 관한 긍정적 진술들의 평균을 자본주의에 관한 부정적 진술들의 평균
　　　　으로 나눈 것.

자본주의에 대한 태도들의 결합 계수 : (A + B + C) / 3

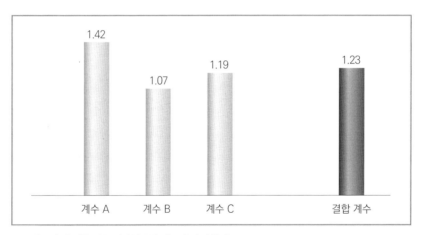

* 주: 계수가 더 낮을수록, 반자본주의 태도가 더 강하다.
* 출처: Ipsos MORI survey 20-091774-30

　　경제적 자유에 관한 질문에의 계수는 정치적 스펙트럼의 극좌 응답자
들에서 0.94, 온건 좌익들에서 0.87, 자신을 정치적 중도에 있는 것으로
여기는 응답자들에서 1.61, 온건 우파에서 1.65, 극우 응답자들에서 2.25
였다.

　　자본주의에 대한 연상들에의 계수는 극좌 응답자들에서 1.04, 온건 좌

파에서 1.05, 중도파에서 1.06, 온건 우파에서 1.09, 극우 응답자들에서는 1.19였다.

열여덟 개 진술에 대한 응답들은 극좌에 있는 한국인들이 0.82의 계수로 약간 반자본주의적이고, 0.95의 중립적 계수를 가진 온건 좌익과 중도파(1.15)가 그 뒤를 잇는다. 온건 우익들에 대한 계수는 1.54이고 극우에 있는 응답자들의 계수는 1.97이다.

세 가지 계수가 모두 결합될 때 아래의 그림이 나타난다. 극좌는 0.93의, 온건 좌파는 0.96의 계수를 가지고 있다. 다른 나라들과 달리 한국의 좌익은 반자본주의자로 분류될 수 없고, 자본주의에 대한 그들의 태도는 중립이거나 미결정이다. 그러나 정치적 중도에서조차 자본주의의 찬성은 1.27의 계수로 우세하다. 온건 우익은 1.43의 계수를, 극우에 있는 응답자들은 1.80의 계수를 가지고 있다. 그들은 매우 강한 친자본주의 태도를 보인다(그림12-22).

〈그림12-22〉

한국-자본주의에 대한 태도의 결합 계수(정치적 성향에 따른 분석)

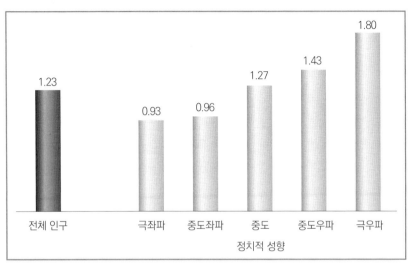

* 주: 계수가 더 낮을수록, 반자본주의 태도가 더 강하다.
* 출처: Ipsos MORI survey 20-091774-30

또한 음모 사고와 반자본주의 사이의 연결도 명백하다. 반자본주의자들은 친자본주의자들보다 음모 이론들에 훨씬 더 강한 동의를 표현한다. 제13장에서 이것이 한국에서의 사정일 뿐만 아니라 거의 모든 설문 나라에서의 사정이라는 점도 볼 것이다.

제13장

아시아, 유럽, 남아메리카, 미국 사람들이 자본주의에 관해 생각하는 것

이 장에서는 27개 나라에서 실시한 자본주의 설문 조사의 결과를 분석할 것이다. 필자는 설문 조사를 독일의 알렌스바흐 연구소(Allensbach Institute)와 함께 설계했고 세계 각국에서 수행할 것을 입소스 모리(Ipsos MORI)에 의뢰했다.[1] 2021년 6월과 2022년 9월 사이 한국을 비롯한 다음의 나라들에서 실시되었다.

아르헨티나 / 오스트리아 / 보스니아 헤르체고비나 / 브라질 / 칠레 / 체코 공화국 / 프랑스 / 독일 / 영국 / 그리스 / 이탈리아 / 일본 / 몽골 / 몬테네그로 / 네팔 / 폴란드 / 포르투갈 / 루마니아 / 러시아 연방 / 세르비아 / 슬로바키아 / 스페인 / 스웨덴 / 스위스 / 튀르키예 / 미국 각 나라에서 약 1,000명의 대표 표본이 조사되었고, 전체적으로 2만 8,093명의 응답자가 이 설문 조사에 참여하였다. 설문 조사는 지리적 범위가 광범위했을 뿐만 아니라 깊이에서도 독특했다. 전체적으로 각 응답자에게는 세 주제 집합에서 자본주의에 관한 34개 항목이 제시되었다. 설문 조사의 목적은 서로 다른 나라에서 사람들이 자본주의에 관해 생각하는 것을 찾아내어 이것을 정치적 견해, 연령, 교육, 성별, 소득 차이들에 관해 탐구하는 것이었다. 자본주의에 관한 인식이 어느 정도 그 단어 자체의 부정적 함의에서 나오는지 그리고 얼마나 많이 자본주의 경제 체제의 기본 원리들에 대한 사람들의 거부나 지지에 실제로 관련되어 있는지 결정할 수 있도록 항목들이 설계되었다.

아래 분석은 개개 나라, 이익 집단, 연령 집단 등 사이에서 차이점들을 그저 서술(describe)할 수 있을 뿐이다. 이 차이점들을 설명하는(explain) 데는 더 큰 프로젝트로서 훨씬 더 광범위한 노력이 필요할 것이다. 연구된 27개 나라로부터 역사가, 사회학자, 정치학자, 경제학자, 다른 전문가들이 각 나라의 역사, 경제, 사회 심리에서 설명들을 찾아야 할 것이다. 또 여기서 제시된 변수 사이의 관계들을 더 충분히 이해하기 위해 회귀 분석들이 수행되어야 할 것이다. 이 모든 것은 이 장의 범위를 넘어선다. 그런데도 필자는 설문 조사 자료의 개관과 체계적 탐구가 다른 학자들을 고무시킬 것을 희망한다. 이 점에서 아래는 서로 다른 나라에서 경제적 자유, 국가 개입, 자본주의의 대중 인식에 관한 비교 연구에서 첫걸음으로 여겨져야 한다.

사람들은 경제적 자유를 무엇이라고 생각하는가?

필자는 설문 조사를 준비하면서 어떤 사람들이 본질적으로 친자본주의 의견을 가지고 있다는 사실에도 불구하고 '자본주의'라는 단어 자체에 혐오감을 가진다고 가설화했다. 그러므로 설문 조사 질문들의 한 집합(경제적 자유)에서는 '자본주의'라는 단어를 사용하지 않았다. 응답자들에게 총 여섯 개의 진술문이 제시되었는데, 그중 세 개는 경제적 자유와 시장경제를 지지하는 내용이었다. 다른 세 개의 진술문은 경제적 자유를 제한하는 것과 국가의 훨씬 더 큰 역할을 옹호했다.

예를 들면, '경제적 자유'에 관한 질문들의 집합에서 한 진술문은 이러했다.

"시장이 계속해서 실패하는 경우가 있기 때문에 국가가 더 많이 경제에 개입해야 한다."

또 하나는 이랬다.

"나는, 국가가 규칙은 설정하지만 간섭하지 않는 경제 체제를 지지한다."

각 나라에 대해 '친경제적 자유' 진술문들에 대한 평균 백분율 동의와 '친국가' 진술문들에 대한 평균 동의를 계산하여 경제적 자유 계수(Coefficient of Economic Freedom)를 도출하였는데, 이것은 각 설문 조사 나라에서 경제적 자유에 대한 태도를 묘사한다.

이 장 전체에 걸쳐서 우리는 이 계수를 계속 지켜볼 것이다. 정확하게 1.0의 계수는 설문 조사 국가에서 명백한 경향이 없다는 점과 응답자들이 자유 시장 기질의 사람들과 경제에서 국가의 강력한 역할을 더 지지하는 사람들 사이에 균형을 이루고 있다는 점을 의미한다. 따라서 0.9와 1.1 사이 계수들을 가진 모든 나라는 '중립(neutral)' 집단에 정해졌다(계수들이 소수점 아래 한 자리로 반올림된다). '중립'에 속하는 여덟 개의 나라는 브라질, 스위스, 영국, 독일, 세르비아, 슬로바키아, 네팔, 몽골이다. 그럼에도 이 집단 안에서 여전히 차이들이 있다. 예를 들면, 브라질 사람들과 스위스 사람들은 각각 1.04와 1.02의 계수를 나타내, 영국(0.88)보다 경제적 자유에 대해 약간 더 긍정적인 태도를 가지고 있다.

1.1보다 더 큰 계수는 사람들이 명백히 시장 지향적이라는 점을 의미하고, 0.9 미만의 계수는 그들이 심하게 국가 개입을 신뢰한다는 점을 의미한다. 전반적으로 경제적 자유에 관한 긍정적 진술들은 일곱 개 나라에서 명백히 우세하다. 선두는 2.40의 계수를 가진 폴란드이고, 1.68의 미국과 1.58의 체코 공화국이 뒤를 잇는다. 전부 열두 개 나라에서 사람들은 경제적 자유보다 국가 개입을 더 지지한다. 뒤에 서 있는 나라들은 튀르키예, 보스니아 헤르체고비나, 러시아이다(그림13-1).

〈그림13-1〉

27개 나라에서 경제적 자유에 대한 태도
'자본주의'라는 용어를 사용하지 않았을 때 자유주의 경제 체제를 지지하는 진술들의 평균을 국가 통제 경제 체제를 지지하는 진술들의 평균으로 나눈 것

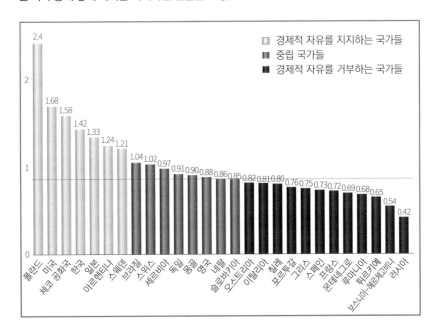

* 주: 계수가 더 낮을수록, 반자본주의 태도가 더 강하다.

* 출처: Allensbach Institute survey 12038, Sant Maral Foundation, Ipsos MORI surveys 20-091774-30, 21-087515-07, 및 22-014242-04-03, 그리고 FACTS Research & Analytics Pvt. Ltd.

사람들은 일반적으로 자본주의에 관해 무엇이라고 생각하는가?

'자본주의'라는 용어가 첫 번째 집합의 질문들에서는 의도적으로 빠졌지만, 다른 두 집합의 질문들에서는 명시적으로 언급되었다. 두 번째 집합의 질문들에서는 응답자들이 '자본주의'라는 단어로 무엇을 연상하는지 찾아내고자 했다. 이 집합의 질문들은 열 개 용어의 목록을 사용했는데 번영, 혁신, 탐욕, 냉정, 진취, 부패, 자유, 성취 압력, 광범위한 제품, 환경 저하였다. 그리고 '자본주의'라는 단어로 긍정적인 특징과 부정적인 특징을 연상하는 응답자들의 평균 백분율을 결정했다.

세 번째 집합의 질문들에는 응답자들에게 자본주의에 관해 총 열여덟 개 긍정적 및 부정적 진술문이 제시되었다. 여기서도 긍정적 및 부정적 진술문들을 지지한 응답자들의 평균 백분율을 계산했고 이 수치들을 사용하여 계수를 계산했다.

세 가지 질문 집합 모두의 계수들을 합했고 그것을 3으로 나눴다. 이것은 다시 세 나라 집단을 제공한다. 전반적으로 친자본주의 태도가 다섯 나라(폴란드, 미국, 한국, 일본, 체코 공화국)에서 우세하다. '중립' 나라들은 아르헨티나, 스웨덴, 몽골, 루마니아, 브라질, 네팔이다. 반자본주의 태도는 과반수의 설문 조사 나라(16)에서 지배적이고, 몬테네그로, 러시아, 보스니아 헤르체고비나, 튀르키예는 맨끝에 있다. 예상 밖으로 스위스가 이 집단에 속한다(그림13-2).

27개 나라에서 자본주의를 보는 태도들에 관한 전반적인 계수

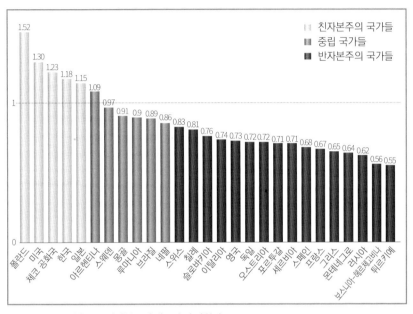

* 주: 계수가 더 낮을수록 반자본주의 태도가 더 강하다.
* 출처: Allensbach Institute survey 12038, Sant Maral Foundation, Ipsos MORI surveys 20-091774-30, 21-087515-07, and 22-014242-04-03, and FACTS Research & Analytics Pvt. Ltd.

'자본주의'라는 단어를 사용하는 것은 어떤 영향을 미치는가?

위에 묘사된 등급들과 나라 집단들에는 차이점뿐만 아니라 유사점들도 있다. '경제적 자유' 등급과 '자본주의' 등급에서 이런 차이점들은 많은 나라에서 '자본주의'라는 용어가 부정적 함축을 가지고 있다는 사실로 설명될 수 있다. '자본주의'라는 단어가 나타난 두 집합의 질문에 대한 계수들과 '자본주의'라는 단어가 사용되지 않은 경제적 자유에 관한 여섯 개의 질문에 관한 계수 사이 차이를 계산함으로써 이 효과의 크기를

평가할 수 있다.

예를 들면 미국에서 자본주의에 대한 찬성은 '자본주의'라는 단어가 설문 조사 항목에서 빠질 때 51% 증가한다. 이것은 경제적 자유에 대한 계수(1.68)와 '자본주의'라는 단어가 언급된 질문들에 대한 계수(1.11) 사이의 차이이다. 여기서 차이는 0.57포인트인데, 이는 '자본주의'라는 단어를 사용하지 않고 시장 경제가 서술될 때 시장 경제에 대한 찬성이 51% 더 높다는 점을 의미한다.

그 효과가 폴란드, 세르비아, 체코 공화국, 미국에서와 같이 매우 클 수 있지만 프랑스, 스페인, 포르투갈에서처럼 매우 작거나, 네팔에서처럼 존재하지 않을 수도 있다는 점을 알 수 있다. 폴란드, 세르비아, 체코 공화국, 미국에서와 같이, '자본주의'라는 단어가 사용되지 않을 때 시장경제에 대한 지지에서 현저한 증가가 있는 나라들에서 사람들이 자본주의가 실제로 뜻하는 것보다는 단어 자체에 더 혐오감을 느끼는 경향이 있다고 결론지을 수 있다. 스페인이나 프랑스와 같이 그 효과가 작은 곳에서는 자본주의가 실제 의미하는 것 이상 사람들을 괴롭히는 단어는 아니다. 이는 러시아와 루마니아에도 적용되는데, '자본주의'라는 단어가 사용되지 않을 때, 이례적으로 각각 42%와 33%만큼 시장경제에 대한 부정적 태도가 실제로 증가한다. 이것은 러시아에서 자본주의에 대한 적개심이 결코 단어에만 관련되어 있는 것이 아니라, 무엇보다도 자본주의가 실제로 뜻하는 것에 관련되어 있다는 점을 보여준다(그림13-3).

⟨그림13-3⟩

'자본주의'라는 단어가 빠질 때 자본주의에의 찬성에서 백분율 변화

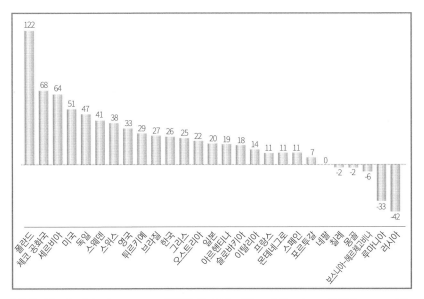

* 출처: Allensbach Institute survey 12038, Sant Maral Foundation, Ipsos MORI surveys 20-091774-30, 21-087515-07, and 22-014242-04-03, and FACTS Research & Analytics Pvt. Ltd.

한편 이는 '자본주의'라는 용어의 사용이나 비사용이 설문 조사된 쟁점들의 평가에 대한 사람들의 태도와 관련하여 상당한 역할을 한다는 점을 의미한다. 한편 경제적 자유에 대한 질문들은 자본주의의 거부가 그저 인기 없는 단어이기 때문만도 아니라는 점을 명백히 했다. 27개 나라 중 오직 일곱 개 나라(폴란드, 미국, 일본, 한국, 아르헨티나, 스웨덴, 체코 공화국)에서만 경제적 자유에 대한 긍정적 태도가 명백히 지배적이다.

자본주의에 관해 가장 흔한 긍정적 및 부정적 의견들은 무엇인가?

우리 설문 조사의 아주 중요한 목적 중 하나는 서로 다른 나라와 사회 인구학적 집단의 사람들이 자본주의에 관해 생각하는 것을 찾아내는 것뿐만 아니라, 자본주의에 대해 어떤 비판점이나 긍정적인 점들이 특히 두드러지는지를 찾아내기도 하는 것이다.

27개 나라 응답자 모두에게 자본주의에 관한 긍정적이거나 부정적인 열여덟 개 진술문의 목록을 제시했다. 아래는 열여덟 개 진술문 중 하나가 각 나라의 응답자들이 동의한 상위 다섯 진술문에 속했던 빈도를 보여준다.[2] 예를 들면, "자본주의는 독점으로 이어진다"라는 진술문은 22개 나라에서 가장 빈번하게 선택된 진술에 속했다.

결과는 무엇이 특별히 자본주의에 관해 사람들을 괴롭히거나 덜 괴롭히는지 보여준다. 27개 나라 모두에서 "자본주의는 부자들이 지배하고 그들이 정치적 의제를 설정한다"는 가장 빈번하게 선택되는 진술문에 속한다. 27개 설문 조사 나라 중 15개 나라(오스트리아, 보스니아 헤르체고비나, 칠레, 체코 공화국, 프랑스, 영국, 그리스, 몽골, 폴란드, 루마니아, 세르비아, 몬테네그로, 슬로바키아, 네팔, 미국)에서 이 비판점은 모든 진술문 가운데 가장 빈번하게 선택되었다.

자본주의가 불평등을 조장한다는 관념은 27개 중 26개 나라에서 상위 5위에 언급되고 프랑스, 이탈리아, 스페인, 스위스, 튀르키예, 러시아에서는 1위이기도 하다. 자본주의가 이기와 탐욕을 조장한다는 비판적인 믿음은 25개에서 상위 5위에 진출한다(독일과 포르투갈에서 1위). 반면에 자본주의가 환경 파괴와 기후 변화의 원인이라는 비난은 27개 중 단지 네 개 나라에서만 집중되는데, 즉 응답자의 35%가 이 진술에 동의하는 브라질

(5위), 32%가 동의하는 칠레(5위), 39% 동의로 세르비아(5위), 48%가 동의하는 독일(5위)이다. "자본주의는 반복적으로 새로운 경제 및 금융 위기로 이어진다"라는 비판은 단지 세 나라에서만 상위 5위에 진출했다(그림13-4).

〈그림13-4〉

아래 진술문이 열여덟 개 진술문에서 상위 5위인 나라의 수

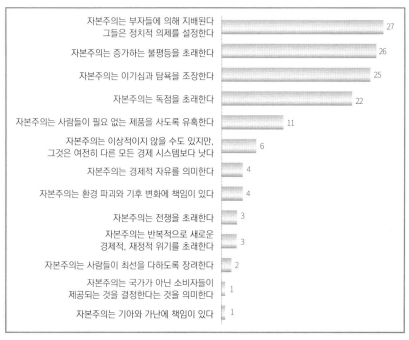

* 주: 모든 자료는 응답자의 백분율로 되어 있다.
* 출처: Allensbach Institute survey 12038, Sant Maral Foundation, Ipsos MORI surveys 20-091774-30, 21-087515-07, and 22-014242-04-03, and FACTS Research & Analytics Pvt. Ltd.

어느 나라들이 자본주의에 관한 긍정적 진술문들을 가장 지지하는지 고찰하는 것은 흥미롭다. 일본과 한국에서 "자본주의는 경제적 자유를

의미한다"라는 진술문은 열여덟 개 진술문 중에서 가장 높은 수준의 지지를 얻었다. 루마니아에서는 네 번째로 가장 빈번하게 언급되었다. 반면 독일과 몽골에서는 10위, 체코 공화국에서는 8위, 아르헨티나에서는 6위를 점했을 뿐이고, 브라질, 프랑스, 스페인, 영국, 그리스, 이탈리아, 오스트리아, 스위스, 보스니아 헤르체고비나, 슬로바키아, 튀르키예, 포르투갈, 러시아, 네팔에서는 상위 10위에 진출하지도 못했다. 응답자의 10%만 지지한 세르비아에서는 마지막에서 두 번째였다.

미국과 일본에서는 "자본주의는 사람들이 최선을 다하도록 촉구한다"라는 진술문이 상위 5위에 진출했다. "자본주의는 경제적 자유를 의미한다"라는 더 서술적인 진술문은 네 개 나라에서 상위 5위를 차지했고 "자본주의는 이상적이지 않을 수 있지만 다른 모든 경제 체제보다는 더 낫다"라는 더 방어적인 진술문은 여섯 나라에서 상위 5위에 진출했다.

"자본주의는 여러 국가에서 일반인들의 상황을 개선했다"라는 논란의 여지가 없는 진술문이 한 나라에서도 상위 5위에 진출하지 않았다는 점은 진지한 고민을 안겨준다. 오직 네 나라에서만 이 진술문이 7위, 9위, 10위를 차지했고, 모든 다른 나라에서는 상위 10위에도 속하지 않았다. 독일에서는 자본주의에 관한 다른 어떤 진술문보다도 더 적은 응답자의 동의를 얻었다. 그렇지만 최근 수십 년간 폴란드, 체코 공화국, 이전의 동독과 더불어, 중국, 한국, 인도와 같이 자본주의가 보통 사람들의 상황을 개선했다는 점을 확증하는 아주 많은 예가 있었다. 만약 누구든 자본주의의 출현 이래 극도의 빈곤 속에 사는 세계 여러 곳 사람들의 백분율이 90%에서 오늘날 10% 미만으로 떨어졌다는 점을 고려하면, 자본주의가 와전되었다는 것은 분명해진다.

"자본주의는 대체 불가능하고 자본주의를 대체하려는 과거의 시도는 항상 독재와 고통으로 귀결되었다"라는 진술문은 10위를 차지한 미국과 6위를 차지한 몽골을 제외하고는 어떤 나라에서도 상위 10위에 진출하지 못했다.

"자본주의는 제공되는 것을 국가가 아닌 소비자가 결정한다는 의미이다"라는 진술문이 폴란드에서 상위 5위, 체코 공화국에서 6위에 진출했을 뿐이라는 사실은 확실히 우연의 일치가 아니다. 왜냐하면 이것은 (서구에서와 달리) 구 사회주의 나라들에서는 많은 사람이 아직 당연하게 여기지 않는 일이기 때문이다.

정치적 귀속은 무슨 역할을 하는가?

우리의 설문 조사 응답자 모두에게 0에서부터(극좌) 10까지(극우) 좌우 척도에서 자신의 위치를 정하도록 요청하였다.

- 극좌 : 대부분 설문 조사 나라에서는 자신을 정치적 스펙트럼의 극좌(척도에서 0~2)에 있는 것으로 서술하는 응답자들은 아주 자본주의에 반대하거나 가장 덜 친자본주의적이다. 그럼에도 몇 가지 현저한 차이점이 있다. 응답자들이 일반적으로 더 친자본주의적인 경향이 있는 두 나라, 일본(0.92)과 한국(0.97)에서는 자신이 극좌라고 분류하는 응답자들조차도 드러내놓고 반자본주의적이지 않고 오히려 중립적이다. 반면 응답자들이 더 일반적으로 자본주의에 비판적인 경향이 있는 나라들에서는, 자신을 극좌로 분류하는 응답자들의 태도는 특히 반자본주의적이다(프랑스 0.35, 독일 0.36, 스페인 0.36).
- 온건 좌파 : 반자본주의 나라들에서 온건 좌파(척도에서 3~4)는 심하

게 반자본주의적이지만(프랑스 0.51, 포르투갈 0.54, 스페인 0.56), 친자본주의 나라들에서 온건 좌파는 중립적인 입장으로 향한다(한국 0.96, 체코 공화국 1.01, 일본, 0.92, 미국 0.89). 세르비아는 예외인데 전반적으로 반자본주의적임에도 불구하고 온건 좌파가 0.95라는 비교적 높은 계수를 가지고 있기(중립적) 때문이다.

- 중도파 : 주민의 다수가 반자본주의적이거나 중립적인 나라들에서는 중도파도 역시 더 반자본주의적인 경향이 있다. 예를 들면 영국, 독일, 그리스, 스웨덴, 포르투갈, 튀르키예, 프랑스 같은 나라이다. 반면에 전체 주민이 친자본주의적인 미국, 일본, 한국에서는 정치적 스펙트럼의 중앙에 있는 사람들에도 적용되어 친자본주의적인 경향이 있다.

- 온건 우파와 극우 : 정치적 스펙트럼의 오른쪽에 있는 응답자들은 대부분의 설문 조사 나라에서 긍정적인 자본주의 인식을 가지는 경향이 있다. 그러나 주요 차이점들도 있다. 열 개 나라, 즉 미국, 스웨덴, 아르헨티나, 칠레, 한국, 루마니아, 스페인, 스위스, 슬로바키아, 네팔에서 상관관계가 나타난다. 더 오른쪽으로 갈수록 더 친자본주의적이다. 척도의 8~10에 자신의 위치를 정하는 사람들은, 즉 정치적 스펙트럼의 극우에 있음에 따라 몇몇 나라에서는 아주 강하게 자본주의를 지지한다(미국에서 2.88, 스웨덴 2.65, 아르헨티나 2.32, 칠레 2.01, 스페인 2.05, 한국 1.80, 루마니아 1.33, 슬로바키아 1.31). 미국, 스웨덴, 칠레, 한국에서 온건 우파(척도에서 6~7) 가운데 자본주의에 대한 지지도 역시 강하지만(미국 2.45, 아르헨티나 1.98, 스웨덴 1.78, 칠레 1.46, 한국 1.43, 스페인 1.38) 극우 사이에서만큼 강하지는 않다(그림13-5). 그러나 더 많

은 나라(13개국)에서는, 다른 상관관계가 유지된다. 독일, 프랑스, 영국, 브라질, 일본, 이탈리아, 체코 공화국, 러시아, 보스니아 헤르체고비나, 세르비아, 몬테네그로, 폴란드, 오스트리아에서는 온건 우익(척도에서 6~7)은 자본주의에 대해 가장 긍정적인 태도(혹은 러시아와 보스니아 헤르체고비나, 몬테네그로와 세르비아 같은 소수 나라에서는 가장 덜 부정적인 태도)를 가지고 있다. 하지만 더욱 오른쪽(8~10)에 있는 응답자들은 자본주의를 덜 찬성한다. 예를 들면 브라질에서 온건 우파 사이에서는 자본주의의 찬성은 1.58이다. 극우 사이에서는 1.44로 더 낮다. 영국에서도 마찬가지인데 자본주의의 찬성이 온건 우파에서는 1.33이고 극우 사이에서는 1.18이다. 이탈리아에서는 온건 우파에서는 찬성이 1.19이고, 극우 사이에서는 0.97이며, 체코 공화국에서는 자본주의에 대한 지지가 온건 우파에서(1.89) 극우 사이보다(1.68) 더 높은데 그림13-6에 묘사되는 바와 같다. 오스트리아에서는 온건 우파와 극우로 분류한 응답자들에 대해 계수가 같았고(0.91), 그리스, 튀르키예, 몽골, 포르투갈에서도 온건 우파와 극우 응답자들 사이에 차이가 거의 없었다.[3]

폴란드는 특이한 사례이다. 여기서 결과는 우리를 놀라게 했고 모든 다른 설문 조사 나라에서의 결과와 현저하게 달랐는데 다른 나라들에서는 정치적 스펙트럼의 왼쪽에 있는 사람들은 오른쪽에 있는 응답자들보다 항상 강하게 반자본주의적(혹은 소수 나라에서는 적어도 현저하게 덜 친자본주의적)이었다. 자료에 따르면 자신을 온건 좌익으로 분류하는 폴란드 응답자들이 가장 친자본주의적이어서, 44%가 자유 시장 진술문을 지지하고 14%만이 친국가 항목들에 동의한다. 극좌에서조차도 친시장 태도가 37%에서 명백히 우세하고 친국가 태도(17%)를 앞선다.

'좌익(left-wing)'과 '우익(right-wing)'은 폴란드에서는 다른 서구 나라들에서와 매우 다른 의미를 갖게 되었다. 지배당 **프라보 이 스프라비에들리보시치**(Prawo i Sprawiedliwość, 법과 정의)은 매우 국가주의적이다. 그 정당은 우익으로 여겨지지만 필자가 폴란드에서 만난 시장경제 지지자들은 PiS를 사회주의로 분류했다. 왜냐하면 PiS가 재분배, 국유화, 더 큰 정부를 추구하기 때문이다.

처음 필자는 우리 자료의 타당성을 의심했고 폴란드에서 우파-좌파 정치적 성향 할당이 무언가 잘못되었음이 틀림없다고, 어쩌면 코딩에서의 실수일 것이라고 생각했다. 필자의 요구로 입소스 모리(Ipsos MORI)는 모든 조각의 자료, 질문지 번역, 코딩 등을 꼼꼼히 재검사했지만, 자료가 옳다는 점에 의심의 여지가 없었다. 필자는 2022년 9월 폴란드 방문 후 마음을 놓게 되었다. 친시장 **노보체스나**(Nowoczesna)당 총재, 아담 슐라프카(Adam Szlakpka)는 대화 중에 필자에게 설명했다.

"서유럽에서 적용되는 것이 여기서는 절대로 적용되지 않습니다. 우리나라에서는 전 공산주의자들이 PiS당보다 더 자유 시장적인데, 후자가 우익으로 여겨지고 있습니다."

그는 PiS당이 국가주의를 반자본주의와 결합한다고, 국유 기업들의 민영화가 외국 자본가들에 대한 팔아치우기라고 주장함으로써 투표자들을 끌어들이는 데 특히 성공했다고 해명했다. PiS는 민영화를 완전히 중단시키거나 부분적으로 역전시키기조차 했는데 약간의 민영화는 '좌파'에 의해 수행되었다. 때때로 자료를 충분히 이해하기 위해 설문 조사한 나라를 실제로 직접 방문해야 한다.

〈그림13-5〉

정치적 스펙트럼에서 더 오른쪽으로 갈수록 더 친자본주의적인 나라들

자본주의에 대한 전반적인 태도들의 계수

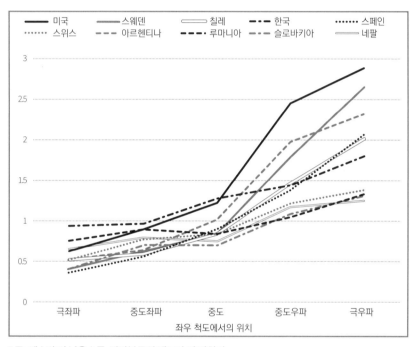

* 주: 계수가 더 낮을수록, 반자본주의 태도가 더 강하다.
* 출처: Ipsos MORI survey 20-091774-30, and FACTS Research & Analytics Pvt. Ltd.

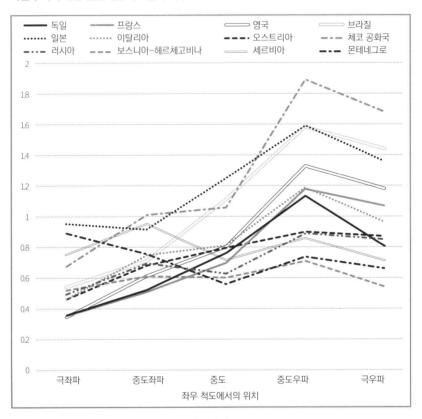

⟨그림13-6⟩

온건 우파가 가장 친자본주의적인 나라들

자본주의에 대한 전반적인 태도들의 계수

* 주: 계수가 더 낮을수록, 반자본주의 태도가 더 강하다.

* 출처: Allensbach Institute survey 12038, Ipsos MORI surveys 20-091774-30, 21-087515-07, and 22-014242-04-03

연령은 무슨 역할을 하는가?

연령이 자본주의에 대한 태도와 거의 상관없는 나라들이 있다. 예를 들어 프랑스에서의 계수는 30세 미만 응답자들에 대해서는 0.75이고 60세 이상 응답자들에 대해서는 0.71이다. 스위스에서는, 계수는 30세 미만에서는 0.80이고 60세 이상에서는 0.82이다. 그리스에서의 계수는 30세 미만 응답자들에서는 0.71이고 55세 이상에서는 0.65이다. 체코 공화국에서는 자본주의에의 찬성이 30~54세 집단에서 더 높다. 그래도 계수는 30세 미만에서는 0.98이고 55세 이상에서는 1.06이다. 영국, 포르투갈, 이탈리아에서도 연령과 자본주의의 인식 사이에 눈에 띄는 관계는 없다.

그러나 다른 나라들에서는 연령과 자본주의에 대한 태도 사이에 명백한 관계가 있다. 미국에서 가장 분명한데 60세 이상 응답자들은 자본주의에 대해 매우 긍정적인 태도를 가지고 있지만(2.27), 젊은이들은 중립적인 것에서 약간 부정적이다(30세 미만 0.90). 결코 젊은 미국인들이 '자본주의'라는 단어를 이해하지 못하기 때문이 아니다. 미국에서 연령과의 상관관계는 '자본주의'라는 단어가 사용되지 않은 집합의 질문들에 대해 더욱 명백하다. 60세 이상 미국 응답자 가운데서 경제적 자유에 대한 태도는 3.72로 이례적으로 높지만, 30세 미만 젊은 미국인 사이에서 태도는 1.13로 중립적이거나 기껏해야 약간 긍정적이다. 아르헨티나, 브라질, 칠레, 스페인, 세르비아, 루마니아도 차이가 미국에서만큼 뚜렷하지 않더라도 젊은 응답자들이 자본주의에 더 비판적이다. 한국과 일본 같은 친자본주의 나라들에서는 젊은 응답자들은 중립적이고 나이든 응답자들은 확고하게 친자본주의적인 경향이 있다.

폴란드에서 나이 든 응답자들(1.81)은 그 나라 젊은이(1.55)보다 다소 더 친자본주의적이다. 스웨덴, 프랑스, 영국, 오스트리아, 슬로바키아, 네팔에서 젊은 응답자들은 나이 든 사람들보다 자본주의에 관해 더 긍정적이거나 적어도 덜 부정적이다. 그러나 차이가 그다지 크지는 않다(그림13-7).

〈그림13-7〉

자본주의에 대한 태도의 차이(연령에 따른 분석)

자본주의에 대한 전반적인 태도들의 계수

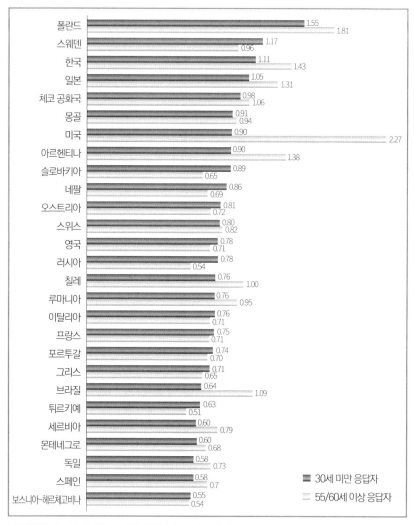

* 나라별로 최고령 집단은 60세 이상이거나 55세 이상이었다.

* 주: 계수가 더 낮을수록, 반자본주의 태도가 더 강하다.

* 출처: Allensbach Institute survey 12038, Sant Maral Foundation, Ipsos MORI 20-091774-30, 21-087515-07, and 22-014242-04-03, and FACTS Research & Analytics Pvt. Ltd.

소득은 무슨 역할을 하는가?

모든 나라에서 저소득자들은 반자본주의적이거나 기껏해야 중립적인 경향이 있고, 고소득자들은 자본주의에 관해 상대적으로 더 긍정적이거나 덜 부정적이다. 그러나 이는 나라 사이에 상당한 차이가 있다. 영국, 튀르키예, 몬테네그로, 보스니아 헤르체고비나와 같이 소득 집단 사이 차이가 보통이거나 거의 존재하지 않는 나라들이 있다. 반면에 스위스, 미국, 한국, 폴란드, 브라질, 이탈리아, 스페인, 세르비아는 소득 집단 사이 아주 큰 차이를 보인다. 이 차이는 스페인과 스위스에서 특별히 현저한데 저소득자들은 심하게 반자본주의적이고 고소득자들은 압도적으로 친자본주의적이다(그림13-8).

자본주의에 대한 태도의 차이(소득에 따른 분석)

자본주의에 대한 전반적인 태도의 계수

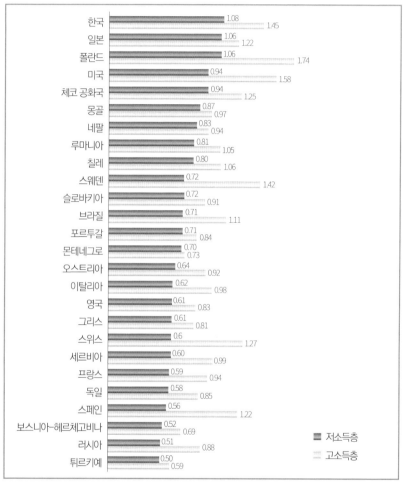

국가	저소득층	고소득층
한국	1.08	1.45
일본	1.06	1.22
폴란드	1.06	1.74
미국	0.94	1.58
체코 공화국	0.94	1.25
몽골	0.87	0.97
네팔	0.83	0.94
루마니아	0.81	1.05
칠레	0.80	1.06
스웨덴	0.72	1.42
슬로바키아	0.72	0.91
브라질	0.71	1.11
포르투갈	0.71	0.84
몬테네그로	0.70	0.73
오스트리아	0.64	0.92
이탈리아	0.62	0.98
영국	0.61	0.83
그리스	0.61	0.81
스위스	0.6	1.27
세르비아	0.60	0.99
프랑스	0.59	0.94
독일	0.58	0.85
스페인	0.56	1.22
보스니아-헤르체고비나	0.52	0.69
러시아	0.51	0.88
튀르키예	0.50	0.59

* 주: 계수가 더 낮을수록, 반자본주의 태도가 더 강하다. 아르헨티나에서는 소득 집단에 따라 구별하는 것이 가능하지 않았다.

* 출처: Allensbach Institute survey 12038, Sant Maral Foundation, Ipsos MORI surveys 20-091774-30, 21-087515-07, and 22-014242-04-03, and FACTS Research & Analytics Pvt. Ltd.

성별은 무슨 역할을 하는가?

한국과 러시아를 제외하고 모든 나라에서 남성 응답자들은 여성들보다 자본주의에 더 긍정적이거나 덜 비판적이다. 그러나 거기에도 차이가 있다. 어떤 나라들에서 성별은 자본주의에 대한 태도에서 주요한 역할을 한다. 예를 들어 폴란드, 체코 공화국, 스웨덴, 브라질, 아르헨티나, 칠레, 포르투갈, 스페인에서는 남자들은 여자들보다 자본주의에 관해 현저하게 더 호의적이다. 그러나 다른 나라들에서는 남자와 여자 사이에 차이는 작다. 예를 들어 프랑스에서는 여자(0.65)가 남자(0.71)보다 자본주의에 오직 한계적으로만 더 비판적이고, 튀르키예(남자 0.67, 여자 0.64)와 루마니아(남자 0.92, 여자 0.88)에서도 마찬가지이다. 그러나 한국과 러시아에서는 남녀 사이에는 차이가 전혀 없다.

차이가 그다지 크지 않더라도 결과가 거의 변함없이 같은 방향이라는 점은 흥미롭다. 여자들은 남자들보다 자본주의에 대해 덜 긍정적이다(그림 13-9).

성별에 따른 자본주의에 대한 태도의 차이

자본주의에 대한 전반적인 태도의 계수

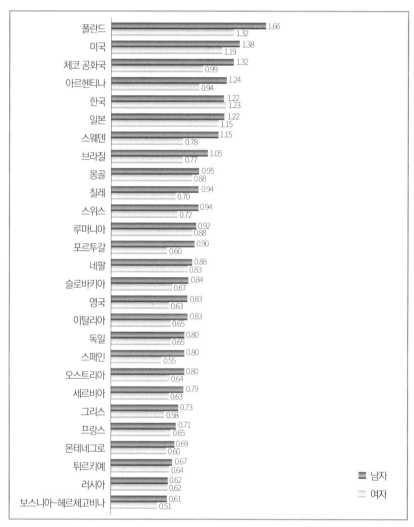

국가	남자	여자
폴란드	1.66	1.32
미국	1.38	1.19
체코 공화국	1.32	0.99
아르헨티나	1.24	0.94
한국	1.22	1.23
일본	1.22	1.15
스웨덴	1.15	0.78
브라질	1.05	0.77
몽골	0.95	0.88
칠레	0.94	0.70
스위스	0.94	0.72
루마니아	0.92	0.88
포르투갈	0.90	0.60
네팔	0.88	0.83
슬로바키아	0.84	0.67
영국	0.83	0.63
이탈리아	0.83	0.65
독일	0.80	0.65
스페인	0.80	0.55
오스트리아	0.80	0.64
세르비아	0.79	0.63
그리스	0.73	0.58
프랑스	0.71	0.65
몬테네그로	0.69	0.60
튀르키예	0.67	0.64
러시아	0.62	0.62
보스니아-헤르체고비나	0.61	0.51

* 주: 계수가 더 낮을수록, 반자본주의 태도가 더 강하다.

* 출처: Allensbach Institute survey 12038, Sant Maral Foundation, Ipsos MORI surveys 20-091774-30, 21-087515-07, and 22-014242-04-03, and FACTS Research & Analytics Pvt. Ltd.

교육은 무슨 역할을 하는가?

27개 나라 중 23개에서 고등 교육을 받은 사람들은 기초 교육 수준의 사람들보다 자본주의에 대해 약간 더 긍정적이거나 덜 부정적인 태도를 보인다. 이는 한국, 폴란드, 몬테네그로, 튀르키예를 제외한 모든 설문 조사 나라에서 드러났다. 아르헨티나, 프랑스, 체코 공화국, 포르투갈, 브라질, 스페인 같은 나라들에서는 이런 경향이 더 강하지만, 다른 나라들(영국, 스웨덴, 이탈리아)에서는 매우 약하게 나타난다(그림13-10).

〈그림13-10〉

교육 정도에 따른 자본주의에 대한 태도의 차이

자본주의에 대한 전반적인 태도의 계수

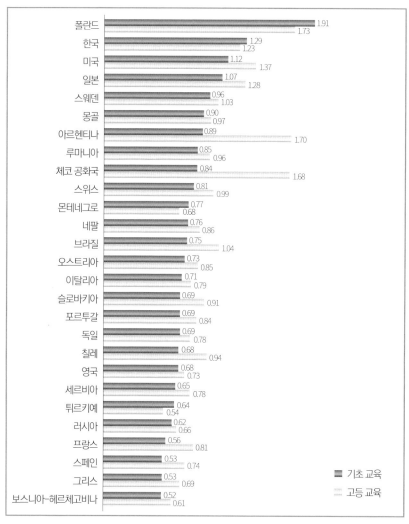

* 주: 계수가 더 낮을수록 반자본주의 태도가 더 강하다.

* 출처: Allensbach Institute survey 12038, Sant Maral Foundation, Ipsos MORI surveys 20-091774-30, 21-087515-07, and 22-014242-04-03, and FACTS Research & Analytics Pvt. Ltd.

음모 사고의 영향력

설문 조사의 응답자들에게 제시한 진술문 가운데 음모 사고를 하는 경향이 있는 사람들에 대한 두 가지 전형적인 진술문이 들어 있다. 첫째, "'현실적으로, 정치인은 아무것도 결정하지 않는다. 그들은 뒤에 있는 강력한 세력이 조종하는 꼭두각시이다.' 당신은 이 말에 동의하십니까 또는 반대하십니까?" 둘째, "'정치의 많은 것은 그 이면에 더 큰 계획이 있다는 사실을 알고 있는 경우에만 적절히 납득할 수 있지만, 대부분 사람은 이런 사실을 모르고 있다.' 당신은 이 말에 동의하십니까 또는 반대하십니까?"

요인 분석 방법을 사용하여, 자본주의에 관한 열여덟 개 진술문 중 여섯 개에 대한 응답들에 기초하여 반자본주의 척도를 구성했다. 응답자들을 두 집단, '친자본주의자'와 '반자본주의자'로 분류한 것은 자본주의에 관한 열여덟 개 진술문에 대한 그들의 응답들에 기반을 두고 있다. 이 분류를 위해 열여덟 개 항목 모두에 대한 개인 응답을 고찰하는 데 시간이 많이 들 것이므로 이 질문의 결과들은 처음에 요인 분석을 받았다.

요인 분석(factor analysis)은 어느 대답들이 응답자에 의해 자주 같이 선택되는지 결정하는 데 사용될 수 있는 수리 통계학적 절차이다. 예를 들면 요인 분석은 자본주의가 불평등 증가를 초래한다고 말하는 응답자가 또한 자본주의가 이기와 폭리를 조장한다고 말할 가능성이 얼마나 클지 결정한다. 만약 여러 진술문이 특별히 자주 같이 선택되는 것이 드러나면, 이 항목 사이에는 내용의 중첩이 있다고, 즉 공통 요인에 기반을 두고 있다고 결론짓는 것이다.

이 사례에서 분석은 세 가지 요인을 드러냈다. 첫 번째는 자본주의가 사회적 불의와 관련된 거의 모든 진술문을 포함한다. 두 번째 요인은 모든 긍정적인 진술문을 포함하고, 세 번째는 자본주의가 독재 및 전쟁과 관련된 항목들을 포함한다.

척도를 형성하기 위해 자본주의에 관해 긍정적 진술문 세 개와 부정적 진술문 세 개가 선택되었다. 두 진술문은 통계적으로 첫 번째 요인과, 세 진술문은 두 번째 요인과 밀접하게 관련되어 있으며, 나머지 하나는 세 번째 요인과 가장 강하게 관련되어 있다. 구체적으로, 척도는 다음과 같이 계산되었다.

아래 각 진술문 각각에 동의한 응답자에게 1점이 부여되었다.

"자본주의는 불평등 증가를 초래한다."

"자본주의는 이기와 탐욕을 조장한다."

"자본주의는 항상 파시즘의 위험이 있다는 의미이다."

덧붙여서 아래 진술문에 동의하지 않은 각 응답자에게 1점이 부여되었다.

"자본주의는 이상적이지 않을 수 있지만 다른 모든 경제 체제보다는 낫다."

"자본주의는 번영을 보장한다."

"자본주의는 경제적 자유를 의미한다."

이 요인 분석으로 각 응답자에게 0점과 6점 사이 점수를 부여했다. 5점이나 6점을 받은 응답자들은 반자본주의자로, 0점이나 1점을 가진 응답자들은 친자본주의자로 분류된다. 열렬한 반자본주의자들이 열렬한 친자본주의자들보다 위 두 개의 음모 사고 진술문에 훨씬 더 강하게 동의하는 것으로 드러났다. 이는 모든 나라에서 마찬가지인데 미국과 네팔에서는 차이가 그렇게 크지 않다. 미국에서는 누구든 공화당 지지자들, 특히 트럼프 지지자들이 가끔 친자본주의적일 뿐만 아니라 음모 이론들로 기울어져 있다고 가정할 수 있다. 다른 나라들에서는 친자본주의들과 반자본주의자들 사이의 차이가 훨씬 더 명백하고 항상 같은 결과를 보인다. 27개 설문 조사 나라 어디에서도 친자본주의자들이 반자본주의자들보다 더 음모 이론가가 될 것 같다는 점을 발견하지 못했다.

체코 공화국, 독일, 스위스, 스웨덴 같은 몇 나라에서 친자본주의자들은 음모 이론을 특히 거부하는 경향이 있다. 그리스, 칠레, 폴란드, 일본, 프랑스, 튀르키예, 슬로바키아, 러시아에서 반자본주의자들은 음모 이론을 특별히 강하게 신봉하는 경향이 있다(그림13-11, 그림13-12).

〈그림13-11〉

음모 이론들에 대한 동의와 부동의

음모 이론 계수: 두 진술문 "현실적으로 정치인은 아무것도 결정하지 않는다. 그들은 뒤에 있는 강력한 세력이 조종하는 꼭두각시이다"와 "정치의 많은 것은 그 이면에 더 큰 계획이 있다는 사실을 알고 있는 경우에만 적절히 납득할 수 있지만 대부분 사람은 이런 사실을 모르고 있다"라는 말에 동의하는 응답자들의 평균 비율을 명시적으로 그 두 명제에 동의하지 않는 응답자들의 평균 비율로 나눈 것.

	A: 두 음모 진술문에 대한 평균 동의		B: 두 음모 진술문에 대한 평균 부동의		A/B	
	열성적인 반자본주의자들	열성적인 친자본주의자들	열성적인 반자본주의자들	열성적인 친자본주의자들	열성적인 반자본주의자들	열성적인 친자본주의자들
오스트리아	57	54	20	35	2.9	1.5
폴란드	66	48	14	25	4.7	1.9
이탈리아	68	49	22	39	3.1	1.3
스페인	65	58	18	26	3.6	2.2

	A: 두 음모 진술문에 대한 평균 동의		B: 두 음모 진술문에 대한 평균 부동의		A/B	
	열성적인 반자본 주의자들	열성적인 친자본 주의자들	열성적인 반자본 주의자들	열성적인 친자본 주의자들	열성적인 반자본 주의자들	열성적인 친자본 주의자들
한국	62	56	22	34	2.8	1.6
영국	58	42	21	29	2.8	1.4
칠레	72	58	13	24	5.5	2.4
브라질	66	58	19	30	3.5	1.9
스웨덴	43	32	30	50	1.4	0.6
프랑스	58	54	14	28	4.1	1.9
미국	56	57	20	25	2.8	2.3
독일	42	25	35	53	1.2	0.5
일본	68	44	13	18	5.2	2.4
스위스	53	34	23	48	2.3	0.7
보스니아 헤르체고비나	72	55	17	33	4.2	1.7
러시아	77	61	11	28	7.0	2.2
아르헨티나	65	54	19	30	3.4	1.8
그리스	78	58	6	28	13.0	2.1
체코 공화국	76	39	11	48	6.9	0.8
포르투갈	65	45	17	33	3.8	1.4
튀르키에	77	77	11	11	7.0	7.0
몽골	76	61	12	27	6.3	2.3
루마니아	81	55	8	26	10.1	2.1
세르비아	75	50	10	32	7.5	1.6
몬테네그로	78	57	12	33	6.5	1.7
슬로바키아	83	48	9	31	9.2	1.5
네팔	79	75	11	12	7.2	6.3

〈그림13-12〉

반자본주의와 음모 사고에 대한 경향

음모 이론 계수 : 두 진술문 "현실적으로, 정치인은 아무것도 결정하지 않는다. 그들은 뒤에 있는 강력한 세력이 조종하는 꼭두각시이다"와 "정치의 많은 것은 그 이면에 더 큰 계획이 있

다는 사실을 알고 있는 경우에만 적절히 납득할 수 있지만, 대부분 사람은 이런 사실을 모르고 있다"라는 말에 동의하는 응답자들의 평균 비율을 명시적으로 그 두 명제에 동의하지 않는 응답자들의 평균 비율로 나눈 것.

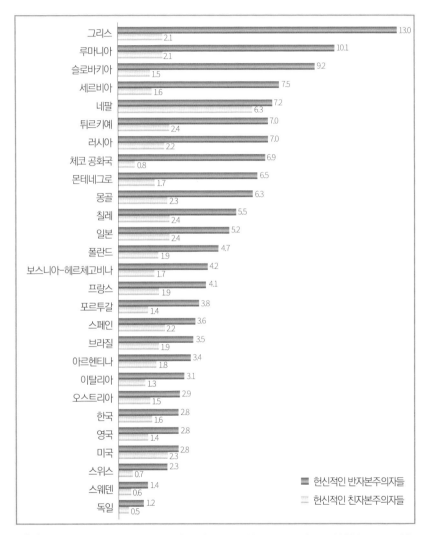

* 출처: Allensbach Institute survey 12038, Sant Maral Foundation, Ipsos MORI surveys 20-091774-30, 21-087515-07, and 22-014242-04-03, and FACTS Research & Analytics Pvt. Ltd.

자본주의에 대한 태도와 부자들

필자는 '여론에서의 부자들' 연구 프로젝트를 위해 열한 개 나라에서 부자들에 대한 태도에 관한 자료를 수집했다.[4] 서로 다른 나라에서의 의견을 비교하기 위해 연구는 사회적 시기심 계수(Social Envy Coefficient)를 개발했는데, 이것으로 어떤 주어진 나라에서든 사회적 시기심의 보급을 측정할 수 있다. 연구는 어떤 성격적 특성이 부자들에게 가장 빈번하게 나타난다고 생각되는지, 그것들이 긍정적인 혹은 부정적인 경향이 있는지 찾아내도록 설계되었다. 그 다음 이 광범위한 자료는 결합되어 부자 감정 지수(Rich Sentiment Index; RSI)를 형성한다(그림13-13).

〈그림13-13〉

열한 개 나라에서 부자 감정 지수(RSI)

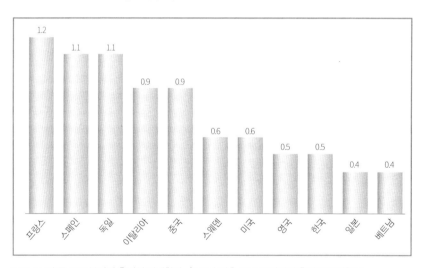

* 주: 1보다 큰 RSI: 부정적 측면이 지배한다. / 1보다 작은 RSI: 긍정적인 측면이 지배한다.
* 출처: Allensbach Institute survey 11085, 8271, Ipsos MORI survey 18-031911-01-02, 19-01009-29, 19-01009-47, 20-091774-05 and 21-041026-01

어떤 주어진 나라에서든 1보다 큰 RSI는 부자들에 대한 부정적 인식을 나타내고 1보다 작은 값은 긍정적인 감정을 나타낸다. 아홉 개 나라에서 부자들에 대한 태도에 관한 설문 조사와 자본주의에 대한 태도에 관한 설문 조사를 수행했다. 주민이 자본주의에 관해 더 긍정적인 인식을 가지고 있는 나라들에서 부자들에 대한 태도도 역시 더 긍정적이라는 점을 볼 수 있다. 예를 들면 미국, 한국, 일본에서. 반대로, 사람들이 자본주의에 더 비판적인 경향이 있는 나라들에서는 부자들에 관해서도 더 부정적인 견해들을 가지고 있다. 예를 들면 독일, 스페인, 프랑스에서. 유일한 예외는 영국인데, 사람들은 부자들에 관해 긍정적이지만 자본주의에 비판적이다.

〈그림13-14〉

부자 감정 지수(RSI)와 자본주의에 대한 전반적인 태도의 계수 사이의 관계

더 나은 비교 가능성을 위해, RSI를 거꾸로 하였다. RSI 점수와 기준값 1 사이의 차이를 기준값에서 빼거나 더한다. 따라서 1.2의 RSI는 0.8의 수정된 RSI가 되고, 0.6의 RSI는 1.4의 수정된 RSI가 된다. 이는 수정된 RSI가 자본주의에 대한 전반적인 태도 계수의 논리에 부합하게 보장한다. 1보다 큰 값은 부자들에 관해서나 자본주의에 관해서 긍정적인 인식들이 지배한다는 점을 의미하고, 1보다 작은 값은 부정적인 인식들이 지배한다는 점을 나타낸다.

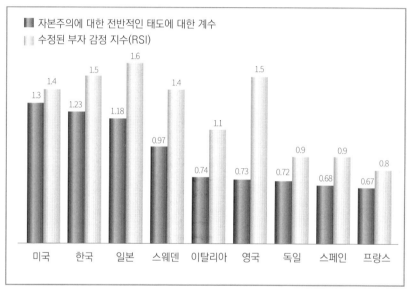

* 출처: Allensbach Institute survey11085, Ipsos MORI surveys 18-031911-01-02, 19-01009-29, 19-01009-47, 20-091774-05, 20-09-1774-30 and 21-041026-01

요약:

27개 나라 중 단지 일곱 개 나라(폴란드, 미국, 체코 공화국, 한국, 일본, 아르헨티나, 스웨덴)에서만 경제적 자유에 대한 긍정적인 태도가 명백하게 우세하다. '자본주의'라는 단어를 포함하면 27개 나라 중 그저 다섯 나라(폴란드, 미국, 체코 공화국, 일본, 한국)만으로 줄어든다. 대부분 나라에서 반자본주의

감정이 지배적이다.

자본주의에 관해 사람들을 괴롭히는 것은 정확하게 무엇인가? 설문 조사의 전반적인 결론들을 고찰하면 다음과 같은 의견이 나타난다.

"자본주의는 부자들이 지배하고, 그들이 정치적 의제를 결정한다."

"자본주의는 불평등 증가를 초래한다."

"자본주의는 이기와 탐욕을 조장한다."

"자본주의는 독점으로 이어진다."

"자본주의는 사람들이 필요 없는 제품을 구매하도록 유도한다."

반자본주의는 정치적 스펙트럼의 왼쪽에 있는 사람 사이에서 아주 현저하고, 가장 강한 친자본주의자들은 오른쪽에 있는 사람들에서 나타난다. 공식은 "더 우익일수록 더 자본주의를 지지한다"라는 것이지만 어떤 나라들에서는 온건 우익들이 정치적 스펙트럼의 극우에 있는 사람들보다 자본주의를 다소 더 지지하는 것으로 보인다.

연령은 대부분 나라에서 자본주의에 대한 태도에 영향을 미친다. 많은 나라에서 젊은 응답자들은 나이 든 응답자들보다 자본주의에 약간 더 비판적이다. 대부분 나라에서 그 차이는 작다. 가장 현저한 예외는 미국인데, 30세 미만 응답자들은 자본주의에 대해 중립에서 약간 부정적인 태도까지 가지고 있고 60세 이상 응답자들은 뚜렷하게 친자본주의적이다.

모든 나라에서 저소득자들은 반자본주의적이거나 기껏해야 중립적인 경향이 있지만, 고소득자들은 더 긍정적으로 친자본주의적이거나 자본주의에 관해 덜 부정적이다. 영국과 튀르키예 등 몇 나라에서는 그 차이가 매우 작다. 반면 스페인, 스웨덴, 스위스에서는 소득 집단 사이 차이가 훨씬 크다.

한국과 러시아를 제외한 다른 나라에서는 남자가 여자보다 자본주의에 대해 더 긍정적이거나 덜 비판적이다. 어떤 나라에서 성별은 자본주의에 대한 태도에서 주요 역할을 한다. 예를 들어 폴란드, 브라질, 칠레, 체코 공화국, 스웨덴, 포르투갈, 스페인에서 남자들은 여자들보다 자본주의에 대해 훨씬 더 긍정적이다. 그러나 다른 나라에서는 남성과 여성 응답자 사이 차이는 훨씬 더 적고 한국에서는 남자와 여자 양쪽 다 자본주의에 관해 똑같이 긍정적이다.

27개 중 22개 나라에서 고등 교육을 받은 응답자들은 기초 교육을 받은 같은 나라 사람들보다 자본주의에 대해 더 호의적이거나 덜 부정적이다. 여기서 제외된 나라는 한국, 폴란드, 몬테네그로, 슬로바키아, 튀르키예 등이다. 차이는 아르헨티나에서 특히 현저한데 낮은 교육 수준을 가진 응답자들은 자본주의에 대해 중립적에서 약간 부정적인 태도까지 가지고 있고 고등 교육 수준을 가진 응답자들은 자본주의에 대해 매우 강한 긍정적인 태도를 가지고 있다.

모든 나라에서 예외 없이 반자본주의자들이 친자본주의자들보다 음모 사고에 동의할 가능성이 훨씬 더 크다는 점을 발견할 수 있다. 반자본주의 태도와 음모 사고 사이에 강한 관계가 있다는 점을 명백히 보여준다. 27개 설문 조사 나라 모두에서 반자본주의자들은 친자본주의자들보다 더 음모 사고의 경향을 보인다.

정치적 종교로서 반자본주의

이 책의 앞부분에서 우리는 한편 자본주의에 관한 사실과 다른 한편 사람들의 의견 사이에 차이가 얼마나 큰지 보았다. 이 사실은 역사를 통하여 자본주의가 지난 200년 동안 유럽과 미국에서, 지난 50년 동안 아시아에서 보통 사람들의 삶을 엄청나게 향상했다는 점을 확인한다. 그러나 설문 조사 결과 자본주의가 많은 나라에서 보통 사람들의 상황을 개선했다는 진술에 동의하지 않는 사람도 많다는 점도 보았다. 독일에서는 응답자의 15%만이 이에 동의했다. 이는 자본주의에 관한 어떤 다른 진술보다 더 적은 수치이다. 대조적으로 세 배나 많은(45%) 사람이 자본주의가 기아와 빈곤에 책임이 있다고 말했다. 설문 조사는 또한 음모론 사고와 반자본주의 사이 명백한 관계를 드러내기도 했다.

따라서 반자본주의가 이성이나 합리성의 영역에 기초하지 않는다는 점이 명백하다. 반자본주의는 주로 감정에 기초한 거부이다. 반자본주의의 주창자들은 지식 엘리트이다. 레닌에서 하이에크까지 이론가들은 반자본주의의 기원이 노동자 운동이 아니라 지식인들 사이에 있다는 점을 인정했다.[1] 대부분 지식인이 자본주의를 좋아하지 않는 이유에 관한 더 자세한 분석은 필자의 저서 『부유한 자본주의 가난한 사회주의(The Power of Capitalism)』 제10장에 실려 있다.

그러나 지식인들의 반자본주의는 사람들이 그것을 잘 받아들이게 하는 사회적 반향판(social sounding board)과 공명하여야 한다. 초기 사회 형태에서 사람들은 불평등을 받아들이기도 했다. 왜냐하면 불평등을 자연적이거나 신에 의해 주어진 것으로 보았기 때문이다. 마르크스에 따르면 부르주아 사회의 특징은, "인간 평등의 개념이 고정된 여론의 영구성을 이미 획득했다"[2]라는 사실이다. 평등은 처음에는 단지 법 앞에서의 평등으로서와 인간 존엄에서 평등으로서만 여겨졌다. 하지만 어떤 불평등이든 '구조적인(structural)' 것임이 틀림없고 이 구조들을 비판할 필요가 있다는 견해가 지난 200년 동안 점차 널리 보급되었다. 이것은 물질적 불평등 면에서뿐만 아니라 거의 모든 형태의 불평등에 대해서도 해당한다.

특권을 누리지 못한다고 생각하는 개인과 집단들은 공중에게 인정되는 평등과 실제 평등 사이 모순을 '구조적' 원인과 '체제의(systemic)' 탓으로 돌린다. 모든 불평등은 사회 안에서 불의의 증거가 된다. 나아가 '평등(equality)'과 '정의(justice)'라는 용어는 비슷한 말로 사용된다. 이것은 반자본주의의 종교를 아주 매력적으로 만든다. 필자는 종교를 '정치적 종교(political religion)'라는 의미로 이야기하는데, 이는 미국 정치학자 에릭 푀걸린(Eric Voegelin)에 의해 같은 제목을 가진 그의 1938년 저서에서 처음 시작되었다.[3] 1년 후, 프랑스 사회학자이자 철학자 레이몽 아롱(Raymond Aron)도 역시 정치적 종교라는 용어를 사용했다. 종교를 '**인민의 아편**'[4]이라고 불렀던 마르크스를 따라 그는 공산주의를 '지식인의 종교'[5]라고 일컬었다.

심지어 마르크스의 동시대인들조차 종교에 비유하는 것을 대단히 좋아했다. 1868년 런던에서 〈타임〉지는 마르크스가 창설하는 것을 도운 제1 인터내셔널(First International)에 관해 썼다.

"누구든 노동자 운동에 유사한 어떤 것이든 발견하기 위해서는 기독교의 탄생과 게르만 민족에 의한 고대 세계 회복의 시대로 돌아가야 한다."

그것은 다름 아닌 바로 인간성의 재생, "기독교 교회를 제외하고 어떤 제도든 지금까지 열망했던 것 중에서 가장 포괄적인 목적"[6]을 열망했다.

마르크스주의가 상당히 감정적인 영역에 고정되어 있다는 점은 이미 알려져 있다. 과거에 공산주의자였던 아서 케스틀러(Arthur Koestler)는 『실패한 신(The God That Failed)』이라는 책을 다음 문장으로 시작한다.

"길은 추론으로 찾을 수 없다. 누구도 논리적 설득으로 여자와 사랑에 빠지거나 교회의 내부에 들어가지 않는다. 이성이 신념의 행위를 지킬지 모른다. 그러나 오직 그 행위가 저질러지고 그가 그 행위에 전념한 후에만 그렇다."[7]

처음 케스틀러는 자신이 "명백하게 부자들을 싫어했"고 자기의 개인적 문제들을 "사회 전반의 구조에"[8] 투사했다고 말했다. 이것도 역시 반자본주의의 두 가지 전형적인 특징이다. 결코 '질투'로 인식되지 않는, 부자에 대한 질투를 만족시킬 뿐만 아니라,[9] 동시에 개인적 실패를 심리학자들이 외적 통제 소재(external locus of control)라고 묘사하는 태도의 의미에서 '체제' 혹은 '구조적' 문제로 바꾸기도 한다. 따라서 질투는 '사회적 정의'에 대한 헌신으로서 합리화되고 재해석될 수 있다. 이 해석에 기초하여 반자본주의자들은 자신들의 실패를 시장 실패로 만든다.

1950년대 초기, 미국 정치학자 게이브리얼 아먼드(Gabriel Almond)는 저서 『공산주의의 매력(The Appeals of Communism)』을 위해 네 나라 출신의 221명 전 공산주의자에게 당에 가입한 이유를 물었다. 52%는 가담하기 전에 개인적으로 경제적 곤란을 겪었다고 답했다. 이는 아먼드의 고위 계층 응답자 가운데 67%에게 사실이었다.[10]

그러나 개인적인 문제가 꼭 경제적 문제일 필요는 없다. 마르크스주의와 정신 분석을 결합한 오스트리아계 미국인 정신 분석가 빌헬름 라이히(Wilhelm Reich)는 많은 심리적인 문제, 만족하지 못한 성생활, 신경증 등의 궁극적인 원인은 자본주의에 있다는 점과 "신경증들의 광범위한 예방을 위한 전제 조건은 오직 사회 제도와 이데올로기의 철저한 전복, 우리 세기 정치 투쟁의 결과에 달려 있을 뿐이라는 점"[11]을 증명하려고 하였다.

이 접근법을 따른 마르크스주의 심리학자 디터 둠(Dieter Duhm)은 저서 『자본주의에서의 불안(Angst in Kapitalismus)』에서 불안이 자본주의 아래서 어디에나 존재하는 감정 상태인 이유를 논했다.

"그것은 아주 다양한 모습으로 나타난다. 건강한 모습으로는 다른 사람들이 생각할지 모르는 것에 대한 불안, 다른 사람들 앞에서 말하는 것에 대한 불안, 당국과 제도에 대한 불안, 성교에 대한 불안, 미래 혹은 병에 대한 불안으로서 나타난다. 이 불안들은 개인 삶뿐만 아니라 우리 사회에서 분리할 수 없는 부분이기도 하다. 그것은 자본주의에 속하는데 자본주의의 산물로서뿐만 아니라 구성으로서도, 없으면 무너질 기초적 요소로서도 그러하다."[12]

신경증적 불안이 자본주의에 뿌리박혀 있으므로 자본주의가 사라져야만 사라질 것이라고 그는 주장했다. 다른 저서에서 둠은 자본주의에 대항하는 투쟁을 위해 '심리적 호소의 동원력'[13]에 호소했다.

이런 추론에 따르면 자본주의는 세계의 모든 악을 설명할 뿐만 아니라 모든 사람의 개인적인 문제와 신경증의 근원이기도 하다. 그러므로 반자본주의자들의 구제 약속에 따르면, 모든 악으로부터의 구제는 저승의 낙원에서만 일어나는 것이 아니라 생산 수단의 사적 소유가 폐지되는 사회에서 일어난다. 심지어 자본주의에 대항하는 투쟁조차 "중요한 치료 효과, 즉 사회 당국의 심리적 무력화"[14]를 지향하고 있다. 정치적 종교들은 이전에는 종교에 의해 충족되었던 인간 갈망과 욕구를 충족시킨다. 아롱은 그러한 교리를 "우리 동시대인들의 정신에서는, 인류의 구제를 이승에, 다소간 먼 미래에, 아직 고안되지 않은 사회 질서의 형태에 두고 있지 않은 신앙을 대신하는 … 세속적 종교"[15]라고 불렀다.

고전적 종교들에서는 보통 악마적 인물이 있는데, 그는 일반적인 악의 상징으로 여겨진다. 반자본주의의 정치적 종교에서는 자본주의가 악의 화신이다. 자본주의는 사회에서의 모든 불행과 모든 개인적인 문제에 책임이 있다. 따라서 자본주의는 기아, 빈곤, 불평등, 기후 변화, 공해, 전쟁, 소외, 파시즘, 인종차별주의, 여성 차별, 노예제, 식민주의, 부패, 범죄, 불안, 문화적 쇠퇴, 신경증, 기타 다른 정신병들에 책임져야 마땅하다. 자본주의는 심지어 사회주의 체제들이 기능하지 않는 것에 대해서조차 책임져야 한다. 왜냐하면 '미 제국주의자들'이 이끄는 경제적 불매 동맹들이, 예를 들면 쿠바나 베네수엘라에 사는 사람들이 사회주의에도 불구하고 더 나은 삶을 살지 못한다는 사실에 책임져야 하기 때문이다. 만약 재화가 너무 적다면 자본주의가 책임져야 마땅하다. 설사 재화가 너무 많아도 마찬가지다. 심지어 장 보러 가서 소비자가 찾는 재화를 발견할 수 없을 때조차 자본주의가 책임져야 마땅하다.

미국의 베스트셀러 작가 율라 비스(Eula Biss)는 소유, 자본주의, 물건들의 가치에 관한 자신의 저서 『가지는 것과 가져지는 것(Having and Being Had)』(2020)을 이 일화로 시작한다.

"다시 우리는 가구점에서 집으로 가는 중이다. '우리가 돈을 가지고 있고 그것을 쓰기를 원하지만 살 가치가 있는 어떤 것도 발견할 수 없다는 점은 자본주의에 관해 무엇을 말하는가?'라고 존이 묻는다. '그릇장'이라고 불리는 가구를 거의 살 뻔했지만 존이 서랍들을 열어보고 내구성이 부족하다는 점을 발견하였다. 대량 생산에는 한계가 있다고 나는 생각한다."[16]

책 뒤에 작가는 자기 어머니와의 대화를 자세히 얘기하는데 어머니는 그녀에게 자본주의가 좋다고 생각하는지 나쁘다고 생각하는지 묻는다.

"그것이 나쁜 것이라고 생각할 유혹을 받는다고 내가 말하지만, 나는 그것이 무엇인지 정말로 모른다."[17]

그러한 사고 방식들과 반사 작용들은 두 가지를 확실히 한다. 첫째, 많은 사람에게 반자본주의는 감정적인 문제다. 그것은 기존 질서에 대한 항의가 널리 퍼진 감정이다. 둘째, 사회 전체에서도, 어떤 사람의 개인 생활에서도, 자본주의 '체제'의 탓으로 돌릴 수 없는 어떤 악도 없다. 설사 그들이 살 가구를 찾을 수 없다고 해도 그렇다.

'혜택을 받지 못하는 사람들'은 항상 '상황의 희생자'여서 자신의 비참함에 전혀 책임이 없거나 공범이 아닌 반면, 부자들은 항상 '가해자'이다. 이들은 부를 누릴 자격이 전혀 없고, 그저 언제나 행운이나 상속 혹은 착취의 결과로 부를 축적했을 뿐이다. 자본주의는 세계 사건들의 실제 조종자로 여겨지는 작은 집단의 초(超)부자들에 의해 지탱된다.

대부분 종교에서와같이 반자본주의자들은 곧 다가오는 대붕괴를 믿는다. 그것은 경제 위기의 형태로나 세계를 파괴하는 생태적 재난의 형태로 다가올 것이다. 마르크스의 저작들과 편지들은 '다가오는 붕괴의 전조들'[18]로 가득 차 있다. 독일 역사학자 하이너 슐츠(Heiner Schulz)는 마르크스의 저작들에서 총 3,000개가 넘는 위기와 혁명에 관한 예측을 찾아냈다.[19] 카를 마르크스의 사망 이후 139년간 자본주의의 임박한 종말에 관한 반자본주의자들의 예측은 수만 혹은 수십만 건까지 달할 것이다. 그들은 2008년 금융 위기와 2020년 코로나 위기 이후 다시 북을 치고 있다. "지금 다가오는 붕괴에 관한 보고서들로 바인더를 채울 수 있다"라고 마르크스의 전기 작가 위르겐 네페(Jürgen Neffe)는 2017년에 언급했다.[20] 파멸의 예측들은 결코 마르크스주의자들에만 국한되지 않는다. 2013년 초, 〈포브스〉조차 이렇게 질문했다.

"자본주의가 죽어가고 있는가?"[21]

새롭고, 더 나으며, 무엇보다도 더 공정한 사회에 관한 예언자들의 약속에 따르면, '묵시' 혹은 야만으로의 복귀는 오직 자본주의를 쳐부숨으로써만 피할 수 있을 것이다.

그러나 반자본주의가 에릭 푀겔린, 레이몽 아롱, 한스 마이어, 그외 다른 사람들이 정의했던 의미처럼 정말로 '정치적 종교'인가? 반자본주의를 정치적 종교로 부르는 것에 반대하는 두 가지 주요 논거는 반자본주의자들이 '지도자'나 통일된 정당을 가지고 있지 않다는 점과 반자본주의가 단일의, 통일된 세계관이 아니라는 점이다.

그러나 거기에 바로 반자본주의의 힘이 있다. 가장 다양한 표현, 즉 마르크스주의, 사회주의, 환경보호주의뿐만 아니라, 보수주의, 국가 사회주의, 파시즘까지 지닐 수 있다. 이는 기독교뿐만 아니라(교황 프란치스코의 2015년 사회 회칙 찬미 받으소서(Laudato Si)는 자본주의의 격렬한 고발장이다[22]) 급진적 이슬람교와도 공존하는데, 이슬람교에서는 자본주의를 주로 반미주의의 형태로 나타낸다. 그것은 '과학적 사회주의'의 형태를(예를 들어 마르크스주의의 외형으로) 취할 수 있을 뿐만 아니라, 감정적 혹은 윤리적이고 도덕적인 기반을 둔 '기독교 사회주의'의 형태(가톨릭 사회 교육에서와같이)를 취할수도 있다. 가장 다양하고 심지어 서로 대립하기까지 하는 세계관과의 이런 적응 가능성과 공존 가능성은 반자본주의를 다른 정치적 종교들과 구별하고 따라서 그것을 매력적으로, 강력하게, 세계적으로 성공시킨다.

다른 문화와 신조에 대한 자기의 변덕과 적응 가능성에서 반자본주의는 라이벌인 자본주의와 닮았다. 자본주의가 반자본주의만큼 많은 이데올로기와 공존하지 않지만 그것은 광범위한 형태를 지닐 수도 있고, 끊임없이 진화하고 있으며, 다른 정치 체제 및 종교들과 공존할 수 있다.

그러나 자본주의는 정치적 종교가 아니기 때문에 반자본주의에 비해 불리하다. 프랑크푸르트학파 철학자 중 한 사람인 발터 벤야민(Walter Benjamin)은 그의 사후에 출판된 미완성 소론 '종교로서의 자유(Kapitalismus als Religion)'에서 바로 이 점을 지적했다. 그 소론의 첫 문장은 이렇게 시작된다.

"누구든 자본주의에서 종교를 볼 수 있는데, 자본주의는 본질적으로 이전에 소위 종교에 의해 응답되었던 그 걱정거리, 고민, 불안을 푸는 데 도움이 된다."[23]

이는 그 소론에서 유일하게 구체적인 진술이고 그 외는 프랑크푸르트학파 철학자들에 아주 전형적인, 모호한 특수 용어로 쓰여 있다. 그러나 자본주의는 정말로 종교의 질문들에 해답을 제공한다고 주장하는가? 아니다. 자본주의는 가능한 한 많은 사람에게 좋은 삶을 보장하도록 "충분한 재화와 서비스를 알맞은 가격에 제공하기"[24] 위하여 사람들이 자기들의 경제 관계들을 조직할 수 있는 방법에 관한 해답을 제공한다. 만약 종교들이 이 질문에 대해 답을 주려고 한다면 그것들은 종교가 아니라 경제 이론일 것이다. 자본주의는 사람들에게 삶의 의미를 주는 것이 아니고 그렇게 한다고 주장하지도 않는다. 자본주의는 불평등의 폐지도, 모든 세속적인 문제의 해결도 약속하지 않는다. 자본주의는 이상향적이지 않고, 이승에서도 저승에서도 낙원을 약속하지 않는다. 자본주의는 실용적이고 단연코 독단적이지 않다. 그러나 자본주의는 형이상학적 의미를 위해서 세속화된 세계에서 사람들의 필요를 충족시키지 않는다. 그러므로 자본주의는 종교가 아니지만 반면 반자본주의는 종교이다.

지난 100년 동안 모든 반자본주의 실험이 예외 없이 실패한 후에, 세계에서 가장 필요없는 것은 새로운 사회주의 실험이라는 점이 명백해졌다. 그러나 소련과 동유럽에서 현실 세계 사회주의 붕괴 이래 세월이 흐름에 따라 사회주의 이념이 되살아나고 있다. 심지어 카를 마르크스조차도 다시 '들어(in)' 온다. 2013년, 유네스코는 『공산당 선언(Communist Manifesto)』과 『자본론(Capital)』 제1권을 탁월한 기록에 관한 세계기록유산 국제기록부(Memory of the World International Register)에 추가했다.[25] 그리고 다음 해에 '마르크스가 다시 살아나다(Marx Rises Again)'가 〈뉴욕 타임스〉에 표제로 실렸다.[26]

가장 존경받는 현대 좌파 철학자 중 한 사람인 슬로베니아인 슬라보예 지젝(Slavoj Žižek)은 플라톤으로 시작되는 전 계통의 '닫힌(closed)' 사회

반자유주의 사상가들의 복권을 염치 없이 요구했다.[27]

"요구되는 것은 경제의 재(再)정치화이다. 경제 생활은 공동체의 자유로운 결정들로 통제되고 규제되어야지, 객관적인 필연성으로서 받아들여지는 시장 세력의 맹목적이고 혼란한 상호 작용으로 운영되어서는 안 된다."[28]

자신의 2021년 저서 『감히 자기 이름을 말하는 좌파(A Left That Dares Speak Its Name)』에 그는 이렇게 썼다.

"우리가 오늘 필요로 하는 것은 감히 자기 이름을 말하는 좌파이지, 부끄럽게도 자기 핵심을 어떤 문화적 무화과 나뭇잎으로 감추는 좌파가 아니다. 그리고 이 이름은 공산주의이다."[29]

좌파는 결국 더 공평하고 "정당한 자본주의"라는 사회주의 꿈을 포기하고 더욱 급진적인 공산주의 조치들을 제정해야 한다고 그는 주장했다.[30] 명백하게 표현된 목표로서, 그는 "반대 계급이 파괴되어야 한다"[31]라고 제안했다.

지젝은 '레닌의 위대함'을 찬양하는데, 비록 실제 '사회주의 건설'[32]의 조건들이 존재하지 않았다고 할지라도 볼셰비키들이 권력을 장악한 후 그가 자신의 사회주의 원칙들을 확고부동하게 고수했기 때문이다. 마르크스와 레닌이 전개한 이론들에 따르면 사회주의는 공산주의라는 마지막 목표에 도달할 때까지 필요한 과도 단계이다. 지젝은 이 순서를 뒤집고 직접 공산주의를 목표로 삼을 것을 제안하는데, 그러면 공산주의는 결국 사회주의로 진화하거나 회귀한다는 것이다. 지젝에 의하면 1950년대 후기 마오의 대약진운동(이는 4,500만 중국인의 목숨을 앗았는데 지젝은 이 사실을 빠뜨리고 있다)은 "사회주의를 건너뛰고 직접 공산주의로 들어가는"[33] 기회를 제공했다.

스위스 사회학자 장 지글러(Jean Ziegler)는 2018년 자신의 저서에 이렇게 썼다.

"이 자본주의 체제는 점진적으로, 평화롭게 개혁될 수 없다. 우리는 과두 지배자들의 팔을 꺾고 그들의 권력을 분쇄해야 한다.[34] … 자본주의의 파괴는 새로운 사회적 및 경제적 세계 질서가 수립될 수 있도록 완전하고 급진적이어야 한다. … 우리는 바로 다른 한쪽의 이상향, 즉 우리가 나아가야 할 지평선에의 갈망으로 활기를 얻는다."[35]

지글러는 발걸음을 어느 방향으로 옮겨야 할지 보여주기 위해 카를 마르크스와 체 게바라를 인용했다. 한편 자본주의를 대체할 사회 및 경제 체제가 어떤 모습일지에 관해 아는지 질문받을 때 그가 대답했다.

"전혀 모른다. 적어도 정확한 것은 모른다."[36]

그가 정말 확실히 아는 유일한 사실은 그 문제의 핵심에 있는 것, '괴물 같은 자본주의(monstrous capitalism)'의 뿌리, 즉 사유 재산이다.[37]

반자본주의자들은 꿈을 꾸는 것에 결코 싫증 내지 않는 것이 확실하다. 필자가 이 책을 쓰고 있던 바로 그때 마르크스-레닌주의 정당의 지도자가 페루의 대통령으로 선출되었다. 새로운 사회주의 실험이 시작되고 있다. 페루에서뿐만 아니다. 많은 서양 나라도 역시 계획경제로 이동하고 있다. 물론 그들은 그것을 계획경제라고 부르지 않는다. 대신 환경적 사회 변환, 사회 정의, 기후 변화에 대한 투쟁이라 말하기를 좋아한다. 마르크스주의는, 사유 재산을 제거함으로써 모든 세계 문제를 해결한다는 관념은 현실 세계 사회주의의 실패 후에 죽었다고 선언되었다. 그런데도 불과 20~30년만에 사회주의가 되살아나고 있다. 필자가 이 글을 쓰고 있던

2021년 9월, 주민의 과반수(56.4%)가 대규모 부동산 회사들을 빼앗는 것에 찬성하는 주민 투표가 베를린에서 열렸고, 오스트리아의 그라츠(Graz)에서는 공산당이 선거에서 이겼다.

반자본주의는 많은 모습을 지니고 있다. 그것은 급진적인 환경보호주의나 유행하는 '각성(woke)' 운동의 얼굴을 띨 수 있다. 또한 중앙은행의 전능한 환상에 나타나기도 한다. 처방은 각기 다른 것 같아도 공통적인 것이 하나 있다. 정치인과 공무원이 시장보다 더 잘, 즉 경제에서 모든 민간 참여자보다 더 잘 알기 때문에 국가가 무엇이고 모든 문제를 고쳐야 한다는 믿음이다. 많은 현대 반자본주의자는 자본주의를 폐지할 필요에 관해 이야기하는 것을 멈췄고 자본주의가 '지배될', '개혁될' 혹은 '개선될' 것을 요구하기 시작했다. 자본주의는 '길들여질' 필요가 있는 야생 동물로서 묘사된다(약탈적 자본주의). 지식인들은 경제 체제를 '개선'하거나 그 '해악들'을 제한하기 위해 끊임없이 새 개념들을 생각해내고 있다.

자기들이 제도판에 경제 체제를 설계할 수 있다고 믿는 지식인들은 인위적으로 언어를 구성할 수 있다고 생각하는 사람들과 똑같은 망상을 겪고 있다. 하지만 그들은 경제 체제가 정의나 평등을 위해 생길 필요가 있다고 항상 주장한다. 하이에크는 "영리한 사람들이 세계를 새롭게 만드는 방법에 관해 숙고하기 위해 모인다"라는 생각을 근본적인 문제로서 서술했다.[38] 이런 종류의 '구성주의(constructivism)' 혹은 '사회적 이성주의(social rationalism)'는 전체주의와 '모든 현대 사회주의'[39]의 기원이었다. 그러나 지식인들은 지칠 줄 모르고 새로운 변종 사회주의를 끊임없이 몽상에서 만들어낸다.

가장 최근 예는 토마 피케티(Thomas Piketty)이다. 그는 자신의 유명한 저서 『21세기 자본』에서 강조했다.

"나는 공산주의 독재 정권들의 붕괴 소식을 들으며 성년이 되었고 그런 정권들에 대해서나 소련에 대해 조금도 애정이나 향수를 느끼지 않은 세대에 속한다. 나는 인습적이지만 나태한 반자본주의 수사(修辭)에 대해 평생 들고 살았는데 일부 반자본주의자는 공산주의의 역사적인 실패를 무시했을 뿐이고 많은 반자본주의자는 그 상황을 넘어서 나아가는 데 필요한 지적 수단에 등을 돌렸다. 나는 불평등이나 자본주의 자체를 매도하는 데 관심 없다."[40]

이 말은 아무런 해가 없는 것처럼 들린다. 그러나 피케티는 자신의 저서 『자본과 이데올로기』에서 보여주듯 급진적인 반자본주의자이고 사회주의 옹호자이다. 그는 전형적인 구성주의 방식으로 이상적인 사회 및 경제 체제를 상상하는데, 여러 시도에도 불구하고 비참하게 실패한 실제 사회주의와 구별하기 위해 그것을 '참여사회주의(participatory socialism)'라고 부른다. 이는 "사적 소유의 현재 체제를 초월하는 것"[41]에 관한 것이기 때문에 피케티가 이를 '사회주의'라고 부르는 것은 당연하다.

구체적으로 말하면 피케티의 비전은 다음과 같다. 모든 청년은 25세에 국가로부터 많은 돈을 선물로 받아야 하는데 피케티는 이를 '모든 사람을 위한 공공 유산(public inheritance for all)'[42]이라고 부른다. 이 선물에 필요한 자금은, 90%로 오를 부자들 재산에 대한 누진세로,[43] 역시 90%까지 과세될 상속세로[44] 조달될 것이다. 그는 어떤 자산이 현재 소득을 전혀 발생시키지 않을 수도 있고, 상속자가 상속받은 재산을 팔아야 할 것이라는 이의를 받아들이지 않는다. 피케티에 따르면, 오히려 "부를 더 활동적인 소유자들에게로 보내는"[45] 이점을 가질 것이다. 피케티는 소득에 대해서도 금액에 상응하여 높은 세금을 제안하는데 세율은 90%까지 오른다.[46] 이는 배당금, 이자, 지대, 이윤 등에도 적용될 것이다.[47]

사적 소유를 '초월하기' 위해 피케티는 독일의 공동 결정 제도(system of codetermination)를 그대로 흉내내는 것 같은, 주식회사를 규제하는 접근법을 요구했다. 공동 결정 제도는 근로자 대표들에게 회사 감사회 의석의 절반을 준다. 그러나 피케티에 따르면 이 접근법에는, 투표 결과가 동률인 경우 주주들이 결정적인 투표권을 가진다는 점을 포함하여 '한계'가 있다. 피케티의 생각대로라면 회사에 투자된 자본액과 주주의 경제력 사이 연결을 끊음으로써 이 '한계'를 제거할 수 있다.

"회사 자본의 10%를 넘는 투자금은 투자액의 3분의 1에 해당하는 투표권을 얻을 것이다."[48] 피케티는 또한 '1주(株) 1표' 회사 조직 모형을 그만둘 것도 요구한다.[49] 물론 피케티는 재산 소유자들이 그런 나라를 서둘러서 떠날 것이라는 점을 명백히 알고 있다.

"그런 체제 아래서 주거 혹은 사업 재산의 소유자들이 이용할 수 있는 유일한 절세 전략은 … 자산을 팔고 나라를 떠나는 것뿐이다."[50]

이런 현상을 막기 위해 정부는 (말하자면 40%) '국외 이주세(exit tax)'[51]를 도입해야 할 것이라고 피케티는 제안한다. 이는 피케티의 '참여사회주의' 아래서 살 욕망이 없는 기업가들과 부유한 사람들이 그 나라에 등을 돌리는 것을 막는 재정 장벽(fiscal wall)을 세우는 것이다. 그러나 어떤 나라든 가장 중요한 자본은 국민의 마음속에 있는 지식, 즉 인적 자본이다. 기업가들과 능력 있는 사람들이 세계 노동 시장의 일부이고 자기 나라에 대한 유대가 옛날만큼 강하지 않은 현대에 사람들이 이주하는 것을 막기 위해서는 다시 물리적 장벽(physical walls)이 세워져야 할 것이다.

피케티의 제안들은 필자가 앞에서 한 주장을 증명한다. 처음에는 해가 없는 것 같은, 자본주의를 '개선하거나', '교정하거나', '개혁하는' 어떤 시도이든 항상 사회주의와 속박으로 끝난다. 전통적인 사회주의와의 유일한 차이점은 사유 재산이 한 정당의 명령으로 일거에 국유화되는 것이 아니고 몇 년 동안 관세와 회사법을 통하여 똑같은 목표가 달성되도록 되어 있다는 점이다. 사유 재산의 법적 권리는 다른 사람들이 그것으로 무엇을 할지 결정한다면 아무 의미도 없다.

반면에 필자는 자본주의가 지식인들에 의해 개선될 필요가 없다고 믿는다. 자본주의가 그렇게 되도록 허용되는 곳에서는 끊임없이 스스로를 교정하고 개선하고 있다. 그것은 자본주의의 역사에 관한 베르너 플룸페(Werner Plumpe)의 모노그래프가 '계속 진행 중인 혁명의 이야기(The Story of an Ongoing Revolution)'[52]라는 극히 적합한 부제를 가지고 있는 이유이다. 자본주의의 본질은 그것이 학습 체계라는 점이다. 필자는 실제로 오직 혼합 체제들만 있다는, 그리고 주어진 체제에서 두 요소, 국가와 시장의 상대적 힘의 변화가 사람들의 삶이 향상하는지 혹은 나빠지게 되는지를 결정한다는 생각을 전개했다. 따라서 사회에서 의미 있는 변화는 근본적으로 모든 것을 뒤엎고 어떤 전체 계획이나 이론을 따름으로써 달성되는 것이 아니라 시장에 더 많은 공간을 주기 위해 정부를 후퇴시킴으로써 달성된다.

그러므로 필자가 제안할 유일한 개선책은 이것이다. 정부는 오늘날 하고 있는 것보다 더 사회 및 경제 문제들에서 물러서야 한다. 이것은 정부가 불필요하거나 중요하지 않다는 점을 의미하지 않는다. 다만 오늘날의 정치인들, 정당들, 공무원들이 스스로를 너무 진지하게 생각한다는 점을 의미한다. 코로나바이러스 사태에서 본 바와 같이 정부가 자기들의 핵심 책임을 완수하지 못하고 있다는 점을 알기 위해 매우 멀리까지 볼 필요가 없다. 이는 퇴락하는 사회 기반 시설, 실패하는 교육 제도, 국내와 대외 안전의 심각한 결손에서도 똑같이 적용된다.

국가는 강해야 하는 부분에서 종종 약하고 약해야 하는 부분, 즉 경제에서 너무 강하다. 정치인들은 재분배와 국가 규제를 위한 새 아이디어들을 고안해내느라 많은 시간을 할애하고 합리적이고 효율적인 이민 정책 같은 절박한 문제들에 대한 해결책들을 무시한다. 그러므로 더 작은 정부와 더 많은 자본주의를 이뤄야 한다. 전면적인 혁명이나 갑작스러운 격변으로가 아니라 레이건과 대처가 시작했듯이 시장에 훨씬 더 많은 자유를 줌으로써 이뤄내야 한다. 더 많은 시장은 중국에서든, 베트남에서든, 폴란드에서든, 한국에서든, 스웨덴에서든, 항상 사람들에게 좋았다. 또 독단의 여지가 없다. 100% 순수 자본주의의 이상향은 그저 이상향일 뿐이다. 완전한 세계의 이상향 비전들은 역사를 통하여 이미 너무 많은 고통을 일으켰다. 국가에 대한 맹목적인 신뢰 대신 시장에 대한 더 많은 신뢰는 얻으려고 분투할 가치가 있다. 그것이 작동하는 것으로 증명되었기 때문이다. 그것이 빈곤과 기아를 줄일 뿐만 아니라 무엇보다도 사람들에게 자신의 꿈을 꿀 더 많은 자유를 주기도 하고, 또한 보다 도덕적인 체제이기도 하기 때문이다. 이 이유만으로도 자본주의는 다른 체제들보다 더 우월하다.

만약 자본주의가 실제로 끝나게 되어 있다면 그것은 내부적 모순과 체제의 약점 때문이 아니라, 이데올로기 전선에서 반자본주의자들이 자유시장 지지자들을 이겼기 때문일 것이다. 반자본주의자들이 시장 지지자들보다 종종 더 힘이 센 데는 많은 이유가 있다. 기업가, 근로자, 고용인처럼 자본주의를 계속 살아 있게 두는 사람들은 생산적인 데, 가치를 창출하는 데 전념하고 있다. 그들은 사회정치적인 논쟁에 참여할 시간이 거의 없다. 그런 논쟁에 훨씬 더 많은 시간을 할애하고 가끔은 언어 능력이 더 뛰어나기도 한 지식인, 매체, 정치인과는 다르다. 그들은 가치를 창출할 필요가 없다. 그들의 봉급은 대개 납세자에 의해 조달되기 때문이다.

기업가들은 조건이 점진적으로 변화함에 따라 유연하게 적응하는 데 익숙하다. 이 특징은 시장경제에서 엄청나게 중요하고, 그렇지 못한 사람들은 종종 회사가 실패하는 대가를 치른다. 변화하는 조건들에 영구적으로, 실용적으로 적응한다는 의미에서 기회주의는 사업에서 미덕이 될 수 있지만 정치에서는 저주가 되기도 한다.

오늘날 진정한 문제는 이념적으로 견고한 반자본주의자들이 아니라, 자본주의를 옹호하고 촉진하는 것이 자기 임무여야 할 사람들의 나약함과 기회주의이다. 그들은 마지못해 방어적으로 자본주의를 옹호한다. 가끔 그들은 반자본주의자들의 공격으로부터 재빨리 후퇴하고 입을 닫아버린다. 만약 우리가 반자본주의자들을 어느 정도 달랠 수만 있다면 그들의 기선을 꺾어버리거나 어떻게든지 그들을 말릴 수 있을 것이라고 많은 사람이 오해하고 있다. 그런데 반자본주의자들은 이 후퇴를 나약함의 표시로 이해하고 자신들이 강해졌다고 느끼며 새로운 요구들을 하고 자기들의 공격을 강화한다.

2년 전 런던에서, 필자는 유명한 애덤 스미스 연구소(Adam Smith Institute)의 회장, 매드센 피리(Madsen Pirie)와 저녁 식사를 하며 자본주의의 미래에 대해 대화했다. 그때 80세였던 피리는, 프리드리히 아우구스트 폰 하이에크에서 마거릿 대처까지 자본주의의 위대한 사상가와 실천자 여럿을 개인적으로 알고 있었다. 그가 나에게 말했다.

"아마도 자본주의가 어떤 나라들에서는 서서히 쇠퇴해가겠지만, 그것을 재발견하고 성공적으로 만드는 나라들이 항상 있을 것입니다. 그런 나라들은 세계의 나머지에 아무도 무시할 수 없을 신호를 보낼 것입니다."

베트남에 대해 면밀하게 고찰할 때 필자는 그의 말을 생각했다. 중국처럼 공산주의 정당이 통치하고 정치적 자유가 거의 없지만 서양 여러 나라에서보다 아마도 더 많은 시장경제 추종자를 가지고 있을 것이고 1980년대 이래로 경제적 자유를 향해 큰 걸음을 내디딘 나라. 그러나 전 세계에 사회주의와 자본주의 두 개념 사이에 맹렬히 계속되는 전투가 있다. 그것은 항상 사람들에게 새로운 규제의 속박을 부과하기를 기대하고 있는 큰 정부 신봉자들과 이 속박을 깨뜨리기를 원하는 자유의 힘 사이의 투쟁이다.

40년 전, 자본주의의 옹호자들은 중국에서, 미국에서, 영국에서 심지어 스웨덴에서도 중요한 중간 승리를 경축했다. 그러나 사회주의의 붕괴 후 더 오랜 세월이 지남에 따라 사회주의 진영은 힘을 다시 얻고 있고 전 세계에서 추종자들을 얻고 있다. 집단 기억(collective memory, 흔히 부모 세대에서 자식 세대로 전달되는 한 공동체의 기억)에서의 착오로부터 이익을 얻는 자유의 적들은 전진하고 있고 자본주의는 수세에 서 있다.

자본주의가 그 종말에 관한 모든 예측에도 불구하고 지금까지 살아남았다는 사실이 자본주의가 다음 수십 년이나 수 세기에도 살아남을 것을 보장하지 않는다. 그러나 만약 자본주의가 끝난다면 그 이유는 스스로 자신을 파괴했기 때문이 아니라 국가 개입으로 더욱더 큰 문제들이 일어나서 전례 없이 커다란 위기를 초래할 것이기 때문일 것이다. 그 사고가 반자본주의 편향으로 형성되는 사람들에게는, 이 위기가 자본주의의 위기로 인식될 것이다. 실제로 자신들의 조치로 위기를 일으킨 반자본주의자들은 자기들의 예언이 마침내 실현되었다고 느낄 것이다. 새롭고 항상 더 폭력적인 정부 개입을 출현시키는 위기와 국가의 실패는 사람들에게 시장의 실패와 자본주의의 실패로 보일 것이다. 그때 자본주의의 대변자들이 봉기해서 선언하는 것이 대단히 중요하다. 자본주의는 문제가 아니라 문제의 해결책이라고.

시장경제와 공동 번영

아래는 베이징대학교 국립개발대학 교수인 필자의 친구 웨이잉 장(Weiying Zhang)의 논문이다. 그는 '시장경제'라는 용어를 '자본주의'와 같은 뜻으로 사용하는데, 자본주의는 중국에서는 껄끄럽게 여겨지는 용어이기 때문이다. 이 장은 원래 〈중국 경제 및 기업 연구 저널(Journal of Chinese Economic and Business Studies)〉, 2021, 1~15에 "시장경제와 중국의 '공동 번영' 운동(Market economy and China's 'common prosperity' campaign)"으로 발표되었다.

서론

최근 중국 공산당은 '공동 번영'을 위한 캠페인을 시작했다. 여기서는 정부 재분배 정책에 의한, 그리고 자선과 기부를 뜻하는 소위 '제3의 분배'를 통한 소득 격차의 축소를 특별히 강조한다.[1] 공동 번영은 당연히 좋은 것이고 그 개념이 중국에서 새로 만들어진 것은 아니다. 하지만 공식적으로 이 말이 많이 사용됨으로써 기술과 사교육 산업을 포함하는 여러 부문에서 지나친 행위들의 단속과 결부되어 이는 중국 기업가와 투자자들의 큰 걱정거리가 되었다.

'제3의 분배'는 기이한 구호로서 사업가들을 강하게 압박했다. 인터넷 회사 알리바바 지주 회사(Alibaba Holdings)와 텐센트 지주 회사(Tencent

Holdings)는 공동 번영에 대한 공식적인 요청을 받은 후 각각 1,000억 위안[元, RMB]과 500억 위안의 기부금을 즉각 자선기금에 내놓기로 했고 많은 다른 회사도 그 뒤를 따랐다. 몇몇 지방 정부는 해당 지방에 투자하기로 계획하는 기업가들에게 기부금을 요청하기도 했다. 정부에 대한 기업가들의 신뢰는 흔들리고 있다.

불안한 기업가들을 안심시키기 위해 고위 정당 관리가 '공동 번영'이 평등주의도, "가난한 사람들을 돕기 위해 부자들을 죽이는 것"을 의미하는 것도 아니라고 말했다. 하지만 중국의 현재의 정치적, 이데올로기적, 여론적 분위기를 고려하면 기업가들의 우려가 전적으로 근거 없는 것이 아니다. 시장을 경시하고 더 많은 정부 개입을 도입하는 것은 중국에서 지난 10년간 지배적으로 실시된 정책 관행이었다. 공동 번영을 내세운 새로운 캠페인은 중국의 탈시장화를 향한 또 한 걸음이라 이해할 수 있다.

공동 번영의 추구가 정당성을 지니고 있다고 할지라도 이 캠페인은 자유 시장에 대한 공동 불신과 기업가들과 이윤에 대한 공동 오해에 기초를 두고 있다. 나의 견해로는 시장경제가 공동 번영을 달성할 수 있는 유일한 체제이다. 기업가적 이윤은 시장이 공동 번영을 위해 작동하는 데 필수적이다. 만약 중국이 시장화 대신에 탈시장화와 정부 주도의 재분배 정책을 통해 공동 번영을 달성하려고 시도한다면, 그 결과는 공동 빈곤으로의 복귀가 될 수밖에 없다.

시장경제는 유기체같이 자생적으로 형성되는 복잡한 질서일 뿐 인위적으로 설계되지 않고, 설계자도 없다.[2] 인간들의 결함 때문에 현실 시장경제는 이런저런 면에서 항상 불만족스러우며 실제로는 순수한 시장경제가 없다.[3] 그러나 인간들에게 이상적인 세상과 이상향의 가능성은 언제나 매혹적이다. 사람들은 이상향과 비교할 때 항상 현실 시장경제의 문제만을 발견할 뿐 장점은 보지 않는다.

하이에크는 '과학주의'나 '구성주의적 합리주의'를 비판했는데, 이는 물리 현상 같은 단순 체계들에 기반을 두었고, 과학적 지식을 유일한 지식으로 취급했으며, 이성의 힘을 과대평가했고, 시장에 대한 사람들의 이해를 오도했다.[4] 특히 정부나 특정 정치 권력에 의한 부적합한 개입이 시장경제의 정상적 작동을 중단시키고 시장경제가 병든 것처럼 운용될 때, 사람들은 이것이 시장경제 자체의 잘못이라고 생각한다. 이는 특히 지식인 사이에서 일반적인 반시장 사고 방식을 형성했다. 물리학자 알베르트 아인슈타인(Albert Einstein), 철학자 버트런드 러셀(Bertrand Russell), 극작가 버나드 쇼(Bernard Shaw)를 포함하는 많은 서양 지식인은 반시장 행동주의자였다.

시장경제를 변호하고 사람들이 시장을 올바르게 이해하게 하는 것은 경제학자들이 할 일이다. 불행하게도 주류 경제학은 좋은 시장 이론을 우리에게 제공하지 않는다.[5] 주류 경제학의 주요 결점은 시장에 기업가가 없다는 것이다. 기업가 정신이 없는 시장 이론은 시장의 올바른 이론이 될 수 없다.[6] 주류 경제학은, 적어도 확률의 의미에서는 모든 사람이 완전히 합리적이며 모든 것을 알고 선호, 자원 및 기술이 모두 주어져 있다고 가정한다. 이런 가정들 아래서 의사 결정은 계산과 같은데 이것은 컴퓨터에서도 할 수 있고 상상력, 주의, 판단의 필요도 없다. 그러므로 그런 가상의 시장에서는 기업가 정신은 쓸모가 없다.

애덤 스미스가 오래전에 우리의 사고를 제로섬게임(zero-sum game)에서 포지티브섬게임(positive-sum game)으로 바꾸었지만 주류 신고전학파 경제학은 우리를 제로섬게임으로 되돌려놓는다. 자원과 기술이 주어져 있을 때, '케이크(cake)'는 분명히 주어져 있고 생산과 분배는 분리될 수 있다는 것이다. 그 결과 노벨 경제학상 수상자 조지프 스티글리츠(Joseph Stiglitz) 같은 경제학자조차 시장을 정말로 이해하지 못하는 반시장의 전위(前衛)가 되었다.

이 논문에서 나는 다음을 주장함으로써 시장경제가 공동 번영을 발생시키는 방법에 관한 짧고 올바른 이론을 진술하려고 한다.

⑴ 시장경제는 모든 사람이 부유해지기 위해 자기들의 재능과 자원을 최상으로 이용할 수 있는, 낯선 사람 사이의 협동이다.

⑵ 이윤은 모든 사람이 다른 사람들에게 가치를 창출할 때만 소득을 얻는 책임 체제이다.

⑶ 기업가들은 부 창출의 주요 운전자이다.

⑷ 보통 사람들은 시장경제의 최대 수혜자이다.

나는 중국의 미래 발전이 우리의 신념에 달려 있다는 점을 보여주기 위해 이론적 논거뿐만 아니라 경험적 증거도 진술한다. 만약 우리가 시장을 신뢰하지 않고 더욱더 많은 정부 개입을 도입하면 중국은 공동 빈곤으로 되돌아갈 것이다.

역사에서 시장경제의 기적을 보기

시장경제가 인류에 공헌한 바에 대해 이야기하려면 역사를 되돌아보아야 한다. 미국 버클리 소재 캘리포니아대학교 경제학자 브래드퍼드 들롱(Bradford DeLong)이 수행한 연구에 따르면, 250만 년 전 구석기 시대에서 서기 2000년까지 인류 역사 중 99.4%에 이르는 시간, 즉 15,000년 전까지 세계의 1인당 GDP는 90국제달러(1990년 기준 국제 구매력에 의한 부 측정치)였다. 그다음 1750년까지 0.59%의 시간 동안 1인당 GDP는 180국제 달러로 두 배가 되었다. 1750년부터 2000년까지, 즉 그 시간의 0.01% 안에서 세계의 1인당 GDP는 37배로 증가했고, 6,600국제달러에 도달했다. 바꿔 말하면 인류가 이룬 부의 97%는 지난 250년간(인류 역사의 0.01%) 창출되었다.[7]

들롱의 자료를 좌표 지도에 그린다면 250만 년 전부터 현재까지 그 시간의 99.99%에서 세계의 1인당 GDP는 기본적으로 수평선이다. 하지만 지난 250년간에 갑작스럽게 거의 수직 상승한 것을 볼 수 있다. 그것이 미국, 캐나다, 오스트레일리아 같은 소위 서유럽 파생 국가들이든, 영국, 프랑스, 독일 같은 국가를 포함하는 열두 개 서유럽 국가 자체든, 혹은 신흥 일본이든, 경제 성장은 지난 100~200년에 일어났다. 중국의 경제 성장은 주로 지난 40년 동안 일어났다.

숫자만으로는 모든 이야기를 설명할 수 없다. 우리의 조상들은, 즉 100년 이상 전의 보통 중국인들과 심지어 40년 전 중국 농민들조차, 진나라, 한나라, 수나라, 당나라와 크게 다르지 않은 물건들을, 심지어 송나라보다 더 나쁜 물건들을 소비할 때가 있었다. 그것은 유럽에서도 마찬가지였다. 고대 로마인들은 보통 영국인이 1800년에 소비할 수 있었던 것을 누릴 수 있었고, 로마인들은 1800년의 영국인들보다 더 많이 누릴 수도 있었다. 그러나 우리가 오늘 소비할 수 있는 것은 사람들이 100년 전, 심지어 30년 전에도 상상할 수 없었던 것들이다.

생활 향상은 사람들의 수명을 크게 늘렸다. 1820년 세계의 평균 기대수명은 26년이었고, 이는 고대 로마에서와 대략 같았다. 하지만 2019년에는 72.6년(국제연합 추정)이 되었다. 지금 중국에서의 평균 기대 수명은 77년에 도달했다. 아마도 시장경제의 가장 큰 '결점'은 인구가 노령화하고 있고 사람들이 그 어느 때보다 더 오래 살고 있다는 점일 것이다.

일부 젊은이는 역사를 모르고 중국의 식량 배급표가 1993년에 폐지되었다는 점을 알지 못할지 모른다. 이 배급 제도의 폐지 이전에는 식량을 사기 위해 곡물 가게에 가는 사람은 반드시 식량 배급표를 가져가야 했다. 또 식용유를 사기 위해 식용유 배급표, 천을 사기 위해 천 배급표 등이 필요했다. 40년 전 중국에서 중간 수준 간부의 월급은 60위안을 넘을 뿐이었다. 그때 달걀 한 캐티(catty, 500그램)는 60센트 이상이었다. 바꿔 말하면 중간 수준 간부의 한 달 월급은 그저 100캐티의 달걀을 살 수 있는 금액이었을 뿐이다. 지금 베이징에서 아이 봐주는 사람의 월급은 약 5,500위안이어서, 1,000캐티의 달걀을 사기에 충분하다. 비록 그 보모가 매일 열 개의 달걀(한 개를 약 50그램으로 잡으면 한 캐티에 해당하는 달걀-옮긴이 주)을 먹는다고 할지라도 그렇게 많은 달걀을 2년 동안 소비할 수 없을 것이다. 내가 시골에 있었을 때, 농민이 하루 일로 버는 노동 점수는 20센트로, 이는 반 캐티의 흰 밀가루만큼의 가치가 있었다. 지금 나의 주된 거주지에서 미숙련이고 단지 초등학교나 중학교만 다녔으며 시간제로 일하는 사람은 150위안의 일당을 벌 수 있는데, 이는 거의 50킬로그램의 흰 밀가루를 사기에 충분하다.

왜 인류의 기적들이 지난 250년 동안 나타났고, 특히 중국의 경제 성장은 40년 동안에만 나타났는가? 사람들이 과거보다 더 영리하고 현명해졌는가? 물론 아니다. 인간 IQ와 지혜는 기록된 역사 이래로 많이 진전하지 않았다. 중국인들이 오늘날 아무리 영리해도 공자, 맹자, 노자를 능가할 사람은 거의 없다고 나는 믿는다. 서양도 마찬가지다. 인간 지능은 지난 2,000~3,000년 동안 크게 달라지지 않았다.

자원이 증가했을까? 그렇지 않다. 우리가 사는 지구는 여전히 원래의 지구다. 자원이 증가하지 않았을 뿐만 아니라 오히려 토지와 관련된 자연 자원은 천천히 감소하고 있다. 무엇이 변했는가? 내가 제공할 수 있는 유일한 해답은 인류가 새로운 경제 체제, 시장경제를 개발했다는 점이다. 영국은 200년 이상 전에 시장경제에 종사하기 시작하여 경제가 200년 이상 전에 날아오르기 시작했다. 중국은 40년 전에 시장경제로 이동했고, 그래서 40년 동안에 크게 도약했다.

인간 생활 수준의 향상이 기술 진보에서 생긴다고 일반적으로 믿는다. 무엇이 기술을 진보하게 만드는가? 왜 기술이 특정 체제 아래서만 진전하는가? 역사 발전의 사실들은 오직 시장경제만이 기술 진보를 현저하게 촉진할 수 있고 일반 대중에게 이롭도록 새로운 기술들을 빠르게 상업화할 수 있다는 점을 증명했다. 고대 사회에도 몇 가지 기술적 발명이 있었지만 이 발명들은 소비자에게 가치를, 사회에 부를 창출하지 않았다. 그것들이 시장 경쟁 가운데 생산되지 않았고 상업화하기 어려웠기 때문이다. 영리한 사람들이 상상하는 것은 소비자의 필요를 실제로 충족하지 않을지 모른다.

시장경제는 낯선 사람 사이 협동이다

시장경제는 어떻게, 왜 경제 기적을 일으키는가? 근본적인 이유는 시장경제가 인간 협동의 규모와 범위를 다른 경제 체제 아래서는 달성할 수 없는 수준으로 확대한다는 점이다. 시장경제는 낯선 사람 사이 협동이다.

낯선 사람 사이 협동은 모든 사람에게 전문화를 통해 부유해질 더 많은 기회를 만들어준다. 사람들이 작고 낯익은 집단 안에서만 일한다면 전문화는 불가능할 것이다. 낯선 사람 사이 협동은 신뢰에 기반을 둘 필요가 있는데, 신뢰는 이윤 체제를 보강하고 시장에서 공동 번영을 보장한다. 계획경제가 실패하는 이유는 낯선 사람 사이 협동을 위해서 필요한 정보나 유인을 제공할 수 없기 때문이다.

협동은 가치를 창출할 수 있다. 이것은 경제학의 기본 원리다. 시장경제에서 협동은 모든 사람이 같이 일하고 똑같은 일을 하는, 인민공사(人民公社)와 같은 것만이 아니라 분업과 전문화에 기반을 둔 협동이다. 서로 다른 사람이 서로 다른 일을 하고 서로 거래한다. 분업과 전문화는 모든 사람의 장점을 극대화할 수 있고 재능을 최상으로 이용할 수 있으며 기술 진보를 촉진할 수 있다. 모든 사람은 거래로 자기들이 필요한 것을 얻을 수 있다. 아무도 이익 없이는 거래하지 않으므로 시장경제는 제로섬게임이 아니라 포지티브섬게임이다.

전통 사회에서 협동은 형제 자매 같이 혈연으로 맺어진 사람들이나 같은 마을에 사는 사람들, 같은 교회에 다니는 사람들 사이에 국한된다. 낯선 사람 사이의 협동을 구축하기는 어렵다. 그런데 오늘날 인간 협동은 혈연과 친족 관계를 초월할 뿐만 아니라 지역을 초월하고 국경을 초월하며 전 세계적으로 되기도 한다. 만약 어느 회사의 제품들이 팔리면 그 제품들을 사는 소비자 대부분은 생산자가 누구인지 모른다. 하이에크는 이것을 '확장된 질서'[8]라 불렀다. 세계의 부를 놀랄 만한 속도로 증가시킨 것은 낯선 사람 사이의 대규모 협동이다.

그러나 낯선 사람 사이 협동을 달성하기 위해서는 해결되어야 하는 매우 중요한 문제가 있다. 그것은 신뢰이다. 만약 사는 사람이 파는 사람을 신뢰하지 않는다면 전자는 후자의 재화를 사지 않고 이 재화는 팔릴 수 없다. 그 결과 모든 사람은 자신을 위해 생산해야 할 것이고 그러면 자급 자족, 자연 경제로 복귀할 것이다.

시장경제에서는 '보이지 않는 손'뿐만 아니라, '보이지 않는 눈(invisible eye)'[9]도 있다. 우리를 지켜보는 보이지 않는 눈이 있기 때문에 낯선 사람들이 협동할 수 있다. 모든 사람은 잘 행동해야 하고 자신의 행동에 책임을 저야 한다. 과거 시장경제의 비판들은 시장이 사기(詐欺)로 가득 차 있다고 믿는 데서 시작되었다. 하지만 시장경제가 더 발전할수록 더 많은 사람이 자기들의 신용에 관심을 기울인다는 점을 우리는 보았다. 기업이 시장에서 성공하기 위해서는 좋은 평판을 수립해야 한다. 만약 회사가 나쁜 평판을 얻고 아무도 그 회사를 믿지 않는다면 그 회사는 사라질 것이다.

이윤은 사장이 책임지게 하는 것이다

시장에서 신뢰가 어떻게 수립되는가? 나는 세 가지 개념, 즉 기업, 이윤, 기업가에 집중하겠다. 이 세 개념은 시장경제를 이해하는 열쇠다.[10]

중국 인구는 14억이다. 만약 모든 사람이 자신의 재화를 생산하고 그것들을 시장에 판다면 누구를 믿을 수 있는가? 혹은 시장의 모든 상품에 관해 상표와 특허권이 사라진다면 당신은 무슨 재화를 사겠는가? 당신은 감자, 쌀, 과일 같은 간단한 상품들을 살지 모른다. 그러나 품질과 기능 면에서 구별하기 어려운 자동차, 컴퓨터, 천연수, 영사기를 살 수 있을까? 확실히 사지 않을 것이다! 당신은 시장에 나온 재화 99%를 신뢰할 수 없을 것이다. 당신은 어떻게 하겠는가? 하나의 방법이 있다. 14억 사람은 서로 다른 집단으로, 예를 들면 후난 사람들, 허베이 사람들, 산둥 사람들, 산시 사람들, 베이징 사람들 등과 같은 30개 집단으로 분류될 수 있다. 이러한 분류 후에는 우리가 모든 사람을 모른다고 할지라도 이 사람은 산둥 사람이다, 저 사람이 광둥 사람이다라고 알고 어떤 종류의 집단 책임을 확립할 수 있다. 만약 어떤 사람이 우리를 속이기라도 한다면, 우리는 적어도 그 사람이 광둥 사람인지 산둥 사람인지 알 것이다.

기업은 일종의 사회적 분류이다. 생산 활동이 기업들을 통해 나타날 때 각 기업은 자기의 제품들에 책임을 져야 하고 그래야 신뢰를 구축할 수 있다. 만약 기업이 없다면, 모든 사람이 개인 생산에 종사할 뿐이고 신뢰는 만들어질 수 없다.

기업은 어떻게 우리가 서로 신뢰할 수 있게 하는가? 이는 소유권 배분과 이윤 체제와 관련 있다. 예를 들면 어느 기업이 1만 명의 개인으로 구성되어 있는데 이론상 모든 사람이 소유자가 될 수 있다. 이 기업의 연간 소득은 1억 위안인데, 이것은 1만 명의 고용인 사이에 똑같이 나누어지고, 각자는 1만 위안을 받는다. 이것이 공정한 것 같이 들릴지 곰곰이 생각해 보라. 만약 무언가 잘못되면 누가 책임지는가? 만약 모든 사람이 책임을 공유하도록 요구된다면 사실상 아무도 책임지지 않고 그 회사는 분배할 수 있는 수입이 사라질 것이다.

회사들이 책임을 배분하는 또 하나의 방식이 있다. 어떤 사람들은 태만에 책임을 진다. 회사원은 계약 소득(봉급)을 얻는데, 제시간에 출근하고 퇴근하며 결근하지 않고 작업 규정들을 위반하지 않으며 한 달간 일한다면 그는 월말에 한 달의 봉급을 받는다. 이것이 고용인이다. 다른 집단인 경영자들은 이윤을 얻고 엄격한 책임을 떠맡는다. 고용인은 다른 사람들이 그의 실수를 발견하지 않으면 책임지지 않는다. 경영자는 그의 실수를 다른 사람들에 돌릴 수 없고, 모든 실수는 그의 것이다. 경영자는 자기가 실수하지 않았다고 주장함으로써 소비자들로부터 판매 수입을 요구할 권리가 없고, 자기가 손해를 보았다고 자기 고용인들을 고소할 수도 없다. 반면 고용인은 자기가 실수하지 않은 한 경영자로부터 소득을 요구할 수 있다. 만약 경영자가 그에게 임금 지급하기를 거절하면 그는 경영자나 회사를 고소할 수 있다. 이것이 경영자와 고용인 사이 차이점이다.

이윤은 임금과 같은 비용들을 공제한 후 기업 소득의 남는 부분이다. 그것은 흑자 혹은 적자가 될 수 있고, 음수일 수 없는 임금과 기타 소득 형태들과 매우 다르다. 이윤을 얻는 사람들은 위험도 부담해야 한다. 어떤 고용인이 실수할 때 경영자는 가장 먼저 책임을 떠맡는다. 그러므로 경영자는 고용인들의 행동을 주의 깊게 감독하고 규제해야 하고 고객들이 회사의 제품을 확신하고 살 수 있도록 해야 한다.

게다가 고용인들뿐만 아니라 공급자들이 실수할 때도 기업의 경영자들이 역시 책임져야 한다. 예를 들면 상표가 붙은 컴퓨터를 샀는데, 화면, 칩, 팬 같은 어떤 부품이 작동하지 않거나 배터리가 폭발한다면 부품의 공급자가 아니라 컴퓨터 제조업자가 먼저 책임져야 한다. 바꿔 말하면 기업은 자신의 상표를 사용하여 어떤 결함에 대해서도 자기가 책임질 것이라고 보증한다. 따라서 모든 사람이 신뢰할 수 있는 시장이 수립되고 낯선 사람 사이 협동이 질서 있게 진행될 수 있으며 사회적 부는 계속 증가할 것이다.

그래서 나는 이윤이 책임 및 평가 체제라고 말한다. 대개 이윤율은 소유주가 다른 사람들에게 책임지는 능력으로 결정된다. 시장은 기업의 조직 형태를 통해 회계 단위들을 나누고 이윤의 책임을 추적하므로 모든 사람이 자기 행동에 책임지고 시장에는 신뢰가 생긴다.

시장경제에서 부자들은 소비자들의 화폐 투표로 선출된다

왜 어떤 사람은 이윤을 얻는 기업가가 되고 다른 사람은 임금 노동자 고용인이 되는가? 이것은 사람 사이 기업가적 능력에서의 차이점으로 결정된다.[11] 시장경제에서는 모든 사람이 기업가나 고용인이 되기로 선택할 자유가 있다. A씨만 기업가가 될 수 있고 B씨는 고용인만 될 수 있다는 차별적인 규칙은 없다. 그러나 경쟁의 결과 고도의 기업가적 능력이 있는 사람들만 기업가가 될 수 있다. 기업가 정신은 다른 사람들에게 책임지는 능력을 의미하기도 한다. 평균적으로 이윤의 규모는 기업가의 능력에 달려 있다.

그러나 시장은 불확실성으로 가득 차 있으므로 기업가들이 아무리 능력이 있다고 할지라도 돈을 잃을지 모른다. 한 명의 성공적인 기업가 뒤에는 보통 다수의 실패한 기업가가 있다. 누구든 돈을 많이 버는 기업가가 부러워 스스로 기업가가 되기로 선택할 수 있다. 그러나 그는 자신의 능력이 충분하지 않으면 모든 것을 잃을 것이라는 점을 기억해야 한다.

시장은 무엇인가? 시장은 당신이 최상의 제품이나 서비스를 내놓았는지 여부에 대해 다른 사람들이 최종 발언권을 가지고 있는 체제이다. 가치 있는 것과 가치 없는 것이 시장에서 평가되어야 하고 제품이나 서비스를 사는 사람들이 최종 발언권을 가지고 있다. 그러므로 허풍떨기는 먹히지 않는다. 경쟁하는 두 회사 중 한 회사가 더 많은 장점을 가지고 있다고 말할 때, 그것은 이 회사가 소비자에게 많은 가치를 더해준다(즉 품질과 가격 사이 최상의 균형을 달성한다)는 점을 의미한다. 기업 사이 경쟁은 소비자들에게 잉여 가치를 창출한다.

기업가가 소비자의 돈을 번다는 잘 알려진 속설이 있고 소비자가 기업가에 의해 착취되고 있는 것 같이 보인다. 이 진술은 잘못됐다. 특권이 없는 경쟁 시장에서 이윤은 오직 기업가가 소비자에게 창출한 가치에서만 생길 수 있고, 소비자는 10위안의 가치가 있는 상품에 10.01위안도 지급하지 않을 것이다. 사실상 기업가가 버는 돈은 그가 창출하는 부의 그저 적은 부분일 뿐이고 그것 대부분은 소비자 잉여가 된다. 빌 게이츠의 재산이 얼마나 많든 마이크로소프트가 인류를 위해 창출한 가치와 비교할 때, 그것은 양동이 속의 물 한 방울이라고 할 수 있다.

시장경제에서는 평균적으로 기업가가 버는 돈은 그가 봉사하는 고객의 수에 비례한다. 단지 소수의 사람에게만 제품과 서비스를 제공하는 기업가는 많은 돈을 벌 수 없다. 오직 대규모 시장에 공급하는 기업가만이 많은 돈을 벌 수 있다.[12] 그러므로 시장경제에서 가장 부유한 사람들(기업가들)은 소비자에 의해 선택되는데, 소비자는 본질적으로 자기의 돈으로 투표한다. 만약 대부분 소비자가 텐센트(Tencent)에 의해 제공되는 제품들을 더는 사용하지 않고, 위챗(WeChat), QQ, 온라인 게임들을 더는 사용하지 않는다면, 마화텅(Ma Huateung) 씨는 더는 부자가 아닐 것이다. 우리는 텐센트 제품들을 사용하는 것을 포기하지 않는데, 이는 우리가 어리석거나 자비롭기 때문이 아니라 그것들이 우리에게 더 많은 편익을 가져오고 그것이 돈의 가치가 있다고 생각하기 때문이다. 당신은 기꺼이 그의 제품들을 산다. 그리고 다른 한편 그가 그렇게 많은 돈을 번다고 화를 낸다. 이것은 모순이다.

보통 사람들은 시장경제의 최대 수혜자이다

누가 시장경제로부터 가장 많은 이익을 얻는가? 부자인가? 아니다! 시장경제의 최대 수혜자는 보통 사람들이다. 간단한 예를 들면, 토머스 에디슨이 전구를 발명했는데 이것은 모든 사람에게 편의를 가져왔다. 그러나 전구의 가치는 가난한 사람들보다 부자들에게 훨씬 더 작다. 왜냐하면 부자들은 전구가 없을 때 양초 여러 개에 불을 붙일 수 있지만, 가난한 사람들은 그럴 여유가 없을 것이기 때문이다. 또 TV를 이용할 수 있으므로 모든 사람은 인기 연예인들이 공연하는 노래와 연극들을 시청할 수 있다. 과거에는 오직 소수 부유한 사람과 궁정 귀족만이 실황 공연을 즐길 수 있었다. 자동차에 대해서도 마찬가지다. 과거에 부자들은 세단을 탈 수 있었고 가난한 사람들은 걸어다녔을 뿐이다. 그러나 지금 자동차는 보통 사람의 운송 수단이 되었다. 아우디(Audi)를 타는 것과 시알리(Xiali)를 타는 것의 차이는 세단에 앉아 있는 것과 걷는 것 사이 차이보다 훨씬 더 작다. 모든 새 제품과 새 기술에 대해서 비슷한 상황이 벌어진다. 포장된 요리는 보통 사람들에게 최대의 편의를 제공하고, 위챗 공개 계정은 보통 사람들이 셀프미디어 사람이 될 수 있게 한다. 그렇다. 몇몇 새 제품은 처음에는 오직 부자들에 의해서만 소비되고 사치품으로 여겨지지만, 비용이 떨어짐에 따라 곧 대부분 사람에게 필수품이 된다. 이것이 이 제품을 만들어내는 기업가들의 목적이다. 부자들은 그저 보통 사람들을 위해 새 제품의 연구 개발 비용을 대고 있을 뿐이다.[13] 그러므로 시장경제의 최대 수혜자는 보통 사람이지 특권 계급이 아니다. 적어도 소비 시각에서는 시장경제는 사람들을 더 평등하게 했다.

소비자는 기업가가 생산한 제품들을 살 돈을 어떻게 만들어내는가? 기업가가 소비자에게 생산 시장에서 제품을 제공할 때, 동시에 기업은 소비자가 요소 시장에서 돈을 벌 기회를 창출한다. 시장경제에서 대부분 사람의 소득은 임금이다. 임금은 일에서 생기고 일이 없으면 임금이 없다. 누가 일자리를 창출했는가? 기업가들이다! 사회에서 일자리 기회는 저절로 주어진 것이 아니라 기업가들에 의해 창출된다. 기업가들이 없으면, 대부분 사람은 일자리 기회가 없을 것이고 소득도 없을 것이다. 근로자들이 얼마나 많은 임금을 벌 수 있는지는 대개 기업가들의 능력에 달려 있다. 왜냐하면 근로자 생산성은 기업가들의 능력과 밀접한 관계가 있기 때문이다. 뛰어난 능력이 있는 기업가 아래서 창출된 가치는 그렇지 못한 기업가 아래서의 가치보다 크다. 그러므로 한 사회에서 기업가의 수가 더 많을수록, 그들의 능력이 더 뛰어날수록, 근로자들의 임금은 더 높다.

물론 기업가들이 근로자들을 부양한다는 얘기는 아니다. 시장경제에서는 모든 사람이 자활한다. 그러나 근로자들을 위한 일자리 기회가 기업가들에 의해 창출된다는 것은 사실이다. 계획경제 시대에, 중국의 도시 인구는 총인구의 20% 미만이었다. 그렇게 낮은 도시화 아래에서도 도시에서 태어난 사람들은 도시에서 고용 기회를 찾을 수 없었고, 정부는 2억 명의 '교육받은 젊은이'를 시골로 동원해야 했다. 개혁 개방 후 수억 명의 시골 사람이 도시로 몰렸고, 어떤 회사는 때때로 근로자를 충원하는 데 어려움에 직면하였다.

지역 횡단 자료는 어느 지역에서 기업가가 더 많을수록 고용인의 수가 더 많고, 고용인들의 평균 임금이 더 높다는 점을 보여준다. 예를 들면 2016년, 민간 부문에서 고용인의 평균 연간 임금은 성(省) 수준에서 시장화 점수와 양의 상관관계가 있었고(상관 계수는 +0.71이다), 평균적으로 시장화 점수에서 매 1점 증가는 평균 연간 임금에서 1,826위안 증가로 돌아 간다.[14] 상관관계는 시종일관 타당성이 있다. 그러므로 근로자들의 소득을 증가시키는 최상의 방법은 시장에서 기업가들을 더 자유롭게, 더 경쟁적 으로 만드는 것이다! 만약 기업가들이 사라지면 중국인 태반은 절대 빈 곤으로 복귀할 것이다.

시장은 소득 분배를 더 공정하게 한다

많은 사람이 빈곤과 사회에서의 불균등한 소득 분배를 걱정한다. 이 점 은 이해할 수 있다. 그러나 어떤 사람들은 이 현상을 시장 지향 개혁들의 탓으로 돌리고, 어떤 사람들은 시장경제의 결과가 부자들과 가난한 사람 들 사이의 격차를 확대했다고 믿기도 한다. 이것은 오해다.

동양이든 서양이든 전(前) 시장경제 사회에서는, 상당수의 사람이 생존 선 아래에서 허우적거렸다. 사람들이 식량 부족으로 인한 기아로 죽는 것 이 흔한 일이었다. 시장경제는 빈곤 문제를 해결하는 유일한 효과적인 방 식이다. 경제 활동이 더 자유로울수록 가난한 사람의 수가 더 적다. 세계 은행의 한 연구는, 2005년에 개발 도상국 가운데서 가장 시장 지향적인 나라들의 극빈율이 2.7%밖에 안 되지만, 자유 시장이 없는 나라들의 극 빈율은 41.5%라고 보여주었다.[15] 중국은 매우 설득력 있는 예이다. 세계은 행에 따르면 2011년 구매력 평가 면에서 하루에 1.90US달러나 미만에 의 지하여 사는 사람들의 백분율로 측정되었을 때, 중국의 빈곤율은 1981년 의 88%에서 2015년의 0.7%로 떨어졌다.[16] 2016년에 성 수준의 시장화와 시골 인구 빈곤율 사이 상관 계수는 −0.85이다. 평균적으로 어느 지역 의 시장화 점수가 1점 오를 때는 언제든지 그 지역에서 시골 인구의 빈곤율은 1.1%포인트 떨어졌다. 8보다 낮은 시장화 점수를 가진 열두 개 지역 가운데서, 단지 두 개 지역만 5% 미만의 시골 인구 빈곤율을 가지고 있고, 8 이상의 시장화 점수를 가진 열아홉 개 지역 가운데서 오직 두 성만 5% 이상의 시골 빈곤율을 보였다. 10을 초과하는 시장화 점수를 가진 일곱 개 지역 가운데서 어떤 시골 빈곤율도 2%를 초과하지 않는다. 개혁 개방 40년 후, 중국 사회에서 절대 빈곤 문제는 기본적으로 해결되었다.

시장경제는 빈곤 문제를 더 효과적으로 해결할 수 있었다. 시장경제가 보통 사람들에게 재산을 모을 기회를 제공하기 때문이다. 비시장경제에서 그러한 기회는 단지 소수의 특권 집단만 이용할 수 있었다. 1980년대 중국에서 도시 자영업자들은 모두 하층 사회 출신이었다. 특권을 가진 사람들은 군인으로 복무하거나 정부 혹은 국가 소유 기업들에서 일할 수 있지만, 특권과 연줄이 없는 사람들은 자신의 사업을 창업하지 않으면 안 되었다! 그들은 넝마를 주웠고 노점을 세웠으며 약간의 참외 씨, 차, 의복 등을 팔았다. 이런 식으로 그들은 돈을 모았다. 이는 계획경제 아래서는 불가능하다. 그런데 중국의 쓰레기 처리와 환경 보호는 넝마를 줍는 사람들 덕분에 크게 달라졌다. 이 사람들은 큰 상을 받아야 한다.

정부와 자선 기관들이 빈곤 문제를 해결하기 위해 어떤 일을 한다는 점은 부정할 수 없다. 그러나 빈곤 구제를 위한 돈이 정부 혹은 자선 기관의 형태로 나타날 뿐, 본질적으로 그것이 기업가들에 의해 창출된다는 점을 이해해야 한다. 정부와 자선 단체들이 할 수 있는 것은 부를 한 집단의 사람들로부터 다른 집단으로 이전하는 것이다. 무에서 어떤 것을 창출하는 일은 불가능하다. 정부와 자선 단체들이 빈곤 구제에 사용될 수 있는 돈을 가지는 것은 기업가들이 부를 창출하기 때문이다. 그래서 국제

원조 기금들이 항상 시장 경제 나라들에서 비시장경제 나라들로 흐른다. 중국의 국내 빈곤 구제 기금들도 역시 고도의 시장화를 가진 지역들에서 낮은 정도의 시장화를 가진 지역들로 흐른다. 만약 기업가들이 부를 창출할 유인을 가지고 있지 않다면 정부는 이전할 돈을 가지지 못할 것이고, 사람들은 더욱더 자선에 의존해야 할 것이다.

통계에서 똑같은 소득 집단이 해마다 서로 다른 사람들을 포함할 수 있기 때문에 소득 분배의 통계는 사실을 매우 오도한다.[17] 소득 격차를 논할 때 사람들은 종종 부유한 사람들과 가난한 사람들 사이 수직적 흐름을 무시한다. 전형적인 예가 피케티인데,[18] 그는 부자 풀(pool)과 빈자 풀 사이에 변화가 없다고 가정함으로써 지난 세기에 부유한 사람들이 더 부유해졌고 가난한 사람들이 더 가난해졌다고 주장한다. 사실상 시장경제의 가장 현저한 특징 중 하나는 부유한 사람들과 가난한 사람들이 유동적이라는 점이다. 슘페터가 말했듯이, 시장경제에서 부자 클럽은, 항상 사람들로 가득 차지만 고객들의 이름이 항상 바뀌고 있는, 호화 호텔과 같다.[19] 마찬가지로, 소위 '저소득층'은, 저가 호텔과 같이, 항상 붐빈다. 때때로 어떤 사람들이 나갈 것이고 새로운 사람들이 들어올 것인데, 새 투숙객들은 시간을 호화 호텔에서 보내는 데 익숙한, 전 VIP였을지도 모른다.

중국 후룬(Hurun) 부자 명부에 따르면, 2010년에 가장 부유했던 100인 중 30명만이 10년 후에도 여전히 100인 명부에 올라 있다. 2010년에 최고 20인 중에, 단지 3인만이 10년 후에도 여전히 최고 20인 명부에 올라 있고 6인은 심지어 100인 명부에조차 올라 있지 않다. 스탠퍼드대학교의 코르(Khor) 교수와 펜캐벌(Pencavel) 교수에 의한 연구는 1990년에 가장 낮은 소득을 가진 중국 인구 5분의 1의 50.4%가 1995년에 가장 낮은 소득 집단에서 빠져나왔고 그들의 2.1%는 최고 소득 집단에 들어갔다는 점을 발견했다. 한편 인구의 가장 부유한 5분의 1 가운데 43.9%만이 1995년에 여전히 최고 소득 집단에 속했고 거의 5%는 최저 소득 집단에서 빠졌다.[20] 이것은 개혁 개방이 중국 사회의 수직적 이동성을 크게 개선했다는 점을 보여준다. 지금 부자 명부에 올라 있는 대부분 중국 기업가는 수십 년 전에 상대적 빈곤 속에서 살고 있었고, 어떤 기업가들은 10년 전에도 그랬다. 중국이 시장 지향적 개혁을 고수하는 한 그들 다수가 몇 년 내에 더는 부자 명부에 올라 있지 않을 것이라는 점도 예측할 수 있다.

오직 지니 계수(Gini coefficient)만 이용하여 소득 격차를 측정한다고 해도, 나는 흔한 설화(narrative)에 통계 분석으로 이의를 제기했다. 2001년, 중국 30개 성, 지방자치단체, 자치구 가운데 평균적으로 더 잘 개발된 시장을 가지고 있고, 국가 운영 경제 부문이 더 적으며, GDP의 비율로서 더 낮은 재정 지출을 하는 지역들은 소득 격차가 가장 적은 지역이다.[21] 상관관계의 같은 부호들은 시종일관 타당성이 있다.[22] 부유한 사람들로부터 가난한 사람들로 재분배의 중요한 경로가 정부 지출이라고 흔히 믿어진다는 점을 고려하면, GDP에서 더 높은 비율의 정부 지출이 더 높은 소득 격차를 일으켰다는 점은 예상 밖이다. 그러나 그것은 사실이다!

이것은 무엇을 보여주는가? 만약 정부가 경제 활동에 덜 관여하면 사람들은 경제 활동에 종사할 자유가 더 많아질 것이고, 경쟁은 치열할 것이며, 기업 활동의 이윤은 낮을 것이다. 만약 어느 지역에 소수의 특권과 연줄 있는 사람만 사업을 할 수 있다면 혹은 가장 대담한 사람들만 사업을 한다면, 사업을 한 후 이윤은 매우 높을 것이다. 예를 들면 저장성에는 사업하는 더 많은 사람이 있고 더 많은 부유한 사람이 있지만, 수익성 수준은 매우 낮다. 그러나 북동 중국과 같은 지역들에서는 대부분 사람이 사업을 하지 않지만 사업을 하는 소수의 사람은 많은 돈을 벌 수 있다. 왜냐하면 그들의 시장 환경이 좋지 않기 때문이다. 우리는 시장이 더 개방적이고 정부 개입이 더 적을수록 소득 격차가 작다는 점을 알 수 있다.

평등은 화폐 소득에 반영될 뿐만 아니라, 자유, 권리, 선택과 같은 다른 측면들에도 반영된다. 보통 사람들이 과거에 무슨 자유를 가지고 있었는가? 내가 시골에 있었을 때 농민들의 사유지에서 산출된 수박들과 사과들이 암시장에서 팔렸고 농민들은 투기 범죄를 저지르는 것으로 여겨졌다. 그들은 공개적으로 질책받거나 감금되기까지 했다. 그들은 인간으로서의 기본권도 가지지 못했다. 그 당시 농부들은 1년에 한번도 고기를 먹을 수 없었고 국수를 살 수도 없었지만, 공동체 간부들이 마을에 온 동안은 모든 사람이 흰 밀가루와 고기를 가지고 그들을 환영하기 위해 달려갔다. 오직 그들과 관계를 수립함으로써 아이들이 입대하거나 공직에 충원될 것을 기대할 수 있었기 때문이다. 그러므로 나는 개혁 개방이 중국 사회를 더 불평등하게 한 것이 아니라, 더 평등하고 더 공정하게 했다고 생각한다.

'정의'를 가장한 '질투'를 경계하라

자신의 저서 『풍요의 탄생(The Birth of Plenty)』에서 미국 학자 윌리엄 번스타인(William Bernstein)은 경제, 군사, 역사 체제들의 시각에서 근대 서양의 융성을 고찰했다. 그는 번창하는 근대 사회와 경제에 네 가지 전제 조건이 있다고 지적했다. 첫째는 재산권 체제이고 둘째는 과학과 합리성이다. 셋째는 자본 시장이고 넷째는 운송 비용의 감소이다. 이것은 생각해

볼 만하다.

지난 40년의 개혁 개방 동안 중국의 1인당 GDP는 10년마다 두 배로 되었고, 모든 사람의 삶이 크게 향상되었다. 이것은 놀랄 만한 업적이다. 중국이 이렇게 할 수 있었던 힘은 재산권 체제의 개혁과 많은 관계가 있다. 농지의 예를 들면, 농민들과의 초기 계약 기간은 1년이었고 농민들에게 생산의 동기가 부여되었지만 누구도 앞장서서 투자하지 않았다. 정부는 계약 기간을 5년으로 연장했다. 5년은 1년보다 낫지만 그래도 수자원 보존 사업들을 집행할 유인을 가질 수 없었다. 계약 기간이 다시 10년으로 연장되었다. 그렇지만 아무도 나무를 심고 싶어 하지 않았다. 마지막으로 계약 기간이 30년으로 연장되었다. 심지어 오늘날까지도 그 체제는 작동하지 않는다. 토지가 거래될 수 없으면 많은 농민은 도시 시민이 될 수 없을 것이다.

중국의 자본 시장은 무(無)에서 생겼고 끊임없이 발전하고 있다. 국유 기업들과 국유 은행들은 국내적으로도 대외적으로도 단기에 많이 변할 수 없을지 모르지만, 장기적으로는 올바른 방향으로 가고 있다. 도로 교통 수단의 건설은 운송 비용을 크게 줄였고 중국 경제 성장에 매우 중요한 역할을 했다. 물론 여전히 많은 문제가 있고 그것들을 해결하는 데 추가적인 개혁이 필요하다.

중국의 업적은 대체로 사상의 변화와 관련되어 있다. 1980년대, 자영업과 상여금 체제의 출현과 함께 중국은 '질투병(red eye disease)'에 걸렸고, 어떤 사람들은 '성과에 따른 분배'조차 받아들일 수 없었다. '성과에 따른 분배'가 받아들여지지 않는다면 경제가 발전하지 않을 것이고 모든 사람이 빈곤 속에 살 것이다. 경제학자들과 기타 사회 과학 연구자들의 노력을 통해, '성과에 따른 분배'는 점차 일반적으로 받아들여졌다. 후에 소득 분배에 참여하는 자본과 기타 생산 요소들이 받아들여졌고 기업가적 이윤이 인정되었다. 이런 식으로 중국인들의 기업가 정신이 번창하는 것이 허용되어 중국을 기업가 정신의 나라로 만들었으며 모든 사람의 삶이 향상되었다.

유감스럽게도 사상 면에서 우리는 과거로 되돌아가고 있는 것 같다. '질투'는 인간 본성에 뿌리 박힌 일종의 병이다. 질투는, 다른 사람들이 자신보다 더 높은 소득을 가지고 있거나 자신보다 더 예쁘거나 자신보다 머리가 더 좋거나 자신보다 더 강한 신체를 가지고 있거나 아이들이 좋은 학교에 다니거나 기타 등등과 같이 자신보다 더 낫다는 사실을 알아채는 한 분한 마음을 품고 사회가 불의라고 생각할 것이라는 점을 의미한다. 질투심이 강한 사람들은 심지어 자기들이 얼마나 많이 버는지조차 신경 쓰지 않는다. 대신, 다른 사람들이 자신들보다 더 부유한 것을 보기보다 모두가 더 가난하기를 원한다. 그들이 가장 고소해하는 것은 부자들이 파산하고 명사들이 바보짓하는 것을 보는 것이다. 질투의 인식론적 기초는 제로섬게임 사고, 즉 부가 고정된 금액이라는 신념이다.[23] 어떤 사람들은 오직 다른 사람들이 가난해지기 때문만으로 부유해진다. 그래서 제로섬게임 사고로 가득 찬 사람들은 계급 투쟁을 아주 열심히 한다.

만약 인간들이 질투병과 시기(envy)를 효과적으로 억제할 수 없으면 사회는 진보할 수 없다.[24] 질투병과 시기는 둘 다 경멸적인 용어이다. 성경은 시기를 칠죄종(七罪宗)의 하나로 여긴다. 시기에 기반을 둔 행위들은 사회적 정당성을 가지지 못한다. 공개적으로 사람들은 항상 자기의 시기를 숨기려고 하거나 부정한다. 문제는 몇몇 서양 좌파의 노력 덕분에, '시기'가

지금 '공정 분배'와 '사회적 정의'의 조끼를 입고 있고 도덕적 정당성을 얻었다는 점이다. 대중을 헛갈리게 하고 어떤 사람들을 질투에 뿌리 박히게 하기는 쉽다. '공정'과 '정의'의 정책 명제들은 이름에서부터 이길 수 있다. 이 정책들은 사람들의 관심을 '부 창조'에서 '부 분배'로 옮길 것을 부추기는데, 후자는 자신의 노력으로 부유해질 희망을 가질 사람들과 정책 옹호자들이 돕고 있다고 주장하는 사람들을 확실히 망칠 것이다.

이것은 이 논문의 처음 쟁점, 경제학자들의 책임으로 돌아가게 한다. 사회에는 왜 경제학자들이 필요한가? 왜냐하면 시장경제가 너무 연약하고 손상에 너무 취약해서 그것을 지킬 사람이 필요하기 때문이다. 계획경제는 소수의 지식인에 의해 설계되었고 그 다음 권력으로 사회의 위에서 밑으로 전파되었는데 그것을 지키는 권력자가 항상 있었다. 시장경제는 다르다. 시장경제는 지식인들에 의해서도 혹은 어떤 사람에 의해서도 설계되지 않았고, 자생적으로 밑에서 위로 생겨났다. 이것은 또한 시장경제가 엄마 없는 어린아이와 같아서 누구든 책임지지 않고 그것을 때리고 오명을 씌울 수 있다는 점을 의미하기도 한다. 계획경제체제에 살면서 계획경제를 비판하는 사람들은 불가피하게 정치적 위험과 법적 위험조차 감수하지만 시장경제를 비판하는 데는 위험이 없다. 사실 셀 수 없이 많은 사람이 계획경제를 비판했다고 투옥되었고 심지어 목숨을 잃는 대가를 치렀다. 하지만 누구도 시장경제를 비판했다고 곤경에 처하지 않았다. 이런 의미에서, 시장경제는 정말로 자비롭고, 우리는 정말로 그것을 소중히 길러야 한다.

시장경제는 정말 문제를 가지고 있다. 당신이 시장경제의 편익들을 누릴 때, 당신은 그것들을 당연한 것으로 여기고 그것의 단점들에 대해 생각한다. 당신이 시장경제의 편익들을 누릴 기회를 가지지 못했을 때 그 편익들이 무엇인지 알 방법이 없다. 모든 중국인은 코미디언 자오 벤산(Zhao Benshan) 씨의 '목발 팔기(Selling Crutches)'에 친숙하다. 팬 웨이(Fan Wei)의 다리가 부러지지 않았지만 자오 벤산은 그것이 부러졌다고 반복적으로 말했다. 결국 팬 웨이는 자기 다리가 정말 부러진 것으로 느꼈고 자오 벤산의 목발을 빨리 사고 싶었다. 사실 문제는 팬 웨이의 다리에 있지 않았고 그의 뇌에 있었다. 많은 사람이 지금 '목발을 팔고' 있다. 그들의 '목발'은 무엇인가? 반시장 주장들이다. 다수의 소위 시장경제의 실패는 실제로 날조되었다.

모든 사람에게 시장경제가 무엇인지에 관해 더 나은 이해를 제공하는 것과 시장경제에 대한 우리의 믿음을 강화하는 것이 내가 이 말을 하는 단 하나의 목적이다. 중국의 미래에 관해 가장 걱정되는 것은 무엇인가? 그것은 에너지 문제나 환경 문제가 아니다. 이것들도 물론 중요하지만 가장 중요한 것은 아닌데, 시장 경쟁으로 움직이는 기술 진보가 우리를 위한 해답을 발견할 것이기 때문이다. 우리는 맬서스(Malthus)가 200년 전에 혹은 로마 클럽이 50년 전에 그랬던 것만큼 비관적으로 될 필요가 없다. 중국의 미래 발전은 우리가 믿는 것과 믿지 않는 것에 달려 있다. 지난 40년 동안 중국의 경제적 성공은 시장화 개혁과 기업가 정신 융성의 결과이다.[25] 중국의 미래 성장은 혁신적인 기업가들에 달려 있다.[26] 만약 우리가 시장경제에 대한 신뢰를 강화하고 시장 지향 개혁을 통해 기업가 친화적인 제도적 환경을 계속해서 증진한다면 중국은 공동 번영 쪽으로 갈 것이다. 만약 우리가 시장에 대한 신뢰를 잃고 공동 번영의 이름으로 더욱 더 많은 정부 개입을 도입한다면 중국은 그동안 이룬 진보를 희생하고 공동 빈곤으로 복귀할 것이다. 과거 계획경제의 원래의 의도가 가난한 사람들을 이롭게 하는 것이었지만, 그 결과 가난한 사람들의 계급이 커졌고 가난한 사람들의 운명이 이전보다 더 비참하게 되었다는 점을 잊어서는 안된다.

요약하자면, 시장경제는 공동 번영으로의 유일한 길이고, 계획경제는 공동 빈곤으로의 일방 통행로이다!

설문 조사 문항

전체 질문

Q1 아래는 사람들이 좋은 경제 체제라고 생각하는 것에 관해 이야기한 것들입니다. 다음 진술 중 어떤 것에 동의하십니까?

1. 나는 국가가 규칙은 설정하지만 간섭하지 않는 경제 체제를 지지한다.

2. 국가가 임대료와 식품 가격, 최저 및 최고 임금을 설정해야 한다. 그렇지 않으면 체제가 사회적으로 불공정해진다.

3. 제조할 제품과 청구할 가격을 민간 기업들이 스스로 결정해야 한다고 생각하며 국가가 관여해서는 안 된다.

4. 시장이 계속해서 실패하는 경우가 있기 때문에 국가가 경제에 더 많이 개입해야 한다.

5. 좋은 경제 체제는 국가가 특정 영역의 자산을 소유해야 한다고 생각한다. 자산의 가장 큰 부분은 개인이 소유해야 한다.

6. 경제 체제에서는 경제적 자유보다 사회적 정의가 더욱 중요하다.

7. 해당 사항 없음

전체 질문

Q2 이제 자본주의에 관해 생각해 보십시오. 다음의 각 진술이 자본주의와 관련이 있는지 여부를 선택하십시오.

	아니오 – 가능성 없음	아니오 – 가능성 낮음	예 – 가능성 있음	예 – 가능성 높음	잘 모르겠음
번영					
혁신					
탐욕					
냉정					
진취					
부패					
자유					
성과 지향적, 지속적인 성취 압력					
광범위한 제품					
환경 저하					

전체 질문

Q3 자본주의에 관한 다음 진술 중 동의하는 것은 무엇입니까?

해당되는 것을 모두 선택해 주십시오.

자본주의는…

	번영을 보장한다
	기아와 빈곤의 원인이다
	특별히 효율적인 경제 체제이다
	불평등 증가를 초래한다
	제공되는 것을 국가가 아닌 소비자가 결정한다는 의미이다
	환경 파괴와 기후 변화의 원인이다
	경제적 자유를 의미한다
	반복적으로 새로운 경제 및 금융 위기로 이어진다
	여러 국가에서 일반인들의 상황을 개선시켰다
	부자들이 지배하고, 그들이 정치적 의제를 설정한다
	사람들이 최선을 다하도록 촉구한다
	개별 기업(Google 또는 Amazon 등)이 시장 전체를 통제하는 독점으로 이어진다
	이기와 탐욕을 조장한다
	이상적이지 않을 수 있지만 다른 모든 경제 체제보다는 더욱더 낫다
	전쟁으로 이어진다
	대체 불가능하다. 과거 자본주의를 대체하려는 시도는 항상 독재와 고통으로 귀결되었다
	사람들이 필요 없는 제품을 구매하도록 유도한다
	항상 파시즘의 위험이 있다는 의미이다
	해당 사항 없음

전체 질문

Q4 정당은 좌파, 중도 또는 우파로 분류되는 경우가 많습니다. 자신의 정치적 입장을 어떻게 설명하시겠습니까?

0~10 척도로 답변하십시오. 0은 극좌이며 10은 극우라는 의미입니다.

척도	0. 극좌	1.	2.	3.	4.	5. 중도	6.	7.	8.	9.	10. 극우	11. 잘 모르겠음	12. 응답 거부
정치적 입장													

전체 질문

Q5 다음의 진술에 동의 또는 반대하십니까?

현실적으로 정치인은 아무것도 결정하지 않는다. 그들은 뒤에 있는 강력한 세력이 조종하는 꼭두각시이다.

동의하지 않음	동의함	결정을 못했다

전체 질문

Q6 다음의 진술에 동의 또는 반대하십니까?

정치의 많은 것들은 그 이면에 더 큰 계획이 있다는 사실을 알고 있는 경우에만 적절히 납득할 수 있지만 대부분의 사람들은 이런 사실을 모르고 있다.

동의하지 않음	동의함	결정을 못했다

옮긴이 후기

　사회주의·공산주의와 자본주의의 체제 경쟁은 예전에 이미 판가름이 났다. 자본주의 시장경제가 인류의 번영과 발전을 가져온 것은 물론 자유로운 삶까지 가능하게 했지만, 사회주의 실험은 70년 만에 그것이 경제적 파탄은 물론 인간의 자유까지 말살한다는 점을 똑똑히 보여주었다. 이론이나 구호가 아닌 사회주의의 실상을 전 세계 모든 사람이 목격했다.

　그런데도 세상에는 이상한 일이 벌어지고 있다. 경제학의 아버지로 불리며 자본주의 시장경제를 주창한 애덤 스미스의 무덤을 찾아 추모하는 이들은 매우 드물지만, 사회주의를 주창한 마르크스의 무덤에는 추모하는 이들이 줄을 잇는다고 한다. 하기야 성경에는 모세의 기적을 직접 목격한 이들이 얼마 지나지 않아 여호와가 금지한 우상을 만들고 환호했다는 이야기가 있지 않은가! 그렇게 보면, 자본주의 시장경제가 주는 번영과 발전, 자유의 혜택을 한껏 누리면서도 자본주의 시장경제를 비난하는 반자본주의자들이 끊임없이 나오는 것도 이상하다고 할 수만은 없을 것 같다. 문제는 그들의 영향력이 크게 확대되고 널리 수용될수록 경제는 몰락하고 자유는 박탈당한다는 점이다.

　라이너 지텔만(Rainer Zitelmann) 박사의 이 책은 반자본주의자들이 내세우는 이른바 '자본주의 시장경제의 근본적인 문제 또는 추악함'이라는 것이 얼마나 근거 없이 허구에 가득 찬 거짓말인가 하는 것을 파헤치고 있다. 그는 자본주의와 반자본주의의 우열을 이론의 비교를 통해 밝히려고 하지 않는다. 그는 자본주의 시장경제와 관련해 이미 수백 번은 들어 보았을 불평등 문제를 비롯해, 기아와 가난, 환경 파괴, 경제 위기, 독점, 이기심과 탐욕, 과도한 소비, 전쟁 유발, 파시즘 위험의 문제 등에 대해 사실(fact)이 무엇인지 소상하게 밝히고 있다. 이를 위해 저자는 방대한 분량의 자료와 데이터를 이용한다.

저자는 자본주의와 반자본주의에 대한 사실이 이러함에도 대중이 자본주의에 대해 어떤 인식을 하고 있는지 설문 조사를 통해 알아내려고 하였다. 이 책은 특별히 의뢰된 입소스 모리(Ipsos MORI) 여론 조사에 기초하여, 유럽, 미국, 라틴아메리카, 아시아에서의 27개 나라에서 자본주의에 관한 대중 인식을 탐구하였다.

한국은 27개 나라 중에서 친자본주의적인 태도가 4위 정도였다. 상위의 다른 나라들은 폴란드, 미국, 체코 공화국, 일본이었다. 설문 조사는 정치적 스펙트럼, 연령, 소득, 성별, 교육 수준, 음모론적 사고 등에 따른 자본주의 인식을 조사했는데, 대체로 예상대로 나타났지만 예외도 있었다. 예를 들면, 정치적으로 우파일수록 자본주의를 더 지지하지만, 어떤 나라에서는 온건 우파가 극우보다 더 친자본주의적이었다. 한국은 다른 나라들에 비해 성별이나 교육 수준에 따라서 자본주의에 대한 태도가 크게 달라지지 않았다. 덧붙여 27개 모든 나라에서 반자본주의자들이 친자본주의자들보다 더 음모론적 사고를 한다는 점도 밝혀졌다.

자본주의는 기아와 빈곤을 줄이는 놀랄 만한 일을 했고 많은 나라에서 보통 사람들의 상황을 개선했다. 그러나 가부를 묻는 설문에서 한국 응답자들의 24%만이 "자본주의는 여러 국가에서 일반인들의 상황을 개선했다"라는 점을 인정했다. 지텔만 박사가 말하듯이, 정말로 모든 한국인은 더 잘 알고 있어야 한다. 1948년에 남한과 북한으로 나누어지기 전에 우리는 사하라 사막 이남 아프리카에 비교될 정도로 가난했다. 그 이후 자본주의 남한과 공산주의 북한의 성과를 보고도 모른단 말인가!

이 책은 자본주의에 대한 우리의 이해 수준을 높인다. 이 책을 읽는 데는 독자에게 많은 것이 요구되지 않는다. 저자도 지적했듯이, "상당한 정도의 열린 마음"을 갖는 것이 이 책을 읽기 위한 전제조건일 뿐이다. 이 조건만 갖춘다면 독자는 이제까지 들어왔고 생각했던 것과는 상반되는 사실들과 진실들을 알고 깨달을 수 있을 것이다.

마지막으로 역자들은 이 책을 만드는 데 도움을 주신 분들께 감사드린다. 이 작업은 역자들이 애덤 스미스 연구소 소장 에이먼 버틀러(Eamonn Butler), 저자 라이너 지텔만 박사, 에이전트 마리아 핀토-포이크만(Maria Pinto-Peuckmann), 독일어에서 영어로의 번역자 세바스티안 테일러(Sebastian Taylor), 강원연구원 현진권 원장, 양문출판사 김현중 대표와 관련자, 글을 다듬어 주신 황인희 작가 등과 협력한 자본주의 체제의 산물, 특히 국제적 협동의 산물이다. 서로 협력하는 자본주의 시장경제에서는 사는 사람도 파는 사람도 이익이 되어 서로 "감사합니다!"라고 말하지만, 역자들은 이 모든 분의 도움에 먼저 감사드린다.

권혁철·황수연

주석

서문

1 중국 경제학자인 장(Weiying Zhang)은 오스트리아학파 및 특히 슘페터의 전통에 기반하여 기업가의 역할을 강조하고 있다. Weiying Zhang, *Ideas for China's Future* 및 Weiying Zhang, "A Paradigmatic Change" 참조.

2 Kepplinger, *Risikofallen*, 62-63 참조.

제1장

1 Fink/Kappner, https://de.irefeurope.org/Diskussionsbeitrag/Artikel/article/Globale-Armut- Positive-Entwicklung-negative-Einschatzung

2 세계은행의 계산에 따르면 구매력평가 기준 하루 1.90미국 달러(PPP US Dollar) 이상의 수입을 얻지 못하는 사람을 절대적 빈곤자로 본다. 이 기준선 미만에 속하는 사람들은 삶에 필수적인 매일매일 필요한 재화(특히 음식료품)를 충분하게 구매할 수 없다. 구매력평가 기준 달러 단위는 서로 다른 각 국가에서의 구매력을 고려한 것이다.

3 Pinker, 118. Rosling, 69 및 Fink/Kappner https://de.irefeurope.org/Diskussionsbeitrag/Artikel/article/Globale-Armut-Positive-Entwicklung-negative-Einschatzung 및 https://www. worldbank.org/en/publication/poverty-and-shared-prosperity 참조.

4 Melcher, "Kinderarbeit: Alarmierende Entwicklung laut UN-Studie", in: *FAZ*, 2021년 6월 10일. https://www.faz.net/aktuell/wirtschaft/kinderarbeit-alarmierende-entwicklung-laut-un- studie-1738070.html

5 Norberg, *Progress*, 20.

6 Wagenknecht, 58.

7 Engels, *Condition of the Working Class*, 16.

8 Engels, *Condition of the Working Class*, 16-17.

9 Braudel, 73.

10 Braudel, 74-75.

11 Plumpe, *Das kalte Herz*, 149-150.

12 Braudel, 75.

13 Braudel, 78.

14 Braudel, 78.

15 Braudel, 130.

16 Braudel, 130.

17 Braudel, 132에서 인용.

18 Deaton, 92.

19 McCloskey/Carden, 41.

20 Norberg, *Progress*, 12.

21 Braudel, 90−91에서 인용.

22 Braudel, 91−92.

23 Braudel, 283.

24 Braudel, 491에서 인용.

25 1990년 미국 달러의 구매력을 기준으로 만든 하나의 가상 화폐 단위.

26 Maddison. 70.

27 Maddison. 70.

28 Maddison. 70.

29 Lee, 80에서 인용.

30 Dikötter, *Mao's Great Famine*, 320−321.

31 Chang/Halliday, 533.

32 Deaton, 39.

33 Lee, 159.

34 Zhang, "The China Model", 18−19. 강조는 원저자가 함.

35 Zhang, "The China Model", 9−10.

36 Zhang, "The China Model", 10. 강조는 원저자가 함.

37 Zhang, "The China Model", 11−12.

38 Zhang, "The China Model", 13.

39 Zhang, "The China Model", 14.

40 Zhang, *Ideas for China's Future*, 229.

41 Zhang, *The Logic*, 158.

42 DiLorenzo, 95−96.

43 Wemheuer, 17−18, 59.

44 Wemheuer, 17.

45 Wemheuer, 235.

46 https://www.bpb.de/nachschlagen/zahlen−und−fakten/globalisierung/52693/unteern-aerung

47 Norberg, *Progress*, 25−26.

48 Miller/Kim/Roberts, *Index of Economic Freedom 2021*, 22.

49 Oxford Poverty & Human Development Initiative, *Global MPI 2021*: https://hdr.undp.org/ en/2021−MPI

50 Miller/Kim/Roberts, *Index of Economic Freedom 2021*, 25.

51 Zitelmann, *The Power of Capitalism*, 2장 참조.

52 Moyo, 8.

53 Moyo, 55.

54 Moyo, 67.

54 Norberg, *Global Capitalism*, 199.

55 UNICEF "Kinderarbeit weltweit: Die 7 wichtigsten Fragen und Antworten." https://www.uni cef.de/informieren/aktuelles/blog/kinderarbeit-fragen-und-ant-worten/166982

제2장

1 More, *Utopia*, 79-80.

2 Andreä, Johann Valentin, 171.

3 Sachweh, 45.

4 Sachweh, 235.

5 Sachweh, 68.

6 여기서의 '혁신'을 '발명'과 혼동하면 안 된다. 혁신이란 창조적인 새로운 것으로, 그것에 대해서는 구체적인 수요가 존재한다. 발명은 '창조적'이고 '위대한' 것이 될 수는 있지만, 경제적 결과를 갖지는 않는다. 왜냐하면 발명되는 시점에는 소비자들이 그것을 매력적이라고 보지 않거나 발명가가 그것을 제대로 상품화하지 못할 수 있기 때문이다.

7 Schumpeter, "Unternehmerfunktion und Arbeiterinteresse," 229. 강조는 원저자가 함.

8 Jungbluth, *Oetkers*, 62에서 인용.

9 Zitelmann, *The Rich in Public Opinion*, 307.

10 Zitelmann, *The Rich in Public Opinion*, 157.

11 Cowen, 54-55.

12 Cowen, 55.

13 Sowell, *Intellectuals and Society*, 50-51. 강조는 원저자가 함.

14 Watkins/Brook, *Equal is unfair*, 10. 강조는 원저자가 함.

15 Marx, *Critique of Gotha Programme*, 20.

16 Marx, *Critique of Gotha Programme*, 11.

17 Marx, *Critique of Gotha Programme*, 21.

18 Kelley/Evans, 7.

19 Kelley/Evans, 3.

20 Kelley/Evans, 15. 강조는 원저자가 함.

21 Kelley/Evans, 14.

22 Foster, 184. 강조는 원저자가 함.

23 Sullivan, Foster, 184에서 인용.

24 Neuhäuser, 107, 주석 1.

25 Neuhäuser, 32.

26 Scheidel, 227.

27 Neuhäuser, 145.

28 Neuhäuser, 146.

29 Neuhäuser, 147.

30 Neuhäuser, 147.

31 Deaton, 78.

32 Deaton, 82.

33 Deaton, 83.

34 Deaton, 89.

35 Lindert/Williamson, 198.

36 http://www.sozialpolitik−aktuell.de/files/sozialpolitik−aktuell/_Politikfelder/Finan−zierung/Datensammlung/PDF−Dateien/abbII1a.pdf

37 Piketty, *Capital in the Twenty−First Century*, 16.

38 Delsol 등의 책에 나와 있는 기고문들 참조.

39 Palmer, xv 참조.

40 Ponciano, https://www.forbes.com/sites/jonathanponciano/2020/09/08/self−made−score/?sh=6a41b14d41e4

41 Edwards/Bourne, 10.

42 Arnott/Bernstein/Wu, 2.

43 Piketty, *Capital in the Twenty−First Century*, 438.

44 Pinker, 104−105.

45 Delsol, 8.

46 수치들은 Edwards/Bourne, 3에서 가져옴.

47 Edwards/Bourne, 5.

48 Sowell, *Intellectuals and Society*, 36.

49 Sowell, *Intellectuals and Society*, 36.

50 Knight/McCreddie, 49, 51.

51 Knight/McCreddie, 55.

52 Knight/McCreddie, 46.

53 Scheidel, 405.

54 Scheidel, 409.

55 Scheidel, 414.

56 Niemietz, "Mythos vom Globalisierungsverlierer", 155.

57 Edwards/Bourne, 16−17.

58 Pinker, 117.

59 Watkins/Brook, *Equal is Unfair*, 40.

60 Tillessen, 46.

61 Tillessen, 47.

62 Tillessen, 56.

63 Tillessen, 30.

64 Federal Government of the Federal Republic of Germany, 6. *Armuts—und Reich-tumsbericht der Deutschen Bundesregierung (2021)*, *Kurzfassung*, XVI. https://www.armuts—und—reichtumsbericht.de/SharedDocs/Downloads/Berichte/entwurf—sech-ster—armuts—reichttumsberichtkurzfassung.pdf?__blob=publicationFile&v=2

65 https://schoolinreviews.com/pisa—results—published—in—dec—2019—which—countries—score— the—highest—and—why/

66 https://observer.com/2019/07/best—countries—start—business—economic—freedom/

67 Scheidel, 9.

68 Scheidel, 22.

제3장

1 Zitelmann, "Zur Argumentationsstrategie" (1977), 28.

2 Klein, 51.

3 Klein, 75.

4 Klein, 6.

5 Klein, 6—7.

6 Klein, 7.

7 Klein, 9.

8 Klein, 82.

9 Klein, 19.

10 Klein, 34.

11 Klein, 34.

12 Klein, 55.

13 Klein, 79.

14 Klein, 81.

15 Klein, 81.

16 Klein, 81.

17 Klein, 81.

18 Klein, 80.

19 Klein, 19.

20 Klein, 49.

21 Wendling/Emerson, et al., *EPI*, 2020, 1.

22 Wendling/Emerson, et al., *EPI*, 2020, 10.

23 Weede, "Wirtschaftliche Freiheit," 448.

24 Miller / Kim / Roberts, *Index of Economic Freedom 2021*, 26.

25 Méndez.

26 Méndez.

27 Wendling/Emerson et al., *EPI*, 2020, 44.

28 Mavragani/Nikolaou/Tsagarakis, 8.

29 Antweiler/Copeland/Taylor, 41.

30 Mavragani/Nikolaou/Tsagarakis, 1.

31 Medvedev, *The Ecologist*, 20, 1, Jan/Feb, 1990, 24.

32 Feshbach/Friendly, Jr., 1.

33 Higginbotham, 12.

34 Higginbotham, 20.

35 Higginbotham, 20.

36 Higginbotham, 20.

37 Higginbotham, 271.

38 Higginbotham, 272.

39 Higginbotham, 44.

40 Higginbotham, 74.

41 Higginbotham, 325.

42 Higginbotham, 324.

43 Higginbotham, 327–328.

44 Higginbotham, 478, note to page 321.

45 Beleites, 152.

46 Pinker, 143.

47 Zitelmann, *The Power of Capitalism*, Chapter 1.

48 Dikötter, *Mao's Great Famine*, 57.

49 Dikötter, *Mao's Great Famine*, 61.

50 Chang/Halliday, 566.

51 Pinker, 143.

52 Fink/Kurz, "Umweltdesaster DDR": https://www.insm-oekonomenblog.de/22661-bitteres-aus-bitterfeld-das-umweltdesaster-der-ddr-und-seine-lehren/

53 Report from the Federal Foundation for Coming to Terms with the GDR's Past: https://deutsche-einhei-1990.de/ministerien/muner/verschmutzung/#:~:text=Insges-amt%20sind%20viele%20Fl%C3%BCsse%20und,Siedlungsabf%C3%A4lle%20auf%20%E2%80%9Ewilden%E2%80%9C%20M%C3%BClldeponien.

54 Report from the Federal Foundation for Coming to Terms with the GDR's Past: https://deutsche-einheit-1990.de/ministerien/muner/verschmutzung/#:~:text=Insges-amt%20sind%20viele%20Fl%C3%BCsse%20und,Siedlungsabf%C3%A4lle%20auf%20

%E2%80%9Ewilden%E2%80%9C%20M%C3%BClldeponien.

55 Beleites, 163.

56 Knabe, *Klimakiller DDR*.

57 Fink/Kurz, "Umweltdesaster DDR": https://www.insm-oekonomenblog.de/22661-bitteres-aus-bitterfeld-das-umweltdesaster-der-ddr-und-seine-lehren/

58 Fink/Kurz, "Umweltdesaster DDR": https://www.insm-oekonomenblog.de/22661-bitteres-aus-bitterfeld-das-umweltdesaster-der-ddr-und-seine-lehren/

59 Fink/Kurz, "Umweltdesaster DDR": https://www.insm-oekonomenblog.de/22661-bitteres-aus-bitterfeld-das-umweltdesaster-der-ddr-und-seine-lehren/

60 Fink/Kurz, "Umweltdesaster DDR": https://www.insm-oekonomenblog.de/22661-bitteres-aus-bitterfeld-das-umweltdesaster-der-ddr-und-seine-lehren/

61 Knabe, *Klimakiller DDR*.

62 Knabe, *Klimakiller DDR*.

63 Knabe, *Klimakiller DDR*.

64 Williams, "Environmentalists are Dead Wrong."

65 Follett, "7 Enviro Predictions."

66 McAfee, 59.

67 McAfee, 80.

68 Kreutzer/Land.

69 Hayek, *The Road to Serfdom*, 36.

70 *Wall Street Journal*, "World's Dumbest Energy Policy": https://www.wsj.com/articles/worlds-dumbest-energy-policy-11548807424.

71 Gates, 87. 테라와트당 사망. 여기에 있는 수치는 연료를 추출하는 것부터 전기로 전환하는 것, 그리고 이것이 공기 오염과 같은 환경에 일으키는 영향까지 전체 과정을 다 포괄한 수치이다.

72 Graw, 184-185.

73 Gates, 85.

74 Gates, 190.

75 Ruprecht/Lüdecke, 58. 15,895명의 사망은 확인이 되었고, 2,539명은 여전히 실종상태이다. Graw, *Grüne*, 180 참조.

76 Shellenberger, 152 이하.

77 Ruprecht/Lüdecke, 46 이하 및 126.

78 Kerry Emanuel, Shellenberger, 155에서 인용.

79 Shellenberger, 164 이하.

80 Weimer, "Sogar Bill Gates..."

81 Gates, 87.

82 Neubauer, *Ökofimmel*.

83 Polleit, *Antikapitalist*, 48.

84 Polleit, *Antikapitalist*, 48.

85 Polleit, *Antikapitalist*, 49. 강조는 원저자가 함.

86 Polleit, *Antikapitalist*, 49 이하.

제4장

1 Marx, *Capital*, Volume I, 763.

2 Marx, *Grundrisse*, 748.

3 Marx, *Grundrisse*, 748.

4 Marx, *Grundrisse*, 749.

5 Rosdolsky, 382.

6 Zitelmann, "Left—Wing Intellectuals," https://www.forbes.com/sites/rainerzitel-mann/2020/03/30/left—wing—intellectuals—are—thrilled—corona—and—dreams—of—the—end—of—capitalism/?sh=130c65d57420.

7 Davies, "The Last Global Crisis."

8 Schumpeter, *Theory*, 218.

9 Schumpeter, *Theory*, 219.

10 Schumpeter, *Theory*, 220—221.

11 Schumpeter, *Theory*, 223.

12 Schumpeter, *Theory*, 218.

13 Schumpeter, *Capitalism*, 82.

14 Schumpeter, *Capitalism*, 83. 강조는 원저자가 함.

15 Schumpeter, *Capitalism*, 84.

16 Schumpeter, Hagemann, 444에서 인용.

17 Sombart, *Der moderne*, III.2., 585.

18 Sombart, *Der moderne*, III.2., 586.

19 Schumpeter, Hagemann, 444에서 인용. 하지만, 이에 덧붙여 하게만(Hagemann)은 슘페터가 대공황에 대한 이 테제를 부분적으로 상대화하고 있다고 쓰고 있다.

20 DiLorenzo, 156 이하.

21 DiLorenzo, 181.

22 DiLorenzo, 183.

23 Voegeli, 47.

24 White, Tempelmann, 5에서 인용.

25 Krugman, Ravier/Lewin, 57에서 인용.

26 Greenspan, 233. 그린스펀의 이 테제는 터무니없다. 자가주택소유율(homeownership rate)이 마치 번영의 지표인 것처럼 당시의 그린스펀이나 오늘날 많은 정책입안자들이

믿거나 주장하지만, 이는 사실이 아니다. 자가주택소유율은 거의 언제나 부국에서보다는 빈국에서 더 높다. 부유한 스위스의 경우 자가주택소유율은 세계에서 가장 낮은 수준인 41%에 불과한 반면, 네팔은 88%, 루마니아는 96%나 된다.

27 Norberg, *Financial Fiasco*, 30.

28 Woods, *Meltdown*, 15.

29 Norberg, *Financial Fiasco*, 33.

30 Norberg, *Financial Fiasco*, 41.

31 Norberg, *Financial Fiasco*, 42.

32 Brook/Watkins, 53.

33 Brook/Watkins, 54–55.

34 Norberg, *Financial Fiasco*, 132.

35 Collier/Kay, 14.

36 Collier/Kay, 69.

37 Bookstaber, 257.

38 Zitelmann, *The Power of Capitalism*, 146.

39 Baader, *Geldsozialismus*, 94.

40 예를 들어, 1970년대 당시 강력한 힘을 발휘했던 석유수출국기구(OPEC)에 의해 촉발된 두 차례의 석유 위기를 보자. 이로 인해 (인플레이션을 감안한) 석유 가격은 10년도 안 되는 기간에 약 1,000%나 올랐고, 개발도상국을 포함한 수많은 나라에서 심각한 경기 침체와 실업 및 인플레이션의 급증이 예상되었다.

제5장

1 Ziegler, 45.

2 Ziegler, 56.

3 Ziegler, 119.

4 Ziegler, 97–98.

5 Krugman, "Oligarchy."

6 Stiglitz, xix.

7 Chomsky, *Requiem*, 140.

8 Walter/Marg, 19.

9 Walter/Marg, 129.

10 Walter/Marg, 130.

11 Walter/Marg, 130.

12 Boldt, "Top-Manager Reitzle."

13 Page/Gilens, *Democracy*, 100.

14 Page/Gilens, *Democracy*, 101.

15 Page/Gilens, *Democracy*, 104.

16 Edwards/Bourne, 22.

17 https://www.n-tv.de/politik/Wahlkampf-kostet-Bloomberg-eine-Milliarde-article21727861.html.

18 Kamarck, "If money can't buy you votes," https://www.brookings.edu/blog/fixgov/2020/03/05/if-money-cant-buy-you-votes-what-can-it-buy-lessons-from-michael-bloombergs-2020-run/

19 Edwards/Bourne, 25.

20 Page/Gilens, *Democracy*, 98.

21 Page/Gilens, *Democracy*, 96.

22 Smith, B.A. "The Power of Money."

23 Bartels, 98, 100페이지에 있는 표.

24 Page/Bartels/Seawright, "Democracy and the Policy Preferences of Wealthy Americans": https://faculty.wcas.northwestern.edu/~jnd260/cab/CAB2012%20-%20Page1.pdf.

25 Page/Bartels/Seawright, "Democracy and the Policy Preferences of Wealthy Americans," 53. 말할 것도 없이 부유한 사람들이 포함된 연구를 수행하는 것은 어렵다. 필자는 순자산 1,000만 유로 이상—대부분은 3,000만 유로에서 10억 유로 사이에 있다—의 독일 자산가들에 대한 연구를 수행한 적이 있었다. 하지만 필자의 연구는 정량적 연구가 아닌 정성적 연구였다. Zitelmann, *The Wealth Elite* 참조.

26 Page/Bartels/Seawright, 68.

27 Page/Bartels/Seawright, 54.

28 York, "Does Rising."

29 York, "Does Rising."

30 Edwards/Bourne, 24.

31 Gilens, *Affluence*, 57, 53.

32 Gilens, *Affluence*, 121.

33 Gilens, *Affluence*, 117.

34 Niskanen/Moore.

35 Niskanen/Moore.

36 Stiglitz, 92.

37 Gilens, *Affluence*, 238.

38 *Frankfurter Allgemeine Zeitung*, "Doppelt so viele Unternehmer," https://www.faz.net/aktuell/wirtschaft/deutlich-mehr-unternehmer-im-bundestag-15225816.html.

39 https://www.welt.de/wirtschaft/article234058756/Bundestagswahl-Das-sind-die-Berufe-der-neuen-Abgeordneten.html.

40 Page/Gilens, 106.

41 Page/Gilens, 106.

42 Transparency International, *Corruption Perceptions Index 2020*, https://www.transparency.org/en/cpi/2020/index/nzl, https://www.transparency.org/en/cpi/2020/index/rus, https://infographics.economist.com/2016/Cronysm_index/

43 Meltzer, 13.

44 Transparency International, *Corruption Perceptions Index (CPI) 2020*: https://www.transparency.org/en/cpi/2020/index/nzl 및 Miller/Kim/Roberts, 2021 *Index of Economic Freedom.*

제6장

1 Mises, *Socialism*, 344.

2 Mises, *Socialism*, 351.

3 Lenin, *Imperialism*, 23.

4 Lenin, *Imperialism*, 28.

5 Smith, *Wealth*, 119.

6 Mckenzie/Lee, 5.

7 Lenin, *Imperialism*, 23.

8 Lenin, *Imperialism*, 36.

9 Lenin, *Imperialism*, 37.

10 Lenin, *Imperialism*, 40.

11 Plumpe, *Das kalte Herz*, 233.

12 Plumpe, *Das kalte Herz*, 626.

13 Schumpeter, *Capitalism*, 99.

14 Schumpeter, *Capitalism*, 99.

15 Schumpeter, *Capitalism*, 99.

16 Schumpeter, *Capitalism*, 100.

17 Schumpeter, *Capitalism*, 102.

18 McKenzie/Lee, 23. 강조는 원저자가 함.

19 McKenzie/Lee, xxi. 강조는 원저자가 함.

20 McKenzie/Lee, xx.

21 McKenzie/Lee, xix.

22 Schumpeter, *Capitalism*, 83. 강조는 원저자가 함.

23 Marx, *Capital Volume* III, 644.

24 McKenzie/Lee, 222. 강조는 원저자가 함.

25 Pettinger, "Advantages and Disadvantages of Monopolies."

26 McKenzoe/Lee, 51–52.

27 Petit, 121 이하.

28 Cowen, 102−103.

29 Petit, 130−131.

30 Petit, 116.

31 Petit, 53 이하.

32 Stone, *Amazon Unbound*.

33 Petit, 257.

34 Auer/Petit, 112.

35 Auer/Petit, 117.

36 Auer/Petit, 119.

37 Auer/Petit, 119.

38 Friedman, *Capitalism*, 152.

39 Cowen, 84.

40 Bourne, "Is This Time Different?" https://www.cato.org/sites/cato.org/files/2019−09/Is%20This%20Time%20Different%3F.pdf

41 Bourne, "Is This Time Different?", 7.

42 Bourne, "Is This Time Different?", 8.

43 Bourne, "Is This Time Different?", 9.

44 Bourne, "Is This Time Different?", 15.

45 Heuer, "Die Einfalt der Vervielfältiger."

46 https://de.statista.com/statistik/daten/studie/181577/umfrage/marktanteile−der−hersteller −von−druckern−weltweit−seit−2009/.

47 Bourne, "Is This Time Different?", 9.

48 Liebowitz/Margolis, 267.

49 Gassmann, "Ewige Allmacht."

50 Friedman, *Capitalism*, 31.

51 Cowen, 84.

52 Meissner, 23에서 인용.

53 Meissner, 24에서 인용.

54 Meissner, 31에서 인용.

55 Meissner, 91에서 인용.

56 Meissner, 49.

57 DiLorenzo, 153.

58 Rohnheimer, "Ludwig Erhards Konzept", 101.

59 Kirzner, *Competition and Entrepreneurship*, 22−23.

60 Rand, *America's Persecuted Minority*, 52−53. 강조는 원저자가 함.

61 Rand, *America's Persecuted Minority*, 55. 강조는 원저자가 함.

62 Rand, *America's Persecuted Minority*, 57.

63 Zhang, *Ideas for China's Future*, 54.

64 Zhang, *Ideas for China's Future*, 55.

65 Erhard, 174 이하. 다른 사례들은 Rhonheimer, "Ludwig Erhards Konzept", 91 이하에서 인용함.

66 DiLorenzo, 154. 강조는 원저자가 함.

67 Cowen, 89.

68 Cowen, 95.

69 Cowen, 115.

제7장

1 Simon, 22-23.

2 매출순수익률은 조세 납부 전 경상수입을 매출액(부가가치세를 제외한 매출액)으로 나눈 값이다.

3 Simon, 41.

4 Simon, 1.

5 Simon, 88-89.

6 Simon, 88.

7 Simon, 88.

8 Simon, v.

9 Collier/Kay, 7.

10 Collier/Kay, 14.

11 Collier, *The Future of Capitalism*, 92.

12 Collier, *The Future of Capitalism*, 92. 강조는 원저자가 함.

13 Collier, *The Future of Capitalism*, 93.

14 Collier, *The Future of Capitalism*, 93-94.

15 Rand, *The Virtue of Selfishness*, 5. 강조는 원저자가 함.

16 Backhaus, 11.

17 1930년 11월 13일 히틀러 연설. Zitelmann, *Hitler*, 301에서 인용.

18 Arendt, 79.

19 Arendt, 79.

20 Smith, A., 71.

21 Mises, *Socialism*, 357.

22 Sowell, *Intellectuals and Society*, 67-68. 강조는 원저자가 함.

23 Simon, 69.

24 보다 상세한 내용은 Zitelmann, *The Wealth Elite*, Chapter 12, 232-242 참조.

25 Courtois et al., *The Black Book of Communism*도 참조.

26 Plumpe, *Das kalte Herz*, 640.

27 Charles/Ritz, 108−109.

28 Sloterdijk, 44.

29 Sloterdijk, 44.

30 Schwarzenegger, Andrews, 66에서 인용.

31 Schwarzenegger, Lommel, 25에서 인용.

제8장

1 Pope Francis, encyclical Laudato si', paragraph 203.

2 Pope Francis, encyclical Laudato si', paragraph 193.

3 Ziegler, 60−61.

4 Ziegler, 62.

5 Ziegler, 64.

6 Scruton, 47.

7 Marcuse, 12. 강조는 원저자가 함.

8 Marcuse, 23.

9 Hecken, 127에서 인용.

10 Pasolini, "A Challenge to Television Network Executives" in *Corriere della Sera*, December 9, 1973.

11 Pasolini, "Don't Be Afraid To Have a Heart" in *Corriere della Sera*, March 10, 1975.

12 Pasolini, "Open Letter to Italo Calvino: From Pasolini—What I Feel Nostalgic About" in *Paese Sera*, July 8, 1974

13 Plumpe, *Das kalte Herz*, 78.

14 Plumpe, *Das kalte Herz*, 79.

15 Plumpe, *Das kalte Herz*, 213−214.

16 Plumpe, *Das kalte Herz*, 214.

17 Carey, 93.

18 Carey, 94.

19 Carey, 105.

20 Carey, 106.

21 Briesen, 12 이하.

22 König, *Konsumgesellschaft*, 272.

23 Korn, Hecken, 37에서 인용.

24 Korn, Hecken, 50에서 인용.

25 Korn, Hecken, 49에서 인용.

26 Lundberg, 70–71.

27 Lundberg, 68.

28 Galbraith, 1.

29 Lawson.

30 Lawson.

31 Hecken, 215.

32 Bourdieu and Wacquant, Hartmann, *The Sociology of Elites*, 115에서 인용.

33 Bourdieu, 513 이하.

34 Ludwig Erhard, Hecken, 113에서 인용.

35 Tillessen, 43.

36 Tillessen, 30.

37 Tillessen, 56.

38 Tillessen, 57.

39 Tillessen, 40.

40 Tillessen, 40.

41 Tillessen, 25.

42 Tillessen, 34.

43 Tillessen, 34.

44 Tillessen, 36.

45 Tillessen, 61.

46 Tillessen, 61.

47 Tillessen, 70.

48 Tillessen, 86.

49 Tillessen, 186.

50 Tillessen, 183.

51 Hecken, 148.

52 Hecken, 221.

53 Trentmann, 4.

54 Trentmann, 8.

55 Schoeck, *Envy*, 260.

56 Trentmann, 678.

57 Trentmann, 680.

58 Trentmann, 686.

59 Ziegler, 62. 강조는 원저자가 함.

60 Ziegler, 63. 강조는 원저자가 함.

61 Ziegler, 64.

62 Chomsky, *Requiem*, 125–126. 강조는 원저자가 함.

63 Chomsky, *Requiem*, 127.

64 Heller, 18.

65 Kürschner, 5.

66 Heller, 12.

67 Samland, 13–18.

68 Schultz, Ries/Ries, 129에서 인용.

69 Shapiro/Hitsch/Tuchman, 3.

70 Koch, "Wirkt Werbung überhaupt nicht?"

71 Schoeck, *Ungleichheit*, 176.

72 https://en.wikipedia.org/wiki/Obsolescence.

73 https://en.wikipedia.org/wiki/Planned_obsolescence

74 다음을 참조. Prakash et al.: https://www.umweltbundesamt.de/publikationen/einfluss-der-nutzungsdauer-von-produkten-auf-ihre-1

75 König, *Wegwerfgesellschaft*, 119.

76 König, *Wegwerfgesellschaft*, 118–119.

77 Snow, *Ford*, 299.

78 König, *Wegwerfgesellschaft*, 119.

79 König, *Wegwerfgesellschaft*, 121에서 인용.

80 Easterlin, "Does Economic Growth"; 이스털린의 연구와 그를 둘러싼 논쟁에 대해서는 Weimann/Knabe/Schön, 17 이하 참조.

81 Kahneman/Deaton, "High Income Improves"

82 Killingsworth: https://www.pnas.org/content/118/4/e2016976118 참조.

제9장

1 Pinker, 157.

2 Pinker, 157.

3 Rosling, 114.

4 Gartzke, "Capitalist Peace," 168. 많은 참고문헌을 포함하고 있는 주석 10번.

5 Weede, "Frieden durch Kapitalismus," 67.

6 Weede, "Frieden durch Kapitalismus," 68.

7 Gartzke, "Capitalist Peace," 180.

8 Gartzke, "Capitalist Peace," 180.

9 Gartzke/Hewitt, 129.

10 Gartzke/Hewitt, 138.

11 Cobden, 71.

12 Gartzke, "Capitalist Peace," 170.

13 Weede, "The Expansion," 821. 강조는 원저자가 함.

14 Schneider/Gleditsch/Petter, 3 이하 참조. 여기에는 네 가지 주요 주장들 간의 차이점이 구분되어 있다.

15 Weede, "The Expansion," 824.

16 Weede, "The Expansion," 823.

17 Weede, "The Capitalist Peace and the Rise of China," 159.

18 Jäger/Beckmann, 9–146.

19 Ferguson, *The Pity of War*, 31에서 인용.

20 Lenin, *Imperialism*, 9–10.

21 Plumpe, "Logik des modernen Krieges," 327.

22 Plumpe, "Logik des modernen Krieges," 328.

23 Plumpe, "Logik des modernen Krieges," 332. 강조는 원저자가 함.

24 Plumpe, "Logik des modernen Krieges," 343.

25 Ferguson, *The Pity of War*, 32.

26 Steed, Ferguson, *The Pity of War*, 32에서 인용.

27 Ferguson, *The Pity of War*, 33.

28 Ferguson, *The Pity of War*, 438.

29 Gartzke, "Capitalist Peace," 171.

30 2015년 마지막으로 수정된 자료. 2021년 5월 25일 확인함. http://commons.ch/deutsch/wp-content/uploads/Top-15-L%C3%A4nder-nach-Gesamtwert-aller-ihrer-Rohstoffvorkommen.pdf

31 2019년에 대한 자료. 2021년 5월 25일 확인함. https://data.worldbank.org/

32 2019년에 대한 자료. 2021년 5월 25일 확인함. https://data.worldbank.org/

33 2021년 5월 25일 확인함. https://www.tradinghours.com/markets/sgx

34 2021년 5월 25일 확인함. https://www.tradinghours.com/markets/moex

35 Miller/Kim/Roberts, Heritage Foundation *Index of Economic Freedom 2021*.

36 2019년에 대한 자료. 2021년 5월 25일 확인함. https://data.worldbank.org/

37 2019년에 대한 자료. 2021년 5월 25일 확인함. https://data.worldbank.org/

38 Collier, *The Bottom Billion*, 38 이하.

39 Zitelmann, "Zur Begründung des 'Lebensraum'-Motivs in Hitlers Weltanschauung." 참조.

40 Bucharin, 94 및 Luxemburg, 430 참조.

41 Zitelmann, *Hitler's National Socialism*, 372–373에서 인용.

42 Zitelmann, *Hitler's National Socialism*, 375에서 인용.

43 Zitelmann, *Hitler's National Socialism*, 346에서 인용.

44 Zitelmann, *Hitler's National Socialism*, 301에서 인용.

45 Zitelmann, *Hitler's National Socialism*, 301에서 인용. 강조는 원저자가 힘.

46 Zitelmann, *Hitler's National Socialism*, 301. 강조는 원저자가 함.

47 Zitelmann, *Hitler's National Socialism*, 513−514 참조.

48 Zitelmann, *Hitler's National Socialism*, 303에서 인용.

49 Piketty, *Capital in the Twenty−First Century*, 498.

50 Piketty, *Capital in the Twenty−First Century*, 498.

51 Piketty, *Capital in the Twenty−First Century*, 499.

52 Piketty, *Capital in the Twenty−First Century*, 499−500.

53 Piketty, *Capital in the Twenty−First Century*, 500.

54 Piketty, *Capital in the Twenty−First Century*, 504−505.

55 Piketty, *Capital in the Twenty−First Century*, 507; Scheidel, 195.

56 Piketty, *Capital in the Twenty−First Century*, 507.

57 Banken, 390.

58 Scheidel, 136.

59 Scheidel, 115.

60 Scheidel, 115.

61 Scheidel, 119.

62 Scheidel, 119.

63 Scheidel, 6.

64 Scheidel, 134.

65 Scheidel, 133.

66 Scheidel, 154.

67 Scheidel, 165.

68 Bierling, 107.

69 https://www.amazon.de/Spiegel−Nr−2003−13−01−2003−Blut/dp/B00RI3V8QC

70 https://en.wikipedia.org/wiki/Fahrenheit_9/11

71 Chomsky, 크리스토퍼 크레이머(Christopher Cramer)와의 인터뷰. https://www.pressenza.com/2018/05/noam−chomskydiscusses−iraq/

72 Bierling, 109.

73 Bierling, 110.

74 Bierling, 109.

75 Bierling, 110.

76 Mueller, 180.

77 Mueller, 172.

78 Mueller, 172.

79 Plumpe, *Das kalte Herz*, 171.

80 Plumpe, *Das kalte Herz*, 171.

제10장

1 Horkheimer, "The Jews and Europe," 78.

2 Dimitrov, McDermott, 131에서 인용.

3 Hitler, Zitelmann, *Hitler's National Socialism*, 336에서 인용. ('종이 쿠폰 뜯기'라는 말은 국채와 회사채의 이자를 수집하는 것을 일컫는 말이다. 당시에는 채권에 이 종이 쿠폰이 붙어 있었고, 이자를 지불할 때 이 종이 쿠폰을 떼어 은행에 제시해야 했다.)

4 Hitler, 1920년 8월 7일, Zitelmann, *Hitler's National Socialism*, 311에서 인용.

5 Hitler, 1920년 8월 25일, Zitelmann, *Hitler's National Socialism*, 312에서 인용.

6 Zitelmann, *Hitler's National Socialism*, 311에서 인용.

7 Turner, *German Big Business*, 127.

8 Turner, *German Big Business*, 66.

9 Turner, *German Big Business*, 127.

10 Turner, *German Big Business*, 135.

11 Pollock, 442.

12 로이슈(Reusch)는 수년 동안 루르 지방에 기반을 둔 주요 석탄 및 철강 회사인 굿테호프눙스휘테(Gutehoffnungshütte) 이사회 의장이었다.

13 Turner, *German Big Business*, 98.

14 Turner, *German Big Business*, 181.

15 Zitelmann, *Hitler's National Socialism*, 425−428.

16 Turner, *German Big Business*, 342.

17 Turner, "Emil Kirdorf and the Nazi Party," 324−344.

18 Turner, "Big Business and the Rise of Hitler," 64.

19 Turner, "Big Business and the Rise of Hitler," 64.

20 Falter, *Mitglieder*, 74.

21 Falter, 29.

22 Turner, *German Big Business*, 118.

23 Turner, *German Big Business*, 253.

24 Turner, "Big Business and the Rise of Hitler," 63.

25 Turner, *German Big Business*, 254.

26 프란츠 폰 파펜은 1933년 히틀러의 바로 전임 총리였다. 파펜은 1932년까지는 가톨릭 정당이었던 "중도"당의 당원이었고, 그 이후에는 무소속으로 일했다.

27 Turner, *German Big Business*, 345.

28 Falter, 81.

29 Falter, 76.

30 Falter, 187.

31 Aly, 16.

32 Aly, 16에서 인용.

33 Aly, 30.

34 Aly, 52.

35 Aly, 51.

36 Aly, 60−63. 부동산인플레이션세는 임대료부터 얻는 이익에 대해 부과한 세금이 아니라 총임대료에 대해 부과한 세금이었다.

37 Aly, 65.

38 Aly, 62.

39 Aly, 65.

40 Banken, 347 이하.

41 Banken, 424.

42 Banken, 439.

43 Banken, 426.

44 Hitler, Zitelmann, *Hitler's National Socialism*, 323에서 인용. 강조는 원저자가 함.

45 Hitler, 1936년 9월 14일. Zitelmann, *Hitler's National Socialism*, 208에서 인용.

46 Zitelmann, *Hitler's National Socialism*, 325 참조.

47 Pollock, 441.

48 Pollock, 444.

49 Pollock, 453.

50 Barkei, 203.

51 Petzina, 162.

52 Petzina, 159 이하.

53 Aly, 6.

54 Aly, 4.

55 Aly, 323.

56 Götz, 56.

57 Schmiechen−Ackermann, 36.

58 이 책 8장에 있는 주석들 참조.

59 Hitler, 1942년 8월 26일, Zitelmann, *Hitler's National Socialism*, 513에서 인용.

60 Hitler, 1942년 7월 22일, Zitelmann, *Hitler's National Socialism*, 302에서 인용.

61 Hitler, 1942년 3월 24일, Zitelmann, *Hitler's National Socialism*, 320 참조.

62 Zitelmann, *Hitler's National Socialism*, 332에서 인용.

63 Zitelmann, *Hitler's National Socialism*, 332−333에서 인용.

제11장

1 Hayek, *Constitution*, 112.

2 Hayek, *Constitution*, 118.

3 The Gospel of John, New International Version, 18:36

4 Schroeder, "The Dismal Fate."

5 Henri Barbusse, Hollander, 132에서 인용.

6 Shaw, 112.

7 Alfred Ker, Ryklim, 74에서 인용.

8 Ryklim, 139.

9 Easton, "Labour's manifesto"에서 인용.

10 Lenin, "How to Organize Competition?" in *Selected Works* Vol. II. 259–260.

11 Lenin, "How to Organize Competition?" in *Selected Works* Vol. II. 262. 강조는 원저자가 함.

12 Baberowski, *Scorched Earth*, 39.

13 Baberowski, *Scorched Earth*, 36.

14 Baberowski, *Scorched Earth*, 36.

15 Wemheuer, 45.

16 Lenin, "The Famine," in Selected Works Vol. II, 345.

17 Koenen, 805.

18 Koenen, 805.

19 Courtois, 8에서 인용.

20 Werth, 107에서 인용.

21 Werth, 105에서 인용.

22 Werth, 105에서 인용.

23 Werth, 102에서 인용.

24 Werth, 75–76에서 인용.

25 Wemheuer, 45.

26 Koenen, 813.

27 Werth, 114.

28 Koenen, 814.

29 Lenin, "The New Economic Policy And The Tasks Of The Political Education Departments," in V. I. Lenin *Collected Works* Vol. 33, 63.

30 Lenin, "The New Economic Policy And The Tasks Of The Political Education Departments," in V. I. Lenin *Collected Works* Vol. 33, 63–64.

31 Lenin, "The New Economic Policy And The Tasks Of The Political Education Departments," in V. I. Lenin *Collected Works* Vol. 33, 64.

32 Baberowski, *Scorched Earth*, 68.

33 Altrichter, 53–54.

34 Werth, 123, Wemheuer, 59.

35 Altrichter, 54.

36 Stalin, "The Seventh Enlarged Plenum of the E.C.C.I." in Stalin, *Works*, Vol. 9, 37.

37 Baberowski, *Scorched Earth*, 78.

38 Baberowski, *Scorched Earth*, 76.

39 Commission of the Central Committee of the Communist Party of the Soviet Union, *History of the Communist Party of the Soviet Union (Bolsheviks)*, 305. 강조는 원저자가 함.

40 Stalin, *History of the Communist Party of the Soviet Union (Bolsheviks)*, 305에서 인용.

41 Stalin, "Political Report of the Central Committee to the Sixteenth Congress of the C.P.S.U. (B.)," Stalin, *Works*, Vol. 12, 297.

42 Stalin, "Political Report of the Central Committee to the Sixteenth Congress of the C.P.S.U. (B.)," Stalin, *Works*, Vol. 12, 344.

43 Baberowski, *Scorched Earth*, 149. 강조는 원저자가 함.

44 Wemheuer, 67.

45 Wemheuer, 69.

46 Werth, 162.

47 *History of the Communist Party of the Soviet Union (Bolsheviks)*, 307. 강조는 원저자가 함.

48 *History of the Communist Party of the Soviet Union (Bolsheviks)*, 308.

49 Duranty, Hollander, *From Benito*, 124에서 인용.

50 Waldo Frank, Niemietz, *Socialism*, 69에서 인용.

51 Altrichter, 84.

52 Werth, 167, 155.

53 Werth, 204.

54 Werth, 206.

55 Werth, 213.

56 Baberowski, *Der Rote Terror*, 116.

57 Baberowski, *Scorched Earth*, 98.

58 Stalin, "Political Report of the Central Committee to the Sixteenth Congress of the C.P.S.U. (B.)," Stalin, *Works*, Vol. 12, 317.

59 Altrichter, 88.

60 Dikötter, *Cultural Revolution*, 5.

61 Dikötter, *Cultural Revolution*, 5.

62 Dikötter, *Cultural Revolution*, 9–10.

63 Dikötter, *Cultural Revolution*, 19.

64 Dikötter, *Cultural Revolution*, 22.

65 Dikötter, *Cultural Revolution*, 24.

66 Dikötter, *Cultural Revolution*, xi.

67 Dikötter, *Cultural Revolution*, 62.

68 Dikötter, *Cultural Revolution*, 73.

69 Dikötter, *Cultural Revolution*, 75.

70 Dikötter, *Cultural Revolution*, 75.

71 Dikötter, *Cultural Revolution*, 78.

72 Dikötter, *Cultural Revolution*, 87, 92.

73 Dikötter, *Cultural Revolution*, 92.

74 Chang / Halliday, 403.

75 Chang / Halliday, 405.

76 Chang / Halliday, 405-406.

77 Chang / Halliday, 407.

78 Chang / Halliday, 408.

79 Dikötter, *Cultural Revolution*, 100.

80 Dikötter, *Cultural Revolution*, 96.

81 Mao, *Quotations*, 11-12.

82 Dikötter, *Cultural Revolution*, 119.

83 Dikötter, *Cultural Revolution*, 164.

84 Dikötter, *Cultural Revolution*, 174.

85 Dikötter, *Cultural Revolution*, 176.

86 Dikötter, *Cultural Revolution*, 176.

87 Dikötter, *Cultural Revolution*, 278.

88 Dikötter, *Cultural Revolution*, 274.

89 Dikötter, *Cultural Revolution*, 225.

90 Dikötter, *Cultural Revolution*, 277.

91 Dikötter, *Cultural Revolution*, 284.

92 Zhang, *Ideas for China's Future*, 142.

93 Zhang, *Ideas for China's Future*, 143.

94 Zhang, *Ideas for China's Future*, 144.

95 Simone de Beauvoir, Niemietz, *Socialism*, 106에서 인용.

96 Jean-Paul Sartre, Niemietz, *Socialism*, 108에서 인용.

97 Sobanet 참조.

98 크메르 루즈 희생자 수치에 대해서는, Bultmann, *Kambodscha*, 160-161 참조.

99 Bultmann, *Kambodscha*, 95.

100 Bultmann, *Kambodscha*, 72.

101 Bultmann, *Kambodscha*, 72 이하 참조.

102 Bultmann, *Kambodscha*, 88.

103 Chandler 등, 107에서 인용.

104 Bultmann, *Kambodscha*, 92.

105 Bultmann, *Kambodscha*, 138.

106 Bultmann, *Kambodscha*, 138.

107 Bultmann, *Kambodscha*, 97.

108 Bultmann, *Kambodscha*, 99.

109 Margolin, "Cambodia," 585.

110 Margolin, "Cambodia," 597.

111 Margolin, "Cambodia," 628.

112 Bultmann, *Kambodscha*, 137에서 인용.

113 Bultmann, *Kambodscha*, 120에서 인용.

114 Bultmann, *Kambodscha*, 121.

115 Bultmann, *Kambodscha*, 148.

116 Bultmann, *Kambodscha*, 141.

117 Bultmann, *Kambodscha*, 8.

118 Bultmann, *Kambodscha*, 144.

119 Bultmann, *Kambodscha*, 126.

120 Stuart-Fox, Bultman, *Inside Cambodian Insurgency*, 98에서 인용.

121 Margolin, "Cambodia," 627.

122 Margolin, "Cambodia," 616.

123 Hollander, *From Benito*, 201에서 촘스키의 많은 진술 참조.

124 Žižek, Gray, *The Vilent Visions*에서 인용. 강조는 원저자가 함. https://www.nybooks.com/articles/2012/07/12/violent-visions-slavoj-zizek/.

125 Žižek, Hollander, *From Benito*, 29에서 인용.

126 Hollander, *From Benito*, 30.

127 Gallegos, 80에서 인용.

128 Clark 60에서 인용.

129 독일 공산당 중앙위원회 선언, 1945년 6월 11일: https://ghdi.ghi-dc.org/docpage.cfm?docpage_id=3252&language=english.

130 Engels, in Karl Marx and Frederick Engels, *Selected Works*, Vol. III, 147. 강조는 원저자가 함.

131 Engels, "Socialism: Utopian and Scientific," in Karl Marx and Frederick Engels, *Selected Works*, Vol. III, 151.

132 Lenin, "State and Revolution," 456.

133 Marx, in Karl Marx and Frederick Engels, *Selected Works*, Vol. III, 26. 강조는 원저자가 함.

134 Lenin, "State and Revolution," 464. 강조는 원저자가 함.

135 *Documents of the 22nd Congress of the Communist Party of the Soviet Union*, October 1961, 319.

136 *Documents of the 22nd Congress of the Communist Party of the Soviet Union*, October 1961, 512. 강조는 원저자가 함.

137 *Documents of the 22nd Congress of the Communist Party of the Soviet Union*, October 1961, 537. 강조는 원저자가 함.

138 *Documents of the 22nd Congress of the Communist Party of the Soviet Union*, October 1961, 542.

139 *Documents of the 22nd Congress of the Communist Party of the Soviet Union*, October 1961, 539.

140 *Documents of the 22nd Congress of the Communist Party of the Soviet Union*, October 1961, 540.

141 Marx, in Karl Marx and Frederick Engels, *Selected Works*, Vol. III, 19.

142 https://de.statista.com/themen/5811/kalter-krieg/#dossierSummary_chapter2

143 https://www.jec.senate.gov/reports/97th%20Congress/Consumption%20in%20the%20USSR%20-%20An%20International%20Comparison%20(1058).pdf.

144 Aslund, *Russia's Crony Capitalism*.

145 In 2020.

146 Marx, *A Contribution*, 20–21

147 Niemietz, *Socialism*, 48–49.

148 Niemietz, *Socialism*, 47.

제12장

1 *Edelman Trust Barometer 2020*.

2 Nocun / Lamberty, 18.

3 Imhoff / Bruder.

4 Imhoff / Bruder.

5 Zitelmann, *The Rich in Public Opinion*.

제13장

1 설문 조사는 독일에서는 알렌스바흐 연구소에 의해, 몽골에서는 산트 마랄 재단(Sant Maral Foundation)에 의해, 네팔에서는 사실 연구 및 분석 민간 유한회사(FACTS Research & Analytics Pvt. Ltd.)에 의해 수행되었다. 모든 다른 나라에서는 설문조사는 입소스 모리에 의해 수행되었다.

2 진술문 등급들의 이 비교, 즉 한 진술문이 얼마나 자주 상위 5위에 진출했는지, 혹은 그것이 가장 빈도가 높았는지, 두 번째로 빈도가 높았는지, 등은 단순히 개개 나라 사이 백분율들을 비교하기만 하는 것보다 더 의미 있는 비교를 제공한다. 예를 들어 영국에서는 의견 제시하기를 거절했거나 "해당 사항 없음"을 선택한 응답자들의 백

분율이 일반적으로 많은 설문 조사에서 매우 높다(이 항목에 대해서는: 27%)' 어떤 나라(프랑스, 스웨덴, 일본)에서는 11에서 14%인 반면, 독일에서는 단지 2%만이고 한국에서는 5%이다. 이것은 응답자들이 개별 진술문에 동의하는 백분율들의 어떤 비교도 문제가 되게 한다.

3 네 나라, 그리스, 터키, 몽골, 포르투갈에서 차이가 아주 작은 데서 존재하지 않기까지 하여 그들은 13.5와 13.6의 두 그래프에서 빠졌다.

4 더 자세히 알기 위해서는, Zitelmann, "Attitudes to wealth in seven countries: The Social Envy Coefficient and the Rich Sentiment Index": https://onlinelibrary.wiley.com/doi/10.1111/ecaf.12468 참조.

결론

1 Hayek, *Intellectuals*, 9, Lenin, "What is to be Done?", 347 이하 참조.

2 Marx, *Capital*. Volume I, 152.

3 Voegelin, *The Political Religions*.

4 Marx, "Toward a Critique of Hegel's Philosophy of Right." 강조는 원저자가 함.

5 Aron, *The Opium of the Intellectuals*, 318.

6 *The Times*, Braunthal, 135에서 인용.

7 Koestler, 15.

8 Koestler, 18.

9 Koestler는 부자들에 대한 자기의 강한 혐오에서 시기가 역할을 하지 않는다고 주장하기조차 했다.

10 Almond, 201.

11 Reich, xxv.

12 Duhm, *Angst*, 8.

13 Duhm, *Warenstruktur*, 19.

14 Duhm, *Angst*, 151.

15 Aron, Rabbinbach, 114에서 인용.

16 Biss, 3.

17 Biss, 43.

18 Neffe, *Marx*, 354.

19 Neffe, *Marx*, 354 참조.

20 Neffe, *Marx*, 464.

21 Greenwald, "Is Capitalism Dying?"

22 비판적인 시각에 대해서는, Rhonheimer, *Politik für den Menschen*, 225 이하 참조.

23 Benjamin, 259.

24 Plumpe, *Das kalte Herz*, 640.

25 Neffe, *Marx*, 19.

26 Douthat, "Marx rises again," in *The New York Times*, April 19, 2014.

27 Žižek, "The Will Not to Know," https://thephilosophicalsalon.com/the-will-not-to-know/.

28 Žižek, "The Will Not to Know," https://thephilosophicalsalon.com/the-will-not-to-know/.

29 Žižek, *A Left that Dares*, 6.

30 Žižek, *A Left that Dares*, 15.

31 Žižek, *A Left that Dares*, 12.

32 Žižek, *A Left that Dares*, 5.

33 Žižek, *A Left that Dares*, 14.

34 Ziegler, 121.

35 Ziegler, 116.

36 Ziegler, 126.

37 Ziegler, 36.

38 Hayek, *Constitution*, 113.

39 Hayek, "Kinds of Rationalism", 85.

40 Piketty, *Capital in the Twenty-First Century*, 31.

41 Piketty, *Capital and Ideology*, 989.

42 Piketty, *Capital and Ideology*, 983.

43 Piketty, *Capital and Ideology*, 982.

44 Piketty, *Capital and Ideology*, 985.

45 Piketty, *Capital and Ideology*, 977, 각주 17.

46 Piketty, *Capital and Ideology*, 982.

47 Piketty, *Capital and Ideology*, 988.

48 Piketty, *Capital and Ideology*, 974.

49 Piketty, *Capital and Ideology*, 975.

50 Piketty, *Capital and Ideology*, 994.

51 Piketty, *Capital and Ideology*, 994. 출국세의 더 온건한 형태는 이미 독일과 많은 다른 서양 나라에 존재한다. 독일에서는, 그것은 주로 외국세법(Foreign Tax Act, AStG) 제6절에서 규제된다.

52 Plumpe, *Das kalte Herz*, 2019.

시장경제와 공동 번영

1 이 운동에 관한 서양 미디어 보고서들에 대해서는, 예를 들면 https://www.thetimes.co.uk/article/xi-promises-third-distribution-of-wealth-in-billionaire-crack-

down-c9xxl5hsc;https://www.reuters.com/world/china/what-is-chinas-common-prosperity-drive-why-does-it-matter-2021-09-02/를 보라.

2 Hayek, *The Fatal Conceit* 참조.

3 Zitelmann, *The Power of Capitalism*, vi–vii.

4 Hayek, *The Fatal Conceit* 참조.

5 Zhang, "A paradigmatic change," 참조.

6 Kirzner, 참조.

7 Beinhocker, 9–10, 참조.

8 Hayek, *The Fatal Conceit* 참조.

9 Klein, 2.

10 Zhang, *The Logic of the Market*, 9–12.

11 Zhang, *The Origin of the Capitalist Firm*, 참조.

12 Mises, *The Anti-Capitalistic Mentality*, 제1장 참조.

13 Hayek, *The Constitution of Liberty*, 917–98.

14 국가 수준과 성 수준 양쪽 다의 시장화 점수(marketization scores)는 베이징 국립 경제 연구소(Beijing National Institute of Economic Research)에 의해 집계된다. 민간 부문의 발전은 지수의 다섯 구성 요소 중 하나이고, (정부–시장 관계, 제품 시장의 발전, 요소 시장의 발전 그리고 중개 조직들과 법적 환경의 발전을 포함하는) 다른 네 구성 요소와 강한 상관관계가 있다. 2016년의 시장화 점수는 1.29(최저)와 15.98(최고) 사이에 걸치는데, 이것은 이용할 수 있는 가장 최근의 자료이다. 기술적 정의들과 시장화 점수 계산에 대해 더 알기 위해서는 Wang 등(2017)을 보라.

15 Zitelmann, *The Power of Capitalism*, 129.

16 "Poverty headcount ratio at $1.90 a day (2011 PPP) (% of population) | Data": *data.worldbank.org*. 2019년 6월 1일 검색.

17 Sowell, *Intellectuals and Society*, 제3장과 *Discrimination and Disparities*, 제4장 참조.

18 Piketty, *Capital in the Twenty-First Century*. 참조.

19 Schumpeter, *Theory of Economic Development*, 156.

20 Khor / Pencavel, 참조.

21 Zhang, *The Logic of the Market*, 제13장 참조.

22 시장화는 경제적 자유와 관련되어 있다. 나라들에 걸쳐서 경제적 자유와 불평등 사이 관계에 관한 문헌은 혼합된 결과를 발견했다. Bennett and Nikolaev(2017)는 이전 연구들의 결과가 나라 표본의 선택, 시간 혹은 사용되는 불평등 척도의 선택에 민감함을 발견한다. 이 문헌의 자세한 논의는 현재 논문의 주제를 벗어난다.

23 Rubin, "Folk Economics"와 Zitelmann, *The Rich in Public Opinion*, 제5장 참조.

24 Schoeck, 제5장 참조.

25 Zhang, "The China model view is factually false."

26 Zhang, "China's future growth depends on innovation entrepreneurs."

참고 문헌

Almond, Gabriel A., *The Appeals of Communism*, Princeton, Princeton University Press, 1954.

Altrichter, Helmut, *Kleine Geschichte der Sowjetunion 1917–1991*, Verlag C.H. Beck, 3rd Edition, 2007.

Aly, Götz, *Hitler's Beneficiaries. Plunder, Racial War, and the Nazi Welfare State*, Metropolitan Books, New York, NY, 2006.

Andreä, Johann Valentin, "Christianopolis. An Ideal State of the Seventeenth Century" in Held, Felix Emil (translator), *Johann Valentin Andreae's Christianopolis. An Ideal State of the Seventeenth Century*, University of Illinois, IL, 1914.

Andrews, Nigel, *True Myths: The Life and Times of Arnold Schwarzenegger*, Bloomsbury, New York, NY, 2003.

Antweiler, Werner, Copeland, Brian R., Taylor, M. Scott, "Is Free Trade Good for the Environment?," Working Paper 6707, National Bureau of Economic Research, Cambridge, August 1998. https://www.jstor.org/stable/2677817

Arendt, Hannah, *On Revolution*, Penguin Books, London, 1977.

Arnott, Robert, Bernstein, William, Wu, Lillian, "The Rich get Poorer: The Myth of Dynastic Wealth," in *Cato Journal*, Vol. 35, No. 3, Fall 2015.

Aron, Raymond, *Opium for Intellectuals*, W.W. Norton & Company, Inc., New York, NY, 1962.

Aslund, Anders, *Russia's Crony Capitalism. The Path from Market Economy to Kleptocracy*, Yale University Press, New Haven, CT, and London, 2019.

Auer, Dirk, Petit, Nicolas, "Two Systems of Belief About Monopoly: The Press vs. Antitrust," in *Cato Journal Vol. 39, No. 1 (Winter 2019)*, 99–132. https://www.cato.org/sites/cato.org/files/serials/files/cato-journal/2019/2/cj-v39n1-7.pdf

Ausubel, Jesse H., "The Return of Nature. How Technology Liberates the Environment," in *The Breakthrough Journal*, May 12, 2015. https://thebreakthrough.org/journal/issue-5/the-return-of-nature

Baader, Roland, *Geld, Gold und Gottspieler. Am Vorabend der nächsten Wirtschaftskrise*, Resch Verlag, Gräfelfing, 2004.

Baader, Roland, *Geldsozialismus. Die wirklichen Ursachen der neuen globalen Depression*, Resch Verlag, Gräfelfing, 2010.

Baberowski, Jörg, *Der rote Terror. Die Geschichte des Stalinismus*, Fischer Taschenbuch, 3rd edition, Frankfurt am Main, 2014.

Baberowski, Jörg, *Scorched Earth: Stalin's Reign of Terror*, Yale University Press, Stanford,

CA, 2016.

Backhaus, Julien, *Ego. Gewinner sind gute Egoisten*, Finanzbuch Verlag, Munich, 2020.

Banken, Ralf, *Hitlers Steuerstaat. Die Steuerpolitik im Dritten Reich*, De Gruyter, Berlin and Boston, MA, 2018.

Barkai, Avraham, *Nazi Economics: Ideology, Theory, and Policy*, Yale University Press, New Haven, CT, 1990.

Bartels, Larry M., *Unequal Democracy. The Political Economy of the New Gilded Age*, Second Edition, Russel Sage Foundation New York, Princeton University Press, Princeton, NJ, and Oxford, 2016.

Beinhocker, William Oliver, *The Origin of Wealth: Evolution, Complexity and Radical Remaking of Economics*, Harvard Business School Press, Boston, MA, 2006.

Beleites, Michael, *Dicke Luft: Zwischen Ruß und Revolte. Die unabhängige Umweltbewegung in der DDR*, Evangelische Verlagsanstalt, Leipzig, 2016.

Benjamin, Walter, "Capitalism as Religion." In *The Frankfurt School on Religion. Key Writings by the Major Thinkers*. Edited by Eduardo Mendieta. New York and London: Routledge, 2005, 259–262.

Bernstein, William J., Gardner, Grover, *The Birth of Plenty (Vol. 165)*, McGraw–Hill, New York, NY, 2004.

Bierling, Stephan, *Geschichte des Irakkrieges. Der Sturz Saddams und Amerikas Albtraum im Mittleren Osten*, Verlag C.H. Beck, Munich, 2010.

Biss, Eula, *Having and Being Had*, Riverhead Books, New York, NY, 2020.

Boldt, Klaus, "Top–Manager Reitzle wirft Bundesregierung bei Corona–Politik Versagen vor," *Die Welt*, April 3, 2021. https://www.welt.de/wirtschaft/article229695277/Corona–Politik–Wolfgang–Reitzle–uebt–scharfe–Kritik–an–Bundesregierung.html

Bookstaber, Richard, *A Demon of Our Own Design: Markets, Hedge Funds, and the Perils of Financial Innovation*, John Wiley & Sons, Inc., Hoboken, NJ, 2007.

Bourdieu, Pierre. *Distinction: A Social Critique of the Judgement of Taste*, Routledge, Abingdon, Oxon, 2010.

Bourne, Ryan, "Is This Time Different? Schumpeter, the Tech Giants, and Monopoly Fatalism," in *Cato Institute, Policy Analysis*, June 17, 2019, No. 872.

Braudel, Fernand, *Civilization and Capitalism, 15th–18th Century, Vol. I: The Structures of Everyday Life*, William Collins Sons & Co Ltd, London, 1985.

Braunthal, Julius, *History of the International. Volume 1: 1864–1914*, Frederick A. Praeger Publishers, New York, NY, 1967.

Brecht, Bertolt, "Alfabet" (1934) in *The Collected Poems of Bertolt Brecht, translated by David Constantine and Tom Kuhn*, New York, NY, Liveright, 2018.

Briesen, Detlef, *Warenhaus, Massenkonsum und Sozialmoral. Zur Geschichte der Konsumkritik im 20. Jahrhundert*, Campus Verlag, Frankfurt am Main, 2001.

Brook, Yaron, Watkins, Don, *Free Market Revolution. How Ayn Rand's Ideas Can End Big Government*, Ayn Rand Institute, Palgrave Macmillan, Santa Ana, CA, 2012.

Bucharin, Nikolai, *Imperialism and World Economy*, Martin Lawrence Limited, London, 1929.

Bultmann, Daniel, *Inside Cambodian Insurgency. A Sociological Perspective on Civil Wars and Conflict*, Taylor & Francis, London and New York, NY, 2016.

Bultmann, Daniel, *Kambodscha unter den Roten Khmer. Die Erschaffung des perfekten Sozialisten*, Paderborn, 2017.

Campanella, Tommaso, *The City of the Sun in Ideal Commonwealths: Comprising More's Utopia, Bacon's New Atlantis, Campanella's City of the Sun, and Harrington's Oceans*, The Colonial Press, New York, NY, 1901.

Carey, John, *The Intellectuals and the Masses. Pride and Prejudice Among the Literary Intelligentsia, 1880–1939*, St. Martin's Press, New York, NY, 1993.

Chandler, David P. et.al., *Pol Pot Plans the Future: Confidential Leadership Documents from Democratic Kampuchea, 1976–1977*, Yale University South East Asia Studies, New Haven, CT, 1988.

Chang, Jung, Jon Halliday, *Mao: The Unknown Story*, Jonathan Cape, London, 2005.

Charles, Ray, Ritz, David, *Brother Ray. Ray Charles' Own Story*, Da Capo Press, Cambridge, MA, 2004.

Chomsky, Noam, *Requiem for the American Dream. The 10 Principles of Concentration of Wealth & Power*, Seven Stories Press, New York, NY, 2015.

Chomsky, Noam, interviewed by Christopher Cramer for *Pressenza International Press Agency*, May 1, 2018. https://www.pressenza.com/2018/05/noam–chomsky–discusses–iraq/

Clark, A.C., *The Revolutionary Has No Clothes. Hugo Chávez's Bolivarian Farce*, Encounter Books, New York, NY, London, 2009.

Cobden, Richard, "On the Total and Immediate Repeal of the Corn Laws" in *The National Review, Volume X, September To February 1887–8*, London, 1888.

Collier, Paul, *The Bottom Billion: Why the Poorest Countries Are Failing and What Can Be Done about It*, Oxford University Press, Oxford, 2007.

Collier, Paul, *The Future of Capitalism: Facing the New Anxieties*, Penguin, New York, NY, 2019.

Collier, Paul, Kay, John, *Greed Is Dead: Politics After Individualism*, Allan Lane, London, 2020.

Commission of the Central Committee of the Communist Party of the Soviet Union, *His-*

tory of the Communist Party of the Soviet Union (Bolsheviks): Short Course, Foreign Languages Publishing House, Moscow, 1945.

Courtois, Stéphane, Werth, Nicolas, Panné, Jean–Louis, Paczkowski, Andrzej, Bartosek, Karel, Margolin, Jean–Louis, The Black Book of Communism. Crimes, Terror, Repression, Harvard University Press, Cambridge, MA, 1999.

Cowen, Tyler, Big Business. A Love Letter to an American Anti–Hero, St. Martin's Press, New York, NY, 2019.

Davies, William, "The Last Global Crisis didn't Change the World. But This one Could," in The Guardian, March 24, 2020. https://www.theguardian.com/commentis-free/2020/mar/24/coronavirus–crisis–change–world–financial–global–capital-ism

Deaton, Angus, The Great Escape. Health, Wealth, and the Origins of Inequality, Princeton University Press, Princeton, NJ, and Oxford, 2013.

Delsol, Jean–Philippe, Lecaussin, Nicolas, Martin, Emmanuel (eds.), Anti–Piketty: Capital for the 21st Century, Cato Institute, Washington, DC, 2017.

Delsol, Jean–Philippe, "The Great Process of Equalization of Conditions," in Delsol, Jean–Philippe, Nicolas Lecaussin, and Emmanuel Martin (eds.), Anti–Piketty: Capital for the 21st Century, Cato Institute, Washington, DC, 2017, 5–18.

Dikötter, Frank, Mao's Great Famine: The History of China's Most Devastating Catastrophe, 1958–62, Bloomsbury, London/New York, 2010.

Dikötter, Frank, The Cultural Revolution. A People's History. 1962–1976, Bloomsbury Press, New York, NY, London, Oxford, New Delhi & Sydney 2017.

DiLorenzo, Thomas J., How Capitalism Saved America. The Untold History of Our Country, from the Pilgrims to the Present, Crown Forum, New York, NY, 2004.

Dimitrov, Georgi, "The Fascist Offensive and the Tasks of the Communist International in the Struggle of the Working Class against Fascism," main report delivered at the Seventh World Congress of the Communist International on August 2, 1935. https://www.marxists.org/reference/archive/dimitrov/works/1935/08_02.htm

Documents of the 22nd Congress of the Communist Party of the Soviet Union, October 17–31, 1961, Foreign Language Publishing House, Moscow 1961.

Douthat, Ross, "Marx Rises Again," in The New York Times, April 19, 2014.

Duhm, Dieter, Angst im Kapitalismus. Zweiter Versuch der gesellschaftlichen Begründung zwischenmenschlicher Angst in der kapitalistischen Warengesellschaft, Verlag Kübler KG, 11th Edition, Lampertheim, 1975.

Duhm, Dieter, Warenstruktur und zerstörte Zwischenmenschlichkeit. Zur politökonomischen Begründung der psychischen Situation des Individuums im Kapitalismus, Verlag Rolf Horst, Cologne, 1975.

Easterlin, Richard A., "Does economic growth improve the human lot? Some empirical evidence," in David, Paul A., Reder, Melvin W. (eds.), *Nations and Households in Economic Growth*, Stanford University Press, Palo Alto, CA, 1974, 90–125.

Easton, George, "Labour's manifesto is more Keynesian than Marxist," in *The New Statesman*, June 2015.

Edelman, *Edelman Trust Barometer 2020*. https://www.edelman.com/trust/2020–trust–barometer

Edwards, Chris, Bourne, Ryan, "Exploring Wealth Inequality," in *Cato Institute Policy Analysis, November 5, 2019*, No. 881. https://www.cato.org/sites/cato.org/files/2020–01/pa–881–updated–2.pdf

Engels, Frederick, *The Condition of the Working Class in England 1820–1895*, Oxford University Press, Oxford, 1999.

Engels, Frederick, "Socialism: Utopian and Scientific" in Marx, Karl and Engels, Frederick, *Selected Works, Vol. III*, Progress Publishers, Moscow, 1970, 115–151.

Erhard, Ludwig, *Wohlstand für Alle*, 8th Edition, Econ Verlag, Düsseldorf, 1964.

Falter, Jürgen W., *Hitlers Parteigenossen. Die Mitglieder der NSDAO 1919–1945*, Campus Verlag Frankfurt am Main, New York, NY, 2020.

Federal Government of the Federal Republic of Germany (Bundesregierung der Bundesrepublik Deutschland), *Lebenslagen in Deutschland. Der Sechste Armuts– und Reichtumsbericht der Bundesregierung, Kurzfassung*, May 2021.

Federal Foundation for Coming to Terms with the GDR's Past (Bundesstiftung Aufarbeitung), Bericht 1990: https://deutsche–einheit–1990.de/ministerien/muner/verschmutzung/.

Ferguson, Niall, *The Pity of War. Explaining World War I*, Basic Books, New York, NY, 1999.

Feshbach, Murry, Friendly Jr., Alfred, *Ecocide in the USSR. Health and Nature Under Siege*, Basic Books, New York, NY, 1992.

Fink, Alexander, Kappner, Kalle, "Globale Armut: Positive Entwicklung, negative Einschätzung," in de.irefeuropa.org. https://de.irefeurope.org/Diskussionsbeitrage/Artikel/article/Globale–Armut–Positive–Entwicklung–negative–Einschatzung

Fink, Alexander, Mengden, Alexander, Kurz, Fabian, "Umweltdesaster DDR: Bitteres aus Bitterfeld," IREF, August 16, 2019. https://de.irefeurope.org/Diskussionsbeitrage/Artikel/article/Umweltdesaster–DDR–Bitteres–aus–Bitterfeld.

Follett, Andrew, "7 Enviro Prediction From Earth Day 1970 That Were Just Dead Wrong," April 22, 2016. https://dailycaller.com/2016/04/22/7–enviro–predictions–from–earth–day–1970–that–were–just–dead–wrong/

Foster, George M., "The Anatomy of Envy: A Study in Symbolic Behavior," in *The Univer-*

sity of Chicago Press Journals, Vol. 13, No. 2, April 1972, 165–202.

Frankfurter Allgemeine Zeitung, "Doppelt so viele Unternehmer im neuen Bundestag," September 30, 2017. https://www.faz.net/aktuell/wirtschaft/deutlich−mehr−un-ternehmer−im−bundestag−15225816.html

Friedman, Milton, *Capitalism and Freedom*, The University of Chicago, Chicago, IL., 1962.

Galbraith, John Kenneth, *The Affluent Society. Fortieth Anniversary Edition*, Houghton Mifflin Company, Boston, MA, 1998.

Gallegos, Raúl, *Crude Nation. How Oil Riches Ruined Venezuela*, Potomac Books, University of Nebraska Press, 2016.

Gartzke, Erik, "The Capitalist Peace," in *American Journal of Political Science*, Vol. 51, No. 1, January 2007, 166–191. https://www.jstor.org/stable/4122913

Gartzke, Erik, Hewitt, Joseph, "International Crises and the Capitalist Peace," in *International Interactions*, 36:2, May 18, 2010, 115—45. https://www.tandfonline.com/doi/full/10.1080/03050621003784846

Gassmann, Michael, "Ewige Allmacht? Plötzlich wankt Amazons Monopol," in *Die Welt*, February 6, 2021. https://www.welt.de/wirtschaft/plus225775833/D2C−Trend−Amazon−muss−um−sein−Monopol−fuerchten.html

Gates, Bill, *How to Avoid a Climate Disaster. The Solutions We Have and the Breakthroughs We Need*, Allen Lane, London, 2021.

Gilens, Martin, *Affluence & Influence. Economic Inequality and Political Power in America*, Russell Sage Foundation New York, Princeton University Press, Princeton and Oxford, 2012.

Götz, Norbert, "Die nationalsozialistische Volksgemeinschaft im synchronen und diachronen Vergleich," in Schmiechen−Ackermann, Detlef (ed.), *"Volksgemeinschaft": Mythos, wirkungsmächtige soziale Verheißung oder soziale Realität im "Dritten Reich"? Zwischenbilanz einer kontroversen Debatte*, Ferdinand Schöningh Verlag, Paderborn, 2012, 55–68.

Graw, Ansgar, *Die Grünen an der Macht. Eine kritische Bilanz*, Finanzbuch Verlag, Munich, 2020.

Gray, John, "The Violent Visions of Slavoj Žižek," in *New York Review of Books*, July 12, 2012, 23. https://www.nybooks.com/articles/2012/07/12/violent−visions−slavoj−zizek/

Greenspan, Alan, *The Age of Turbulence. Adventures in a New World*, Penguin Books, New York, NY, 2007.

Greenwald, Igor, "Is Capitalism Dying?" in Forbes.com, January 7, 2013. https://www.forbes.com/sites/igorgreenwald/2013/01/07/is−capitalism−dying/?sh=4fe3cc432820

Hagemann, Harald, "Schumpeter und die Weltwirtschaftskrise: Die Vorzüge schlechter Zeiten oder eine pathologische Depression?" in Frambach, Hans, Koubek, Norbert, Kurz, Heinz D., Pfriem, Reinhard, *Schöpferische Zerstörung und der Wandel des Unternehmertums. Zur Aktualität von Joseph A. Schumpeter*, Metropolis Verlag, Marburg, 2019, 433–454.

Hartmann, Michael. *The Sociology of Elites*, Routledge, New York, NY, 2006.

Hayek, F. A., Bartley III, W. W. (ed.), *The Fatal Conceit: The Errors of Socialism*, Routledge, London, 1988.

Hayek, Friedrich August von, *The Road to Serfdom*, University of Chicago Press, Chicago, IL., 1944.

Hayek, Friedrich August von, "Kinds of Rationalism," in Hayek, Friedrich August von, Studies in Philosophy, Politics, and Economics, The University Press of Chicago, Chicago, IL, 1967.

Hayek, Friedrich August von, *The Constitution of Liberty, The Definitive Edition*, The University of Chicago Press, London, 2011.

Hecken, Thomas, *Das Versagen der Intellektuellen. Eine Verteidigung des Konsums gegen seine deutschen Verächter*, transcript Verlag, Bielefeld, 2010.

Heller, Eva, *Wie Werbung wirkt: Theorien und Tatsachen*, Fischer Taschenbuch Verlag, Frankfurt am Main, 1996.

Heuer, Steffan, "Die Einfalt der Vervielfältiger," *brand eins*, Heft 2/2001. https://www.brandeins.de/magazine/brand–eins–wirtschaftsmagazin/2001/organisation/die–einfalt–der–vervielfaeltiger

Higginbotham, Adam, *Midnight in Chernobyl. The Untold Story of the World's Greatest Nuclear Disaster*, Corgi Books, London, 2019.

Hollander, Paul, *From Benito Mussolini to Hugo Chávez. Intellectuals and a Century of Political Hero Worship*, Cambridge University Press, Cambridge, MA, 2016.

Horkheimer, Max, "The Jews and Europe" in Bronner, Steven Eric, MacKay Kellner, Douglas (eds.), *Critical Theory and Society: A Reader*, Routledge, New York, NY, 1989.

Imhoff, Roland, Bruder, Martin, "Speaking (Un–)Truth to Power: Conspiracy Mentality as A Generalised Political Attitude," in *European Journal of Personality 28(1)*, January 2014, 25–43.

Jäger, Thomas, Beckmann, Rasmus (eds.), *Handbuch Kriegstheorien*, VS Verlag für Sozialwissenschaften, Springer Fachmedien, Wiesbaden, 2011.

Jungbluth, Rüdiger, *Die Oetkers. Geschäfte und Geheimnisse der bekanntesten Wirtschaftsdynastie Deutschlands*, Bastei Lübbe Verlag, Frankfurt am Main and New York, NY,

2004.

Kahneman, Daniel, Deaton, Angus, "High income improves evaluation of life but not emotional well–being," in *Proceedings of the National Academy of Sciences 107 (2010)*, 16489–16493.

Kamarck, Elaine, "If money can't buy you votes, what can it buy? Lessons from Michael Bloomberg's 2020 run," *Brookings*, March 5, 2020. https://www.brookings.edu/blog/fixgov/2020/03/05/if–money–cant–buy–you–votes–what–can–it–buy–lessons–from–michael–bloombergs–2020–

Kelley, Jonathan, Evans M.D.R., "Societal inequality and individual subjective well–being: Results from 68 societies and over 200,000 individuals, 1981–2008," in *Social Science Research 62 (2016)*, 1–23. https://pubmed.ncbi.nlm.nih.gov/28126092/

Kepplinger, Hans Mathias, *Risikofallen und wie man sie vermeidet*, Herbert von Halem Verlag, Cologne, 2021.

Khor, N. & Pencavel, J., "Income mobility of individuals in China and the United States," in *Economics of Transition*, 14 (3), 2006, 417–458.

Killingsworth, Matthew, A., "Experienced well–being rises with income, even above $75,000 per year," in *PNAS Vol. 118 No. 4 e2016976118*, January 26, 2021. https://doi.org/10.1073/pnas.2016976118

Kirzner, Israel M., *Competition and Entrepreneurship*, The University of Chicago Press, London and Chicago, IL, 1973.

Klein, Naomi, *This Changes Everything: Capitalism vs. The Climate*, Simon & Schuster, New York, NY, 2019.

Knabe, Hubertus, "Klimakiller DDR," September 19, 2019. https://hubertus–knabe.de/klimakiller–ddr/

Knight, Damien, McCreddie, Harry, "Understanding the 'facts' about top pay," in Shackleton, J.R. (ed.), *Top Dogs & Fat Cats. The Debate on High Pay*, Institute of Economic Affairs, London, 2019, 40–56.

Koch, Thomas, "Wirkt Werbung überhaupt nicht? Oder nur falsch?" in *Wirtschaftswoche*, March 2, 2021. https://www.wiwo.de/unternehmen/dienstleister/werbesprech–wirkt–werbung–ueberhaupt–nicht–oder–nur–falsch/26962092.html

Koenen, Gerd, *Die Farbe Rot. Ursprünge und Geschichte des Kommunismus*, Beck Verlag, Munich, 2017.

König, Wolfgang, *Kleine Geschichte der Konsumgesellschaft. Konsum als Lebensform der Moderne*, Franz Steiner Verlag, Stuttgart, 2008.

König, Wolfgang, *Geschichte der Wegwerfgesellschaft. Die Kehrseite des Konsums*, Franz Steiner Verlag, Stuttgart, 2019.

Koestler, Arthur, in Crossmann, Richard (ed.), *The God That Failed. Six Studies in Commu-*

nism, Harper Collins, New York, NY, 1950.

Kreutzer, Ralf T., Land, Karl–Heinz, *Dematerialisierung. Die Neuverteilung der Welt in Zeiten des digitalen Darwinismus*, Future Vision Press, Cologne, 2015.

Krugman, Paul, "Oligarchy, American Style," in *The New York Times*, November 3, 2011. https://www.nytimes.com/2011/11/04/opinion/oligarchy–american–style.html

Kürschner, Jens, *Unterschwellige Werbung als Priming–Instrument. Eine Untersuchung*, Grin Verlag, Books on Demand, Norderstedt, 2012.

Lawson, Neal, "Do we want to shop or to be free? We'd better choose fast," *in The Guardian*, August 2, 2009.

Lee, Felix, Macht und Moderne. *Chinas großer Reformer Deng Xiaoping. Die Biographie*, Rotbuch Verlag, Berlin, 2014.

Lenin, Vladimir Ilyich, Imperialism, *The Highest Stage of Capitalism*, Foreign Languages Publishing House, Moscow, undated.

Lenin, Vladimir Ilyich, "How to Organize Competition?" in *Selected Works Vol. II*, 259–260, Foreign Language Publishing House, Moscow, 1947, 256–263.

Lenin, Vladimir Ilyich, "The Famine (A Letter to the Workers of Petrograd)" in *Selected Works Vol. II*, 259–260, Foreign Language Publishing House, Moscow, 1947, 345–351.

Lenin, Vladimir Ilyich, "What Is To Be Done?" in Lenin, Vladimir Ilyich, *Collected Works, Volume 5*, Foreign Languages Publishing House, Moscow, 1961, 347–531.

Lenin, Vladimir Ilyich, "The State and Revolution. The Marxist Theory of the State & the Tasks of the Proletariat in the Revolution" in Lenin, Vladimir Ilyich, *Collected Works, Volume 25, June–September 1917*, Progress Publishers, Moscow, 1964, 381–492.

Lenin, Vladimir Ilyich, "The New Economic Policy And The Tasks Of The Political Education Departments" in *V. I. Lenin Collected Works*, Vol. 33, August 1921 – March 1923, 2nd English Edition, Progress Publishers, Moscow, 1965, 60–79.

Liebowitz, Stan J., Margolis, Stephen E., *Winners, Losers & Microsoft. Competition and Antitrust in High Technology*, The Independent Institute, Oakland, CA, 1999.

Lindert, Peter H., Williamson, Jeffrey G., "English Workers' Living Standards During the Industrial Revolution: A New Look," in Mokyr, Joel (ed.), *The Economics of the Industrial Revolution*, Routledge, New York, NY, 2011, 177–205.

Lommel, Cookie, *Schwarzenegger. A Man with a Plan*, Heyne Verlag, Munich and Zürich, 2004.

Lundberg, Ferdinand, *The Rich and the Super–Rich. A Study in the Power of Money Today*, Lyle Stuart, New York, NY, 1968.

Luxemburg, Rosa, *Gesammelte Werke, Vol. 5: Ökonomische Schriften*, Berlin, 1975.

Maddison, Angus, *Contours of the World Economy 1–2030 AD, Essays in Macro–Economic History*, Oxford University Press, New York, NY, 2007.

Maier, Hans, *Politische Religionen. Die totalitären Regime und das Christentum*, Herder Verlag, Freiburg, Basel and Vienna, 1995.

Maier, Hans (ed.), *Totalitarismus und Politische Religionen. Band III: Deutungsgeschichte und Theorie*, Schöningh Verlag, Paderborn, 2003.

Mao Tsetung, *Quotations from Chairman Mao Tsetung*, Foreign Languages Press, Peking, 1972.

Marcuse, Herbert, *One–Dimensional Man: Studies in the Ideology of Advanced Industrial Society*, Beacon Press, Boston, MA, 1964.

Margolin, Jean–Louis, "Cambodia: The Country of Disconcerting Crimes" in Courtois, Stéphane, Werth, Nicolas, Panné, Jean–Louis, Paczkowski, Andrzej, Bartosek, Karel, Margolin, Jean–Louis, *The Black Book of Communism: Crimes, Terror, Repression*, Harvard University Press, Cambridge, MA., 1999, 577–635.

Marx, Karl, *A Contribution to the Critique of Political Economy*, Progress Publishers, Moscow, 1970.

Marx, Karl, "Critique of the Gotha Programme" in Marx, Karl, Engels, Frederick, *Selected Works in Three Volumes. Vol. III*, 9–30, Progress Publishers, Moscow, 1973.

Marx, Karl, *Grundrisse. Foundations of the Critique of Political Economy*, Penguin Books, Harmondsworth, 1973.

Marx, Karl, *Capital. Volume I: A Critique of Political Economy (Penguin Classics)*, London, Penguin Books, 1976.

Marx, Karl, *Capital. Volume III*, Progress Publishers, Moscow, undated.

Marx, Karl, "Toward a Critique of Hegel's Philosophy of Right" in Lawrence Hugh (ed.), *Karl Marx Selected Writings*, Hackett Publishing Company, Inc., Indianapolis, IN, 1994, 27–39.

Marx, Karl, Engels, Frederick, *Selected Works in Three Volumes. Vol. III*. Progress Publishers, Moscow, 1973.

Mavragani, Amaryllis, Nikolaou, Ioannis E., Tsagarakis, Konstantino P., "Open Economy, Institutional Quality, and Environmental Performance: A Macroeconomic Approach," in *Sustainability 2016, 8, 601*, 1–13.

McAfee, Andrew, *The Surprising Story of How We Learned to Prosper Using Fewer Resources– and What Happens Next*, Scribner, New York, NY, 2019.

McCloskey, Deirdre Nansen, Carden, Art, *Leave Me Alone and I'll Make You Rich. How the Bourgeois Deal Enriched the World*, The University of Chicago Press, London and Chicago, IL, 2020.

McDermott, Kevin, Agnew, Jeremy, *The Comintern: A History of International Communism from Lenin to Stalin*, Macmillan Press, London, 1996.

McKenzie, Richard B., Lee, Dwight R., *In Defense of Monopoly. How Market Power Fosters Creative Production*, The University of Michigan Press, Ann Arbor, MI, 2008.

Medvedev, Zhores A., "Environmental Destruction of the Soviet Union," *The Ecologist, Vol. 20, No. 1*, January/February 1990.

Meissner, Gerd, *SAP–Die heimliche Software–Macht. Wie ein mittelständisches Unternehmen den Weltmarkt erobert*, Hoffmann und Campe, Hamburg, 1997.

Melcher, Jacqueline, "Kinderarbeit: Alarmierende Entwicklung laut UN–Studie" in *FAZ*, June 10, 2021: https://www.faz.net/aktuell/wirtschaft/kinderarbeit–alarmieren-de–entwicklung–laut–un–studie–17380670.html

Meltzer, Allan H., *Why Capitalism?*, Oxford University Press, New York, NY, 2012.

Méndez, Daniel Fernández, "The Real Relationship Between Capitalism and the Environment," in *Mises Wire*, December 1, 2018: https://mises.org/ko/wire/real–relation-ship–between–capitalism–and–environment

Méndez, Daniel Fernández, "The Real Relationship Between Capitalism and the Environment": https://mises.org/wire/real–relationship–between–capitalism–and–envi-ronment

Miller, Terry, Kim, Anthony B., Roberts, James M., *2021 Index of Economic Freedom*, The Heritage Foundation, Washington, DC, 2021.

Mises, Ludwig von, *Socialism: An Economic and Sociological Analysis*, Liberty Fund, India-napolis, IN, 1981.

Mises, Ludwig von, *The Anti–Capitalistic Mentality*, Liberty Fund, Indianapolis, IN, 1972.

More, Thomas, *The Utopia of Thomas More*, The MacMillan Company, New York, 1912.

Moyo, Dambisa, *Dead Aid. Why Aid is not working and How. There Is A Better Way For Afri-ca*. New York: Farrar, Straus and Giroux, 2009.

Mueller, John, "Capitalism, Peace, and the Historical Movement of Ideas," in *International Interactions*, 36, 2010, 169–184.

Neffe, Jürgen, *Marx. Der Unvollendete*. C. Bertelsmann, 3rd Edition, Munich, 2017.

Neubauer, Alexander, *Ökofimmel. Wie wir versuchen, die Welt zu retten–und was wir damit anrichten*, Deutsche Verlags Anstalt, Berlin, 2012.

Neuhäuser, Christian, *Reichtum als moralisches Problem*, Suhrkamp Verlag, Berlin, 2018.

Niemietz, Kristian, "Der Mythos vom Globalisierungsverlierer. Armut im Westen," in Hoffmann, Christian, Bessard, Pierre (eds.), *Das Ende der Armut. Chancen einer globalen Marktwirtschaft*, Zürich, 2012, 141–159.

Niemietz, Kristian, Socialism. *The Failed Idea That Never Dies*, Institute of Economic Af-fairs, London, 2019.

Niskanen, William A., Moore, Stephen, "Supply—Side Tax Cuts and the Truth about the Reagan Economic Record," in *Cato Policy Analysis*, October 22, 1996.

Nocun, Katharina, Lamberty, Pia, *Fake Facts. Wie Verschwörungstheorien unser Denken bestimmen*, Bastei Lübbe, Cologne, 2020.

Norberg, Johan, *In Defense of Global Capitalism*, CATO Institute, Washington, DC, 2003.

Norberg, Johan, *Financial Fiasco. How America's Infatuation with Homeownership and Easy Money Created the Economic Crisis*, Washington, DC, 2009.

Norberg, Johan, *Progress: Ten Reasons to Look Forward to the Future*, Oneworld Publications, London, 2017.

Ogilvy, David, *Confessions of an Advertising Man*, Atheneum, London, 1963.

Oxford Poverty & Human Development Initiative, *Global MPI 2021*.

Page, Benjamin I., Gilens, Martin, *Democracy in America? What Has Gone Wrong and What We Can Do About It*, The University of Chicago Press, Chicago and London 2017.

Page, Benjamin I., Bartels, Larry M., Seawright, Jason, "Democracy and the Policy Preferences of Wealthy Americans," in *Cambridge University Press Perspectives on Politics*, March 2013, Vol. 11, No. 1. https://www.cambridge.org/core/journals/perspectives—on—politics/article/abs/democracy—and—the—policy—preferences—of—wealthy—americans/B783EEF6785FEE093198ABED8D2C3D61

Palmer, Tom G., "Foreward" in Delsol, Jean—Philippe et al. (eds.), *Anti—Piketty. Capital for the Twenty—First Century*, Washington, DC, 2017, xi—xvi.

Pasolini, Pier Paolo, "A Challenge to Television Network Executives" in *Corriere della Sera*, December 9, 1973.

Pasolini, Pier Paolo, "Open Letter to Italo Calvino: From Pasolini—What I Feel Nostalgic About" in *Paese Sera*, July 8, 1974.

Pasolini, Pier Paolo, "Don't Be Afraid To Have a Heart" in *Corriere della Sera*, March 10, 1975.

Petit, Nicolas, *Big Tech and The Digital Economy. The Moligopoly Scenario*, Oxford University Press, Oxford, 2020.

Pettinger, Tejvan, "Advantages and Disadvantages of Monopolies," *Economics Help*, October 4, 2020. https://www.economicshelp.org/blog/265/economics/are—monopolies—always—bad/

Petzina, Dieter, *Autarkiepolitik im Dritten Reich. Der nationalsozialistische Vierjahresplan*, dva, Stuttgart, 1968.

Piketty, Thomas, *Capital in the Twenty—First Century*, The Belknap Press of Harvard University Press, Cambridge, MA, 2014.

Piketty, Thomas, *Capital and Ideology*, The Belknap Press of Harvard University Press,

Cambridge, MA, 2020.

Pinker, Steven, *Enlightenment Now. The Case For Reason, Science, Humanism, And Progress*, Viking, New York, 2018.

Plumpe, Werner, *Das kalte Herz. Kapitalismus: Die Geschichte einer andauernden Revolution*, Rowohlt Verlag, Berlin, 2019.

Plumpe, Werner, "Die Logik des modernen Krieges und die Unternehmen: Überlegungen zum Ersten Weltkrieg," in *Jahrbuch für Wirtschaftsgeschichte 2015: 56 (2)*, 325–357.

Polleit, Thorsten, *Der Antikapitalist. Ein Weltverbesserer, der keiner ist*, Finanzbuch Verlag, Munich, 2020.

Pollock, Frederick, "Is National Socialism a New Order?" in *Zeitschrift für Sozialforschung 9.3* (1941), 440–455.

Ponciano, Jonathan, "The Forbes 400 Self–Made Score: From Silver Spooners To Bootstrappers," *Forbes.com*, September 8, 2020. https://www.forbes.com/sites/jonathanponciano/2020/09/08/self–made–score/?sh=6a41b14d41e4

Pope Francis, "Encyclical Letter Laudato Si' of the Holy Father Francis on Care For Our Common Home," 2015. https://www.vatican.va/content/francesco/en/encyclicals/documents/papa–francesco_20150524_enciclica–laudato–si.html

Prakash, Siddharth, Dehoust, Günther, Gsell, Martin, Schleicher, Tobias, Stamminger, Rainer, *Einfluss der Nutzungsdauer von Produkten auf ihre Umweltwirkung: Schaffung einer Informationsgrundlage und Entwicklung von Strategien gegen 'Obsoleszenz,'* Umweltbundesamt, Dessau–Roßlau 2016. https://www.umweltbundesamt.de/publikationen/einfluss–der–nutzungsdauer–von–produkten–auf–ihre–1

Rabbinbach, Anson, "Anti–Totalitarianism as Anti–Communism," in Frei, Norbert and Dominik Rigoll (eds.), *Weltanschauung und Politik in Deutschland, Europa und den USA*, Wallstein Verlag, Berlin, 2017.

Rand, Ayn, *The Virtue of Selfishness. A New Concept of Egoism*, Signet, New York, NY, 1964.

Rand, Ayn, "America's Persecuted Minority" (1962), in: *Capitalism: The Unknown Ideal (50th Anniversary Edition). With Additional Articles by Nathaniel Branden, Alan Greenspan, and Robert Hessen*, New American Library, New York, NY, 1967, 40–62

Ravier, Adrian, Lewin, Peter, "The Subprime Crisis," in *Quarterly Journal of Austrian Economics, Vol. 15, No. 1*, 2012, 45–74.

Reich, Wilhelm, *Character Analysis. Third Enlarged Edition*, Pocket Books, New York, NY, 1976.

Rhonheimer, Martin, "Ludwig Erhards Konzept der sozialen Marktwirtschaft und seine wettbewerbstheoretischen Grundlagen" in *Zeitschrift für Marktwirtschaft und Ethik 5 (2)*, 2017, 83–106.

Rhonheimer, Martin, "Politik für den Menschen braucht weder 'christlich' noch 'sozial' zu sein" in Rausch, Bettina, Varga, Simon, *Christlich—soziale Signaturen. Grundlagen einer politischen Debatte*, edition noir, Vienna, 2020, 215–246.

Ries, Al, Ries, Laura, *The Fall of Advertising and the Rise of PR*, HarperCollins, New York, NY, 2002.

Rosdolsky, Roman, *The Making of Marx's Capital*, Pluto Press, London, 1977.

Rosling, Hans, with Anna Rosling and Ola Rosling Rönnlund, *Factfulness: Ten Reasons We're Wrong About The World—And Why Things Are Better Than You Think*, Sceptre, London, 2018.

Rubin, Paul, "Folk Economics," in *Southern Journal of Economics 70 (1)*, 2003, 157–171.

Ruprecht, Götz, Lüdecke, Horst—Joachim, *Kernenergie. Der Weg in die Zukunft*, TvR Medienverlag, Jena, 2018.

Ryklin, Michail, *Kommunismus als Religion. Die Intellektuellen und die Oktoberrevolution*, Verlag der Weltreligionen im Insel Verlag, Frankfurt am Main / Leipzig, 2008.

Sachweh, Patrick, *Deutungsmuster sozialer Ungleichheit. Wahrnehmung und Legitimation gesellschaftlicher Privilegierung und Benachteiligung*, also submitted as a doctoral dissertation at the University of Bremen 2009, Campus Verlag, Frankfurt am Main and New York, NY, 2009.

Samland, Bernd M., *Übersetzt du noch oder verstehst du schon? Werbe—Englisch für Anfänger*, Herder Verlag, Freiburg i. Br. u.a. 2011.

Scheidel, Walter, *The Great Leveler: Violence and the History of Inequality from the Stone Age to the Twenty—First Century*, Princeton University Press, Princeton, NJ, 2018.

Schmiechen—Ackermann, Detlef (ed.), *"Volksgemeinschaft": Mythos, wirkungsmächtige soziale Verheißung oder soziale Realität im "Dritten Reich"? Zwischenbilanz einer kontroversen Debatte*, Ferdinand Schöningh Verlag, Paderborn, 2012.

Schneider, Gerald, Gleditsch, Petter, Nils (eds.), *Assessing the Capitalist Peace*, Routledge, London and New York, NY, 2015.

Schoeck, Helmut. *Envy: A Theory of Social Behaviour*, Liberty Fund, Indianapolis, IN, 1966.

Schoeck, Helmut, *Das Recht auf Ungleichheit*, 3rd Expanded Edition, Frankfurt, Berlin 1990.

Schroeder, Gertrude, "The Dismal Fate of Soviet—Type Economies: Mises was Right," in *Cato Journal*, Vol. 11, No. 1, 1991, 13–25.

Schumpeter, Joseph, *The Theory Of Economic Development*, Harvard University Press, Cambridge, MA, 1949.

Schumpeter, Joseph, *Capitalism, Socialism and Democracy*, Routledge, London and New York, 2003.

Schumpeter, Joseph, "Unternehmerfunktion und Arbeiterinteresse," in Herzog, Lisa, Honneth, Axel (eds.), *Schumpeter, Joseph, Schriften zur Ökonomie und Soziologie*, Suhrkamp Verlag, Berlin, 2016, 222–240.

Scruton, Roger, *Fools, Frauds and Firebrands. Thinkers of the New Left*, Bloomsbury Continuum, London, 2019.

Shackleton, J.R. (ed.), *Top Dogs & Fat Cats. The Debate on High Pay*, Institute of Economic Affairs, London, 2019.

Shapiro, Bradley T., Hitsch, Günter J., Tuchmann, Anna E., "TV Advertising Effectiveness and Profitability: Generalizable Results from 288 Brands," in *Econometrica. Journal of the Econometric Society*, Vol. 89, Issue 4, July 2021, 1855–1879.

Shaw, George Bernard, *The Rationalization of Russia*, Indiana University Press, Bloomington, IN, 1964.

Shellenberger, Michael, *Apocalypse Never. Why Environmental Alarmism Hurts Us All*, Harper Collins, New York, NY, 2020.

Simon, Hermann, *True Profit! No Company Ever Went Broke Turning a Profit*, Copernicus, Bonn, 2021.

Sloterdijk, Peter, *You Must Change Your Life: On Anthropotechnics*, Polity Press, Cambridge, UK, 2013.

Smith, Adam, *Wealth of Nations* (1776) in Smith, Adam, *The Wisdom of Adam Smith*, Liberty Press, Indianapolis, 1976.

Smith, Bradley A., "The Power of Money is Overrated," in *The New York Times*, February 29, 2016. https://www.nytimes.com/roomfordebate/2016/02/25/does–money–really–matter–in–politics/the–power–of–politcal–money–is–overrated

Snow, Richard, *I Invented the Modern Age. The Rise of Henry Ford*, Scribner, Reprint Edition, New York, NY, 2013.

Sobanet, Andrew, *Generation Stalin. French Writers, the Fatherland, and the Cult of Personality*, Indiana University Press, Bloomington, Indiana, 2018.

Sombart, Werner, *Der moderne Kapitalismus. Band III. Das Wirtschaftsleben im Zeitalter des Hochkapitalismus*, Zweiter Halbband, Duncker & Humblot, Berlin, 1969.

Sowell, Thomas, *Intellectuals and Society. Revised and Enlarged Edition*, Basic Books, New York, NY, 2011.

Sowell, Thomas, *Discrimination and Disparities*, Basic Books, New York, NY, 2019.

Stalin, Joseph V., "The Seventh Enlarged Plenum of the E.C.C.I." in Stalin, Joseph, *Works*, Vol. 9, December 1926–July 1927, Foreign Languages Publishing House, Moscow, 1954, 37.

Stalin, Joseph V., "Political Report of the Central Committee to the Sixteenth Congress of the C.P.S.U.(B.)," June 27, 1930 in Stalin, Joseph, *Works*, Vol. 12, April 1929–

June 1930, Foreign Languages Publishing House, Moscow 1954, 242–268.

Stiglitz, Joseph, The Great Divide. Unequal Societies and What We Can Do About Them, W.W. Norton & Company, New York, NY, 2015.

Stone, Brad, *Amazon Unbound. Jeff Bezos and the Invention of a Global Empire*, Simon & Schuster, New York, NY, 2021.

The Economist, "Our crony–capitalism index: Planet Plutocrat," in *The Economist*, March 15, 2014. https://www.economist.com/international/2014/03/15/planet–plutocrat

Tempelman, Jerry H., "Austrian Business Cycle Theory and the Global Financial Crisis: Confessions of a Mainstream Economist," in *Quarterly Journal of Austrian Economics*, Vol. 13, No. 1, 2010, 3–15.

Tillessen, Carl, *Konsum. Warum wir kaufen, was wir nicht brauchen*, Harper Collins, Hamburg, 2020.

Transparency International, *Corruption Perceptions Index 2020.* https://www.transparency. org/en/cpi/2020/index/nzl

Trentmann, Frank, *Empire of Things: How We Became a World of Consumers, from the Fifteenth Century to the Twenty–First*, Penguin, London, 2017.

Turner Jr., Henry Ashby, "Emil Kirdorf and the Nazi Party" in *Central European History Vol. 1* (December 1, 1968), 324–344.

Turner Jr., Henry Ashby, "Big Businss and the Rise of Hitler" in *The American Historical Review Vol. 75 No. 1 (October 1969)*, 56–70.

Turner Jr., Henry Ashby, *German Big Business and the Rise of Hitler*, Oxford University Press, Oxford & New York, NY, 1985.

UNICEF, "Kinderarbeit: Die 7 wichtigsten Fragen und Antworten": https://www.unicef. de/informieren/aktuelles/blog/kinderarbeit–fragen–und–antworten/166982

Voegeli, William, *Never Enough: America's Limitless Welfare State*, Encounter Books, New York, NY, 2010.

Voegelin, Eric, *The Political Religions*, in Voegelin, Eric, *Modernity Without Restraint: The Political Religions, The New Science of Politics, and Science, Politics, and Gnosticism (Collected Works of Eric Voegelin, Volume 5)*, University of Missouri Press, Columbia and London, 1999.

Wagenknecht, Sahra, *Die Selbstgerechten: Mein Gegenprogramm–für Gemeinsinn und Zusammenhalt*, Campus Verlag, Frankfurt am Main, 2021.

Walter, Franz, Marg, Stine (eds.), *Sprachlose Elite? Wie Unternehmer Politik und Gesellschaft sehen*, BP–Gesellschaftsstudie, Rowohlt Verlag, Reinbek near Hamburg, 2015.

Wang, Xiaolu, Gang, Fan, Jingwen, Yu, *Marketization Index of China's Provinces (Zhongguo fensheng shichanghua zhishu baogao)*, Social Sciences, Beijing, 2017.

Watkins, Don, Brook, Yaron, *Equal is Unfair. America's Misguided Fight Against Income In-*

equality, St. Martin's Press, New York, NY, 2016.

Weede, Erich, "Frieden durch Kapitalismus. Eine Ergänzung und Alternative zum demokratischen Frieden," in *Internationale Politik IP*, July 2005, 65–73.

Weede, Erich, "Wirtschaftliche Freiheit. Hintergrundbedingungen, Auswirkungen und Gefährdungen," in *Wirtschaftspolitische Blätter 3–4*, 2014, 443–455.

Weede, Erich, "The Capitalist Peace and the Rise of China: Establishing Global Harmony by Economic Interdependence," in Schneider, Gerald, Gleditsch, Nils Petter (eds.), *Assessing the Capitalist Peace*, Routledge, London and New York, NY, 2015, 158–165.

Weede, Erich, "The Expansion of Economic Freedom and the Capitalist Peace," in Thompson, William R. (ed.), *Oxford Encyclopedia for Empirical International Relations Theory*, 2018, 820–836. https://www.pollux–fid.de/r/cr–10.1093/acrefore/9780190228637.013.276

Weimann, Joachim, Knabe, Andreas, Schön, Ronnie, *Geld macht doch glücklich. Wo die ökonomische Glücksforschung irrt*, Schäffer Poeschel Verlag, Stuttgart, 2012.

Weimer, Wolfram, "Sogar Bill Gates setzt darauf: Warum Kernenergie wieder angesagt ist," in *Focus.de*, July 23, 2021. https://www.focus.de/finanzen/nur–in–deutschland–gibt–es–kein–comeback–verblueffend–die–kernenergie–erlebt–ein–globales–comeback_id_13519732.html

Wemheuer, Felix, *Der große Hunger. Hungersnöte unter Stalin und Mao*, Rotbuch Verlag, Berlin, 2012.

Wendling, Z.A., Emerson, J.W., de Sherbinin, A., Esty, D.C., et al, *Environmental Performance Index 2020. Global metrics for the environment: Ranking country performance on sustainability issues*, Yale Center for Environmental Law & Policy, Yale University, New Haven, CT, 2020.

Werth, Nicolas, "A State against its People: Violence, Repression, and Terror in the Soviet Union," in Courtois, Stéphane, Werth, Nicolas, Panné, Jean–Louis, Paczkowski, Andrzej, Bartosek, Karel, Margolin, Jean–Louis, *The Black Book of Communism. Crimes, Terror, Repression*, Harvard University Press, London and Cambridge, MA, 1999, 33–268.

Williams, Walter E., "Environmentalists Are Dead Wrong," April 26, 2017. https://www.creators.com/read/walter–williams/04/17/environmentalists–are–dead–wrong

Woods Jr., Thomas E., *Meltdown. A Free–Market Look at Why the Stock Market Collapsed, the Economy Tanked, and Government Bailouts Will Make Things Worse*, Regnery Publishing, Washington, DC, 2009.

Wall Street Journal, "World's Dumbest Energy Policy. After giving up nuclear power Germany now wants to abandon coal," in *Wall Street Journal*, January 29, 2019. https://

www.wsj.com/articles/worlds–dumbest–energy–policy–11548807424

York, John, "Does Rising Income Inequality Threaten Democracy?" Poverty and Inequality Report, *The Heritage Foundation*, June 30, 2017. https://www.heritage.org/poverty–and–inequality/report/does–rising–income–inequality–threaten–democracy

Zhang, Weiying, *The Logic of the Market. An Insider's View of Chinese Economic Reform*, Cato Institute, Washington, DC, 2015.

Zhang, Weiying, "China's future growth depends on innovation entrepreneurs," in *Journal of Chinese Economic and Business Studies*, 15 (1), 2017, 19–40.

Zhang, Weiying, *The Origin of the Capitalist Firm: An Entrepreneurial/Contractual Theory of the Firm*, Springer Nature, Singapore, 2018.

Zhang, Weiying, "The China model view is factually false," in *Journal of Chinese Economic and Business Studies 2019*. https://www.tandfonline.com/doi/abs/10.1080/14765284.2019.1663696

Zhang, Weiying, *Ideas for China's Future*, Palgrave Macmillan, Singapore, 2020.

Zhang, Weiying, "A paradigmatic change is needed for understanding the real market," in *China Economic Review Vol. 66 (C)*, 2021. https://www.researchgate.net/publication/349085342_A_paradigmatic_change_is_needed_for_understanding_the_real_market

Zhang, Weiying, "Market economy and China's 'common prosperity' campaign," in *Journal of Chinese Economic and Business Studies*, 2021, 1–15.

Ziegler, Jean, *Was ist so schlimm am Kapitalismus? Antworten auf die Fragen meiner Enkelin*, C. Bertelsmann, Munich, 2018.

Zitelmann, Rainer, "Zur Argumentationsstrategie linker Umweltpolitik, in: 3 Aufsätze von einem Insider, der keine Lust mehr an dem Verein hat," N.P., 1977. https://www.rainer–zitelmann.de/jahr–1977/

Zitelmann, Rainer, "Zur Begründung des 'Lebensraum'–Motivs in Hitlers Weltanschauung, in Zitelmann, Rainer, *Hitler. Selbstverständnis eines Revolutionärs*, 5th Expanded Edition, Lau Verlag, Reinbek, 2017, 557–576.

Zitelmann, Rainer, *The Wealth Elite. A Groundbreaking Study of the Psychology of the Super Rich*, LiD Publishing Limited, London 2018.

Zitelmann, Rainer, *The Power of Capitalism*, LiD Publishing Limited, London, 2019.

Zitelmann, Rainer, "Left–Wing Intellectuals Are Thrilled: Corona And Dreams Of the End of Capitalism," in *Forbes.com*, March 30, 2020. https://www.forbes.com/sites/rainerzitelmann/2020/03/30/left–wing–intellectuals–are–thrilled–corona–and–dreams–of–the–end–of–capitalism/?sh=130c65d57420

Zitelmann, Rainer, *The Rich in Public Opinion: What We Think About When We Think About*

Wealth, Cato Institute, Washington, DC, 2020.

Zitelmann, Rainer, *Hitler's National Socialism*, Management Books 2000, Oxford, 2022.

Žižek, Slavoj, *A Left that Dares Speak Its Name: 34 Untimely Interventions*, Polity Press, London, 2020.

Žižek, Slavoj, "The Will Not To Know," August 24, 2020. https://thephilosophicalsalon.com/the-will-not-to-know/

옮긴이 소개

권혁철

자유와시장연구소 소장이며 질서경제학회 부회장이다. 성균관대학교 행정학과를 졸업하고 독일 쾰른대학교에서 경제학 박사 학위를 취득하였다. 자유기업원 자유기업센터 소장, 미국 조지메이슨대학교 Center for Study of Public Choice 객원연구원, 독일 뮌스터대학교 경제교육연구소 객원연구원, 자유민주연구학회 회장을 역임했다. 주요 저서로는 『경제학 제대로 이해하기』 등이 있으며, 역서로는 『로널드 코스라면 어떻게 해결할까』 등이 있다.

황수연

경성대학교 행정학과 교수를 정년퇴직하였다. 서울대학교 경영학과를 졸업하고 서울대학교 행정대학원에서 행정학 석사 및 박사 학위를 취득하였다. 한국하이에크소사이어티 회장, 미국 애리조나대학교, 조지메이슨대학교, 플로리다주립대학교 교환교수를 역임하였다. 역서로 『자본주의 개론』 등이 있다.